福建基础教育
调研报告
(2008~2016)

主编／赵素文　郭春芳

RESEARCH REPORT ON BASIC EDUCATION

IN FUJIAN (2008-2016)

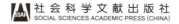

社会科学文献出版社
SOCIAL SCIENCES ACADEMIC PRESS (CHINA)

前　言

　　建设新型教育智库是促进教育决策科学化、民主化的重要支撑，也是高校履行学术使命的重要职责。2008年以来，福建教育学院根据省委、省政府的决策部署，将工作重心转移到开展全省中小学校长、教师培训的主业上来。为以高水平的科研支撑高质量的培训，学院从办学定位功能和实际出发，凝练主攻方向，发挥专业特长，以基础教育应用研究为重点，引导教职工深入开展基础教育政策研究、中小学教育教学研究、教师队伍建设及培训工作研究，把基础教育科研论文"写进"中小学课堂里，把科研成果体现在促进我省基础教育改革发展上，体现在培训课堂上，有效推进"研训一体"。几年来，福建教育学院承接了一批全省基础教育重要调研科研课题，出了一批调研科研优秀成果，培养了一支善于学习研究的科研队伍，初步发挥了全省基础教育科研的"主阵地"作用，为建成福建省基础教育智库奠定了坚实的基础。

　　在建设基础教育智库的过程中，福建教育学院主动对接政府和教育行政部门的需要，以服务基础教育决策为中心，努力搞好基础教育决策咨询服务工作。2008年以来，承担了全省基础教育改革试点项目咨询指导、学校德育研究与指导、心理健康教育研究与指导、教育督导评估研究等工作，先后完成了福建省政府、省教育厅交办的中小学生课业负担、中小学教师工作负担、青年教师心理压力、农村教师队伍建设、中小学校布局调整、社会教育培训机构规范管理、县级教师进修学校建设、"全面二孩"政策对基础教育的影响与对策等20多项基础教育重要课题调研任务，形成的调研报告报送福建省政府、省教育厅，受到上级领导的重视并作了批示。

　　值此学院建校 60 周年校庆之际，特将 2008 年以来福建教育学院承接的基础教育重要课题调研成果汇编成册，旨在总结主业转变八年来学院在基础教育调研科研方面取得的成果，激励和引导全院教职工不忘初心，继续前进，不断坚定为基础教育改革发展服务的办学方向，努力实现从专门、专业向专家提升，打造福建基础教育智库品牌，为促进政府、教育行政部门的基础教育决策科学化提供优质、高效的教育科研服务，为福建省基础教育的优质均衡发展提供更加有力的智力支持。

编　者

2016 年 9 月

目 录
CONTENTS

第三篇　福建省中小学教师发展调研报告

第一篇

福建省基础教育调研报告

福建省农村中小学布局调整调查报告

2008 年以来，根据省政府、省教育厅的部署，福建省开展新一轮中小学布局调整工作。为了解近几年福建省农村中小学布局调整情况，根据省教育厅基教处的要求，福建教育学院组织开展福建省农村中小学布局调整专题调查。专题调查组在开展面上问卷、点上抽查，并通过召开农村中小学培训学员座谈会等途径了解情况的基础上，进行综合分析研究，形成本调查报告。

一 2008～2010 福建省农村中小学布局调整现状

实施中小学布局调整是贯彻科教兴国战略，推动普及九年义务教育，优化教育资源配置，提高办学效益的重要措施。进入 21 世纪后，国家根据新形势下义务教育发展的需要，要求各地积极稳妥地做好中小学布局调整工作。福建省于 2001 年开始，开展中小学布局调整工作，通过调整，合理配置资源，全省义务教育阶段学校从 2001 年的 15129 所，到 2007 年调整为 10756 所，7 年间减少了 4373 所。详见表 1。

表 1 福建省义务教育阶段学校 2001～2007 年布局调整情况

单位：所，人

年 份	义务教育阶段学校总数	义务教育阶段学生总数	其 中					
			初中校数	初中在校生数	每校平均学生数	小学校数	小学在校生数	每校平均学生数
2001	15129	5488781	1465	1942569	1325.99	13664	3546212	259.53
2002	14363	5291691	1439	1899852	1320.26	12924	3391839	262.44
2003	13820	5016536	1414	1896759	1341.41	12406	3119777	251.47
2004	13022	4730701	1408	1861259	1321.92	11614	2869442	247.07
2005	11963	4501986	1403	1769284	1261.07	10560	2732702	258.78

续表

年 份	义务教育阶段学校总数	义务教育阶段学生总数	其 中					
			初中校数	初中在校生数	每校平均学生数	小学校数	小学在校生数	每校平均学生数
2006	11251	4342528	1384	1650310	1192.42	9867	2692218	272.85
2007	10756	4143180	1368	1560270	1140.55	9388	2582910	275.13
2007年比2001年增减	-4373	-1345601	-97	-382299	-185.44	-4276	-963302	+15.6

从表1看出，第一轮布局调整扩大了小学校均规模，小学每校平均在校生数2007年比2001年增加了15.6人；然而，由于生源减少等原因，初中学校并没有因为学校撤并而扩大规模，初中校每校平均在校生数2007年比2001年减少了185.44人。

随着经济社会的快速发展，特别是城镇化进程和人口流动的加快，经调整后的中小学布局仍不适应经济社会发展和人民群众不断增长的教育需求，为促进中小学教育均衡发展，更好地满足人民群众的教育需求，2008年以来，福建省政府、省教育厅部署开展新一轮中小学布局调整工作。

2008年初，福建省教育厅在罗源县召开全省义务教育学校布局调整和学校建设规划编制会议，部署、推动全省各县（市、区）开展义务教育学校布局调整和学校建设规划编制工作。

2009年，《福建省人民政府关于福建省2010年~2012年教育改革和发展的重点实施意见》要求，"各市、县（区）要根据经济社会发展、人口及学生变动趋势，坚持'均衡发展、育人为本、规划先行、分步实施、注重效益'原则，进一步完善2008~2012年义务教育布局调整和学校建设规划，加大经费投入，将学校标准化建设与城区学校扩容建设、新区学校建设、农村寄宿制学校建设和中小学校舍安全工程建设有机结合起来"。

2010年，福建省政府批转《省教育厅关于进一步完善中小学布局的实施意见》，对进一步完善中小学布局的基本原则、近期目标、主要任务及保障措施等提出了明确的指导意见。

2011年初公布的《福建省中长期教育改革和发展规划纲要》（2010~2020年）进一步提出，"完善中小学布局结构。根据城乡规划，结合常住人口密度、生源、交通等条件，合理布局中小学，与城镇发展同步规划、同步建设"。2011 年 4 月,《福建省人民政府关于进一步推进县域义务教育均衡发展的意见》进一步要求,优化完善中小学布局,各地要"抓紧完善修订县域中小学布局规划和学校建设规划,积极稳妥推进中小学布局调整,确定长期保留、过渡性保留和拟撤并的学校。在调整过程中,既要坚持适度集中,积极优化教育资源配置,又要注重积极稳妥、方便学生就近入学"。

在省政府、省教育厅的领导下,2008 年以来,福建省中小学新一轮布局调整工作的主要特点有以下几方面。

1. 义务教育学校布局调整稳妥推进

自 2008 年新一轮中小学布局调整至 2010 年底,福建省义务教育阶段学校数为 8302 所,比 2007 年 10756 所减少 2454 所。其中 2010 年初中校 1328 所,比 2007 年的 1368 所减少 40 所;小学 6974 所,比 2007 年的 9388 所减少 2414 所。义务教育阶段办学效益得到进一步提高。详见表 2。

表 2　福建省义务教育阶段学校 2007～2010 年布局调整情况

类别	项目	学校数(所)	班级数(个)	在校生数(人)	校均学生数	专任教师(人)	生均占地面积(平方米)	生均校舍(平方米)	生均教学及辅助用房(平方米)	每百名学生拥有计算机(台)
小学	2001 年	13664	117382	3546212	259.5	181816	15.82	5.64	3.46	3.01
	2007 年	9388	78410	2582910	275.1	160911	21.62	7.94	4.56	7.0
	2008 年	8566	74136	2471464	288.5	160347	22.46	8.36	4.78	7.7
	2009 年	7849	71218	2397594	305.5	156779	22.62	8.34	4.75	8.3
	2010 年	6974	67798	2388917	342.5	156601	22.21	8.23	4.64	8.53
	2010 年比 2007 年增减	-2414	-10612	-193993	+67.4	-4310	+0.59	+0.29	+0.08	+1.54
初中	2001 年	1465	36581	1942569	1325.9	98455	15.58	4.39	1.89	1.65
	2007 年	1368	30461	1560270	1140.5	98467	20.18	6.39	2.67	5.42
	2008 年	1353	30034	1512936	1118.2	98740	20.75	6.66	2.81	5.77
	2009 年	1330	29060	1415209	1064.1	99446	21.76	7.11	3.01	6.43
	2010 年	1328	27122	1275763	960.7	99333	24.03	7.96	3.31	7.59
	2010 年比 2007 年增减	-40	-3339	-284507	-179.8	+866	+3.85	+1.57	+0.64	+2.17

从农村学校布局调整情况分析，2010 年，农村小学校数 4267 所，比 2007 年减少 3792 所；农村初中校数 617 所，比 2007 年减少 249 所。详见表 3。

表 3　福建省义务教育阶段学校布局调整情况

单位：所，人

年　份	小学校总数	小学生在校生数	平均在校生数	其中		
				农村校总数	农村学生数	农村平均在校生数
2001	13664	3546212	259.53	11720	2370706	202.28
2007	9388	2582910	275.13	8059	1441231	178.83
2008	8566	2471464	288.52	7232	1311091	181.29
2009	7849	2397594	305.46	6489	1191618	183.64
2010	6974	2388917	342.55	4267	709827	166.35
2010 年比 2007 年增减	-2414	-193993	-80.36	-3792	-731404	-12.49
年　份	初中校总数	初中生总数	平均在校生数	其中		
				农村校总数	农村学生数	农村平均在校生数
2001	1465	1942569	1325.99	872	834186	956.64
2007	1368	1560270	1140.55	866	682922	788.59
2008	1353	1512936	1118.21	837	629789	752.44
2009	1330	1415209	1064.07	787	520468	661.33
2010	1328	1275763	960.66	617	296175	480.02
2010 年比 2007 年增减	-40	-284507	-179.89	-249	-386747	-308.57

注：农村指县镇以下地区（不含县镇）。

从表 3 可以看出，农村学校经过新一轮布局调整，虽然小学、初中校数均有减少，但由于生源减少、城镇化步伐加快，农村小学、初中平均在校生数 2010 年与 2007 年比均在下降，其中小学平均在校生数减少 12.49 人，初中减少 308.57 人。

2. 农村中小学布点总体合理。

近几年来，福建省政府、省教育厅在部署实施中小学布局调整中，根据福建省省情，一再强调既要坚持适度集中、积极优化教育资源配置，又要注重稳妥推进、方便学生就近入学，在省教育规划纲要中，还特别强调"边远地区办好必要的小学教学点"，福建省农村中小学布点总体比较合理。目前全省小学三年级以下教学点有 2561 个。调查组抽样调查了 72 个县 216 所农村小学，步行走读的小学学生有 52478 名，单程步行上学时间在 20 分钟以内的占 84.89%，20 分钟至 40 分钟的占 10.78%，40 分钟至 60 分钟的占 1.65 %，60 分钟至 90 分钟的占 0.07%，90 分钟以上的占 0.03%，走读时间不详的占 2.58%。详见表 4。

表 4　福建省农村小学学生上学情况调查表

类别 设区市	步行走读总人数	步行走读情况											
		步行单程 20 分钟以下		步行单程 20～40 分钟		步行单程 40～60 分钟		步行单程 60～90 分钟		步行单程 90 分钟以上		不详	
		人数	%	人数	%	人数	%	人数	&	人数	%	人数	%
福州	7796	6207	79.62	1322	16.96	185	2.37	0	0	0	0	82	1.05
厦门	3923	3840	97.88	79	2.01	4	0.10	0	0	0	0	0	0
泉州	5249	3955	75.35	437	8.33	20	0.38	18	0.51	2	0.04	817	15.56
莆田	3526	3284	93.14	232	6.58	10	0.28	0	0	0	0	0	0
漳州	10847	9323	85.95	1204	11.10	275	2.54	6	0.10	0	0	39	0.36
南平	5921	4781	80.75	1038	17.53	0	0	0	0	0	0	102	1.72
龙岩	2435	1901	78.07	343	14.09	89	3.66	0	0	0	0	102	4.19
宁德	4420	4008	90.68	369	8.35	17	0.38	12	0.14	14	0.32	0	0
三明	8361	7248	86.69	633	7.57	267	3.19	0	0	0	0	213	2.55
合计	52478	44547	84.89	5657	10.78	867	1.65	36	0.07	16	0.03	1355	2.58

从汇总的调查表中看出，步行上学 20 分钟以下的占多数，步行上学 1 个小时以上的较少，但不排除个别偏远自然村学生或零星散居学生单程上学时间较长的问题。

调查组具体抽查了解宁德市省定 47 个扶贫挂钩村。这 47 个村历史上共有 31 所小学。其中 2001～2007 年整合小学 9 所，2008～2011 年整合小学 6 所，现存 16 所小学。在这 16 所小学中，学生数 10 人以下教学点 2 所，10 人至 30 人小学 7 所，31 人至 100 人小学 4 所，101 人至 250 人小学 3 所。具体情况详见表 5。

表5　宁德市省定扶贫挂钩村办学情况调查

单位：所

村庄数	历史上有小学	2001~2007年整合学校	2008~2011年整合学校数	现有学校总数	其中					
					学生10人以下	学生10~30人	学生31~50人	学生51~100人	学生101~200人	学生201~250人
47	31	9	6	16	2	7	1	3	2	1

据闽侯县调查，2011年全县公办学校156所，其中小学126所、中学27所、职业中学2所、特教学校1所。目前学生数少于600人的初中校有6所（其中2所少于300人），学生数少于100人的小学有65所（其中50人以下学校有47所）。从闽侯县调查的数据也可以看出，政府及教育行政部门在布局整合中，对边远地区学校撤并的步子比较稳妥。县政府根据近年来生源变化状况，已计划近两年再逐步撤并8所完小、10所初小、15个教学点，同时在人口相对集中的镇政府所在地，新建5所初中校。

3. 寄宿制学校建设同步推进

近几年来，由于农村中小学布局调整的推进，福建全省寄宿制学校有1953所，寄宿生人数达29万多人。详见表6。

表6　福建省农村中小学寄宿制学校情况

年　份	农村义务教育学校		其　中	
	学校数（所）	学生数（人）	寄宿制学校数（所）	寄宿生数（人）
2010	4884	1006002	1953	292434

福建省政府、省教育厅十分重视布局调整后寄宿制学校建设问题，2008年，省政府提出了2008~2010年寄宿制学校建设任务，2008~2010年，全省安排11.3亿元用于寄宿制学校改造，其中省级以上安排6.7亿元。从2011年起，省级寄宿制改造纳入"校安工程建设"统筹考虑。各设区市政府积极推进寄宿制学校建设，截至2011年底，福建全省已完成寄宿制学校103.8万平方米建设任务，进一步改善了寄宿生学习、生活条件。据72个县的问卷调查所示，在所属1953所农村寄宿制学校中，有1486所学校已达到寄宿生每人一张床的标准，占76.06%；有1694所学校已有完善的寄宿生食堂、餐厅，占86.74%。罗源县安排专项资金160多万元，

为全县寄宿生每人配置床上用品七件套（棉被、被套、垫被、垫套、枕芯、枕套和蚊帐），17 所农村寄宿制中小学全部达到"八有"，即有锅炉、有盥洗室、有餐桌、有床架、有冰箱、有应急灯、有餐厅电视、有电风扇，寄宿生生活条件比较完善。

省政府十分关心农村义务教育阶段寄宿生生活。2007 年秋季，省政府决定每年拿出 2 亿元对全省所有农村义务教育阶段寄宿生实施生活补贴，补助标准为每生每年 300 元，其中，低保家庭小学每生每年 600 元，初中每生每年 900 元。2009 年秋季以来，省政府在全省农村寄宿制学校实施"免费营养早餐工程"。各地根据自身财力状况，分别对寄宿生给予不同补助。如厦门市自 2011 年起对农村义务教育阶段寄宿生每人每天补助 3 元，其中农村低保家庭寄宿生小学每生每天补助 6 元，初中每生每天补助 9 元。南平市对寄宿生每人每月补贴 30～38 元，三明市补贴 30～110 元，龙岩市补贴 30～60 元，宁德市补贴 30～60 元，泉州补贴 30～45 元。

省政府还十分重视寄宿制学校管理工作。《福建省人民政府批转省教育厅关于进一步完善中小学布局实施意见的通知》要求，2011 年秋季开学前寄宿制学校足额配备生管人员，并指定专人负责学校食堂、宿舍卫生。据 72 个县问卷调查统计，1953 所农村寄宿制学校中，已配备生管人员 4224 人，校医 562 人。详见表 7。

表 7　福建省农村寄宿制学校配备生管人员、校医情况

设区市	调查县市区数	农村寄宿制学校数	寄宿生数	配备生管人员数	配备校医数
福州市	8	207	25397	359	92
厦门	3	19	2651	28	18
漳州	11	238	29210	404	23
泉州	7	329	38644	521	90
莆田	5	64	14178	86	11
龙岩	7	348	58129	809	49
宁德	9	215	21176	419	131
三明	12	259	54977	1012	33
南平	10	274	48072	586	115
小计	72	1953	292434	4224	562

4. 多渠道解决布局调整后产生的交通问题

在 20 世纪七八十年代，村村办学校，农村子弟上学基本上不出村，交通不成问题。撤点并校后，跨村上学现象比较普遍，客观上产生了学生"上学远"的问题。近年来，各级政府对布局调整后连带产生的交通问题逐步引起重视。南平市延平区峡阳镇从 2008 年初开始，采取"三个一点"（即村里补一点、个人出一点、车队优惠一点）的办法，推广"学生周末班车"，惠及近 700 名寄宿生。三明市积极推广周末学生班车，共开通 196 条线路，投入客运车辆 310 辆，受益农村学生达 1.5 万名。2010 年初，福建省教育厅、公安厅、建设厅、交通厅等单位联合做出决定，推广三明市周末学生班车的做法。全省以五种方式来推行周末学生班车，努力消除学生上学途中的交通安全隐患。（1）周末增加客运班次，解决学生回家返校乘车难题；（2）延长客运线路，保障偏僻乡村的学生可以乘坐安全车辆；（3）由学校调整放学时间，组织周末回家的学生分流乘车；（4）由学校向旅客营运企业租用客运车辆，专门用于接送周末学生；（5）鼓励旅客营运企业购买车辆，专门开辟周末学生班车线路，解决学生周末乘车难和乘车安全问题。为加强学校校车安全管理，福建省各级教育、公安等部门切实做好校车排查登记工作。据 2011 年上半年统计，全省学校校车 3169 辆（其中民办学校 3055 辆、公办学校 114 辆）。从 2011 年 7 月开始，福建省教育厅与公安厅、交通厅联合开展 150 天的校车和校园周边道路交通安全整治行动，全省共排查各类中小学幼儿园 13662 所、校车 2483 辆（其中专用校车 124 辆，非专用校车 2359 辆），社会集中接送学生车辆 1354 辆，清理不合格校车 686 辆，完善校园周边道路交通设施 5770 处。由于各级政府重视布局调整后寄宿生的交通问题，近几年福建省农村寄宿生交通安全方面基本上没有发生重大事故。

5. 积极稳妥做好闲置校产处置工作

布局调整后，出现了一批闲置校产，各地采取务实措施，对闲置校产进行妥善处置，努力使闲置校产首先姓"教"，并在加强社会主义新农村的文化、卫生网点建设中发挥积极的作用。如漳州市云霄县自 2008 年起对全县闲置农村学校进行分类评估、处理，在教育部门、学校、村级三方一致同意的前提下，根据"偏远的赠予村集体用于公益事业、交通便利且有商业利用价值的统一挂牌拍卖筹建新学校"的惠农原则进行闲置校产的处置。对确实需要调整的学校，将其调整后的教育资源主要用于举办农村学前教育或农村文化教育等机构，对于确实闲置下来的校舍，交由县级教育行政部门，通过拍卖或合法转让等方式，统一处置，处置所得收益均就地全额用于相应乡镇的农村学校标准化建设，在破解农村校产产权分割难题上创造了经验。据72个县问卷调查的情况看，这72个县共有闲置校产334.38万平方米，其中改办幼儿园的有26.13万平方米、占7.82%，改作教师周转房的有1.12万平方米、占0.34%，改作文化站的有14.76万平方米、占4.42%，改作村部有的146.12万平方米、占43.40%，改作医疗站的有0.84万平方米、占0.25%，公开拍卖的有4.29万平方米、占1.28%，未处置的有141.11万平方米、占42.20%。详见表8。

表8　福建省农村学校闲置校产处置情况分析

单位：平方米

地　区	抽查县	闲置校产总数	处置情况						
			改作幼儿园	改作教师周转房	改作文化站	改作村部	改作医疗站	拍卖	未处置
福　州	8	654301	37654	0	1784	221164	409	6750	386540
厦　门	3	31554	18803	0	0	7361	0	0	5390
漳　州	11	432045	25346	3200	8245	183822	4986	10492	195954
泉　州	7	738915	78062	1840	56024	142254	2611	4588	453536
莆　田	5	101600	23495	3517	240	28106	300	2710	43232
龙　岩	7	345004	14548	1016	26177	196264	90	6507	100402
宁　德	9	369980	4852	0	1276	279300	0	0	84552
三　明	12	405620	42390	1617	2758	279748	0	1908	77199
南　平	10	264802	16184	0	51144	123152	0	9990	64332
合　计	72	3343821	261334	11190	147648	1461171	8396	42945	1411137

二　2008~2010年全省农村中小学布局调整出现的新情况新问题

从总体上看，福建省农村中小学布局调整工作积极稳妥、有序有效进行。但在农村中小学新一轮布局调整中，也出现了一些新情况新问题，值得引起注意。

1. 在新一轮布局调整中，有的偏远地方因学校整合造成农民子女上学远、上学难的问题

义务教育法规定，义务教育阶段学生就近入学。但在农村一些地区，布局整合后确实造成地处偏远乡村学生上学远的问题。例如调查组抽查宁德市 47 个省定扶贫挂钩村，这些村大多数地处偏远地区。2001 年至 2011 年共整合小学 15 所，其中人口在千人以上的有 7 个村的小学被整合。布局调整后，距中心校 11 公里以上村庄有 7 个。详见表 9。

表 9　宁德市省定扶贫挂钩村办学情况调查

2001~2011 年已整合学校数	村庄距中心校距离				
	5 公里内	6~10 公里	11~15 公里	16~20 公里	20 公里以上
15 所	2 所	6 所	1 所	5 所（2008 年后整合 2 所）	1 所（蕉城区洪口乡吉垅村，2005 年整合）

表 9 反映距中心校 26 公里的蕉城区洪口乡吉垅村，村小学于 2005 年被撤并，当时在校生有 30 人，教师 4 人。由于修建水库移民、人口外流等原因，洪口乡吉垅村小学被撤销，目前吉垅村学生都集中到霍童镇或蕉城区上学。由于距离远，孩子无法步行上学，家长在孩子就读乡镇或市区租房子照顾。村民反映，对学校撤并只能用"无奈"表示。学校撤并了孩子要出远门去上学，增加家庭负担；学校不撤并师资不够，一个老师既教语文，也教数学，英语、计算机课没法开设，体、音、美等课更别提。老师在偏僻山村教书不安心。家长们感到孩子放在这样的学校里学习太差了，还是辛苦些送孩子到中心校上学心里踏实。

2. 校车问题日益突出

因布局调整，客观上造成一些乡村学生上学远，交通问题日益凸显。尽管近年来各级政府及有关部门采取一系列措施解决学生周末班车的问题，但交通上还存在两个比较难解决的问题：一是学生周末班车覆盖面还不广。三明市是做得较好的地区，据调查，三明市农村寄宿生近 5.5 万人，通过周末班车解决交通问题的有 1.5 万人，仅占 27.27%。也就是说，仍有大部分的寄宿生交通自行解决。其他市推行周末班车比例都不高。特别是被整合学校大多数是偏远村庄学校，这些村庄的村民散居在山村老屋里，学生周末班车很难通达。二是学生上学存在较大安全隐患。据 72 个县抽查，学生上学主要采取步行、家长接送、包车接送、骑车往返、自行搭车等渠道，分别占74.47%、17.15%、3.35%、3.37%、1.57%，存在较大安全隐患。

3. 寄宿制学校配套设施未配套到位

布局调整后，因上学远，产生了大量的寄宿生。根据 72 个县调查数据，2011 年全省农村义务教育阶段共有寄宿制学校 1953 所，寄宿生292434 人。近几年来各级政府大力加强寄宿制学校建设，要求寄宿制学校要达到"四个有"[①]。但仍有一部分寄宿制学校容量不足。据 72 个县的问卷调查情况看，共有农村寄宿制学校 1953 所，各县自报认为容量不足的学校有 926 所，需改扩建寄宿生宿舍面积 87.37 万平方米、寄宿生食堂41.35 万平方米。详见表 10。

表 10　福建省农村寄宿制学校容量情况

单位：平方米

市别	需改扩建宿舍面积				需改扩建食堂面积				需改扩建教师周转房面积			
	总数	初中	中心校	完小校	总数	初中	中心校	完小校	总数	初中	中心校	完小校
福州	60250	34550	20300	5400	45470	24500	16050	4920	142280	82900	42280	17100
厦门	2018	0	1838	180	946	0	556	390	185	0	0	185
漳州	199088	113463	43668	41957	88054	53857	16129	18068	337112	163833	135490	37789
泉州	140072	96750	19900	23422	65700	46168	7790	11742	138338	99427	14600	24311
莆田	69404	63834	5009	561	23998	20792	2972	234	85024	60466	6358	18200
龙岩	98681	62041	26619	10021	29181	11943	11777	5461	275811	117913	99810	58088
宁德	119557	87457	26900	5200	66644	40804	17240	8600	13850	0	0	13850
三明	124312	46220	69744	8348	63200	26618	30379	6203	312861	129002	175603	8256
南平	60345	24365	23268	12712	30285	8541	14418	7326	248793	89332	133671	25790
合计	873727	528680	237246	107801	413478	233223	117311	62944	1554254	742873	607812	203569

在问卷调查中还了解到，目前仍有 467 所寄宿制学校未达到每个寄宿

---

① 有食堂、有床铺、有桌椅、有卫生间。

生一张床，259 所寄宿制学校食堂餐厅还未配齐餐桌椅。详见表 11。

表 11　福建省农村寄宿制学校设施设备情况

市　别	寄宿制学校总数	寄宿生每人一张床学校数	食堂配有餐桌椅学校数	其中农村初中寄宿制学校			其中农村小学寄宿制学校（含中心校和完小校）		
				总学校数	每人一张床学校数	配有餐桌椅学校数	总学校数	每人一张床学校数	配有餐桌椅学校数
福　州	207	227	233	128	129	130	79	98	103
厦　门	19	20	31	12	13	22	7	7	9
漳　州	238	215	189	104	96	83	134	119	106
泉　州	329	166	233	175	68	97	154	98	136
莆　田	64	51	62	48	41	51	16	10	11
龙　岩	348	193	275	115	75	101	233	118	174
三　明	215	188	182	110	106	107	105	82	75
南　平	259	162	232	106	68	93	153	94	139
宁　德	274	264	257	109	109	108	165	155	149
合　计	1953	1486	1694	907	705	792	1046	781	902

4. 生管人员、校医配备严重不足

福建省政府批转省教育厅《关于进一步完善中小学布局调整实施意见》的通知明确要求，2011 年秋季前寄宿制学校足额配齐生管人员。问卷调查统计显示，1953 所农村寄宿制学校共配备生管教师 4224 人，平均每百名寄宿生配生管老师 1.44 人，低于教育部要求每 100 名学生配生管老师 2 人的要求；配备校医的学校有 562 所，仅占寄宿制学校 28.78%，共配备校医 608 人。详见表 12。

表 12　福建省农村寄宿制学校配备生管老师、校医情况

市别	农村寄宿制学校				农村学校配备生管教师情况						农村学校配备校医情况					
	总数	其中初中校数	中心校数	完小校数	初中校		中心校		完小校		初中校		中心校		完小校	
					教师总数	生管教师数	教师总数	生管教师数	教师总数	生管教师数	配备校医校数	配备校医人数	配备校医校数	配备校医人数	配备校医校数	配备校医人数
福州	207	128	55	24	9214	227	6892	96	6993	36	72	76	20	21		
厦门	19	12	2	5	1669	19	584	5	1588	14	14	15	4	4		
漳州	238	104	49	85	9288	252	5155	65	10667	87	9	14	5	5	9	9
泉州	329	175	51	103	11072	335	4520	81	12448	105	62	67	13	13	15	3

续表

	农村寄宿制学校				农村学校配备生管教师情况						农村学校配备校医情况					
					初中校		中心校		完小校		初中校		中心校		完小校	
	总数	其中初中校数	中心校数	完小校数	教师总数	生管教师数	教师总数	生管教师数	教师总数	生管教师数	配备校医校数	配备校医人数	配备校医校数	配备校医人数	配备校医校数	配备校医人数
莆田	64	48	7	9	3658	62	887	15	3183	9	10	15	1	1		
龙岩	348	115	110	123	5789	279	6096	326	2553	204	28	46	21	21		
三明	215	110	65	40	6464	237	7191	139	2684	43	72	72	58	60	1	1
南平	259	106	122	31	7633	491	7950	469	1091	52	16	17	17	18		
宁德	274	109	98	67	5859	233	6308	283	2170	70	45	59	42	43	28	28
合计	1953	907	559	487	60646	2135	45583	1479	43377	610	328	381	181	186	53	41

5. 客观上增加了群众生活负担

在调查中了解到，布局整合后，寄宿生生活开支、交通费开支每月需200~300元。其中生活费开支在200元左右，交通费开支为30~50元。农村群众反映，孩子在家里，吃饭只要多放一把米，住在学校毕竟不一样，再省每月也要两三百元钱，还有来回车费。尽管近几年政府对寄宿生实施生活补助，但边远地区农村群众仍然感到有经济负担。

6. 农村留守儿童的教育问题

从72个县的调查情况看到，农村义务教育阶段学校有留守儿童232261人，其中相当部分留守儿童在学校寄宿。留守儿童教育本来就有很多缺失，寄宿生中的留守儿童的教育全部由学校承担，而很多学校又未配齐生管老师和校医，他们的生活教育、亲情教育存在较大缺失，对他们的身心健康成长有一定影响，甚至造成辍学。据统计，农村学校辍学生达6652人。详见表13。

表 13　福建省农村学校留守儿童情况

	留守儿童情况				辍学情况			
设区市	总数	初中	中心校	完小校	总数	初中	中心校	完小校
福　州	30901	13247	12243	5411	655	655	0	0
厦　门	127	79	19	29	9	9	0	0

设区市	留守儿童情况				辍学情况			
	总数	初中	中心校	完小校	总数	初中	中心校	完小校
漳　州	39693	11168	9081	19444	1555	1535	6	14
泉　州	36410	12532	5789	18089	2004	2004	0	0
莆　田	14667	5251	4600	4816	201	201	0	0
龙　岩	33480	11678	15264	6538	471	471	0	0
宁　德	23366	10097	10195	3074	763	751	6	6
三　明	29058	11900	15457	1701	360	350	10	0
南　平	24559	9800	11938	2821	634	629	5	0
合　计	232261	85752	84586	61923	6652	6605	27	20

7. 校产处置问题

据统计，布局调整后，福建省农村出现了 3343821 平方闲置校产，已做处置的有 1932684 平方米，尚有 1411137 平方未做处置，占 42.2%。据了解，这些闲置校产，有的因产权不明晰难以处置，有的因地处偏远难以拍卖或利用。这些校产基本上无人看管。由于福建省地处沿海，自然灾害频发，长期无人看管养护的闲置校产很容易形成危房，如发生倒塌等事故。

三　对学校布局调整工作的反思与建议

福建省中小学新一轮布局调整工作取得了很大的成绩，虽然在布局调整中存在一些薄弱环节，但优化资源的工作不能因此停步。在城镇化继续加快、农村地区学龄人口继续减少的特殊背景下，一方面福建省仍要继续完善农村中小学布局调整工作，另一方面，要正视布局调整中出现的新情况新问题和存在的薄弱环节，与时俱进采取积极有效的措施予以解决。

1. 在布局调整中，要进一步注意把握好"七个原则"。

一是因地制宜、实事求是的原则。义务教育法规定，义务教育阶段学校学生就近入学。一所学校的辐射半径以 3 公里内为宜。福建省山区、平原情况差别很大。平原地区交通便利，适度整合集中办学，有利于优化教育资源配置，提高办学质量，要坚持因地制宜，成熟一所调整一所。在山区和边远海岛，则要充分考虑学生上下学的方便、交通安全等多种因素，该保留的教学点要予以保留，不能以生源多少而简单化决定学校是否要撤并。

二是以人为本、守住底线的原则。在布局调整中，既要考虑生源因素，也要充分考虑服务半径，要以方便学生就近入学、安全健康成长为底线。教育部 2010 年 11 月发布的《关于贯彻落实科学发展观教育部推进义务教育均衡发展的意见》要求，"对条件尚不成熟的农村地区，要暂缓实施中小学布局调整，自然环境不利的地区、小学低年级，原则上暂不撤并。"要认真落实教育部要求，坚持以人为本、守住底线，确保义务教育阶段学生安全健康成长。

三是尊重民意、民本取向的原则。布局调整要重视征求学生家长、当地乡镇政府、村委会的意见，尊重群众的知情权。要采取听证、协商、座谈等形式，向群众做好宣传解释、听取意见，避免工作简单化。群众超过三分之一以上持反对意见的应暂缓撤并，尽量把好事办好。

四是先建后撤、先办后撤的原则。在撤并学校之前，应对保留的学校先做好改扩建工作，确保整合后学校容量足够。并要对保留的学校先办好寄宿生宿舍、食堂，以及教学设施等后续事宜，不具备条件及未解决好后续问题的不予撤并，避免产生新的撤并校配套设施不足的问题。

五是保护边远、备案审批的原则。边远乡村学校、教学点的学生，是新形势下的弱势群体，需要地方政府、教育行政部门采取特殊政策予以保护和扶持。为了防止过度整合，建议建立边远乡村学校和教学点省教育厅备案和撤并审批制度，未经批准的不得随意撤并，以保护边远地区学生公平受教育权利。

六是稳步推进、留有余地的原则。据专家分析，未来 30 年，我国义务教育学龄人口规模及各阶段学龄人口规模都会下降，但这个过程并不是直线式的，将会呈现波浪式的起伏。从福建省"十二五"期间受教育阶段人口变动情况来看也是这样。详见表 14。

表14 "十二五"期间福建省各受教育阶段人口变动情况

单位：万人

年 份	人口数				
	学前教育阶段 （3~5岁）	小学教育阶段 （6~11岁）	初中教育阶段 （12~14岁）	高中教育阶段 （15~17岁）	高等教育阶段 （18~22岁）
2011	130.3	243.3	114.3	132.9	296.9
2012	130.9	246.5	116.0	121.9	271.7
2013	130.8	251.2	118.7	115.4	253.2
2014	131.6	254.6	119.0	114.3	237.3
2015	132.4	257.6	119.9	116.0	222.6

因此，福建省在规划义务教育学校整体布局时，既要根据义务教育不同阶段学龄人口变化的特点、城镇化的进程来调整教育资源，同时也要充分考虑学龄人口的波动，在学校布局调整工作中注意稳步推进、留有余地。

七是沟通合作、统筹兼顾原则。农村学校布局调整与社会主义新农村建设是同步进行的。在新农村建设中，文化部门要村村建设文化站、农家书屋，农业、科技部门要把科普工作延伸到各个村落，学校是乡村文化的根基，教育行政部门要主动与有关部门加强合作，统筹兼顾，做好农村学校布局调整工作。

2. 要把战略重心转到后续建设上

要适应经济社会发展和人民群众对教育需求，与时俱进，进一步完善中小学布局调整工作。下一阶段应把战略重心转到合并校的后续建设上。重点抓好以下三个方面工作。

一要加快完善寄宿制学校配套设施建设。要根据寄宿生数量，做好寄宿制学校配套设施改扩建工作。据72个县调查汇总，近几年仍需改扩建配套设施有87.37万平方米，建议各级政府结合实施"校安工程"，安排专项资金予以解决，努力解决好寄宿生每人有一张床，并有完善的食堂、餐厅。要努力消除因寄宿生宿舍容量不足、学生在校外租房增加经济负担的现象。在完善寄宿制学校配套设施的同时，要重视解决远途学生寄午膳问题。有的远途学生不寄宿但需要寄午膳，学校不能满足需求，只好到学校周边小吃店吃饭，既不卫生又加重负担。建议政府拨出专项经费帮助有需求的学校解决学生寄午膳的有关配套设施，解决远途学生寄午膳的问题。

二要抓紧配齐生管老师和校医。从调查了解的情况看，福建省农村寄宿制学校生管老师和校医缺口很大。必须在 2012 年底前，按照福建省政府文件要求配齐生管老师和校医，以加强寄宿生学习生活管理，保障学生身心健康发展。对配备校医有困难的寄宿制学校，建议与学校最近的乡村卫生站（所）建立联动关系，确保学生有病或有突发卫生事件时，乡村医生能像校医一样马上到位迅速处理。

三要对寄宿制学校安排专项补助经费。福建省从 2009 年起，免除农村寄宿生寄宿费。许多寄宿制学校反映，寄宿生宿舍管理费、修缮费、水电费，以及老师夜间辅导晚自习的加班费等无着落，实际上增加了学校的负担。长泰县对寄宿制学校按寄宿生每年生均 150 元拨付专项补助经费，建议各地推广长泰县的做法，根据财力状况对寄宿制学校实施生均专项补助。

四要统筹解决好教师宿舍问题。据永定县调查，全县有中小学教师5109 人，在校住宿的教师 1048 人，教师宿舍面积仅有 3058 平方米。建议福建省出台农村教师周转房建设办法，实施农村教师周转房建设工程，在资金上给予专项补助，以尽快改善农村教师住宿条件。

3. 重视解决布局整合后衍生的民生问题

布局调整后，衍生的民生问题主要有学生上学交通问题、营养问题、家庭经济负担增加等问题。

一是交通问题。要多渠道解决布局调整后客观上造成的农民子女上学远的问题。可通过推广校车、周末学生班车等解决学生上学交通问题。2012 年 1 月 12 日，苏树林省长在福建省第十一届人大第六次会议上的政府工作报告中提出"实施校车安全"，建议财政部门要安排专项资金，补助寄宿制学校实施校车安全，并对寄宿生乘坐校车或周末班车给予交通补助，乘车费给予全免，或最多按城市公交全程一次一元收费。

二是寄宿生营养改善问题。福建省级财政从 2008 年开始，对所有农村义务教育阶段寄宿生实施生活补助，对改善寄宿生营养、促进学生健康成长起了很好的作用。考虑到集中办学后，确实增加了百姓经济负担，且目前农村学生总体上营养状况不佳，建议省财政根据财力增长状况，逐年提高农村义务教育阶段寄宿生生活补助标准，进一步改善农村寄宿生的生活，减轻农民家庭经济负担。

4. 要采取积极措施扶持农村学校提高办学质量

我国是人口大国，又是一个以小农经济为基础的传统农业大国。农村中小学不可能都搬到城镇来办，必须有相当数量学校扎根农村。对不宜撤并的农村学校，应继续作为关注和建设的重点予以扶持。

一是实施小学乡（镇）域一体化办学。可由乡镇中心小学负责协调其区域内小学教育设施设备、师资调配、教学管理等，统筹乡（镇）域小学教育资源。对规模小的初小校和教学点，可通过老师走教、短期支教、校际交流等形式，实现教师资源共享共用，以有效解决学科专业教师紧缺不能开齐开足课程的问题。

二是对边远乡村学校、教学点采取特殊政策予以扶持。对边远乡村小学、教学点和初中，不能按照一般的教育成本和教师编制对待。要落实省政府 2008 年下发的《关于进一步加强中小学教师队伍意见》的要求，对"在校生 31 ~ 200 人的学校按班师比 1∶1.7 配备教师，在校生 10 ~ 30 人的至少配备 2 名教师，在校生 10 人以下的配备 1 名教师。"并要增列专门的经费，派遣较强的师资予以扶持。

三是积极探索和推进小班化教学。对于不能撤并的小校和教学点，教育行政部门要积极探索和推进小班化甚至是微班化的教育教学实验，办好更加适合农村孩子需要的教育，努力提高教育质量。

5. 积极做好闲置校产的处置工作

从 72 个县区调查摸底中了解到，全省农村有 334 万平方米闲置校产，已处置 193 万平方米，还有 141 万平方米未做处置。其中一个重要原因是校产归属有争议。因此在处置校产中，要尽量考虑各方都能接受的处置办法，比如可将闲置校产用于举办学前教育、成人教育等乡村教育事业，以减少产权纠纷，实现教育资产保值增值。此外，还可将闲置校产用于办乡村文化站、农家书屋或卫生所、村部、老人活动中心等公益事业，尽量让闲置校产不闲置。但用于非教育的校产，应做好手续移交，避免教育部门未使用又担责的问题。

课题组成员：赵素文　君雪梅　张承生　刘培钦

执　　笔：赵素文

福建省县级教师进修学校建设研究

教师是教育事业发展的基础，有好的教师，才有好的教育。《国家中长期教育改革和发展规划纲要（2010~2020）》把加强教师队伍建设放在教育发展保障措施的首位，提出要完善培养培训体系，提升教师素质，努力造就一支师德高尚、业务精湛、结构合理、充满活力的高素质专业化队伍。《国务院关于加强教师队伍建设的意见》提出，建立教师学习培训制度，大力提高教师专业化水平。县级教师进修学校作为中小学教师培养培训的基础机构，承载着最大量、最直接的教师培训任务。县级教师进修学校的建设，直接关系中小学教师素质的提升，关系基础教育的教学质量。

福建省有中小学7700多所，中小学教师30.5万多人。全省中小学教师的继续教育都送到师范院校培训不可能也不现实，由教育行政部门进行非专业管理有一定困难，全部由学校自行组织校本培训也有一定局限，因此，加强县级教师进修学校建设，充分发挥其在中小学教师继续教育中的作用显得尤为重要。

当前，基础教育改革发展的新课题，教师专业化发展的新要求，教育信息化的新平台，都给县级教师进修学校建设带来了新的机遇、新的挑战。本课题在对福建省县级教师进修学校建设现状及存在问题进行分析的基础上，提出对策措施。

一 福建省县级教师进修学校发展现状

县级教师进修学校作为我国教师教育体系中的重要组成部分，它的办学历史最早可到追溯新中国成立初期。20世纪50年代，福建省创办了50所县级教师进修学校，这些学校一般规模不大，师资水平也不高，内部设施不健全，但适应了当时小学教师专业水平提升和学历提高培训的需要，为新中国成立初期的基础教育事业做出了积极贡献。七八十年代，中小学校数量急剧扩张，教师队伍迅速扩大，教师学历水平大面积不达标，1990年福建省小学、初中、高中教师达标率分别为 72.15%、76.87%、58.97%。为适应师资水平提升的需要，各个县区相继都办起了教师进修学校。这一时期县级教师进修学校的主要任务是对广大小学教师进行学历补偿教育。90 年代后期，中小学教师学历基本达标，至 2000 年，全省小学、初中、高中教师学历达标率分别为 93.06%、94.74%、64.14%。由此县级教师进修学校工作逐步转到开展中小学教师提高培训上。由于县级教师进修学校的功能作用发生了变化，它所承担的任务由"硬任务"转向"软任务"，在这一过程中，县级教师进修学校一度被边缘化，许多进修学校工作萎缩，功能削弱，发展困难。

进入 21 世纪，为适应推进中小学课程改革和全面实施素质教育的需要，国家出台一系列政策措施加强县级教师进修学校建设。2002 年，教育部出台《关于加强县级教师培训机构建设的指导意见》；2005 年，教育部下发通知，开展示范性县级教师培训机构评估认定工作，2005 ~ 2007 年间，在全国范围内组织评估认定 150 所左右示范性县级教师培训机构；2009 年，《国家中长期教育改革和发展规划纲要（2010 ~ 2020 年）》提出"完善培养培训体系，做好培养培训规划，优化队伍结构，提高教师专业水平和教学能力"；2011 年 1 月，教育部发出《关于大力加强中小学教师培训工作的意见》，提出"充分发挥区县教师培训机构的服务与支持作用"；2011 年 11 月，教育部办公厅发出开展示范性县级教师培训机构评估认定工作的通知，2012 ~ 2015 年，在全国范围内组织评估认定 200 所示范性县级教师培训机构。国家层面的政策措施对县级教师进修学校建设带来了生机。福建省认真贯彻国家有关工作部署，近几年从加强中小学教师队伍建设出发，采取一系列措施加强县级教师进修学校建设，县级教师进修学校发展迎来了新的春天。当前，福建省县级教师进修学校发展具有以下特点。

（一）地位作用逐步显现

在世纪之交，县级教师进修学校从以中小学教师学历补偿教育为主，转向以开展中小学教师继续教育为主，在这一转变过程中，曾经有不少地方产生了还要不要保留县级教师进修学校的动议。县级教师进修学校处于"维持"状态。2008年，福建省人民政府从基础教育发展全局出发，做出加强中小学教师队伍建设的重要决策，专门发出《福建省人民政府关于进一步加强中小学教师队伍建设的意见》，强调在加强中小学教师队伍建设中，必须大力加强教师培训工作，加强县级教师进修学校建设。并提出"开展县级教师进修学校评估工作，'十一五'期间重点建设20所省级示范性县级教师进修学校，推动县级教师培训机构规范化建设"。省政府对教师培训工作、对教师培训机构的重视使县级教师进修学校走出了"边缘化"的困境。2011年颁发的《福建省中长期教育改革和发展规划纲要》明确要求，"加强教师培训机构建设，完善省、市、县三级培训网络"。省教育厅于2009年、2012年先后两次组织开展省级示范性县级教师进修学校评估工作。省教育厅还把县级教师进修学校建设纳入义务教育均衡发展县区的督导评估体系。近几年来，县级教师进修学校建设得到加强，地位和作用逐步显现出来。

一是从"可有可无"到"不可或缺"。2008年之前的一段时间里，不少地方视教师进修学校为"可有可无"的单位。2008年省政府召开教师队伍建设工作会议，并发出《福建省人民政府关于进一步加强中小学教师队伍建设的意见》，福建省各级政府和教育行政部门从加强中小学教师队伍建设、提高基础教育教学质量、办人民满意的教育的高度，重视加强县级教师进修学校建设，把教师进修学校作为教育事业的重要组成部分。县级教师进修学校反映，现在县域教育发展规划中有进修学校内容，教育工作部署中有进修学校要求，学校建设中有进修学校项目，督导评估中有进修学校指标，评先评优中有进修学校名额，进修学校成为教育事业"不可或缺"的组成部分。

二是从"可用可不用"到"依靠使用"。县级教师进修学校曾经经历了一段迷茫、彷徨，工作萎缩，对政府及教育行政部门来说成了"可用可不用"的单位。近几年来，通过加强县级教师进修学校建设，进修学校的功能作用大大加强，在基础教育改革发展规划制定、政策咨询、试点项目推进等方面，积极发挥教育行政部门的参谋助手作用；在教师培训、提升教师教育教学能力方面，积极发挥主阵地的作用；在教学研究、质量监测、提升基础教育质量等方面，积极发挥主力军的作用。政府及教育行政部门对县级教师进修学校的看法有了较大改变，越来越感到进修学校是教育行政部门抓教师队伍建设、抓基础教育教学的一支重要依靠力量。

三是从"可给可不给"到"倾斜留给"。近几年政府对进修学校工作的重视，促进了进修学校功能作用的逐步增强，有为有位，进而又促进政府及教育行政部门进一步加强进修学校建设。许多县级教师进修学校反映，过去在办学经费、学校建设、职称评聘、评先评优等方面，县级教师进修学校是"可给可不给"的单位，现在政府和教育行政部门给了更多的关爱和扶持，做到"倾斜留给"，对进修学校教职工鼓舞很大，感到在进修学校工作有干头、有奔头。

（二）办学条件明显改善

2008年《福建省政府关于进一步加强中小学教师队伍建设的意见》下发后，各地采取措施，大力加强进修学校建设，4年来，县级教师进修学校的办学条件有了明显改善。

一是校园占地明显扩大。县级教师进修学校一般占地面积都比较小，很多学校是"麻雀学校"。据2008年12月调查，全省84所县级教师进修学校总占地面积为557.13亩，平均每所占地6.63亩。4年来，各地认真贯彻落实全省教师队伍建设工作会议精神，在中小学布局调整中，采取校园资源置换的方式，以小换大、以近换远；采取"腾笼换鸟"的方式，将中小学布局调整后闲置的校舍用于改善进修学校办学条件；采取统筹规划科学布点的方式，实现与相关教育单位资源共享共用，扩大有限办学空间。截至2012年4月统计，全省84所县级教师进修学校总占地面积为890.96亩，平均每所占地10.6亩，比2008年增加了3.97亩。其中占地15亩以上的有9所，占总数的10.71%。10~15亩的有13所，占15.4%。

二是校舍面积有所增加。据2008年12月的调查，84所县级进修学校校舍建筑面积达293066平方米，截至2012年4月，84所县级教师进修学校校舍建筑面积达362195平方米，比2008年增加69129平方米；平均每所校舍建筑面积达4311平方米，比2008年增加821平方米。特别是前几年多媒体教室、计算机教室、综合实验室等专用教室不足的状况得到了改善。详见表1。

表1 福建省县级教师进修学校校舍及设施情况

年 份	建筑面积（平方米）	普通教室（间）	多媒体教室（间）	计算机教室（间）	心理实验室（间）	图书资料室（间）	电子阅览室（间）	多功能报告厅（间）
2008	293066	426	165	101	19	76	18	57
2012	362195	437	201	129	35	84	75	67

三是设施资源有所改善。县级教师进修学校普遍存在设施设备破旧，资源配置严重不足的状况。经过近几年的补充、改善，设施设备与资源状况有所改善。详见表2。

表2 福建省县级教师进修学校设施资源情况

年 份	拥有计算机（台）	配备摄录播放设备（套）	为本地区网络体系服务（所）	图书阅览室总藏书（册）	音像资料总量（学时）	电子图书种数
2008	6407	85	61	1087711	46863	
2012	6266	98	65	1417936	135716	1359689

（三）教师队伍建设得到加强

县级教师进修学校教师队伍经过近几年的调整、补充，整体素质有较大提升。

一是专业教师年龄结构趋于合理。现有专任教师2416人，大部分是年富力强、工作经验丰富的教师。46～55岁的有1126人，占46.6%；36～45岁902人，占37.3%；55岁以上212人，占0.08%；35岁及以下176人，占0.07%。具体情况详见表3。

表3 福建省县级教师进修学校专任教师年龄结构情况

单位：人

教职工总数（含校级领导）	专任教师	行政后勤	专任教师					
			男	女	55岁以上	46～55岁	36～45岁	35岁及以下
3068	2416	303	1314	1102	212	1126	902	176

二是职称、学历有所提高。现有专任教师的高级职称比例为44.49%，

较之 2008 年的 37.8% 提高了 6.69 个百分点；大学本科以上学历占
70.6%，比 2008 年的 52.9% 提高了 17.7 个百分点。详见表 4、表 5。

表 4　福建省县级教师进修学校专任教师职称情况

单位：人

年　份	专任教师	高级职称	中级职称	初级职称	无职称
2008	2526	957	1334	216	19
2012	2416	1075	1173	146	22

表 5　福建省县级教师进修学校专任教师学历情况

单位：人

年　份	专任教师	研究生及以上	大学本科	大学专科	高中、中专及以下
2008	2526	22	1315	901	288
2012	2416	48	1658	592	117

三是名优教师比例逐步扩大。进修学校的教师，是"老师的老师"。
近几年各地注意引进、补充特级教师、县级以上学科带头人和教学经验丰
富的名优教师担任县级教师进修学校专任教师，使进修学校教师队伍素质
较之 2008 年有了较大提升。详见表 6。

表 6　福建省县级教师进修学校专任教师教学经历情况

单位：人

年　份	专任教师	特级教师	省市级学科带头人	县级以上骨干教师	教学经历			
					16 年以上	11~15 年	6~10 年	5 年以下
2008	2526	48	62	647	1703	466	218	88
2012	2416	41	239	1305	1680	428	208	100

从表 6 看出，2012 年专任教师中省、市级学科带头人 239 人，占专任教师
总数的 9.8%，比 2008 年的 2.4% 上升了 7.4 个百分点；县级以上骨干教师
1305 人，占专任教师总数的 54%，比 2008 年的 25.6% 上升了 28.4 个百分点。

四是学科分布状况有所改善。县级教师进修学校主要开展义务教育阶
段教师培训和教研工作，教师配备也主要集中在义务教育阶段。2012 年与
2008 年比较，教师学科分布状况有所改善。详见表 7。

表 7　福建省县级教师进修学校义务教育阶段专任教师学科分布情况

单位：人

年份	语文	数学	外语	历史	地理	科学	生物	物理	化学	体育
2008	83	82	79	48	45	41	38	68	68	55
2012	475	406	173	45	35	27	36	73	76	66

年份	艺术	音乐	美术	思想品德	历史与社会	品德与生活	品德与社会	信息技术	综合实践	心理健康	通用技术	政治
2008	22	53	45	63	20	43	45	63				
2012		56	46	41				86	21	51	5	88

注：表中2008年数据为学校数（所），2012年数据为教师人数。

　　表 7 中 2008 年、2012 年的数据采集虽然口径不一致，但从县级教师进修学校教师配备上进行具体分析，各校除了语、数、外三个学科会配备多名教师，其他学科一般只配备一名教师。由此可以看出，近几年县级教师进修学校更加注意各个学科教师均衡配备，特别是有 51 所学校配备了心理健康专任教师，21 所学校配备了综合实践教师。

　　五是兼职教师队伍更加优化。2012 年福建省县级教师进修学校共配备兼职教师 2297 名，比 2008 年的 1672 名增加 625 名。兼职教师主要来自中小学骨干教师、高校或科研部门，其中相当部分是特级教师、县级以上骨干教师。详见表 8。

表 8　福建省县级教师进修学校兼职教师来源情况

单位：人

年　份	兼职教师总数	来自义务教育学校	来自高中校	来自高校及科研部门	特级教师	省市学科带头人	县级以上骨干教师
2008	1672	1067	405	140	59	155	795
2012	2297	1506	413	262	71	190	1305

　　目前，县级教师进修学校专兼职教师比例接近 1：1，为县级教师进修学校开展培训、教研提供了坚强的人力保障。

（四）培训管理质量不断提升

　　近几年，在国家级、省级示范性县级教师进修学校的引领带动下，县级教师进修学校进一步加强培训管理，积极推进培训内容与形式的改革创新，培训总体水平不断提升，出现了"四个注重"的新气象。

一是在培训内容上，注重专业性、针对性、系统性。在以往的教师培训中，普遍存在分类分岗不明晰，讲宏观、讲抽象空洞的理论多的现象，受训教师感到枯燥无味，离教学实践较远。近几年，县级教师进修学校开始注重适应教师专业发展，开展有针对性、系统性的培训。如厦门湖里区进修学校根据教师队伍中新教师占大多数、骨干教师严重不足的情况，开展教师培训需求调研，实施"抓两头、促中间"的培训策略，对新教师和骨干教师进行不同内容的有针对性、系统性培训。2006年以来新进的605名教师，通过连贯性的精心培养迅速成长，有的已经成为学校骨干教师。目前湖里区2160个中小学教师，有市级以上各类骨干教师278人、区级骨干教师532人，改变了湖里区形不成骨干教师队伍的状况。

二是在培训形式上，注重灵活性、多样性、开放性。传统的培训形式更多地类似于"应试教育"下的课堂教学模式，由培训者"满堂灌"。近几年来，各地进修学校积极进行培训形式的改革创新，注意采取灵活多样的培训形式，受到广大教师的欢迎。如闽侯县在培训模式上，积极探索研训结合、联片送培、名师讲坛、任务驱动、课题拉动、导师带培、异地培训、挂职研修等八种形式，在组织形式上，尝试自主式、自选式、统筹式三种方式，提高了培训针对性、实效性，深受一线教师欢迎。

三是在培训手段上，注重面授与网授"两翼齐飞"。传统的培训基本上是采取集中统一面授的方式，时空安排上缺乏弹性。在教育信息化推进过程中，县级教师进修学校开始注意运用网络手段，开展网上研训工作。如晋江市教师进修学校2009年建立教师研修网，开通了远程培训管理平台、视频教研平台、教师研修平台、博客群组、教研QQ群等，组织中小学教师开展网络研修活动，一线教师不受时空限制，自由灵活地参加研修，取得良好效果。据统计，全省84所县级教师进修学校中，已有77所运用现代信息技术手段开展远程网络培训，2011年远程网络培训中小学教师12.7万人次。

四是在培训管理上，注重科学性、规范性。培训管理是对培训目标、培训内容、培训过程等进行有目的的控制的各种职能活动。近几年来，县级教师进修学校注重加强培训过程的科学性、规范性管理。（1）建立目标机制。全省84所县级教师进修学校，全部建立了明确的目标责任制和规章制度。（2）建立师资队伍管理机制。全省有81所县级教师进修学校建立了明确的师资队伍建设目标和管理机制，绝大部分教师都制定了个人进修提高规划。（3）建立教师培训质量监控机制。有77所县级进修学校建立了教师培训质量监控、检查、评估制度，占县级进修学校总数的91.6%。（4）建立师训效果考核机制。有80所进修学校建立了教师培训效果反馈、改进和考核机制，占县级进修学校总数的95.2%。（5）建立培训档案信息化管理机制。有54所县级教师进修学校建立了本辖区中小学教师培训档案，实行计算机信息化管理，占县级进修学校总数的64.2%。（6）建立培训学分管理机制。有67所县级进修学校建立了中小学教师培训学分登记和管理制度，占县级教师进修学校总数的79.7%。

（五）相关资源适当整合

《教育部关于加强县级教师培训机构建设的指导意见》要求，"积极推进县级教师进修学校与县级电教、教研、教科研等相关部门的资源整合与合作，优化资源配置，形成合力，努力构建新型的现代教师培训机构"。近几年，在政府及教育行政部门的积极推动下，福建省县级教师进修学校与相关部门资源整合及合作取得新的进展。

一是与县级教研部门资源整合，形成真正意义上的"研训一体"。全省84所县级教师进修学校，已有74所进行了培训和教研机构的整合，占县级教师进修学校总数的88%。有10所进修学校与教研机构分设，占12%。实践证明，县级教师进修学校实行"研训一体"的资源整合模式，能够最大化地统筹使用优质师资资源，开展"教研问题化、问题专题化、专题课题化、课题课程化"的研训活动，可以收到更好的研训效果。

二是与县级教研、电教机构之间的资源整合。据统计，全省有26所县级教师进修学校实行培训、教研、电教三个机构的实质性整合，占县级教师进修学校总数的30.95%。电教与研训机构的整合，使电教资源采集上更具先进性与针对性，并能更好地服务培训与教研工作。

三是与县级教研、科研、电教、电大等相关资源整合。为加强进修学校的基础能力建设，全省有10所县级教师进修学校实行县级教研、科研、电教、电大等相关资源整合，占县级教师进修学校总数的11.9%。

四是与高等学校、教科研等机构开展联合或合作等多种形式办学。在构建开放灵活的教师终身学习支持服务体系的大背景下，福建省县级教师进修学校在与县级相关部门进行资源整合的同时，积极开展与高等院校、科研机构的联合与合作。据了解，全省84所县级教师进修学校都与高等院校进行了有关合作，努力建设上联高校、下联中小学的区域性教师学习与资源中心。

（六）实体功能有效发挥

近几年来，县级教师进修学校按照"小实体、多功能、大服务"的原则，积极发挥五个方面功能作用，促进单一的进修培训向构建教师专业成长支持服务体系转变。

一是培训功能。培训是进修学校的主要功能之一。2011年，福建省84所县级教师进修学校开展了新教师培训、骨干教师培训、全员培训、新课程培训、教育技术能力培训、中小学校长培训等十多个项目的培训，共计培训中小学教师、校长495475人次。在开展培训的同时，还开展了学历提高培训工作，有39所进修学校承担中小学教师学历提高培训，参加学历提高培训的教师有8647人。

二是教研功能。县级教师进修学校为了搞好中小学教师培训工作，都十分重视开展教学研究，特别是有近九成进修学校直接负有教研职能，他们把教研科研作为进修学校的主功能之一。进修学校教师、教研员经常深入一线课堂听课评课，开展教学质量监测、分析、评估等工作，并注意总结、探讨新课程改革中的新情况、新问题。据统计，近3年，县级教师进修学校参与设区市以上课题研究有1751个，有310人获省级以上教育科研奖。近3年在公开刊物上发表科研成果的有1860人，发表文章3332篇、出版专著87本。

三是指导功能。县级教师进修学校积极发挥在本地区基础教育改革发展中的指导作用。2011年，福建省组织实施教育改革十大项目，其中涉及基础教育改革的有推进素质教育改革、义务教育均衡发展改革、中小学教育教学改革、考试招生制度改革、中小学教师管理体制改革等五大类共

168 个项目，县级教师进修学校都参与改革项目咨询指导工作，其中有 13 所县级教师进修学校直接承担试点项目。建瓯市教师进修学校指导的"先学后教、自主互助"教改试点项目、厦门湖里区进修学校承担的"先学后教、反馈矫正"教改试验项目、南靖县进修学校承担的"学导式"课堂教学改革等已取得可喜成果。

四是咨询功能。县级教师进修学校积极发挥政府和教育行政部门的参谋部、智囊团的作用，为政府和教育行政部门抓教育献计献策。据统计，2011 年，县级教师进修学校为县级以上政府及有关部门提供政策咨询建议或咨询报告达 620 份（个），其中被政府及有关部门采纳的有 408 个。如厦门市湖里区教师进修学校根据本区教育面临量的迅速扩张与质的提升的双重压力，向区教育局提出抓基础教育发展坚持"三个必须""三个千方百计"的意见与建议，得到区教育局的重视并采纳，对推动湖里区教育改革与发展、提升教育质量发挥了积极效用。

五是服务功能。县级教师进修学校积极开展为教育行政部门服务、为中小学服务、为社会服务工作。据了解 2011 年有 78 所进修学校指导帮助所在县区中小学建立了校本研修制度，有 81 所进修学校经常组织专兼职教师到中小学开展教育教学活动指导。全省县级教师进修学校专兼职教师到中小学及幼儿园开公开课 1791 次，指导一线教师开展课题研究 2554 个。有 50 所进修学校为所在社区（乡镇）提供学习资源，开展各类培训活动，2011 年共办各种类型培训班 1770 个（次），培训社会人员 286803 人次，为构建学习型社会做出了积极的贡献。

二 福建省县级教师进修学校发展中存在的问题

2008 年福建省教师队伍建设工作会议之后，县级教师进修学校建设有了较大发展，在为提升中小学教师队伍素质服务、为基础教育改革发展服务中做出了积极的贡献。但是，面对基础教育改革发展的新形势、中小学教师队伍建设的新要求、教师培训工作发展的新趋势，福建省县级教师进修学校发展中还存在一些问题，突出表现在以下五个方面。

（一） 基础设施虽有改善，但离规范要求还有差距

县级教师进修学校开展研训工作，需要有一定的校舍条件和培训条件。近几年福建省县级教师进修学校的基础设施得到了较大的改善，但距离"国标"还有相当差距。

1. 从校舍条件方面进行分析

2011 年教育部办公厅印发的示范性县级教师培训机构标准，对县级教师培训机构占地面积、建筑面积分别提出具体要求。详见表 9。

表 9　教育部制定的县级示范性教师培训机构校舍条件标准

教职工总数	占地面积	建筑面积
5000 人以下	不低于 10 亩	5000 平方米以上
5000 ~ 8000 人	不低于 15 亩	7000 平方米以上
8000 人以上	不低于 20 亩	10000 平方米以上

教育部的评估标准还对培训容量做了规定，县级教师培训机构校舍和配套生活设施能同时承担 300 人以上专项集中培训，具备计算机网络教室、多媒体教室、多功能学术报告厅、心理健康辅导室、图书资料室等专业教室，能满足本地区教师培训的需要。专业设施标准不低于省级示范高中的水平。

对照教育部的标准，福建省县级教师进修学校在校舍条件上还存在一定差距。

一是在占地面积上不达标的居多。全省 84 所县级教师进修学校总占地面积 890.96 亩，平均每所占地 10.6 亩。但做具体分析，占地面积在 10 亩以上的 22 所，占 26.2%，占地面积 10 亩以下的 62 所，占总数的 73.8%。也就是说，有七成多的县级教师进修学校在校舍条件上未达到教育部规定的最低档次（全县教职工总数 5000 人以下的占地面积不低于 10 亩）的要求。其中占地 5 亩以下的有 31 所，占 36.9%。占地 2 亩以下（含由于拆迁目前租借校舍的）有 13 所，占 15.47%。

二是在建筑面积上总体低于最低限标准。全省 84 所县级教师进修学校，建筑总面积 362195 平方米，平均每所 4311 平方米，从总体平均上低

于教育部规定的最低档次建筑面积达 5000 平方米以上的要求。其中有 55 所进修学校建筑面积低于 5000 平方米，占 65.4%。有 19 所进修学校建筑面积低于 2500 平方米，占 22.62%。华安县进修学校建筑面积仅 665 平方米。

三是在培训容量上三分之二学校低于标准。全省县级教师进修学校可以一次性容纳 28980 人培训，平均每所 345 人，从总平均上超过教育部规定标准。但具体进行分析，培训容量一次性可容纳 300 人的只有 28 所，仅占 33.33%。永泰、沙县、明溪、建宁、将乐、延平、古田、长汀等县区进修学校，一次性容纳培训人数仅在百人以下。

四是专业教室严重不足。教育部要求县级教师进修学校专业设施标准不低于省级示范高中的水平。福建省县级教师进修学校与此标准有较大差距。详见表 10。

表 10　福建省县级教师进修学校专业教室配备情况

单位：间

专业教室	普通教室	计算机网络教室	多媒体教室	多功能学术报告厅	心健辅导室	图书资料室	电子阅览室	语音室	综合实验室
总　计	385	116	177	64	31	86	72	28	12
平均每所	4.58	1.36	2.08	0.752	0.36	1.01	0.847	0.329	0.14

从表 10 看出，目前有的县进修学校还没有多功能学术报告厅、电子阅览室、心健辅导室、语音室、综合实验室等。计算机网络教室平均每所仅 1.38 间。

2. 从培训条件方面进行分析

培训条件主要由设备设施、网络环境、图书音像、数字资源等构成。目前县级教师进修学校的培训条件总体上也存在差距。详见表 11。

表 11　福建省县级教师进修学校培训条件情况

项　目	教育部规定标准	全省配备总量	每所平均	备　注
1. 设备设施	每所配计算机不少于 150 台，配备视频投影、教学录播系统等设备	计算机 6266 台	74.5 台	与部颁标准差 75.5 台

项　目	教育部规定标准	全省配备总量	每所平均	备　注
2. 摄录播设备	配备教学录播系统	98 套	1.16 套	
3. 网络	建有内部局域网	71 个		有 13 所未建网站
4. 网络出口宽带	网络出口宽带不低于 10M	1198	14.26	
5. 图书藏书	3 万册以上	纸质 1417936 册 电子 1359689 册	16880 册 16186 册	
6. 报刊	不少于 80 种	1283 种	15.2 种	差距很大
7. 音像资料	不少于 1500 小时	135716 小时	90.47 小时	差距很大

特别是在教育现代化的大背景下，县级教师进修学校作为区域内教师学习与资源中心，信息技术装备条件理应要走在前列，但目前教师进修学校的信息技术装备相对薄弱。有 13 所进修学校未建立官方网站，有 25 所进修学校还没有专用网络出口宽带。进修学校的教学计算机配备数量也不充足，平均每所配备 74.5 台，数量上只有部定标准 150 台的一半。目前进修学校计算机网络系统能与辖区内的中小学相连接的有 69 所，还有 15 所无法与中小学相连接。具有支撑远程教育服务的设施设备专业技术人员和管理人员仅有 76 人，还未达到每校 1 人。

（二）师资队伍虽有加强，但要担当和支持中小学教师专业发展重任还需要进一步优化

进修校的教师是"老师的老师"，在思想政治素质、专业知识、专业能力上要求更高。特别教育部制定了中小学、幼儿园教师专业标准，对教师专业理念与师德、专业知识、专业能力等提出了新的要求。教师专业标准是教师培养培训的主要依据，要搞好教师专业素质的培训工作，要求进修学校教师要有更高的专业素质。近几年，福建省县级教师进修学校师资队伍总体素质有所提高，但在新形势下，要担当好教师专业发展的培训提高工作，还存在一些差距。

一是教师数量结构上不够合理。部定标准为专任教师一般不低于本地区中小学专任教师总数的 5%，教师总数 5000 人的不少于 40 名专任教师，学科配备齐全。目前全省县级教师进修学校专任教师总数为 2416 人，平均

每所 24.76 人，比部定低限要求 40 人少 15.24 人。进修学校学科教师配备不齐现象更为突出。据统计，目前除南安市进修学校外，各县（区）进修学校因种种原因，无法配齐各学科培训教师或教研员。特别是义务教育阶段非考试学科生物、科学、音乐、美术、综合实践、心理健康、通用技术等学科，配备培训教师或教研员更少。其中通用技术教师全省仅有 5 名、综合实践教师仅 21 名。进修学校教师总量不足、学科配备不齐，直接影响了区域内学科研训工作的开展。

二是教师学历职称上不够适应。部定标准要求 50 周岁以下专任教师100% 达到大学本科及以上学历，具有研究生学历和硕士、博士学位者达到 15%，并逐年提高；90% 以上教师具有中、高级职称，高级职称占 40%以上。对照这一标准，福建省县级教师进修学校教师学历、职称尚有差距。首先是专任教师学历偏低。全省进修学校教师中，大学本科以上学历的有 1706 人，占专任教师总数的 70.6%，其中研究生及以上学历的仅 48人，占 0.19%。大学专科以下学历的有 709 人，占 29.3%。职称和学历虽然并不能完全代表教师的理论水平和实际能力，但也能从一个侧面反映一个教师的理论功底和教育教学业务能力。从这个意义上说，县级教师进修学校教师理论功底和教学业务能力与所担当的任务相比还有一定的差距。

三是名师数量还不多。部定标准是具有特级教师称号或正高职称的专家型教师不低于专任教师数的 5%，主要学科地、市级及以上骨干教师每学科不少于 1 名。目前全省进修学校中特级教师仅 41 人，占专任教师总数的 0.16%。全省进修学校拥有省、市级学科带头人 239 名，占专任教师总数 0.98%，平均每所仅 2.84 名，与部定标准每学科不少于 1 名有较大差距。

四是培训者自身培训率、双向流动率偏低。县级教师进修学校的主要职能是开展培训与教研，作为培训者，要了解前沿理论，熟悉和了解中小学教学状况，了解基础教育改革有关精神，所以进修学校教师自身培训提高显得十分重要，与中小学教师的双向流动也十分必要。目前县级教师进修学校反映，培训者自身培训机会太少，进修学校教师与中小学教师的双向流动也"流"不动。主要是受到定岗定编等多种因素的限制，进修学校想要的教师进不来，要流动的教师出不去，造成进修学校教师脱离中小学教学实际的问题，直接影响了研训质量。

五是兼职教师队伍数量不够充足。教育部标准是兼职教师与专任教师的比例不低于 1.5∶1。目前全省进修学校兼职教师总数为 2297 名，与专任教师总数 2416 名相比，尚未达到 1∶1 标准。县级教师进修学校本身人才就比较匮乏，借助高等院校、科研单位的人才加强研训力量更显得重要。

（三）培训工作虽有改进，但与新形势要求相比还需要进一步改革创新

培训是进修学校的主功能，虽然县级教师进修学校近几年不断改进培训工作，但与新形势新任务要求比，还存在"三个不够适应"。

一是内容上不够适应。培训内容是保证培训质量的前提。县级教师进修学校，培训内容上普遍存在前沿性、针对性、整合性和动态性不够强的问题。（1）前沿性。县级教师进修学校由于自身的培训者队伍高职称、高学历的不多，特别是缺乏理论研究人才，同时又囿于经费紧张，难以延聘更多的省内外教育专家、名师来到培训班授课，所以在培训内容上，传播新知识、新理念、新方法、新成果等受到一定局限，对一线教师更新观念、创新教学方法做深层次的解读和高层次的指导显得不够。（2）针对性。县级教师进修学校因自身培训者队伍的原因，在针对基础教育课程改革中的重点、难点和热点问题进行培训方面有的显得力不从心。如县级教师进修学校教师来源多是小学、初中任教经历者，对高中课程改革指导与培训往往难以下手。对义务教育阶段课改教学的培训与指导，因大多数培训教师、教研员长期脱离一线教学，在培训中往往出现做通识培训的多，对重点、难点和热点进行有针对性的培训少的问题。许多中小学一线教师反映培训"不解渴"。（3）整合性。县级教师进修学校的培训内容与学科教学内容互相配合、互相渗透方面，存在"两张皮"的现象。比如教师教育技术能力培训，县级教师进修学校许多教师自身还未过好信息素养关，往往出现把教师教育技术能力培训简单化成教师信息技术能力培训，如何将教育技术能力与学科教学进行渗透、整合，目前普遍状况不够理想。又比如德育教育问题，如何针对学科教学特点，开展自然地融入爱国主义、社会主义核心价值体系教育的培训，也是需要研究与改进的问题。（4）动态性。处在不同学段、不同发展水平的教师有不同的需求，同一位教师在不同的发展阶段也有不同的需求，这就要求在培训内容上要把握好层次性和动态性，才能达到继续教育的目标。据了解县级教师进修学校目前在培训中，还不同程度地存在"大锅煮"的现象，因而造成培训针对性实效性不强的问题。

二是培训形式上不够适应。培训形式是影响培训质量的重要因素之一。培训效果不仅取决于培训内容，也取决于培训方式。在县级教师进修学校培训中，目前普遍存在"五多五少"的问题。一是满堂灌多、互动参与少。培训中往往是由授课教师一人从开始讲到结束，培训学员接受满堂灌，被动式接受培训，互动参与较少。中小学新课程改革强调落实知识与技能、过程与方法、情感态度价值观的"三维目标"，要求推行自主、互动、探索式的学习方式，中小学教师培训理应要在贯彻新课改理念上起示范作用，但一些进修学校培训方式仍旧是老一套，既影响了培训成效，也不利于培养受训教师贯彻实施新课改的能力。二是预定课程多、"菜单式"自主选题少。由于中小学教师培训大部分是提高式培训，培训的内容不是一成不变的，目前县级教师进修学校基本上没有一个完整的培训课程体系，加之县级教师进修学校各学科培训教师和教研员配备不足，使各学科培训中很难开出丰富的"菜单"供培训学员选择。目前县级教师进修学校相当程度上存在"因人开课"的问题，即有什么教师就开什么课，教师有备什么课就开什么课。由于大部分培训课程是预先设定的，不能由培训学员自主选择，按需"点菜"，因而在一定程度上影响了培训成效。三是课堂讲座多、情景培训少。中小学教师培训实践性很强，通过示范课、听评课等现场培训，可以有更好的培训效果。据向培训学员调查，大部分教师希望能到课堂观摩、听课评课，或是当名师的"影子教师"，接受情景式培训。但目前县级教师进修学校在情景培训方面组织推进不够，举办课堂讲座的传统惯性做法还比较多。四是研训脱节多、研训一体少。县级教师进修学校培训教师、教研员捕捉中小学教学中的重点难点问题的能力、将教学问题作为科研课题研究的能力、将科研课题研究成果转化成培训课程的能力都有一定的局限性，有的县级教师进修学校培训者与教研员分开设置，也影响了研训一体的推进，影响了培训成效。五是单一面授多、面授与网授"两翼齐飞"少。福建省县级教师进修学校目前在网络建设上总体状况较好，全省84所县级教师进修学校与"校校通"相连的有69所，有65所县级教师进修学校计算机网络系统与辖区内中小学相连接，进修学校购置了98套摄录像设备，配备了76名专业技术人员。但是，在培训形式与手段上，单一面授较多，还不善于运用远程技术开展网络培训。在开展远程培训上，网络培训较多地集中在信息技术能力培训项目上，其他项目网授存在自身原创资源少，对外来远培资源筛选不够、针对性不够，以及远培组织管理不到位等问题，影响了网授培训质量。培训形式上存在的上述问题，影响了教师培训质量与效果。

三是培训管理机制上不够适应。培训管理机制对培训目标、培训内容、培训过程等实施具有直接影响。目前县级教师进修学校突出存在四个机制滞后的问题。（1）目标机制滞后。教育部制定的中小学教师专业标准，从专业理念与师德、专业知识、专业能力3个维度，分别提出10多个领域60多条具体要求。这对中小学教师继续教育工作指明了目标方向，培训机构应根据这些目标方向结合本地中小学教师培训的实际情况，制定出培训的总体目标、阶段目标和分层目标及实施方案等。据了解，目前县级教师进修学校对教育部制定的中小学教师专业标准反应迟钝，有的被动等待，主动学习研究、制定培训目标的很少。（2）服务机制滞后。教育培训机构是为提升中小学教师素质服务的机构，中小学教师到培训机构参加培训，既希望得到培训服务，也希望得到信息服务、资料服务、生活服务等等。目前县级培训机构由于办学条件相对较差、办学经费不足等原因，在培训管理中，为教师提供全方位的、周到的服务还有很大的差距，中小学一线教师反映，进修学校办学条件比中小学落后了十年、二十年，服务能力跟不上培训服务的需求。（3）评估机制滞后。培训评估机制对培训质量有着直接的联系。中小学教师继续教育的复杂性、层次性、灵活性，要求评估应着眼于系统的整体性和教师的发展性。目前县级教师进修学校的评价依据、评价指标、评价方法、评价方式等方面都没有完整的机制，进修学校的工作干得好还是不好难以评价。（4）激励机制滞后。激励机制包括评先评优、职称评聘、进修学习等。县级教师进修学校反映，进修学校很容易被遗忘，因每个县只有1所进修学校，政府及教育行政部门的评先评优等激励政策经常"忘了"进修学校。

（四）教研能力虽有提升，但与福建基础教育站位要求比还需要大力加强

福建省 84 所县级教师进修学校中，有 74 所承担教研职能，在机构设置上已实现"研训一体"。县级教师进修学校是普通中小学教研的"主力军"，为新课改的深入实施起到了重要作用。但是在教研工作中，还存在三个薄弱环节。

一是一般性研究问题。县级教师进修学校是区域内中小学教师科研引领和智力支持机构，本应更好地开展问题课题化的研究，但目前不少县级教师进修学校的教研还比较空泛，停留在一般性的研究上。由于教研员的素质能力有限，教科研水平总体不高，研究成果也不多。据统计，全省县级教师进修学校专任教师有 2467 名，近 3 年参与设区市以上课题研究的有 1751 人，平均每年 583.6 人参与课题研究，仅占专任教师总数的 23.3%。获得省级以上教科研奖的仅 310 人，占专任教师总数的 12%。近 3 年在公开刊物上发表科研成果的人数 1860 人，平均每年 620 人，占专任教师总数的 25.1%，发表文章 3332 篇，平均每年每位专任教师发表文章 0.45 篇。

二是浅表性研究问题。福建省基础教育工作历来扎实，很多指标一直走在全国前列。福建省基础教育历史上也一直是出经验的省份。但是在新课程改革中，福建省还没有出现像江苏洋思中学、山东杜郎口中学那样能在全省乃至全国叫得响的课改模式、课改经验，这与县级教师进修学校的教研仅仅停留在浅表性的研究上有很大的关系。县级教师进修学校教研工作目前在形式上，主要是下校指导教学、组织教师开展课题研究及外出参观考察、网络研修、指导校本研修等，真正开展试验性研究、深度研究、总结性研究的不多。教研员在带着课题开展试验研究、培育学校课改亮点并系统总结先进教学方法等方面总体上比较薄弱。2011 年，福建省实施教育改革十大重点项目，有 13 所县级教师进修学校承担教学改革试点任务，目前很多试点校还停留在浅表性的研究上，尚未总结出独特的教学方法。

三是为研究而研究问题。教研培训是不可分割的整体。教研员的研究成果最终要为教学服务、为提升教师专业能力服务。有的进修学校教研脱节，教研员的思想和研究成果没有转化为教师教育资源，也没有回到一线教学中进行验证，这种为研究而研究的课题、为研究而研究的现象还比较普遍。

（五）内部管理虽有章法，但在发挥整体功能作用上还需探索完善

县级教师进修学校在数十年的办学历程中，建立了一套内部管理机制，对专任教师也有一套管理办法，但在发挥整体功能作用上还存在一些突出的问题。

一是校园文化比较薄弱。校园文化包括精神文化、制度文化、环境文化、展馆文化、培训文化、形象标识等。目前进修学校比较注重建立制度文化，但在精神文化、环境文化等方面比较薄弱。不少学校领导认为，进修学校没有培养学生的任务，只搞短期培训，学校文化不好搞，也无所谓，往往忽视精神文化、办学理念类校园文化建设。学员到进修学校培训，不像到普通院校学习那样有一种文化熏陶，有一种依恋的感觉。校园文化是县级教师进修学校的一块"短板"，影响了在培训中发挥示范引领作用。

二是精细化管理还不到位。精细化管理体现了一所学校的办学内涵、精神面貌，也关系到工作效率与质量。目前县级教师进修学校在精细化管理上总体还不到位。具体表现在对校园环境管理重视不够，认为校园小、设施设备落后"不好作为"，对培训活动全过程细节上重视不够，认为是"小节无关大局"；对教职工行为规范上重视不够，认为"不像中小学没有直接接触学生"等。精细化管理不到位，影响了进修学校的工作效率与质量，也影响了进修学校的对外形象。

三是整体功能发挥不够。福建省县级教师进修学校大部分实现了县域内培训、教研、电教等机构的整合。但有的在资源整合过程中，没有注意进行人力、物力资源的优化配置，有的还存在各部门各自为战"配合不融合"的现象，导致一些进修学校主业不够突出、精力不够集中。如有的进修学校与职专学校整合，职专学生数千人，进修学校领导的精力更多地放在职专生的教学与管理上，进修学校工作受到弱化。有的进修学校与电大

整合、与小学整合，虽然在资源共享共用上有一定优势，但在工作中出现了不同程度的主业精力不够集中的问题。

正视县级教师进修学校发展中的问题，有利于从政策层面、管理层面采取措施，进一步加强县级教师进修学校建设。

三 加强福建省县级教师进修学校建设对策措施

根据福建省县级教师进修学校发展现状、存在问题，从基础教育改革发展新形势、国家和省有关加强中小学教师队伍建设及加强培训机构建设新要求出发，福建省县级教师进修学校应着重加强以下六个方面工作。

（一）明确新时期县级教师进修学校的定位功能

在新的历史时期，基础教育改革发展进入全面深化阶段，中小学教师队伍建设进入以提高专业化水平为重点阶段，县级教师进修学校面临的形势和任务发生了新的变化。在新形势下，县级教师进修学校要顺应时代和社会的要求，适应基础教育深化改革的要求，响应国家对中小学教师队伍专业化建设的要求，进一步明确新时期的定位功能，重点发挥好四个功能作用。

1. 培训功能

县级教师进修学校是中小学教师继续教育的最基础机构，搞好县域内中小学教师培训是县级教师进修学校的"传统项目"，在新的历史时期培训主功能作用不仅不能削弱，而且要大力加强。在发挥培训主功能中，要具体担起四个方面的职能：（1）规划职能。县级教师进修学校是县域内教师继续教育专门机构，对教师队伍建设有关决策更熟悉，对本县域内中小学教师队伍状况更了解，要协助教育部门具体承担制定本县域中小学教师队伍培养整体规划和分年度工作计划，当好教育行政部门的参谋助手。（2）实施职能。县级教师进修学校应在教育主管部门的领导下，负责具体实施本县域中小学教师队伍继续教育规划与年度工作计划，促进中小学教师培训工作目标任务落到实处、收到实效。（3）管理职能。县域内教师一般有数千人甚至上万人，教师继续教育工作具体量大，由教育行政部门直接管理力量有限，县级教师进修学校要发挥好管理职能，制定教师继续教育有关制度，加强培训过程管理、教师培训信息管理等，发挥好管理职能，把教师培训管理工作做到位。（4）协调职能。在开展教师培训工作中，需要协调处理县域内教研、电教等部门的关系，协调中小学的关系，还要协调县域内外高等院校、科研院所等的关系。县级教师进修学校要发挥好协调职能，协调好方方面面的关系，实施好培训目标任务。

2. **研究功能**

福建省县级教师进修学校中，有近九成学校在机构、资源上是"研训一体"，发挥研究功能，不仅是县级教师进修学校的职责所在，也是开展高质量的培训的需要。县级教师进修学校应着重开展五个方面研究：（1）教学研究。要发挥好教研职能，深入开展课堂教学研究，及时了解中小学实施国家课程方案、组织教学的情况，有针对性地提出本区域深化教学改革的措施与要求。及时总结好教法、好经验，通过培训扩散到中小学教师中去，促进中小学均衡提高教学质量。（2）基础教育改革发展研究。要积极承担县域内基础教育改革项目研究，包括基础教育改革发展规划、义务教育均衡发展、实施素质教育、考试招生制度改革等方面的研究，积极主动地当好政府和教育行政部门的"智囊团"。（3）教师队伍建设研究。县级教师进修学校作为县域内教师培训的主阵地，必须研究自己的培训对象。要开展中小学教师队伍研究，开展加强教师队伍建设研究、提升教师专业化水平等方面的研究，努力设计出科学、有效的培训方案，使教师培训真正能够做到"对症下药"，提高培训的针对性与实效性。（4）培训工作研究。教师培训工作专业性很强，为不断提高培训质量，进修学校要加强对培训活动的研究，注意总结培训工作经验，研究学习新经验新做法，积极推进培训工作改革创新，努力促进培训机构的工作从专门、专业向专家的跨越与提升。（5）教育科学研究。县级教师进修学校要积极开展其他教育科学研究，努力发挥好政府和教育行政部门"参谋部"的作用。

3. **监测功能**

县级教师进修学校在县域内教育工作中具有独特位置，应发挥好"第三方"的作用，开展教育监测工作。主要开展两个方面监测。（1）教学质量监测。县级教师进修学校要建立中小学生学业质量监测、分析、反馈与指导系统，稳定、持续、均衡提高县域内中小学教学质量。（2）教育公众满意度监测。县级教师进修学校要定期开展社会群众对教育满意度监测工作，让教育行政部门及时了解社情民意，及时改进工作，努力办让人民满意的教育。

4. 服务功能

县级教师进修学校要充分发挥"小实体、多功能、大服务"的作用，着重发挥好四个方面的服务功能。一是政策咨询服务。县级教师进修学校要充分发挥基础教育改革发展"智囊团"的作用，积极向政府和教育行政部门建言献策，为政府和教育行政部门提供决策咨询服务。二是教育资源服务。县级教师进修学校要努力成为教师资源中心，为中小学开展校本培训、中小学教师自主学习和教学活动提供丰富的资源。要运用现代信息技术手段为中小学教师继续教育和教学活动提供支持和帮助。三是指导研训服务。县级教师进修学校教师、教研员要深入中小学一线，指导中小学教师在教学实践中学习和研究，推动中小学教师开展教改实验，为提升教师专业化水平提供指导服务。四是社会培训服务。县级教师进修学校在完成本职任务的同时，应充分挖掘自身潜力，放大学校的社会功能，开放办学，积极参与社会培训，为提高社区公民素质，构建终身学习的学习型社会做出积极的贡献。

（二）全面推进县级教师进修学校标准化建设

近几年，福建省实施义务教育学校标准化建设，各地中小学办学条件有了很大改善，目前县域内学校中，办学条件最差的是县级教师进修学校。在推进中小学办学条件标准化建设的大背景下，有必要实施县级教师进修学校标准化建设，以提高县级教师进修学校办学条件和现代化水平，使县级教师进修学校真正发挥好在中小学继续教育中的示范引领作用。

1. 实施县级教师进修学校标准化建设的必要性

县级教师进修学校在加强中小学教师队伍建设、提升基础教育教学质量中具有独特的作用，当前很有必要实施县级教师进修学校标准化建设。首先，实施县级教师进修学校标准化建设是改变办学条件落后现状的需要。目前福建省义务教育学校有标准化建设要求，高中学校有"达标"要求，县级教师进修学校没有办学标准，因此不少地方最破旧、办学条件最差的是县级教师进修学校。实施教师进修学校标准化建设，改变办学条件无标准的现状，有利于加强进修学校建设，改变进修学校落后的办学条件。其次，实施县级教师进修学校标准化建设是统筹加强县域内学校建设的需要。目前各县区为推进义务教育均衡发展，都在进行学校规划布局调整，在中小学标准化建设的有利时期，制定并实施县级教师进修学校标准化建设，有利于县级政府及教育行政部门对各类学校进行统筹规划建设，促进进修学校与其他各类学校同步发展，使各级各类学校发展水平大致相当。再次，实施县级教师进修学校标准化建设是发挥进修学校功能作用的需要。目前，不少县级教师进修学校由于办学条件落后，难以发挥区域内教师学习与资源中心的作用。加强县级教师进修学校基础能力建设，有利于教师进修学校充分发挥县域内教师专业发展的服务与支撑作用。

2. 实施县级教师进修学校标准化建设的主要原则

实施县级教师进修学校标准化建设，应注意把握三个原则：（1）先进性和实效性相结合的原则。县级教师进修学校建设要突出教师职业专业化发展的特点，从定位功能出发，重点加强培训、教研所需要的设施设备建设，其设施设备建设标准应在当地中小学中逐步达到领先水平。（2）统筹规划、分步推进的原则。鉴于县级教师进修学校目前办学条件水准较低，有的地区一步建设到位有一定困难，可将标准化分为三个等级，三级标准为基本达标条件，二级标准为省级示范性县级教师进修学校条件，一级标准为国家级示范性县级教师进修学校条件。各地要将县级教师进修学校建设与义务教育学校标准化建设统筹进行、与县域义务教育均衡发展工作进度要求同步跟进。争取在2013年有50%的学校达到三级标准，2015年所有学校都达到三级标准，30%以上学校达到二级标准，10%左右学校达到一级标准。（3）适当倾斜、适度优先原则。县级教师进修学校是教师培训的"母鸡"，是县域内教学质量的主要策源地，应鼓励各地对县级教师进修学校建设采取必要的倾斜政策，能快则快，加大力度优先抓好。

3. 县级教师进修学校建设主要标准

参照教育部办公厅2011年发出的关于开展示范性县级教师培训机构评估认定的通知中公布的《示范性县级教师培训机构评估标准》，结合福建省县级教师进修学校发展实际，县级教师进修学校应主要抓好五个方面标准化建设。

（1）校舍条件标准。校舍条件主要包括校园建设、占地面积、培训容量、专用教室五个项目。三级标准分别如下：

表 12　县级教师进修学校校舍条件标准

项目＼级别	二　级	三　级
校园建设	有独立校园校舍、规划合理、功能明确、校园环境文明整洁。	有独立校园校舍、规划合理、功能明确、校园环境文明整洁。
占地面积、建筑面积	1. 教职工总数在 3000 人以下的县（市）占地面积不低于 5 亩，建筑面积达 3000 平方米以上；区占地面积不低于 3 亩，建筑面积达 3000 平方米以上。 2. 教职工总数在 3000～5000 人的县（市）占地面积不低于 7 亩，建筑面积为 5000 平方米；区占地面积不低于 5 亩，建筑面积达 5000 平方米以上。 3、教职工总数在 5000～8000 人的县（市）占地面积不低于 10 亩，建筑面积达 7000 平方米；区占地不低于 7 亩，建筑面积达 6000 平方米以上。 4、教职工总数在 8000 人以上的县（市）占地面积不低于 15 亩，建筑面积达 10000 平方米以上，区占地面积不低于 10 亩，建筑面积达 8000 平方米以上。	1、教职工总数在 3000 人以下的县（市）区占地面积不低于 5 亩，建筑面积达 2000 平方米以上；区占地面积不低于 3 亩，建筑面积达 2000 平方米以上。 2、教职工总数在 3000～5000 人的县（市）区占地面积不低于 5 亩，建筑面积达 3000 平方米以上；区占地面积不低于 3 亩，建筑面积达 3000 平方米以上。 3、教职工总数在 5000～8000 人的县（市）占地面积不低于 5 亩，建筑面积达 5000 平方米以上；区占地不低于 5 亩，建筑面积达 4000 平方米以上。 4、教职工总数在 8000 人以上的县（市）区占地面积不低于 10 亩，建筑面积达 7000 平方米以上，区占地面积不低于 7 亩，建筑面积达 5000 平方米以上。
培训容量	培训场所能同时容纳 500 人以上规模的集中培训，县域教师培训机构具备满足需要的配套生活设施。	培训场所能同时容纳 300 人以上规模的集中培训，县域教师培训机构具备满足需要的配套生活设施。
专业教室	具备适用于各学科教师培训的计算机网络教室、多媒体教室、多功能学术报告厅、电子设施标准不低于省级示范高中的水平。	具备适用于各学科教师培训的计算机网络教室、多媒体教室、多功能学术报告厅、电子阅览室、教育心理健康辅导室等专业标准不低于省级达标高中的水平。

（2）培训条件标准。培训条件标准主要包括设施设备、网络环境、远程支持、图书音像、数字资源、使用更新、设施管理、实践基地八个项目。三级标准分别如下：

表 13 县级教师进修学校培训条件标准

级别\项目	二 级	三 级
设施设备	配备计算机不少于 100 台；配备投影视频、教学录像系统、双向视频等设备。能够利用双向视频系统，进行网上教学。	配备计算机不少于 80 台；配备投影视频、教学录像系统、双向视频等设备。能够利用双向视频系统，进行网上教学。
网络环境	具有与教育网、公网进行有效连接的网络环境，网络出口带宽不低于 8M；配备浏览、资源存储等功能的专用服务器，能为本地中小学教师提供网络研修和校本研修有效的支持和服务。	具有与教育网、公网进行有效连接的网络环境，网络出口带宽不低于 5M；配备浏览、资源存储等功能的专用服务器，能为本地中小学教师提供网络研修和校本研修有效的支持和服务。
远程支持	具有支持本地区教师通过远程手段有效开展远程学习和校本研修的网络平台，实现自主学习。	具有支持本地区教师通过远程手段有效开展远程学习和校本研修的网络平台，实现自主学习。
图书音像	报刊不少于 60 种，图书资料 3 万册以上，专业音像资料（或网络资源）总量不少于 1500 小时以上。	报刊不少于 40 种，图书资料 1.5 万册以上，专业音像资料（或网络资源）总量不少于 800 小时以上。
数字资源	建有覆盖全区域的教师学习资源平台和资源库，提供优质教师教育资源及相关信息，实现资源共享。	建有覆盖全区域的教师学习资源平台和资源库，提供优质教师教育资源及相关信息，实现资源共享。
使用更新	每 5 年专业图书音像资料和数字资料补充更新不低于 20%。	每 5 年专业图书音像资料和数字资料补充更新不低于 20%。每 5 年图书音像资料和数字资料补充更新不低于 20%。
设备管理	配备符合远程教育支持服务要求的专职管理人员、技术人员，有相应的操作与管理制度，保证远程教育设备设施的正常运转。符合国家与地方有关安全、消防、卫生等方面的要求。	配备符合远程教育支持服务要求的专职管理人员、技术人员，有相应的操作与管理制度，保证远程教育设备设施的正常运转。符合国家与地方有关安全、消防、卫生等方面的要求。
实践基地	设有附属学校或实验学校等教育教学实践基地，用于开展教学研究和教育教学改革等实践活动。教育教学实践基地作用发挥充分、良好。	设有附属学校或实验学校等教育教学实践基地，用于开展教学研究和教育教学改革等实践活动。设有附属学校或实验学校等教育教学实践基地，用于开展教学研究和教育教学改革等实践活动。

（3）教师队伍标准。教师队伍标准包括专任教师标准、兼职教师标准两大类。

专业教师标准包括教师数量、结构比例、教师管理、培训提高、学历状况、职称比例、名师比例七个项目，三级标准分别如下：

表14 县级教师进修学校专业教师队伍标准

级别 项目	二 级	三 级
教师 数量	专任教师数达到所在地区中小学专任教师总数的8‰左右（教师总数5000人的县级培训机构教师不少于40人），可以不超100人。	专任教师数达到所在县（市）区中小学专任教师总数的5‰左右（教师总数5000人的县级教师培训机构教师不少于30人），可以不超100人。
结构 比例	专任教师应具有3年以上中小学教育教学经历，学科配备齐全，语数英主要学科应配备2名以上专任教师。专任教师占机构在职教职工总数80%以上。结构合理，人员精干。	专任教师应具有3年以上中小学教育教学经历，学科配备齐全，语数英主要学科应配备2名以上专任教师。专任教师占机构在职教职工总数70%以上。结构合理，人员精干。
教师 管理	专任教师管理纳入中小学教师管理体系，实行教师队伍动态管理，每五年教师队伍流动更新率15%左右。	专任教师管理纳入中小学教师管理体系，实行教师队伍动态管理，每五年教师队伍流动更新率15%左右。
培训 提高	专任教师熟悉基础教育，能够深入中小学课堂，参与和指导中小学教师进行教学改革和研究。专任教师按要求参加培训者培训，每年培训时间不少于72学时。专任教师熟悉基础教育，能够深入中小学课堂，参与和指导中小学教师进行教学改革和研究。专任教师按要求参加培训者培训，每年培训时间不少于72学时。	专任教师熟悉基础教育，能够深入中小学课堂，参与和指导中小学教师进行教学改革和研究。专任教师按要求参加培训者培训，每年培训时间不少于72学时。
学历 状况	大学本科及以上学历专任教师占95%以上，具有研究生学历及以上学历的专任教师达6%。	大学本科及以上学历专任教师占90%以上。具有硕士研究生学历教师达到一定比例。
职称 比例	85%以上专任教师具有中、高级职称，其中高级职称教师占40%以上。	75%以上专任教师具有中、高级职称，其中高级职称教师占35%以上。75%以上专任教师具有中、高级职称，其中高级职称教师占35%以上。
名师 比例	具有特级教师称号、省或市学科教学带头人等知名教师至少3人以上。	具有特级教师称号、省或市学科教学带头人等知名教师至少3人以上。

兼职教师标准包括结构比例、教师管理、工作内容、目标绩效四个项目。三级标准分别如下：

表15　县级教师进修学校兼职教师队伍标准

级别 项目	二　级	三　级
结构 比例	聘请高等院校、科研单位的专家学者，社会各行业专业人才以及优秀中小学教师作为兼职教师。兼职教师与专任教师的比例不低于1∶1。	聘请高等院校、科研单位的专家学者，社会各行业专业人才以及优秀中小学教师作为兼职教师。兼职教师与专任教师的比例不低于1∶1。
教师 管理	兼职教师管理规范，实行动态管理。	兼职教师工作目标明确、任务具体、管理规范，实行动态管理。
工作 内容	兼职教师工作目标明确、任务具体，每年参加培训机构组织的教研与培训活动不低于30学时。	兼职教师工作任务明确，每年参加培训机构组织的教研与培训活动不低于30学时。
目标 绩效	兼职教师工作和成效，学员满意率不低于80%。	兼职教师工作和成效，学员满意率不低于70%。

（4）培训管理和质量标准。主要包括质量监控和管理规范化两大项。三级标准分别如下：

表16　县级教师进修学校培训管理和质量标准

级别 项目	二　级	三　级
发展 规划	1. 具有明确的师资队伍建设目标、规划和管理机制；100%专任教师制定有进修规划。 2. 制定专任教师定期蹲点、挂职制度。	1. 具有明确的师资队伍建设目标、规划和管理机制；100%专任教师制定有进修规划。 2. 制定专任教师定期蹲点、挂职制度。
培训 规划	根据中小学教师继续教育有关法规和教育行政部门要求，结合实际，制定本地区中小学教师培训规划。培训规划具有时代性、前瞻性、可行性。	根据中小学教师继续教育有关法规和教育行政部门要求，结合实际，制定本地区中小学教师培训规划。
培训 绩效	加强教师培训需求调研和培训项目研发，优化培训内容，创新培训方法，加强教师培训的自主性和选择性。采取集中培训、远程培训、校本研修等多种手段，提高培训的针对性和实效性。	加强教师培训需求调研和培训项目研发，优化培训内容，创新培训方法，加强教师培训的自主性和选择性。采取集中培训、远程培训、校本研修等多种手段，提高培训的针对性和实效性。

项目＼级别	二　级	三　级
质量监控	建立教师培训质量监控和测评制度，完善教师培训质量评估机制和体系，保证各类教师培训规范有序。培训满意度在80%以上。	建立教师培训质量监控和测评制度，完善教师培训质量评估机制和体系，保证各类教师培训规范有序。培训满意度在80%以上。
评估制度	采取多种有效方式，对培训项目实施过程评价和绩效评估。	采取多种有效方式，对培训项目实施过程评价和绩效评估。
管理规范化	培训管理制度健全，过程管理规范，培训服务周全，培训考核严格并有记载培训过程记录表单，培训结束有总结反馈及整改措施。	培训管理制度健全，过程管理规范，培训服务周全，培训考核严格并有记载。培训过程有记录表单，培训结束有总结反馈及整改措施。
管理信息化	教师培训实现信息化管理，信息登记及时，电子档案齐全，学时学分登记率100%，无差错。	教师培训实现信息化管理，信息登记及时，电子档案齐全，学时学分登记率100%，无差错。

（5）办学经费标准。主要包括正常办学经费与培训经费两大项。三级标准分别如下：

表17　县级教师进修学校办学经费标准

项目＼级别		二　级	三　级
办学经费及管理	办学经费	1. 当地政府财政能够保障办学经费，包括建设经费、经常性经费、业务工作经费等。2. 建立以财政拨款为主，多渠道筹措建设经费的保障机制。3. 人员经费做到按人、按时足额拨付。	1. 当地政府财政能够保障办学经费，包括建设经费、经常性经费、业务工作经费等。2. 建立以财政拨款为主，多渠道筹措建设经费的保障机制。3. 人员经费做到按人、按时足额拨付。
	经费管理	经费预决算制度和审计监管制度健全，无挪用办学经费等情况，近三年经费审计合格。	经费预决算制度和审计监管制度健全，无挪用办学经费等情况，近三年经费审计合格。

项目＼级别		二 级	三 级
培训经费及管理	培训经费	当地政府将本地中小学教师培训经费列入政府预算，按不低于本地教职工工资总额的 1.5% 拨付教师培训经费，其中由进修学校使用的经费应不少于年教师培训经费总额的 70%。对农村中小学按照不低于年度公用经费预算总额的 5% 安排教师培训经费。	当地政府将本地中小学教师培训经费列入政府预算，按不低于本地教职工工资总额的 1.5% 拨付教师培训经费，其中由进修学校使用的经费应不少于年教师培训经费总额的 50%。对农村中小学按照不低于年度公用经费预算总额的 5% 安排教师培训经费。
	经费管理	经费预决算制度和审计监管制度健全，无挪用培训经费等情况，近三年经费审计合格。	经费预决算制度和审计监管制度健全，无挪用培训经费等情况，近三年经费审计合格。

（三）大力加强县级教师进修学校教师队伍建设

建立一支高素质、多元化、开放性的研训教师队伍，是加强县级教师进修学校建设的关键。为改变目前县级教师进修学校普遍存在的教师数量不足、结构不合理、整体素质不高的现状，必须采取综合措施，大力加强进修学校教师队伍建设。

1. 改革县级教师进修学校教师管理制度

县级教师进修学校由于历史的原因，存在进口把关不严的问题，不少教师是"照顾对象"，造成教师队伍整体素质不高。在加强县级教师进修学校建设的新形势下，许多进修学校由于编制、职称等限制，仍然存在想要的人进不来，不想要的人出不去的问题。要改变这种状况，必须改革县级教师进修学校教师管理制度。

一要改"校管体制"为"县管体制"。在"校管体制"下，进修校用人会受到岗位、职称等诸多限制，想要的人进不来。目前福建省实施教师管理制度改革，实行义务教育阶段教师收归县管体制，进修学校用人应抓住"县管体制"的机遇，打破因岗位、职称等的限制，让优秀教师进入进修学校，担任"老师的老师"。当然，进修学校用人制度改革需要县级教育、人事部门的支持，只有通过县级教育、人事部门的行政力量，才能使进修学校在"县管体制"下真正实现用人制度改革。县级教育部门要把进修学校教师配备放在加强中小学教师队伍建设的关键位置，在县域内统筹筛选，真正把县域内的优秀教师选调到进修学校来，使进修学校教师队伍掌握现代教育理论，了解本学科发展趋势，具备一定的学术水平，拥有较强的实践能力、创新能力和教育教学研究能力，熟悉中小学教师继续教育的特点、规律，善于开展和组织教师进行有关继续教育活动；熟悉基础教育，能够深入中小学课堂，参与和指导中小学教师进行教学改革和研究，努力建设一支数量足够、结构合理、集研训于一体的具有较高水平的新型培训者队伍。

二要改"基本不动"为"合理流动"。进修学校的定位功能要求，进修学校教师要熟悉中小学一线教学。目前进修学校基本上是用人"终身制"，造成教师长期脱离中小学教学，产生了教学能力退化，培训针对性不强等问题。因此，必须实行进修学校教师轮换流动制度，以使进修学校的学术氛围保持活力和朝气。可考虑在保持人员相对稳定、工作有一定连续性的基础上，每5年有三分之一比例教师合理流动，即以5年为一个周期，有三分之一一线教师进来，并有三分之一教师回到中小学去，以保持进修学校教师队伍活力，使教师与一线教学工作不会脱离太远，确保研训工作质量。进修学校教师流动可以有两种形式，一种是人随关系走，一种是人走关系不走。在教师收归县管的体制下，只要县级教育部门重视，完全可以实现教师队伍合理流动。

三要改"专职专用"为"专职兼用"。进修学校专职教师一般是"专职专用"。尽管目前很多进修学校都制定了专任教师、教研员下校调研与听课制度，但毕竟是当"局外人"，不利于教师深入了解中小学一线教学，也不利于教师直接组织开展各种教学试验。应鼓励教师安排一半或三分之一时间到中小学兼职教学，让进修学校教师或教研员有更多时间直接接触中小学教育教学实际，同时也使进修学校教师能直接组织或参与教学改革实验，掌握第一手材料，及时掌握和推广新理念、新教法、新技能。

2. 重视现有专任教师队伍的培养提高

进修学校教师作为"老师的老师"，在思想素质、业务素质上要求更高。必须大力做好现有专任教师队伍的培养提高工作。

一要"走出去"开阔视野。进修学校的定位功能要求教师要掌握现代教育理论、了解本学科发展趋势，具有一定的学术水平。因此，要积极创造条件让进修学校教师"走出去"开阔视野。比如支持教师参加学术交流活动，到高等院校和科研院所参加业务培训活动，到先进地区学校考察学习新理念、新教法、新技能，等等。进修学校教师具有先进理念和学术水平，才能引领和带动区域内中小学教师提升教育教学水平。目前普遍存在对培训者自身培养培训重视不够的问题。应积极创造条件，加强培训者培训提高工作。省、市、县教育行政部门在安排教师培训计划中，要优先安排培训者计划，促进进修学校教师优先实现专业化。

二要"沉下去"接触地气。进修学校教师沉下身子，到中小学"接地气"，了解中小学教师队伍素质状况，了解中小学教育教学状况，熟悉中小学继续教育的特点、规律，才能善于开展和组织教师进行有关继续教育教学活动，才能有效地指导中小学教师进行教学改革和研究。因此，有必要建立健全教师熟悉基础教育、深入中小学有关制度。福建省不少县级教师进修学校在加强教师、教研员队伍建设中，建立的教师下学校听课评课制度、下学校调研制度、组织实施教改实验制度、蹲点挂校制度、与中小学教师结对帮扶制度，等等，实践证明这是促进教师"接地气"、提高教师队伍学术水平和实践能力的行之有效的制度，必须在实践中予以坚持并不断完善，使进修学校教师在深入实际中提高研究思考能力、工作指导能力。

三要"钻进去"提升能力。引导教师参与教育科研是提高进修学校教师学术水平和实践能力的重要途径。教师在教学一线发现问题，设计课题开展研究，在研究课题中，查阅资料、开展调查、进行实验比较、汇总分析，等等，可以使教师在科研意识、科研素养、理论水平等方面得到很大的提高，能使进修学校教师以全新的视角、更高层次的认识水平去审视自己所从事的继续教育和教学研究工作。因此，开展教科研过程是很好的教师教育途径。要引导进修学校教师把教育科研贯穿于教师生涯，努力做到问题专题化、专题课题化、课题课程化、课程培训化，在教育教学研究中提高进修学校教师的能力与水平。

3. 激励教师创先争优

县级教师进修学校教师的精神状态、工作态度、业务素质等对县域内教师具有示范引领作用。可通过四个载体激励进修学校教师创先争优，争当培训名师。（1）开展全省进修院校教师培训技能竞赛活动。福建省于2010年、2012年先后开展两届中小学教师教学技能大赛，对推动中小学教师深入开展岗位练兵、精心备课、认真上课、提高教学质量具有重要促进作用。可参照中小学教师开展教学技能大赛的做法，每两年在全省进修院校中开展培训技能竞赛活动，促进培训教师钻研培训业务，改革创新培训内容与形式，进一步提高培训工作水平。（2）开展评选培训名师活动。每3～5年，在全省进修院校中开展评选培训名师活动，培养和树立一批在全省乃至全国具有影响的闽派特色培训名师。（3）开展评选优秀培训教学资源活动。每年组织开展进修院校系统优秀培训教学资源活动，激励进修学校教师钻研培训业务，同时可以此建立和丰富全省优质培训教学资源库，实现全省优质培训教学资源共享共用。（4）开展创建国家级、省级示范性县级教师进修学校活动。福建省已有17所省级示范性县级教师进修学校，其中3所国家级示范性县级教师进修学校。"十二五"期间，教育部将在全国范围内组织评估认定200所示范性县级教师培训机构；福建省也将在全省范围内继续开展评估认定省级示范性县级教师进修学校工作。要以创建与评估国家级、省级示范性县级教师进修学校为抓手，推动进修学校创先争优科学发展、跨越发展。

4. 加强兼职教师队伍建设

县级教师进修学校由于受到编制、职称等限制，专职教师队伍的数量与质量等有一定局限性，在这样的情况下，必须做好借智引力工作。广泛聘请高等院校、科研单位和社会有关行业的专家学者、优秀人才作为兼职教师和顾问，既可以优化进修学校教师结构，又可以最大限度地实现资源共享共用。因此，必须把兼职教师队伍建设作为县级教师进修学校教师队伍建设的重要组成部分来抓，"不求所有，但求所用"，努力破解进修学校专任教师数量不足、素质不高的难题。

一要建立阵容强大的兼职教师队伍。进修学校要放开视野，从省内外高等院校、党校干校、进修院校、科研院所的专家学者中，从本地中小学一线名师中，从社会各行业的专业人才中，选聘一批人担任兼职教师、顾问。原则上要按照大于专职教师1.5的比例建设兼职教师队伍，充分发挥专兼职教师各自的优势和特点，开展好县域内中小学教师的继续教育工作。

二要加强规范化制度化管理。由于兼职教师队伍是"松散型"的，因此加强兼职教师队伍的规范化制度化管理显得更加重要。为此，要建立健全兼职教师队伍管理上的六个制度。（1）选聘制度。对确定选聘为兼职教师的，要做好双向沟通工作，让兼职教师明确职责，以便更好地履行其职责并发挥作用。做好发放聘书等有关手续。（2）联系制度。进修学校要确定专人加强与兼职教师的联系，充分发挥兼职教师分布广、专业强、研究深、经验多、名气大的特点，发挥好示范引领、咨询指导等作用。（3）考核制度。对兼职教师的工作态度及培训、指导情况要做好评价考核工作，将评价、考核情况作为对兼职教师实行动态管理的重要依据。（4）档案制度。进修学校要对每一位兼职教师的专长，参加有关活动、接受与完成培训及指导任务，教学质量评价等建立信息档案，加强管理。（5）激励制度。进修学校要把兼职教师作为本校教师一样看待，通过评选优秀兼职教师、颁发荣誉证书、给予一定待遇等，激励兼职教师做好培训与指导等工作。（6）动态管理制度。要实行以效能发挥为目标的动态管理机制，对不能发挥作用或工作态度、工作质量差的兼职教师到期予以淘汰，不断补充新的专家学者、专业优秀人才作为兼职教师和顾问，不断优化兼职教师队伍。

（四）积极推进培训组织管理的改革创新

县级教师进修学校作为县域内教师发展的学习与资源中心，应紧扣培养造就高素质专业化教师队伍，以提升培训质量为重点，积极推进培训内容、培训形式、培训机制、培训管理的改革创新，为全面提高教师素质，为基本实现教育现代化，建设人力资源强省提供师资保障。

1. 改革创新培训内容，提高培训的针对性与实效性

中小学教师参加培训，基本上是能力提高培训。参训教师已具有较为系统的学科知识、一定的教学经验，他们又有专业困惑和学习需求。县级教师进修学校应依据一线教师的学习特点，按照国家颁发的中小学教师专业标准，精心设定培训内容，努力提高培训的针对性、系统性与实效性。

一要加强培训对象需求分析，使培训内容具有针对性。在制订培训计划时，要开展对培训对象需求调研，开展教师队伍建设现状研究，开展基

础教育课程改革中重点难点问题分析。培训内容应针对培训对象需求、教师队伍建设需求、深入推进教育教学改革需求，进行综合考虑精心设计，努力提高培训内容的针对性。

二要做好培训目标整体规划，使培训内容具有系统性。国家已制定中小学教师专业标准，进修学校要根据国家标准，根据培训对象的需求，做好培训内容整体规划，分年度具体实施。要防止培训内容上存在的"碎片化"、简单拼加的现象，使培训工作在五年一个周期内，教师的专业理念、专业知识、专业能力有一个系统的提升。

三要优化培训课程设计，使培训内容具有实效性。目前教师培训没有明确、统一的课程大纲，培训单位要根据国家制定的教师专业标准，从促进教师专业发展出发，科学、合理设置培训课程体系。教师培训的实践性很强，从各地培训课程设计的实践与成效上看，培训课程内容一般由理论研究、应用研究两大部分组成。理论研究以培训者讲授为主，传递新理念、新教法。应用研究以参与研讨、参与实践为主，提高参训教师的教学实践能力。理论研究与应用研究的具体时间安排比例，应从实际出发科学设计，使培训内容更具实效性。

2. 改革创新培训形式，努力实现培训最大效益

中小学教师素质参差不齐，进修学校的办学环境与办学条件也存在差异，应在坚持为中小学教师专业化发展服务、为基础教育服务的指导思想下，采取灵活多样的，教师最需求、最欢迎的方式开展培训。

（1）合作探究的方式。传统的培训多是说教式、程式化、满堂灌，培训吸引力、实效性受到一定影响。在培训中，要引入课改理念，实行合作探究的形式。合作的过程即交流学习的过程。在合作过程中，教师不仅可以向培训者学习，还可以与其他教师分享经验，可以充分发挥教师的积极性主动性开展学习，有助于将培训内容内化，提高培训实效性。

（2）面授网授相结合的方式。教师学习具有教学压力大工作繁忙、学习时间零碎而有限等特点。传统的培训更多的是采取集中指导的方式，灵活性不够。在教育信息化的新形势下，运用现代远程教育技术开展学习对教师培训是有力支持。应从实际出发，在必要的时间内进行集中培训指导，在必要的集中培训后，可将培训资源放在网站上，方便教师自主查阅、学习。通过运用面授与网授相结合，或远程学习培训的方式，以达到快捷、灵活、自主、高效的学习效果。

（3）现场培训方式。教师培训具有实践性强的特点，既需要有学术性也需要有应用性。近几年来，县级教师进修学校在培训中采取的观摩课堂、听课评课、案例学习、同课异构、情景培训等现场学习培训方式，对提高教师教学能力很有帮助，可进行完善提高，使之发挥更好的效果。

（4）"工作室"团队学习培训方式。近几年一些地方通过组建"名师工作室"，组织教师团队开展学术沙龙式的培训学习。"名师工作室"的学习培训，立足于教育和教师的实际，开展基于经验与问题之上进行理论学习与探究，可以有效提升工作室团队成员的理论水平和实践能力，因此这种学习方式受到很多地方重视和推行。

（5）论坛研讨方式。论坛研讨具有专题性、研训一体式的特点。教师进修学校在了解和掌握教师迫切需要解决的重点、难点、热点问题的基础上，设定论坛主题，通过主讲主问式、互动参与式的研讨，既可调动教师参加学习培训的积极性，又可使对某一专题研训得深一些，提高培训实效性。

（6）异地培训方式。县级教师进修学校培训要致力于打开教师视野，让教师接受新的教育理念、教学方法、先进学校管理经验。为此，可从培训经费等方面条件出发，适当组织开展本省县域之间、省外发达地区的异地培训，以学习吸收外地先进理念与先进经验，提升教师能力与水平。

3. 创新培训组织机制

在教师继续教育从重公共理论向重教学实践转变、从补偿型教育向提高和参与型教育转变的新形势下，进修学校必须改变独家搞培训的高度集中培训体制，以开放的视野改革创新培训组织机制，努力把培训工作做得更加扎实有效。

一要建立校本培训机制。进修学校组织培训，可以依托中小学以校本培训的形式进行。校本培训是源于学校发展的需要，由学校组织的旨在满足每个教师工作需要的校内活动。校本培训是 20 世纪 70 年代由英美等国率先发起的，目前世界范围内许多国家广泛接受并实施校本培训计划。我国 1999 年教育部在《关于实施"中小学教师继续教育工程"的意见》中明确提出"各中小学都要制定本校培训计划，建立教师培训档案，组织多种形式的校本培训。"此后，校本培训在我国广泛实施。进修学校在培训组织管理上，可以通过与中小学管理者合作，开展培训活动，指导中小学开展校本培训，使培训工作更具长期连续性、实践性、灵活性。

二要建立中小学基地培训机制。要积极探索"以学校培训学校"的组织机制，以中小学为基地，让中小学基地校承担起教师教育的责任。进修学校可以选择不同层次的学校作为培训基地，通过加强对基地校的指导与管理，组织县域内同一层次学校教师到基地校去接受情景培训。由于培训基地本身就是中小学，培训者是基地校的骨干教师，培训内容是与受训者平时所教内容直接相关的，培训形式也不是单一的讲座形式，可以通过导师带教等方式，让培训对象"零距离"观察和体验，因此，这种培训体制与传统的教师培训机制相比，也更有实效性、针对性、灵活性和同步性。

三要建立培训联盟机制。进修学校在开展培训中，可以放大视野，建立培训联盟，搭建培训资源共建共享共用平台。一方面，可以牵头将本县域内高校、相关部门等组成教师培训联盟，建立高效的培训机制。另一方面，可以与县域外的培训机构建立培训联盟，在更大范围内整合各培训机构优质培训资源，建立各学科培训资源库、培训课程资源库，实现更大范围的优质培训资源共享共用。

四要建立学习共同体机制。进修学校在培训组织管理中，不仅要搞好直接组织的培训活动，还要善于通过组织县域内的"学习共同体"实施培训学习活动。比如可牵头组织县域内的城乡学校、优质校与薄弱校的对口学习共同体，组织优质校的互学共研学习共同体，组织学科教师的学习共同体等，构建新的、更具针对性的培训机制，建立相应的教师"学习场"，努力把培训工作做得生动活泼、更富有成效。

4. 创新培训管理机制

培训管理是实现培训目标的各种职能活动。在培训管理上，应着重建立和完善三个机制。

一要建立教师培训学分管理机制。要求教师在五年周期内修满规定的学分（学时）培训课程。要积极探索建立教师非学历培训与学历教育课程衔接、学分互认的机制，促进教师自主学习、提高自身的综合素质。

二要建立教师培训激励机制。要改变教师培训不培训无所谓的现状，将教师完成培训学分（学时）和培训考核情况作为教师资格再注册、教师考核、评先评优、职称评聘的必备条件和重要依据，充分保护和调动教师参训的积极性，以增强教师自我提高的意识与能力。

三要建立教师培训质量评价机制。要建立教师培训质量评估机制，完善教师培训质量评估体系。及时收集教师及有关部门对培训的要求和意见，建立有效的信息反馈机制，加强培训项目过程评价和绩效评估。要将教师培训工作纳入县级教育督导工作的重要内容之一，对进修学校培训工作进行督导检查，促进培训工作质量的不断提高。

（五）充分发挥县级教师进修学校的整体功能作用

县级教师进修学校要发挥好"小实体、多功能、大服务"的作用，必须实现本校内部力量集合、县域内相关资源整合、省域内进修院校三级功能整合。

1. 要积极推进进修学校内部力量集合

福建省84所县级教师进修学校，教职工总数2835人、平均每所33.75人，专任教师2467人、平均每所29.36人。靠这支队伍要开展对全省7700多所中小学、30多万名中小学教师的培训管理、实施与指导工作，力量上是相当不足的。特别是进修学校内因工作需要分设若干机构，有的机构内只有2~3人，分至学科，有的学科只有1个教研员或培训教师。进修学校各学科教研员或培训老师单兵作战能力很不错，但更多的"单打独斗"使进修校的整体功能作用未能得到很好的发挥。在新形势下，必须重视学校内部力量的集合使用。比如组织开展重大课题研究、开展重要项目改革试验、开展培训等，都必须重视发挥团队的力量，变个人智慧为集体智慧、变单体力量为集体力量。只有把进修学校内部力量统筹集合使用，才能产生"集聚效应""拳头效应"，使进修学校的作用得到更好的发挥。

2. 要积极推进县域内相关资源整合

新型教师进修学校应是县域内相关资源的整合体。福建省84所县级教师进修学校中，目前有74所进行培训与教研机构的整合，有26所进行培训、教研、电教机构的整合，有 10 所进行培训教研、科研、电教、电大等相关资源的整合。要进一步从有利于集中精力研究和实施县域教育发展和教师专业发展出发，按照"小实体、多功能、大服务"的原则，做好县级相关资源整合工作，积极促进县级教师进修学校与电教、教研、教科研等相关部门的资源整合与合作，优化资源配置，真正形成促进教师发展的有力支持服务体系。县域内相关资源整合工作，不要满足于把人聚在一起，牌子挂在一起，而要真正促成角色意识、行为方式的根本变化。要真正形成县域内的一种合力，努力构建新型的现代教师培训机构，使县级教师进修学校真正成为广大中小学教师终身学习和提高专业水平的重要阵地。

3. 要积极推进进修院校系统力量的整合

辩证唯物主义告诉我们，世界上的事物互相联系、互相依存、互相影响、互相制约、组成一个个系统。在一个系统中，要素功能优不等于整体功能优；要素组合有序，会产生"系统效应"，使系统整体功能大于部分功能之和。以培训中小学教师为主的县级教师进修学校与省、市教师进修院校之间互相联系、互相影响，组成了培训系统。发挥培训系统的整体功能作用，对培训工作影响很大。在培训机构设置、管理体制等方面的障碍不能突破的情况下，可考虑省、市、县三级教师培训机构联手，实施"三级联盟"计划，以发挥培训系统的整体优势。首先，实施"三级联盟"计划，是整体求优的需要。许多事实说明，系统内要素之间有序结构的形成，使要素的总和作为一个统一的整体发挥作用，就会产生质的飞跃。实施"三级联盟"计划，有助于在三级教师培训机构之间打通信息通道、资源通道、人才通道、科研通道，有利于实现教师培训系统在集聚中创新、在集聚中发展、在集聚中突破、在集聚中提升。其次，实施"三级联盟"计划，是承接大规模师训、干训任务的需要。开展校长、教师培训是一个庞大的系统工程，实施"三级联盟"计划，有利于发挥培训系统的整体功能，共同落实好政府和教育主管部门提出的培训任务。再次，实施"三级联盟"计划，是提高培训质量的需要。系统的领导方式，有利于形成"更强的生产力""推广最优秀的教育"。最后实施"三级联盟"计划，有利于加强教师进修院校之间联系交流，互相学习，有利于整合优化教师进修院校的资源配置，加强培训能力建设，提升教师培训质量。

实施"三级联盟"计划，具体可以在教师培训系统开展八个方面合作。即合作制定培训方案、合作建设培训师资库、合作建设培训基地、合作建设教学资源、合作开展调研科研、合作培养名校名师、合作完成培训任务、合作培养培训师资。为了使八个方面的合作得以有效施行，可实行上下联动、任务驱动的办法，加强联系与合作，充分发挥系统的整体优势，努力产生最优功能和最高功能效率。

（六）落实县级教师进修学校发展组织保障

县级教师进修学校的发展，需要政府及相关部门提供强有力的保障。重点应加强"五个保障"。

1. 组织保障

各级政府要把加强县级教师进修学校建设作为贯彻落实国家、省中长期教育改革和发展规划纲要，落实基础教育适度优先发展、落实《国务院关于加强教师队伍建设的意见》的一项重要举措。县级政府要切实负起建设好县级教师进修学校的责任，要把教师进修学校建设列入县域教育事业发展规划统筹考虑，并要制定教师进修学校建设规划，明确有关部门的职能和分工，协调督促有关部门予以落实，促进进修学校的建设与发展。县级教育行政部门要把加强进修学校建设作为加强中小学教师队伍建设、促进基础教育改革和发展的一项重要职能和紧迫任务，采取必要的倾斜政策，加大力度优先抓好，确保进修学校在当地学校建设中逐步达到领先水平。

2. 政策保障

教师进修学校在一个县域内只有一所，政府及教育行政部门有关学校发展的政策往往不会顾及进修学校，造成进修学校发展中的一些瓶颈难以解决。因此，很有必要由省教育行政部门牵头，依据国家有关政策要求，依据本省各类学校的发展情况，制定加强县级教师进修学校的地方性政策法规和具体标准。特别是要在县级教师进修学校的待遇、职称职数、人员进出、装备标准等方面予以倾斜，可明确县级教师进修学校享有当地一级达标中学待遇；在职称职数上予以倾斜高配，使进修学校的高级职称教师占40%以上；在人员进出上用好"县管校用"政策，统筹调配县域内优秀教师到进修学校担任培训教师、教研员；在装备标准上要在中小学校中达到领先水平等。要为县级教师进修学校发展创造良好的政策环境。

3. 条件保障

县级政府和教育行政部门要按照县级教师进修学校标准化建设条件，做好进修学校建设工作。要把进修学校校舍建设列入县级中小学布局调整规划统筹考虑。对现有校舍面积、建筑面积不达标的，政府和教育行政部门可通过校园置换的方式、可在中小学布局调整中调剂使用闲置校舍的方式、可通过统筹规划科学布点实现办学资源共享共用的方式等，努力扩大进修学校的办学空间。在进修学校的设施设备上，要按照领先的要求予以装备，特别是要加强教育信息基础设施建设，配置先进的教育信息网络系统，使教师进修学校能够充分利用先进技术，开展县域内培训、教研和开展社会服务工作，在县域教育现代化建设中起示范引领作用。

4. 经费保障

县级政府和教育行政部门要确保教师进修学校的经费来源。教师进修学校建设要以财政拨款为主。县级财政要做到"四个确保"，即确保教师进修学校教职工绩效工资、津贴与普通中小学一样由财政核拨，确保进修学校经常性经费，确保进修学校培训专项经费（按教师工资1.5%安排培训专项经费，其中70%以上切块划拨到教师进修学校），确保进修学校基本建设经费。切实保证进修学校开展中小学教师继续教育基本经费来源，并积极探索经费来源的其他有效渠道。

5. 干部保障

要加强教师进修学校领导班子建设。注意选配思想政治素质较高、品德良好、热爱教育事业、懂得教育规律、熟悉中小学管理、熟悉教师工作熟悉培训与教研、富有事业心、责任感和改革创新精神；具有大学本科以上学历并具有高级职称；具有团结协调精神、作风民主的同志担任进修学校主要负责人或进入领导班子。县级教师进修学校领导班子正副职一般为3人左右，平均年龄不超过50岁。领导班子实行任期目标责任制，每个任期5年左右，制定工作目标要求。激励进修学校领导班子认真履职，搞好进修学校建设，为县域内基础教育改革发展服务、为提升中小学教师队伍素质发挥积极的作用。

课题组成员：赵素文　高培青　严必锋　徐毅明
　　　　　　范光基　张平忠　蔡丽红
执　　　笔：赵素文

关于规范福建省社会教育培训
机构管理的调查报告

近几年来，福建省认真贯彻落实国家、省教育改革和发展规划纲要精神，全面实施素质教育，推进义务教育均衡发展，教育事业取得了很大成就。在学校教育提质的同时，社会教育培训机构也一片火爆。社会教育培训在繁荣教育文化产业、丰富教育资源、满足群众多样化的教育需求上，发挥了一定的作用，但也出现了新情况、新问题，成为社会各界关注的热点。

根据群众的呼声和省政协委员提案，福建省教育厅组织专题课题组，对全省社会教育培训机构有关情况进行深入调查。专题调查组通过开展问卷调查、实地明察暗访、分别召开培训机构代表、政府有关部门负责人座谈会等途径在了解情况的基础上，进行综合分析研究，形成本调查报告。

一 福建省社会教育培训机构现状

随着人民群众生活水平的提高，人们对子女成长成才的期盼、对教育多样化的需求日益增强，近几年来，福建省社会教育培训市场需求旺盛，社会教育培训机构发展迅速。

1. 社会教育培训需求相当旺盛

社会教育培训面向各个年龄段群体，尤以青少年的需求最为旺盛。

根据全省 9 个设区市从小学一年级到高中三年级 9825 名学生的问卷调查统计，有 7570 名中小学生参加了校外培训，占受访中小学生总数的 77.05%。其中参加 1 个校外培训课程的学生 4119 人、占54.41%，参加 2 个校外培训课程的 1953 人、占 25.8%，参加 3 个校外培训课程的 866 人、占 11.44%，参加 4 个校外培训课程的 360 人、占 4.76%，参加 5 个校外培训课程的 95 人、占 1.25%，参加 6 个及以上校外培训课程的 177 人、占 2.34%。各年级学生参加校外培训课程情况详见表 1。

表 1　各年级学生参加校外培训课程情况

		参加校外培训总人数（人）	参加校外培训课程数量										
			1 个		2 个		3 个		4 个		5 个		6 个及以上	
			人数（人）	%	人数（人）	%	人数（人）	%	人数（人）	%	人数（人）	%	人数（人）	%
小学	一年级	407	180	44.23	123	30.22	73	17.94	21	5.16	5	1.26	5	1.23
	二年级	478	220	46.03	111	23.22	77	16.11	41	8.58	9	1.88	20	4.18
	三年级	543	214	39.41	202	37.20	62	11.42	41	7.55	11	2.03	13	2.40
	四年级	853	379	44.43	247	28.96	117	13.72	61	7.15	24	2.81	25	2.93
	五年级	727	392	53.92	202	27.78	81	11.14	34	4.68	10	1.38	8	1.10
	六年级	857	432	50.41	248	28.94	101	11.79	50	5.83	10	1.17	16	1.87
初中	初　一	674	360	53.41	181	26.85	94	13.94	26	3.86	5	0.74	8	1.19
	初　二	550	355	64.55	124	22.55	50	9.10	11	2.00	2	0.04	8	1.45
	初　三	504	292	57.94	126	25.00	54	10.71	16	3.17	6	1.19	10	1.98
高中	高　一	777	494	63.58	163	20.98	58	7.46	28	3.60	6	0.77	28	3.60
	高　二	610	416	68.20	128	20.98	31	5.08	6	0.99	5	0.81	24	3.93
	高　三	590	385	65.25	98	16.61	68	11.53	25	4.24	2	0.34	12	2.03
合　计		7570	4119	54.41	1953	25.80	866	11.44	360	4.76	95	1.25	177	2.34

福建省在校中小学生参加社会教育培训情况具有以下特点。

一是越是经济发达的城市，中小学生参加社会教育培训的热度越高；越是教育教学质量高的优质学校，学生对社会教育培训的需求越强烈。从问卷调查中看到，福建省经济较发达的福州、厦门、漳州三个市中小学生参加校外培训课程的比例分别为 93.13%、87.48%、83.03%，其中优质校学生参加校外教育培训的比例分别为 96.01%、89.11%、85.69%，比本地区一般校学生参加校外教育培训的比例分别高出 5.39 个、3.99 个、6.09 个百分点。各设区市中小学生参加校外培训情况详见表 2。

表2 各设区市中小学生参加校外培训情况

	参加校外培训学生数		不同类型学校的学生参加校外教育培训数量及比例			
	总人数（人）	占受访学生比例（%）	优质校		一般校	
			人数（人）	比例（%）	人数（人）	比例（%）
福 州	1206	93.13	578	96.01	628	90.62
厦 门	978	87.48	589	89.11	389	85.12
漳 州	856	83.03	497	85.69	359	79.60
泉 州	669	86.88	—	—	—	—
莆 田	832	62.04	—	—	—	—
南 平	1060	64.01	—	—	—	—
龙 岩	588	77.57	—	—	—	—
宁 德	732	70.05	—	—	—	—
三 明	649	80.02	—	—	—	—

二是在校学生参加社会教育培训时间段不仅有节假日，还有平时的晚上时间。从问卷调查和明察暗访中看到，大多数学生选择周末或者寒暑假参加社会教育培训，也有相当部分学生利用平时晚上参加学科晚自习辅导。各学段学生参加校外教育培训时间情况详见表3。

表3 各学段中小学生参加校外培训时间情况

学段 \ 时间		寒暑假	平时晚上	周末	业余时间都可以	其他
小 学	人数（人）	1096	563	2147	233	69
	占百分比（%）	28.36	14.57	55.55	6.03	1.79
初 中	人数（人）	601	234	872	190	12
	占百分比（%）	34.78	13.54	50.46	10.10	0.69
高 中	人数（人）	645	271	957	284	13
	占百分比（%）	32.63	13.71	48.41	14.37	0.66
合 计	人数（人）	2342	1068	3976	707	94
	占百分比（%）	30.94	14.11	52.52	9.34	1.24

三是在校生参加社会教育培训的年龄段，小学人数更多，初中次之。根据学生问卷统计，16.67%的学生从幼儿园起就开始参加校外培训，小学阶段参加培训的4487人、占59.27%（其中小学1～2年级参加校外培训

的 1601 人、占 21.15%，小学 3~4 年级参加校外培训的 1575 人、占 20.81%，小学 5~6 年级参加校外培训的 1311 人、占 17.32%），初中阶段参加校外培训的 1381 人、占 18.24%，高中阶段参加校外培训的 440 人、占 5.91%。各学段分地区中小学生参加校外培训情况详见表 4。

表 4　各学段分地区中小学生参加校外培训起始阶段情况

单位：人

	幼儿园	1~2 年级	3~4 年级	5~6 年级	初中阶段	高　　中	合计
福　州	285	326	199	161	189	46	1206
厦　门	165	145	162	184	233	89	978
漳　州	156	184	173	146	129	68	856
泉　州	55	76	183	133	166	56	669
莆　田	87	233	158	187	95	72	832
南　平	140	248	254	218	197	3	1060
龙　岩	102	93	116	105	143	29	588
宁　德	107	142	211	115	118	39	732
三　明	165	154	119	62	111	38	649
合　计	1262	1601	1575	1311	1381	440	7570

2. 社会教育培训市场呈多元化发展态势

目前福建省社会教育培训市场发展很快，以福州市为例，2009 年福州市取得办学许可证的培训机构有 222 所，2010 年增长到 276 所，2011 年增长到 328 所，2012 年增长到 361 所，截至 2013 年 5 月，共有 365 所。培训市场呈现出多元化的发展态势。

一是从培训类型上进行分析，福建省社会教育培训机构培训课程设置多层次、多门类，主要有语言类、文体类、文化补习类、兴趣特长类、考证过级类等。培训机构的培训形式多样化，除了常见的各类学科辅导班外，还有一对一个性辅导班、名师周末精品班、晚间全科作业辅导班、艺术类文化课辅导班、中考特训冲刺班、高考专家指导班、暑假衔接提高班、早教班、高考复读班等，满足不同学生的个性化需求。

二是从审批情况上进行分析，目前，福建省社会教育培训机构主要由教育部门审批，教育咨询类公司主要在工商部门审批。还有一部分技能类的培训在劳动保障部门审批。具体情况详见表5。

表5　福建省各地市社会教育培训机构审批情况

	由教育局审批的（所）	由工商局审批的（所）	由其他部门审批的（所）	没有任何审批的（所）	合计（所）
福　州	365	0	0		
厦　门	164	302	11	119	596
泉　州	196	34	52	156	438
莆　田	0	0	0	0	0
漳　州	0	0	0	0	0
南　平	47	531	14	50	701
龙　岩	61	16	38	67	182
宁　德	15	1	1	85	102
三　明	41	7	15	64	127

三是从社会教育培训机构的实力上进行分析，福建省教育培训市场经历了从无到有、从粗放管理到精细化运营、从价格厮杀到质量比拼的过程，目前进入了品牌竞争的时代，形成了国际知名培训品牌、跨省连锁培训品牌、本土培训品牌"三足鼎立"态势。以福州市为例，福州市教育培训市场既有新东方培训学校、韦博国际英语、瑞思学科英语等国际知名培训品牌，也有快乐学习、学大教育等跨省市连锁培训品牌，还有树人优酷教育、新概念培训、九色鹿培训、海西教育培训等本土培训品牌。不同的培训品牌在市场竞争中给家长、学生提供了更多的选择空间，也促进了培训机构本身做大、做强培训品牌。

四是从社会教育培训机构规模上进行分析，目前福建省教育培训机构主要分为三大类。一是"正规军"，即取得办学许可证的正规培训机构，主要指由教育部门审批发放办学许可证，并在同级民政、税务、物价、技术监督等部门办理登记及相关手续的。还有的是在工商部门取得营业执照的培训机构，主要指由工商部门登记注册的教育咨询公司。二是"游击队"，即散见在社区的小机构、"小作坊式"的补课教室，这些小机构满足了部分家长就近补习的需求，但由于没有在政府相关部门注册登记，很难监管。三是"个体户"，即部分教师在家中自办的补习班，更难监管。

3. 多种因素催生社会教育培训市场火爆场景

近几年来，福建省教育培训市场日益火爆。主要原因有以下几个方面。

一是家长对子女的期盼。根据向 1732 位学生家长问卷调查统计，27.37% 的家长为孩子选报校外培训的原因是巩固学校课程，提高学习成绩，37.76% 的家长是为了培养孩子的兴趣爱好和特长，16.74% 的家长是因为从众心理，怕孩子输在起跑线上，还有 18.13% 的家长是为了让孩子在参加培训过程中结识更多伙伴，培养沟通能力。家长为孩子选报校外培训原因详见表 6。

表 6　各学段学生家长为孩子选报校外培训原因

		培养孩子的兴趣爱好和特长	巩固学校课程，提高学习成绩	从众心理，怕孩子输在起跑线上	让孩子结识更多伙伴，培养沟通能力
小学	家长人数（人）	190	217	50	57
	占百分比（%）	36.96	42.22	9.73	11.09
初中	家长人数（人）	223	99	107	56
	占百分比（%）	45.98	20.41	22.06	11.55
高中	家长人数（人）	241	158	133	201
	占百分比（%）	32.88	21.56	18.14	27.42
合计	家长人数（人）	654	474	290	314
	占百分比（%）	37.76	27.37	16.74	18.13

二是评价体系单一化。近几年来，尽管各级各类学校大力推进新课程改革，但高考、中考的指挥棒没变，"一考定终身"的评价体系没变。在这种情况下，社会教育培训机构迎合部分学生升学和提高学习成绩的需要，通过名师一对一、晚自习作业辅导、周末学科补习等多样化方式，吸引了众多学生投入社会教育培训中。

三是义务教育不均衡的影响。近几年来福建省在推进义务教育均衡发展方面做了大量工作，取得了很大成绩。但推进义务教育均衡发展是一项长期的、动态的过程，随着社会经济发展，教育资源不均衡与人们对优质教育资源需求之间的矛盾难以短时间内解决，"择校热"是客观存在的现象。因此，义务教育发展越是不均衡地区，社会教育培训市场越发达。

四是不允许学校集体补课给社会教育培训提供了更多的机会。2007 年以来，教育部、省教育厅相继出台了多份文件，严禁中小学利用节假日组织集体补课，这就给社会教育培训市场带来了更多的发展机会。出于巩固学校课程、提高学习成绩、培养兴趣爱好等各种目的，望子成龙的家长纷纷为孩子选报各类培训班。

五是就业压力加剧导致竞争的前移。随着社会就业压力越来越大，就业的竞争逐步前移到学业的竞争。家长都希望孩子考进好学校，今后容易找到好工作，因此对课外辅导的需求日益强烈。根据家长调查问卷统计，16.74％的家长为孩子选报课外培训的原因是从众心理，怕孩子输在起跑线上。这种竞争恐慌心理，直接导致孩子参加培训的"起跑线"不断前移，早教培训市场在福建省悄然兴起。在一些早教培训机构，我们看到一些年仅两三岁的孩子已经学起了英语、钢琴等。

4. 社会教育培训机构的"双刃"作用

在社会需求的强力拉动下，近几年来，福建省社会教育培训行业迅猛发展，社会教育培训机构既发挥了积极作用，也产生了一些负面影响。

社会教育培训机构的积极作用，主要有以下四个方面。

一是满足了学生多样化、个性化需求。社会教育培训机构主要以中小学生为服务对象，为学生提供了更为多样化的教学方式、更为优质的培训服务。如学大教育紧跟公立名校教学进度，为学生量身定制 40 套模板，满足不同学习能力、不同心理程度和不同升学目标学生的需求。名师教育、思明教育、快乐学习等培训机构推出名师一对一、晚自习作业辅导、学科课程辅导班等，学生可根据自身需求选报。

二是对提高青少年素质起了积极帮助。青少年校外活动中心、青少年宫是公办青少年活动场所，在提高青少年素质上发挥重要作用。然而目前福建省公办青少年校外活动中心、青少年宫仅 144 所，辐射面非常有限。社会教育培训机构通过举办音乐、美术、体育、书画、文化等培训，既培养了孩子的兴趣特长，也提高了青少年的综合素质。中小学生参加社会教育培训类型情况详见表 7。

表 7　各学段中小学生参加社会教育培训类型

		语言类	声乐类	舞蹈类	体育特长类	乐器类	绘画类	益智类	课程补习类
小学	人数（人）	59	17	44	43	67	112	42	73
	占百分比(%)	12.91	3.72	9.63	9.41	14.66	24.51	9.19	15.97
初中	人数（人）	16	16	37	34	117	78	23	183
	占百分比(%)	3.17	3.17	7.34	6.75	23.21	15.48	4.56	36.31
高中	人数（%）	71	46	76	57	88	107	73	253
	占百分比	9.21	5.97	9.86	7.39	11.41	13.88	9.47	32.81
合计	人数（人）	146	79	157	134	272	297	138	509
	占百分比(%)	8.43	4.56	9.06	7.74	15.70	17.15	7.97	29.39

三是成为公办学校教育的补充。社会教育培训机构积极主动与公办教育接轨，研制教学方案和教学计划，加强教学质量把关，努力提高培训质量和效果，结构性地填补了学生课余时间，提高学生学习成绩，受到家长和学生的欢迎。根据家长调查问卷统计，20.15%的家长认为孩子参加培训班有很大帮助，学习成绩有了很大提高。对此，福州新东方培训学校校长姚振华认为，新东方培训学校的定位就是公办班中小学校的补充，把应试教育与素质教育融合在一起，既传授知识，又讲究学习方法，培养孩子的学习兴趣。所以新东方培训受到广大家长和学生的欢迎，目前在福州地面上就有 13 个教学点，参加培训的学生上万人。

四是解决大批人员就业。师资是家长选择培训机构考虑的重要因素之一。根据家长问卷统计，47.58%的家长在为孩子选报培训机构时最看重师资水平。为提高师资水平，教育培训机构一方面高薪引进公立学校在职教师为领衔名师或兼职教师，另一方面招聘大学毕业生或公办学校退休教师为专职教师，在提高培训教学质量的同时，解决了大批毕业生就业问题。据业内人士估计，仅福州市的社会教育培训机构从业人员就超过 5 万人。这从调查组采集到的福州部分社会教育培训机构师资情况表中也可略见端倪。详见表 8。

表8　福州部分社会教育培训机构师资情况

	教学点（个）	师资情况（人）		
		专职教师	兼职教师	管理人员
树人培训学校	6	53	76	46
新东方培训学校	13	183	61	169
九色鹿培训学校	13	336	134	95
思明教育培训中心	6	210	300	75
三山培训学校	3	7	35	28
海西培训中心	4	6	32	10
龙文教育	13	不详	300多	不详

社会教育培训机构在发挥积极作用的同时，也产生了一些负面影响。社会教育培训机构的负面影响主要有以下几个方面。

一是加重了学生的课业负担。近年来，国家、省有关部门相继出台各种"禁补令""减负令"，并采取了许多治理措施，取得明显成效。然而，学校减负不代表学生真正减负，一些社会培训机构迎合家长望子成龙的心理，举办以提高学习成绩为主要目的的各类培训班，利用学生业余时间开展补课，额外布置学生课外作业，导致出现"学校减负、校外培训机构层层加压"的违背教育规律的现象，在一定程度上影响了素质教育的实施。

二是干扰学校正常教学秩序。社会教育培训机构开设各类预科班、衔接班、学科辅导班、一对一名师辅导等，大搞提前授课、超前教育，在一定程度上提前透支孩子的学习兴趣和动力，不利于学生养成思考的习惯，影响孩子的发展后劲和持续竞争力。根据家长调查问卷统计，19.38%的家长认为孩子参加培训班会导致孩子在学校上课不专心，影响学校正常教学秩序。此外，社会教育培训机构高薪聘请公办教师到培训机构兼职，还会导致教师无心学校课堂教学，如果一些教师给自己的学生进行校外培训，还会导致他们更关注某些学生而忽视其他人，造成教育不平等，间接影响学校教学秩序。

三是为应试教育推波助澜。一些社会教育培训机构以不让孩子输在起跑线上为名，以名师猜题、提高学生成绩、保证考上重点学校等噱头开展招生宣传，助长了应试教育之风，与国家推进素质教育和考试评价制度改革背道而驰。

四是增加家长经济负担。为了让孩子接受更好的教育，家长非常重视对子女教育方面的投入。根据家长调查问卷统计，30.08%的家庭孩子每年参加教育培训的开支为 3000~5000 元，23.16%的家庭孩子每年参加教育培训的开支为 5000~10000 元，还有 5.08%的家庭孩子每年参加教育培训的开支超过 10000 元。调查组还对福州市部分社会教育培训机构收费情况做了摸底调查，以福州市晚自习辅导为例，一般大班全学科辅导收费每科每小时为 50 元，小班辅导每科每小时收费 70 元，一对一辅导每科每小时收费 200~500 元不等。厦门、泉州等地收费情况更高。高昂的培训费用增加了家长的经济负担。

五是虚假广告迷惑学生家长。利用专家名师招生，是一些社会教育培训机构吸引生源的手法。在调查中发现，不少社会教育培训机构在招生宣传资料上花大量篇幅介绍名师及其教学成果，在培训机构大厅悬挂的名师、学科教材编审、中高考命题组专家、知名专家学者与机构负责人或学生的合影等。事实上，这些所谓的专家名师，仅仅是被聘为顾问，并不负责直接授课，有的只是举办过几次讲座或公开课而已，真正负责授课的名师往往只是普通的大学毕业生，甚至是一些在校大学生。这种虚假宣传，既迷惑了家长学生，还损害了公立校教师的名誉。

5. 政府部门积极加强社会教育培训机构监管

近几年来，福建省各级政府十分重视加强社会教育培训机构的监管工作，主要采取以下措施。

一是重视加强规范管理。社会教育培训机构绝大多数是民办性质。为促进民办教育事业的健康、稳定发展，规范民办培训机构的办学行为，近年来，福建省各地先后出台了有关民办非学历教育政策法规。如福州市根据《民办教育促进法》，以市政府办公厅名义，出台了《福州市民办非学历教育培训机构设立审批管理暂行办法》，对培训机构办学场所、资金要求、教师资质及审批程序等做了统一规定。同时采取分级管理原则，对非学历高等教育培训机构由市级教育部门审批管理，对其他教育培训机构由各县市区教育行政部门审批管理。厦门市湖里区教育局制定了《湖里区民办非学历教育培训机构设置暂行规定》，审批程序采取街道把关、教育局申请登记的联合审批制度，严格审批办学项目。厦门市海沧区教育局制定了《厦门市海沧区民办教育培训机构暂行规定》，对民办培训机构的设立条件、申请材料、审批程序以及年检制度等做了详细规定，进一步细化对民办培训机构的管理。泉州市丰泽区、石狮市以及蕉城区、邵武市等也制定了有关培训机构审批和管理文件。

二是积极开展监督检查。各地通过年检、专项检查、抽查等方式，加强对社会教育培训机构的监督检查。厦门市教育行政部门每年年底，组织街道、民政等相关部门进行年检，同时将年检结果通过教育局网站向社会公布，对年检存在问题或违反相关管理规定的社会教育培训机构，开具限期整改通知；限期未整改到位的，依法予以取缔。厦门市思明区建立联合年检制度，从2005年开始教育局与民政局进行集中时间联合年检，一次性办完年检手续。厦门市湖里区建立定点定员挂钩制度和"月巡查"制度，由教育局工作人员挂钩培训机构，检查内容涉及设备设施、安全管理、教育教学、卫生、财务收费等各项工作，对核准的办学项目内容进行专项检查，防止培训机构擅自扩展培训项目，同时把检查结果作为年检考核的重要依据。泉州市对民办教育培训机构坚持严格审查、依法审批，泉州市鲤城区、丰泽区联合公安、消防部门，开展民办教育培训机构安全专项检查和民办学校收费检查。福州市教育局定期开展社会教育培训机构年检工作，对师资、收费等情况进行监管，工商部门也通过年检的办法，从根源上切断教育咨询公司开展教学工作的非法行为。福州市鼓楼区教育局采取年检与抽查、专项检查相结合的方式，通过包片巡查、分口管理的办法，加强对社会教育培训机构的监管，对规范社会教育培训机构办学行为起到了有效作用。

三是清理整顿无证办学行为。为促进培训市场的健康有序发展，维护广大群众的合法权益，近年来，福建省各地市都在开展清理整顿无证办学行动。福州市及各县（市）区教育行政部门每年都组织开展无证办学机构清理整顿工作。2012年，市教育局联合公安、消防、工商、税务、乡镇街道等有关部门，开展取缔非法办学行动，全面清查无证办学机构办学场地、教学设施、消防及交通安全、食品卫生等，严厉打击没有办学许可证的非法培训机构，避免这些黑机构损害整个培训行业声誉。福州市教育局还向全市学生及家长发出《抵制"黑培训"，远离教育欺诈——致全市学生及家长的一封公开信》，呼吁广大市民在选择培训机构时，一定要选择正规的、有教育行政部门颁发办学许可证的培训机构就读。2009 年以来，福州市教育局不定期公布无证办学培训机构名单上百所，并列举这些无证办学培训机构分为三类情况：没有向当地教育主管部门申请办证的加盟性教育培训机构；已申请办理了办学许可证，但跨辖区开设分支教学机构，没有向当地部门办证；既不是加盟性机构，也不是某机构教学分支的"作坊式"办学点。鼓楼区教育局在清理整顿非法办学机构行动中，采取"三阻"的办法，即阻生源（把无证办学机构名单发到公立校要求广大学生远离黑机构）、阻师资（严禁公办学校教师到无证机构上课）、阻场所（联合物业、街道、社区，劝说业主不要把场所租给无证机构办学），这些措施都取得了良好成效。

四是积极扶持正规社会教育培训机构。各地在开展清理整顿无证办学的同时，对正规的社会教育培训机构给予积极扶持。福州市教育局每年举办培训班，聘请公办学校教师为社会教育培训机构教师授课，提高社会教育培训机构教师专业化水平。福州市还通过打造诚信教育培训机构品牌，扶持正规社会教育培训机构。2012 年 9 月，福州市启动培训机构"金丝带"行动，福州市 66 家培训机构负责人在福州市民办教育协会的见证下集体庄严宣誓，承诺规范办学。2013 年"3·15"前，福州市民办教育协会自发组织诚信宣言活动，共同向社会发出行业诚信承诺，并与《福州日报》联合开展诚信教育机构展示活动，公布"3·15"诚信教育机构榜单，供消费者选择培训机构参考。鼓楼区教育局通过举办行业年会、艺术沙龙、教师培训、观摩考察、论坛交流等形式，积极扶持正规社会教育培训机构，受到区内社会教育培训机构的广泛好评。仓山区教育局加强对区内教育培训机构的业务指导与管理，为教育培训机构创造了宽松的办学环境。

二　福建省社会教育培训机构存在的困难与问题

福建省社会教育培训市场总体上是健康的，但也存在一些问题，主要有以下几个方面。

1. 社会教育培训机构政策定位模糊，管理部门职责不明

2002 年出台的《民办教育促进法》规定，民办教育机构必须经教育行政部门或劳动保障部门审批获得办学许可证，并到民政部门登记为非企业法人单位的民办学校后，该民办学校才有权依法从事教育培训。《民办教育促进法》还规定："在工商行政管理部门登记注册的经营性的民办培训机构的管理办法，由国务院另行规定。"但国务院至今未就经营性民办培训机构制定"另行规定"。2010 年颁布的《国家中长期教育改革和发展规划纲要》明确提出，"积极探索营利性和非营利性民办学校分类管理"，但目前国家对营利性与非营利性民办培训机构分类管理也还没有做出明确规定。因此，哪些培训机构应该按照非营利性培训机构由教育或劳动部门审批，哪些培训机构应该按照营利性培训机构在工商行政部门登记注册，管理部门职责模糊不清。

2. 社会教育培训机构审批管理多头，责权不一致难以监管到位

民办教育培训机构的审批管理涉及教育、工商、民政、劳动保障等多个部门，"多头管理"有的出现多头都难以监管，导致社会教育培训市场出现一些乱象。主要有：（1）无证办学培训机构难以取缔。尽管政府有关部门采取了许多措施打击无证办学机构，但受利益驱使，各种无证办学机构仍层出不穷。（2）超范围经营现象比较普遍。大量教育培训机构以教育咨询或教育科技公司为名，在工商部门登记注册，实际从事的却是课程辅导，超出咨询公司的经营范围。（3）擅自设立教学点。一些社会培训机构在申请办学许可证后，往往随意开设分支教学点，这些教学点的办学资质没有经过审批，在办学质量、消防安全等方面存在很大隐患。（4）师资水平不达标。为降低成本，一些社会教育培训机构大量聘请大学毕业生或在校生充当"名师"，这些培训教师往往没有取得教师资格证，也没有什么教学经验，培训质量难以保证。（5）乱收费。目前福建省物价部门对教育培训机构收费管理采取成本核算、物价报备、公示收费的收费制度。但在调查中发现，受办学成本影响，一些培训机构随意调高收费标准，也没有按规定进行收费公示。（6）虚假广告，退费纠纷多。按照有关规定，社会教育培训机构的招生宣传广告必须经过有关部门审批，但在调查中发现，许多培训机构的广告并没有经过审批，为了扩大生源，往往打出名师授

课、一对一教学等虚假广告，做出"保校、保线、保分，无效全额退款"的承诺，迷惑家长和学生，产生大量退费纠纷。仅鼓楼区民管办2012年就接到投诉件近百件。（7）转让频繁，损害消费者利益。在调研中发现，受各种因素影响，一些中小型社会教育培训机构频繁转让，有的一年会转让三四次，不仅转让办学资格、办学场所，还连带转让学生，无形中损害了消费者利益。面对社会教育培训市场存在的种种乱象，教育、民政、工商、税务等部门均感到监管困难。在调查组召开的有关部门座谈会上，教育行政部门认为，教育局负责社会教育培训机构审批和管理，但由于没有执法权和执法队伍，对一些非法办学机构没有取缔手段；工商部门认为，工商局负责审批注册各类教育咨询公司，对诸如学生托辅机构等开展教育延伸的社会教育培训机构定性不明，难以审批，对教育咨询类公司扩大经营范围的点多面广，只能通过举报或年检时来查处；民政部门表示，民政部门只负责对教育局审批过的教育培训机构备案，既没有执法权，也没有执法队伍，难以对社会教育培训机构进行监管；税务部门认为，税务部门只负责对有登记的培训机构纳税情况进行监管，其他无证办学也管不了。责权不一致，给日常监管、执法带来一定困难，产生了对社会教育培训机构监管不到位的问题。

3. 对社会教育培训机构缺乏正确认识，造成教育培训机构发展困难

在社会教育培训机构负责人座谈会上，一些社会教育培训机构负责人反映，社会教育培训机构处在"没有身份、没有地位"的灰色边缘，发展中有很多困难。主要有：（1）社会教育培训机构处在尴尬的地位。一是政府对社会教育培训机构管得多、扶得少。民办社会教育培训机构的地位比民办全日制学校要低一等。目前政府基本没有给予社会教育培训机构资金上的扶持，如福州市对落实教师"五险一金"的民办学校予以奖励补助，但这些奖励补助只给全日制民办学校，没有给社会教育培训机构。二是政府对社会教育培训机构"堵"的多、"疏"的少。一些社会教育培训机构在办学过程中感到，社会教育培训机构就是营利性企业，应参照企业由工商部门管理，才更有利于社会教育培训机构的发展，但目前工商部门不接受社会教育培训机构登记，所以社会教育培训机构是按照非营利性民办学校由教育部门管理，这样导致管理政策上"堵"的多、"疏"的少，给社会教育培训机构发展带来很大困难。三是政府对社会教育培训机构"卡"的多、"放"的少。特别是办学场所、师资基本上"卡"死了。在办学场所上，《福州市民办非学历教育培训机构设立审批管理暂行办法》规定，举办培训机构不得租赁学历制学校或幼儿园的场地。这个政策不论是公办校的场地，还是民办校的场地都一律"卡"死。以九色鹿培训学校为例，虽然与民办华伦学校同属一个教育集团旗下机构，但由于华伦学校是学历制学校，九色鹿培训学校也不能在周末或晚上利用华伦学校场所办学，这在一定程度上造成民办学校的办学资源闲置。在师资队伍上，教育行政部门规定，公办在职教师不得在社会教育培训机构兼职、兼课，因而，社会教育培训机构不得不大量聘请大学毕业生作为专职教师，既影响了教学质量，也增加了办学成本（在职教师兼职不必负担"五险一金"）。社会教育培训机构教师也没有纳入公办学校职称评聘、培训教研体系，专业水平很难提升，流动性很大。（2）社会教育培训机构的办学成本不断提高。造成办学成本提高的原因，一方面是办学场所租金不断上涨。目前福州社会教育培训机构办学场所租金已经由过去每平方米40~50元涨到每平方米60~70元，有的沿街商业铺面甚至达到每平方米150元，而这样的办学场所租金还在不断上涨。另一方面是聘请教师的费用也不断上涨。培训学校的教师收入一般不低于公办学校教师，有的甚至是公办教师的好几倍。一所在福州颇有名气的培训机构校长表示，每个月发给教职工的工资达200多万元。（3）主管部门审批条件互相矛盾。各设区市普遍规定，社会教育培训机构办学场所要达到500平方米以上，经过消防验收合格才予以审批。消防部门有新规定，仅对1000平方米以上的办学场所进行消防检查验收，对1000平方米以下的办学场所采取抽查报备制度。教育部门认为作为非消防专业部门，难以认定1000平方米以下场所是否消防达标。而且社会教育培训机构属于人群密集场所，必须经过消防检查验收合格后才能放心审批。由于政策规定不一致，社会教育培训机构审批上存在困难。（4）受到社会舆论的挤压。一些黑机构违法办学，不仅使消费者利益受到损害，也使一些正规办学机构受到误解，媒体对社会教育培训机构褒奖肯定的少，批评否定的多。（5）办学门槛太高。以福州市为例，《福州市民办非学历教育培训机构设立审批管理暂行办法》规定，福州市五城区办学场地建筑面积应不少于 500 平方米，其他县（市）不少于 350 平方米。一位资深的社会教育培训机构负责人认为，建筑面积 500 平方米的要求太高，造成一些中小规模的社会教育培训机构对申报办学望而却步，干脆无证办学。

4. 政府部门工作衔接不够，影响了对社会教育培训机构的监管

近几年来，福建省教育、工商、民政、消防、税务、公安等部门在互相配合规范社会教育培训机构办学、清理整顿无证办学上做了大量工作，取得了明显成效，但也存在一些问题。主要有：（1）媒体刊登广告把关不严。一些新闻媒体在刊登社会教育培训机构办学广告时，没有严格把关，导致一些无证办学机构招生广告误导消费者。（2）培训机构教材审查把关不严。目前，社会教育培训机构教材五花八门，有的说是国外引进的教材，有的说是聘请名师编印的教材。究竟是由出版部门审查，还是由教育部门审查，没有一个部门去做这些工作，造成教材的实用性难以保证。（3）对无证办学机构的非法所得查处执行主体不明确。《教育行政处罚暂行实施办法》规定，违反法律、法规和国家有关规定举办学校或其他教育机构的，由教育行政部门予以撤销；有违法所得的，没收违法所得。但在具体执行中，不知道该由哪个部门具体执行没收非法所得。例如，福州市对未取得办学许可证和民政登记注册而进行非法办学的规定得很明确，由乡镇（街道）报各县（市）区政府，由各县（市）区政府牵头乡镇（街道）、教育、工商、消防、公安、税务、城管、电业、卫生等相关部门和单位予以取缔，但并没有明确由哪个部门负责对无证办学机构的非法所得予以没收。（4）对社会教育培训机构登记备案管理协调不够。有的设区市社会教育培训机构审批权限下放到县区后，社会教育培训机构变更名称难题一直未能解决。以福州市为例，2007 年福州市把教育培训机构审批权限下发到县（市）区教育局，有的培训机构原来冠名"福州市"，现要改为"某某区"，市、区有关部门对培训机构更名问题各执一词，培训机构名称改不了。另外，按照有关规定，经批准设立的培训机构，取得办学许可证后，应及时到同级民政、税务、物价、技术监督等部门办理登记及相关手续。福州市民政部门反映，有许多社会教育培训机构并没有在民政部门登记备案，这也导致民政部门对社会教育培训机构监管困难。（5）收费投诉案件处理不尽如人意。随着消费者维权意识的增强，社会教育培训收费投诉案件逐渐增多，消费者主要向工商部门和教育部门投诉。工商部门反映，对社会教育培训收费仅仅是登记备案，并没有相关管理规定进行查处。教育部门反映，虽然负责社会教育培训机构审批，但对收费投诉案件无力查处，消费者一般只能通过有关合同提交司法机关审理。

三 对规范福建省社会教育培训机构管理的意见与建议

1. 理性看待社会教育培训机构的存在与发展

校外教育培训机构的存在与发展问题并非福建省很突出，近年来，随着人们对优质教育的追求不断增强和全球竞争愈演愈烈，校外培训已经成为社会发展的大势所趋。

从国际视野上看，近几年校外教育培训之"火"在世界各地蔓延，各国纷纷采取政策措施，支持、引导、规范校外教育培训发展。英国研究人员建议政府部门和相关机构必须把校外培训的问题提上议事日程，对校外培训机构和个人进行登记注册，掌握校外培训的规模，规范税收对校外培训的"灰色"市场进行"漂白"。日本类似于我国的各类校外培训机构被称为"学习塾"，属于营利性企业，受到有关经济法规的制约，保障政府监管到位。"学习塾"同时要自觉服从行业道德伦理的约束，遵守行业性组织——社团法人全国学习塾协会各种基准和规范，绝大多数"学习塾"不会轻易让自身信誉蒙受"污点"。美国联邦和各级政府积极投入资金，推动学生校外培训项目的发展，并将其视为公立学校系统的一个重要组成部分。其中，比较有影响的是课后教育项目和补充性教育服务两个项目。美国校外培训具有四个特点：一是强调公平，所关注的是处于弱势的儿童，尤其是补充性教育服务项目，更多的是面向教学质量特别低的学校就读的家庭特别贫困的学生。二是政府拨款，项目所需的资金主要来自政府特别是联邦政府的拨款。三是市场运作，项目均采用市场化运作方式，政府只负责监督、管理，评估其运行效率。四是自主选择。在项目的选择上家长和学生拥有完全的自主权，各种教育机构进行公开、透明的竞争，更有助于提高教育的质量。德国校外培训被商业校外培训机构和私人家教两大市场瓜分。2011年4月，德国联邦政府推出"教育与社会参与包"，每年为贫困家庭子女提供 6.4 亿欧元补助，其中包括去相关部门领取教育券以用于参加校外培训，这也成为政府调节校外培训市场的有效机制。

从国内视野上看，福建省的兄弟省市面对迅速发展的社会教育培训机构的比较理性地看待，积极探索规范社会教育培训机构管理的措施。如安徽省政府 2010 年出台《关于鼓励和引导民间投资健康发展的实施意见》，鼓励、支持民间投资以独资、股份、合作等多种形式兴办高等教育、高中教育、幼儿教育、职业教育等各类非义务教育和社会培训机构，特别是到贫困地区和教育资源短缺地区办学。浙江省教育厅出台《浙江省深化普通高中课程改革方案》，提出"扩大选课范围，鼓励职业高中、高等院校、企业和社会办学机构开发开设符合普通高中学生需要的选修课程，鼓励学生在校内、跨校和社会培训机构选课，以满足学生个性发展的需要"。郑州市政府从 2012 年开始，每年投入 5000 万元设立民办教育专项资金，以助力民办教育发展。郑州市二七区建立民办培训学校专职教师档案，开通民办培训学校专职教师职称评定通道，解决了民办培训学校专职教师职称评定问题，优化民办培训学校的发展环境。济南市 2012 年根据民办非学历教育培训机构联合检审结果，首次评出民办非学历教育机构示范学校和规范化学校。济南市还将在全市民办非学历培训学校全面推行教师实名备案制度，按照全市统一模式分别建立民办非学历培训学校教师信息管理数据库，并将其信息管理数据库并入全市民办非学历培训学校教师备案信息管理系统，实现网上申报、网上备案、网上查阅等功能。西安市碑林区教育局计划于 2013 年为辖区 130 余所民办培训机构的教师提供职称评定服务，凡达到要求和符合条件的民办教师都可以申请评定与公办学校教师一样的职称，将使一直以来公办教师"有职称"、民办教师"没头衔"的现象得到改变。宜昌市建立民办教育培训机构"教师公示"制度，全市各民办教育培训机构都要建立所有专任教师公示牌，接受主管部门和学生家长监督。

有关专家认为，校外培训是学校主流教育的一面镜子，它的兴起应引起社会各界对学校主流教育的反思。政府不应该对社会教育培训机构过于防备，而应该理性细致地思考如何通过改革考试制度和单一化评价方式来抑制社会教育培训需求，如何规范社会教育培训办学行为、充分发挥社会教育培训机构的积极作用等。因此，我们必须理性看待社会教育培训机构，既不要把它看作"洪水猛兽"而加以限制，也不要对席卷全球的校外培训漠然视之，而应该采取积极的、理性的态度做好管理工作。

2. 建立健全相关法律法规

国家非常重视民办教育的规范管理。《国家中长期教育改革和发展规划纲要》提出："大力支持民办教育。依法管理民办教育。积极探索营利性和非营利性民办学校分类管理。"2012 年，教育部印发《教育部关于鼓励和引导民间资金进入教育领域促进民办教育健康发展的实施意见》，提出"清理并纠正对民办学校的各类歧视政策。依法清理与法律法规相抵触的、不利于民办教育改革发展的规章、政策和做法，落实民办学校与公办学校平等的法律地位。"《实施意见》还提出"完善民办学校税费标准。教育行政部门要积极配合协调相关部门制定出资人要求取得合理回报的民办学校、经营性教育培训机构和开展营利性民办学校试点的民办学校享受的税收优惠政策。"近几年，兄弟省市先后出台了一些民办非学历教育培训机构的管理办法，如北京市出台《北京市民办非学历教育培训机构设置管理规定》、江苏省出台《江苏省民办非学历教育机构设置和管理办法》、成都市出台《成都市民办非学历教育机构管理办法》等。目前，福建省各市县也出台了一些民办非学历教育培训机构管理办法，但总体不够完善，特别是省级层面没有一个管理办法。教育部 2012 年组织开展了全国基础教育阶段民办教育（非学历）培训机构审批和管理专项调研，据悉近期将制定教育培训机构有关管理办法。根据福建省目前社会教育培训机构管理上存在的职责不明、监管不到位的问题，建议省政府出台加强福建省民办非学历教育培训机构设立审批管理暂行办法，明确教育、工商、民政、劳动、税务、消防、街道等各部门职责。还可参照北京市、宁波市等地做法，对培训机构审批设置前置条件，如凡申请举办卫生、体育、保安、艺术等内容的教育机构，须先经过相关行政主管部门审核同意后，由区县教育行政部门审批。

3. 加强社会教育培训机构规范化管理

针对目前福建省社会教育培训机构管理上存在的问题，建议采取综合措施，加强规范化管理。

一是开展联合整治行动。考虑到社会教育培训机构牵涉千家万户，且从业人员较多，应从维护社会安定稳定出发，宜稳妥地开展联合整治行动。建议由政府牵头，乡镇（街道）、教育、工商、消防、公安、民政、税务、城管、电业、卫生等相关部门和单位密切配合，开展全省社会教育培训机构综合治理行动。对现存的社会教育培训机构进行全面调查摸底，按照营利性质与非营利性质、有证与无证进行梳理，凡营利性质的社会教育培训机构由工商部门负责登记注册，凡非营利性质的社会教育培训机构由教育部门负责审批发放办学许可证。对无证培训机构，按照条件基本达标与不达标进行梳理，对经过扶持有望达标的引导其走上正规办学渠道，对小规模的无证办学点，可采取与正规办学机构联合办学等形式，在引导中促其规范发展。

二是成立行业协会加强行业自律。建议引导各地建立教育培训行业协会，加强对行业的指导和帮助，促进行业信息交流、业务协作，引导制定高质量的行业标准，使教育培训行业走向良性有序的发展道路。可加强电子信息网络建设，建立教育培训行业从业者、培训机构和培训学生的电子档案系统，建立培训行业综合信息网站，及时公开行业有关政策法规、行业标准、相关动态等，供家长和社会各界了解和监督。

三是明确设定有关"底线"。为规范教育培训机构办学行为，应明确几个严禁。一要严禁举办小升初、初高中衔接培训班，搞超前教育。二要严禁公办学校教师为社会教育培训机构介绍生源，扰乱公办学校教学秩序。三要严禁社会教育培训机构发布虚假广告或夸大宣传。凡在市（县、区）级以上媒体发布培训机构广告，必须向相应教育行政部门备案。四要严禁超范围经营。教育咨询公司不得从事课程辅导，教育培训学校（中心）不得擅自设立分教学点。

四是定期开展年检评估。教育部门每年要对经批准举办的社会教育培训机构进行年检评估和督导，督促其依法办学，不断提高办学水平和办学质量，年检评估结果给予通报或向社会公布。年检不合格的，由教育行政部门责令其限期整改或吊销办学许可证。对依法办学的社会教育培训机构，应按照有关规定予以奖励补助。

4. 积极推进教育管理模式改革

校外教育培训火爆，从另一个侧面反映了学校主流教育不能满足学生和家长对优质教育和教育多样化、个性化的需求。作为教育行政部门和各级各类学校，要积极推进教育管理模式改革创新，全面实施素质教育，全面提高教育质量。

一要推进中小学评价与考试制度改革，建立以促进学生发展为目标、有利于促进教师职业道德和专业水平提高、有利于提高学校教育质量的评价体系，引导家长从学生全面发展出发，而不是从单一提高学生成绩出发选择校外教育培训。

二要推进课堂教学模式改革，积极打造高效课堂，让第一课程更精彩。虽然福建省中小学推进课改已经十多年，但目前一些公立学校课改只是"穿靴戴帽"，在激发学生学习兴趣等方面存在不少弊端，有的公立学校在因人施教上做得不够，难以满足学生个性化需求。为此，要积极推进中小学课堂教学模式改革，注重学思结合，倡导启发式、探究式、讨论式、参与式教学；注重知行统一、因材施教，关注学生不同特点和个性差异，发展每一个学生优势潜能。

三要推进职称评聘制度改革，把社会教育培训机构教师纳入教育行政部门师资管理体系，开辟社会教育培训机构教师专业培训、职称聘任通道。

四是统筹管理公办教育和民办教育。教育行政部门要把体制外学校看作实施素质教育、对主流教育补充的一个帮手，统筹管好体制内学校与体制外学校，使之在实施素质教育、减轻学生学业负担、促进学生发展中发挥积极作用。

5. 建立联合执法机制

根据福建省有关部门对社会教育培训机构管理上执法权、执法力量的问题，建议探索建立联合执法机制。

一是建立属地管理机制。即由乡镇、社区负责开展本辖区内社会教育培训机构办学情况巡查，发现无证办学行为，由乡镇、社区予以取缔。

二是建立联席会议制度。由政府牵头，教育、工商、消防、公安、民政、税务、城管、电业、卫生等相关部门和单位定期研究，互通信息，共同推进社会教育培训机构的规范化管理。

三是赋予有关部门执法权力。目前，教育、民政部门在开展社会教育培训机构管理上因无执法权和执法队伍，显得力不从心。建议对无证办学、违规办学行为，由政府明确交工商、消防、城管等相关部门联合执法予以取缔。对非法所得明确由工商部门予以没收。

6. 其他值得思考的有关问题

在调研中，也了解到政策上值得思考的相关问题。

一是关于培训机构审批门槛高低问题。目前培训机构审批门槛主要集中在办学经费和办学场所建筑面积上。门槛高，有利于规范化、规模化办学。但门槛高也造成中小规模的培训机构干脆不想登记。是否可从社会教育培训机构办学现状出发，分档次设立条件。如以"培训学校"为名的培训机构办学场所建筑面积宜大于 500 平方米；以"培训中心"为名的培训机构办学场所建筑面积宜大于 300 平方米，但不少于 150 平方米；以"培训班"为名的培训机构办学场所建筑面积不应少于 80 平方米。办学注册资金也应根据培训规模适当调整。

二是关于公办学校教师队伍兼职问题。各级教育行政部门规定公办教师不得到培训机构兼职搞有偿补课，这对促进教师专心搞教学具有积极作用。但该禁令施行以来，有的教师不在社会教育培训机构兼职，却转为开展家教式培训，更不利于监管。是否可做一些调整，如教师不得在工作日到社会教育培训机构兼职，参加校外有偿补课，不得影响所在学校教学秩序，不得为本班学生搞有偿补课，教师在社会教育培训机构兼职必须向所在学校报备等，值得探讨。

三是关于公办学校场所资源利用问题。公办学校教育资源丰富。为了减轻学生负担，政府规定公办学校不得举办校外培训班，这就把离校学生推给社会教育培训机构，在一定程度上造成公办教育资源闲置。建议区分情况，允许公办学校利用校内师资、场地举办体、音、美、科技类培训班，丰富学生课余生活，提高学生的综合素质。

课题组成员：赵素文　君雪梅　齐学群　王　飞
执　　笔：尹雪梅

福建省民族教育事业发展调研报告

福建地处我国东南沿海，与台湾隔海相望，是海峡西岸经济区的主体。全省陆域面积 12.14 万平方公里，海域面积 13.63 万平方公里，现有 9 个设区市，下设 14 个县级市，45 个县和 26 个市辖区，2 个县级建制开发区，全省总人口 3604 万。2009 年全省地区生产总值 11950 亿元，财政总收入 1694 亿元，城镇居民人均可支配收入 19577 元，农民人均纯收入 6680 元，分别比 2005 年增长 84.21%、115.29%、59.16% 和 50.45%。

福建是少数民族散杂居省份，少数民族分布有几个特点：一是民族成分多，全省有 55 个少数民族（缺塔塔尔族）；二是少数民族人口比例较小，全省少数民族人口 58.5 万人，占全省总人口的 1.61%；三是畲族人口全国最多，全省畲族人口 37.51 万人，占全国畲族人口的 52.87%；四是少数民族人口分布呈大分散、小聚居格局，畲族人口和回族人口相对聚居，其他少数民族大多散居在全省各地。目前全省有 19 个民族乡（其中畲族乡 18 个、回族乡 1 个），562 个少数民族村，一个省级民族经济开发区（福安畲族经济开发区）。

一 福建省民族教育事业发展现状

近十年来，福建省认真贯彻落实《国务院关于深化改革加快发展民族教育的决定》，坚持优先发展民族教育，加大投入和扶持力度，全省民族教育事业得到了长足发展，培养了一大批少数民族各级各类人才，为民族地区经济社会发展和海峡西岸经济区建设提供有力的人才和智力支持。

（一）民族地区"两基"进一步巩固提高

福建省从 2003 年开始正式启动"高水平高质量普及九年义务教育"

（"双高普九"）工程，到 2009 年已有 60 个县（市、区）基本实现"双高普九"目标，占全省 87 个县（市、区）的 68.97%，覆盖全省人口总数的 70%。全省小学阶段学龄人口入学率达 99.97%，初中学龄人口入学率达 97.47%，三类残疾儿童义务教育阶段入学率达 90% 以上，义务教育各项指标继续保持在全国较高水平。2009 年，全省 19 个民族工作重点县（市、区）已有 12 个实现"双高普九"目标；全省小学少数民族在校学生数 37460 人，占全省小学在校生数的 1.56%，少数民族学生小学入学率达 99.7%，比 2005 年提高 0.8 个百分点；全省初中少数民族在校学生数 28616 人，占全省初中在校生数的 2.02%，初中少数民族学生入学率达 97.15%，比 2005 年提高 2.43 个百分点。全省有独立设置民族小学 79 所，在校生数 10546 人；独立设置民族中学 19 所，在校生数 17178 人。

（二）民族地区各类教育协调发展格局初步形成

一是学前教育进一步发展。2009 年福建省少数民族在园幼儿 3425 人，比 2005 年增加 1399 人，少数民族在园幼儿占全省在园幼儿的比例为 0.32%，比 2005 年提高 0.05 个百分点。目前 19 个民族乡镇有独立设置的民族幼儿园 13 所，在园幼儿 2530 人。二是高中阶段教育规模显著扩大。2009 年全省普通高中少数民族在校学生数 11493 人，占全省普通高中在校生总数的 1.60%，比 2005 年增加 9761 人；全省有独立设置的民族完全中学 4 所，少数民族每万人口中普通高中在校生 196 人，与全省每万人口中普通高中在校生 199.5 人基本持平。2009 年，全省有 1 所独立设置的民族中等职业学校，19 个民族工作重点县（市、区）已有 17 个建设了县级职教中心，中等职业学校少数民族在校学生数 5632 人，占全省中等职业学校在校生总数的 1.04%，比 2005 年增加 2059 人。四是少数民族学生接受高等教育的机会大幅增加。目前，全省有 14 所高等院校校开办民族预科班，福建农林大学、福建师范大学招收民族本科班，福州大学、福建医科大学还举办新疆班招收新疆少数民族大学生。2009 年全省普通高校少数民族学生 14417 人，占全省普通高校在校生总数的 2.38%；全省少数民族考生高考录取率达 78.55%，比全省平均水平高 10.55 个百分点。

（三）民族中小学校办学条件明显改善

福建省委、省政府始终把发展民族地区学校改善办学条件作为一项重要的民生工作来抓，在教育事业的项目和经费安排上，对民族地区长期实行"政策倾斜"。2001 年以来，先后实施了中小学危房改造工程、农村寄宿制中小学建设工程、农村现代远程教育工程、中小学校舍安全工程等一系列教育建设工程，极大地改善了包括民族地区在内的全省中小学校的办学条件。

1. 民族中小学校舍安全条件明显改善

一是民族中小学危房得到及时改造，逐步建立起校舍维修改造长效机制。2001～2008 年福建省实施三期农村中小学危房改造工程，基本消除现存农村中小学危房，三期危房改造全省总投入资金达 38.9 亿元，其中省级以上专项 9.8 亿元，新建中小学校舍建筑面积达 538.6 万平方米。从 2006 年开始，为了解决福建省山区、少数民族和海岛地区长期以来农村中小学校舍维修改造经费不能保障问题，省级财政设立专项资金，逐步建立农村义务教育阶段中小学校舍维修改造长效机制，以保证新增中小学危房能得到及时改造。二是中小学校舍安全水平提高。从 2009 年开始，全省实施中小学校舍安全工程，提高校舍抗震防灾能力。目前已开工加固、重建项目 1054 个，开工面积 211.36 万平方米，已竣工加固、重建项目 462 个，竣工面积 85.11 万平方米。通过实施一系列教育基本建设，全省民族中小学校舍同步得到大面积改造更新，2009 年全省独立设置民族小学生均校舍面积 10.19 平方米，比 2005 年的 8.53 平方米增加 1.66 平方米；独立设置民族中学生均校舍面积 8.72 平方米，比 2005 年的 7.75 平方米增加 0.97 平方米；大部分完小以上学校教学用房实现楼房化，学校成为民族乡村亮丽的风景线。

2. 教学仪器、图书配备进一步完善

2009 年，全省民族中小学校的体育场（馆）面积，音乐美术教学仪器、体育器材和数学自然实验仪器等配备达标率比 2005 年均有不同程度的提高（见附表）。全省民族小学校均拥有仪器设备值 3.51 万元，比 2005 年的 2.95 万元增加 0.56 万元，增长 18.98%；民族中学校均拥有仪器设备值 71.53 万元，比 2005 年的 52.47 万元增加 19.06 万元，增长 36.33%。

全省民族小学生均藏书量 22.27 册，比 2005 年的 15.98 册增加 6.29 册；民族中学生均藏书量 24.16 册，比 2005 年的 15.43 册增加 8.73 册。

附表　独立设置民族中小学办学条件比较

单位:%

项　目	民族小学			民族中学		
	2005 年	2009 年	比　增	2005 年	2009 年	比　增
学校数	119	79	-40	19	19	0
体育场（馆）面积达标率	47.90	55.70	7.8	80.0	80.0	0
音乐教育仪器配备达标率	28.57	39.24	10.67	53.33	73.33	20.0
美术教学仪器配备达标率	27.73	39.24	11.51	53.33	80.0	26.67
体育器材配备达标率	33.61	41.77	8.16	53.33	66.66	13.33
数学自然实验仪器达标率	39.50	41.77	2.27	66.66	80.0	13.34

3. 民族中小学校布局结构得到优化

2001 年以来，福建省为适应人口出生率下降和城镇化进程加快，因地制宜开展了农村中小学布局调整。一是民族中小学布局更加合理。全省独立设置民族小学校数从 2001 年的 173 所调整为 2009 年的 79 所，进一步提高了办学规模和效益。独立设置民族中学从 2001 年的 12 所增加到 2009 年的 19 所，校均规模从 1065.17 人增加到 1145.2 人，适应了少数民族学生接受初中、高中教育的需要。二是实施农村寄宿制学校建设。为解决民族地区中小学布局调整后学生住宿的问题，省级设立了少数民族寄宿制中小学建设专项经费，十年来，下达少数民族寄宿制学校建设专项资金达 4100 万元，用于新建、改建、扩建少数民族中小学校，使福建省少数民族中小学办学条件得到较大改善。目前独立设置民族中小学校已基本具备寄宿制或半寄宿制功能，学生食堂、宿舍等生活设施基本满足当地少数民族适龄儿童入学的需求。三是在普通中学开设民族班。目前已有连江华侨中学、漳平二中和古田一中等普通中学开设了民族班，有效地保障了散杂居农村少数民族学生接受优质教育的权利。

4. 民族中小学校信息化水平稳步提高

一是农村中小学现代远程教育工程顺利推进。福建省于 2005 年全面启动农村中小学现代远程教育工程建设，截至 2008 年 3 月，全省工程按三批规划实施步骤已如期建设完成，项目涉及 74 个项目县（不含厦门市），共计 1.28 万所农村中小学（初中 1413 所，完小 7532 所，教学点 3877 个），全省投入资金 2.63 亿元，其中省级以上投入 9000 多万元。除少数因布局调整需撤并的学校外（主要是教学点），工程"三种模式"基本覆盖了农村中小学，即农村初中建立计算机教室，农村小学建立卫星教学收视点，农村小学教学点建立教学光盘播放点，城乡优质教育资源共享网络初步形成。二是民族中小学信息技术教育普遍开展。民族中学普遍开设信息技术课，民族小学开课率达 59.4%。2005 年全省独立设置的民族小学生机比为 22.69∶1，到 2009 年生机比提高到 13.55∶1；2005 年全省独立设置的民族中学生机比为 16.4∶1，到 2009 年生机比达 12.53∶1。三是建立校园网学校的比例有较大增长。2009 年全省小学建立校园网的比例为 27.04%，中学为 63.07%，其中民族小学建立校园网校数的比例为 7.59%，比 2005 年的 5.88% 提高 1.71 个百分点，民族中学建立校园网的比例为 46.67%，比 2005 年的 20% 提高了 26.67 个百分点。通过信息化手段，逐步解决民族地区农村教育教学资源匮乏、师资力量不足等问题，提高了民族中小学教育质量和办学效益。

（四）民族中小学校教育质量进一步提高

一是坚持以人为本，对民族学生特殊关爱。学校针对少数民族学生大多来自农村、学习基础较差、在校寄宿多的特点，在教学上探索"低起点、勤反复、多练习、重批改、细讲评"的教学模式，在生活上关心帮助家庭经济困难寄宿生，许多教师以校为家，爱生如子，加倍付出，确保少数民族学生"进得来、留得住、学得好"。二是深化课程改革，实施素质教育。坚持育人为本，德育为先，努力促进民族中小学校开足开齐各类课程，学校课程管理水平明显提高，校本课程建设得到加强，学校的教学质量稳步提高。2009 年，全省 562 个民族村少数民族初中生毕业率达 97.1%。宁德市少数民族学生初中生毕业率达 98.8%，全省少数民族重点完中——宁德市民族中学历年高考成绩均在全市名列前茅，2009 年有 3 名毕业生高考成绩获宁德市理科总分第一名和文科总分第二、第三名，居全省文理科总分前 100 名。民族中小学重视民族文化的保护与传承，积极开展民族音乐、民族舞蹈、民族传统体育、民族工艺制作等多民族文化教育进课堂活动，涌现出一批示范学校和特色学校。如建阳市漳墩民族中学、福鼎民族中学开展高脚竞速、蹴球等民族传统体育项目富有成效，代表福建省参加全国少数民族运动会，屡获佳绩；福安市民族实验小学长期坚持双语（普通话与畲族）教学，被《人民日报》誉为"畲山教育的明珠"；福安市康厝乡中心小学设立"畲歌传习所"，开展畲歌传唱活动，排演的畲族歌舞节目晋京表演，获全国校园文化艺术会演银奖；福安市穆云乡溪塔小学通过开设畲族课、建立民俗文化展馆等，弘扬畲族文化，学校成为全市畲族文化教育基地。

（五）民族中小学教师素质进一步提高

2009 年，全省民族中小学专任教师 2010 人，其中民族小学 776 人，民族中学 1234 人。经过多年努力，民族中小学教师的素质和能力有明显提高。一是学历达标率大幅提高。民族小学教师学历达标率为 99.74%，具有专科以上学历的比例达 61.34%，比 2005 年的 36.33% 提高 25.01 个百分点；民族中学教师专任教师学历达标率为 98.30%，具有本科以上学历的比例达 75.69%，比 2005 年的 38.67% 提高 37.02 个百分点。二是职称结构进一步优化。民族小学专任教师具有小学一级以上职称比例达 94.07%，比 2005 年的 91.60% 提高了 2.47 个百分点；民族中学专任教师中具有中学一级以上职称比例达 65.88%，比 2005 年的 44.77% 提高了 21.11 个百分点。三是教师继续教育和培训得到加强。福建省将民族中小学教师培训纳入全省统一规划，在组织实施农村教师（校长）教育教学能力提升工程、名师（名校长）培养工程、教育技术培训、开展名师"送培下乡"等多种形式的教师继续教育和培训中，通过培训项目、培训指标和经费倾斜，有效保障民族中小学教师教育教学能力和教育技术素养的提升。

（六）中小学校广泛开展民族团结教育活动

全省中小学校认真贯彻教育部、国家民委《关于在中小学进一步大力推进民族团结教育工作的通知》，大力开展民族团结教育活动。一是把民族团结教育列入中小学课程体系和考试范围，规定小学和初中阶段每学年要保证 10~12 学时的教学活动时间，普通高中每学年保证 8~10 学时的教学活动时间，中、高考及中职毕业考试，民族团结教育试题分值不低于政治科目分数的 15%。二是把中小学民族团结教育和各类校园文化活动有机结合，在主题教育活动中渗透民族团结教育的内容，寓教于乐，大力营造有利于民族团结的校园文化氛围。三是把民族团结教育和弘扬民族优秀传统文化教育有机结合起来。如畲族主要聚居地宁德市，把开展民族团结进步教育和民族优秀文化教育作为民族中小学校工作的一项重要内容贯穿办学始终，通过组织民族文化兴趣小组，组织学习畲族传统工艺和生产技术，把畲族文化、民俗等编入中小学乡土教材，尝试开设《畲族语言文化》校本课程等，激发学生的民族自豪感。四是大力开展民族团结进步宣传教育活动。《福建省少数民族事业"十一五"规划》确定每年的 9 月为福建省民族团结进步宣传月，宣传月活动期间，各地各学校广泛开展维护祖国统一、民族团结和社会稳定的政策法规、先进典型和感人事迹，努力营造"各民族共同团结奋斗、共同繁荣发展"的良好氛围。

（七）积极主动做好民族教育对口支援工作

全省教育系统认真贯彻党中央国务院、省委省政府的工作部署，把教育对口支援工作作为一项光荣而艰巨的任务，积极主动地做好。一是认真办好内地西藏班、新疆班。福建省三明市列东中学于 1995 年举办内地初中西藏班，漳州一中、漳州三中从 2002 年开始接收来自西藏林芝地区的高中插班生，厦门市同安一中、外国语学校、科技中学、集美中学从 2005 年开始陆续举办新疆高中班，十几年来已为西藏、新疆地区培养了 700 多名优秀初、高中毕业生。目前，在福建省就读的西藏初、高中学生 317 人、新疆高中学生 564 人。2009 年，西藏初中班毕业生中考升学率达 96.6%，新疆高中班毕业生高考本科升学率达 95%，有 2 名学生考上北京大学。西藏、新疆班学生在德、智、体、美、劳等方面全面发展，参加全国、全省各种比赛和活动屡屡获奖。二是开展中等职业学校联合招生工作。从 2005年开始，福建省组织重点中等职业学校面向宁夏、新疆、四川等少数民族地区开展"2＋1"合作办学，目前有 500 多名来自西部少数民族地区的学生在福建省中职学校就读。三是选派教师到宁夏支教。2000 年以来，已选派 11 批 803 名教师赴宁夏贫困地区中学教学一线顶岗任教。据不完全统计，截至 2008 年，福建省支教教师共为宁夏南部山区学校筹措援助款物折合人民币 4100 多万元，救助贫困生 11000 多人。几年来，支教教师中，有1 人被评为全国优秀教师，3 人受到教育部表彰，200 多人受到宁夏回族自治区和福建省各级表彰奖励。四是对口支援新疆昌吉州和西藏林芝地区。对福建省对口支援的西藏林芝地区和新疆昌吉州，福建省一方面在教育经费上尽力给予支持，帮助学校改善办学条件，另一方面选派教师干部进藏、进疆工作，帮扶发展教育事业，同时依托福建省高校免费为林芝地区和昌吉州培养实用型高层次的本专科人才等。

第五次全国民族教育工作会议以来的十年，是福建省民族教育发展速度较快、办学规模不断扩大、办学条件显著改善、教育质量迅速提升的时期，民族教育事业的快速发展，为民族地区的发展和繁荣，为增强民族团结，为国家的统一和社会的安定做出了重要贡献。

二　福建省促进民族教育事业发展的主要做法

福建省各级党委政府高度重视民族教育工作，把办好民族教育作为提高少数民族人口素质，促进民族地区经济社会发展和各民族共同繁荣与进步的一项战略性措施，作为海峡西岸经济区建设和全面建设小康社会的重要任务来抓，加强组织领导，加大资金投入，完善扶持政策，健全工作机制，有力促进民族教育发展。

（一）加强对民族教育工作的领导

民族教育是民族团结进步事业和教育事业的交汇点、结合部，全省各级党委政府从"民族地区经济社会跨越式发展和长治久安"的战略高度，加强组织领导。一是把发展民族教育作为民族工作和教育工作重要内容列入重要议事日程，纳入经济社会发展总体规划、民族事业和教育事业发展专项规划，确保民族教育发展与经济社会发展相协调，与整体教育同步发展，努力做到优先发展。二是加强对民族工作的领导，成立全省民族工作协调委员会，由省政府副省长担任主任，省直29个厅（局、委、办）负责人担任委员，各市、县也分别成立民族工作协调委员会，为民族工作和民族教育发展提供有力的组织保障。三是出台了一系列加强民族工作和民族教育工作的政策措施。十年来，福建省人大、省政府先后出台了《福建省少数民族权益保障条例》《关于深化改革加快发展民族教育的实施意见》《关于进一步加强民族工作加快少数民族和民族地区经济社会发展的若干意见》《福建省少数民族事业"十一五"规划》等法规文件，为促进民族工作和民族教育事业发展提供有力的政策保障。

（二）加大民族教育经费投入

福建省坚持把加大民族教育的投入作为缩小民族地区教育差距，推动民族教育优先发展的重要措施。一是设立民族教育专项补助经费。2001年以来，省教育厅和省民族宗教厅每年各出资200万元，用于扶持少数民族中小学校改善办学条件，提高民族学校办学质量。二是建立少数民族学生助学金制度。从2007年秋季学期开始，全省建立少数民族中学和普通中学民族班少数民族学生助学金制度，按照高中学生每生每年1000元，初中生每生每年600元标准予以补助。据统计，2007年以来，省级共下达少数民族中学生助学金专项补助经费约1376万元，市县财政安排资金574万元，确保每年1万多名家庭经济困难少数民族学生能顺利完成学业。同时，福建省对到中等职业学校就读的少数民族学生提供每年1500元的助学金。此外，省民族宗教厅从2001年开始每年从民族经费中安排60万元作为少数民族高教助学金，资助高校少数民族预科生和贫困生。三是提高全省农村中小学生均公用经费拨款标准。从2006年小学每生每年210元，初中每生每年290元，提高到现在的小学350元，初中550元，进一步提高了民族中小学公用经费保障水平。四是发动社会各界为民族地区建希望小学、办春蕾班，添置教学设备，开展扶贫助学等，引导社会资金加大对民族教育的投入，改善民族地区学校办学条件。五是加大对西藏班、新疆班的投入。2008 年福建省将西藏班生均公用经费从 8000 元提高到 9000 元，据不完全统计，迄今为止全省各级财政投入新疆班、西藏班的各类专项资金在 8000 万元以上，为新疆班、西藏班办学提供有力保障。

（三）制定少数民族学生招生照顾政策

高招方面，福建省对散居在汉族地区的少数民族考生实行同等条件下优先录取。对宁德市、罗源县、连江县和漳浦县湖西乡等 11 个畲族、回族、高山族聚居点的考生以及生活在高山（享受高山补贴）、海岛（无桥梁、海堤与大陆相连）的少数民族考生实行加 20 分照顾政策。高等学校举办的少数民族预科班、民族班如线上生源不足，预科班录取分数线本科可下调至相应批次各有关高校提档分数线以下 80 分，专科可调至相应批次各有关校提档分数线以下 60 分，民族班录取分数线可调至本、专科相应批次各有关高校提档分数线以下 40 分。中招方面，对散杂居在城市（九设区市所在地）的少数民族考生按不低于升学考试总分的 2% 给予加分录取，对聚居或散居在县城及县以下区域的不低于升学考试总分的 5% 给予加分录取，对报考民族中学或普通中学民族班的少数民族考生按不低于升学考试总分的 10% 加分录取；中等职业学校免试录取少数民族初中毕业生等，从而为数民族学生升入高一级学校，培养高层次人才拓宽了路子。

（四）开展民族教育挂钩帮扶

1998 年 10 月，福建省委政府发出《关于加快我省少数民族和民族地区经济、社会发展的若干政策措施》，做出了实施省直有关单位和经济发达县（市、区）挂钩帮扶民族乡的重要决策。教育一直是挂钩帮扶的重点，十几年来，各省直单位和沿海发县（市、区）挂钩帮扶民族教育的资金投入达 3000 万元以上，改善了民族乡村中小学办学条件。一是援建学校和援助教学设备。许多帮扶单位帮助民族乡修建了中小学校教学楼、宿舍楼，配套电脑室、电教室、实验室、图书室，改善了民族乡村学校的办学硬件。二是开展帮困助学活动。在民族乡设立教育基金和奖教助学资金，联系慈善部门捐资助学，帮助贫困失学儿童重返校园。三是开展"手拉手"和"一帮一"对口帮扶活动。组织名校名师在培训教师、送经验、赠送教学设备等方面给予帮扶。通过各帮扶单位的共同努力,福建省民族乡村中小学校的教学软硬件设施有了明显改善,有力促进了民族地区经济与社会的协调发展。

(五) 完善民族教育的管理体制

福建省政府出台的《关于深化改革加快发展民族教育的实施意见》规定,省有关部门负责制定少数民族各级各类教育发展规划,重点扶持少数民族地区基础教育事业的发展,根据少数民族社会经济发展需要,加快少数民族中高级人才的培养;设区市政府按照国家和省的要求,制定政策,统筹规划,重点发展少数民族高中阶段教育;县级政府切实落实义务教育"以县为主"的管理体制,突出教育"两基"重中之重地位,加大投入,集中社会各方面力量,建设好民族中小学和民族乡所在地中小学,加快教育"两基"巩固提高进程;乡(镇)政府负责加大教育法律、法规和民族政策的宣传力度,依法做好适龄儿童组织入学工作,严格控制辍学。福建省的各级政府和有关部门明确任务、落实责任、密切配合,共同促进民族教育发展。

(六) 加强民族中小学教师队伍建设

近年来,福建省把加强中小学教师队伍建设作为提高民族教育质量的重点来抓,深入贯彻落实《福建省人民政府关于进一步加强中小学教师队伍建设的意见》(闽政文〔2008〕344号)。在实际工作中,坚持把民族中小学教师队伍建设同农村教师队伍建设一同研究、一同部署、一同落实,并在相关工作中积极予以倾斜。一是提高包括民族中小学在内农村义务教育学校教职工编制标准。将县镇、农村义务教育学校教职工编制标准提高到城市学校水平。即,全省城乡小学统一按员生比1∶19.5,初中统一按员生比1∶13.5配备教职工。考虑到农村偏僻地区的小学学生少,对在校生31~200人的学校按班师比1∶1.7配备教师,在校生10~30人的至少配备2名教师,在校生10人以下的配备1名教师。2009~2012年全省核增6500个编制,用于补充农村紧缺学科教师,配齐配足义务教育学校尤其是农村和边远山区学校教师。二是引导鼓励大学毕业生到农村和民族中小学任教。实施"农村紧缺师资代偿学费计划"和"经济困难县新补充农村学校教师资助计划"，省级财政对到 47 个经济较困难县农村中小学任教的高校毕业生代偿学费，每年资助 20 个经济困难县 600 名新补充农村教师的工资性支出。三是加强教师培训工作。通过实施"农村教师（校长）教育教学能力提升工程"，组织开展农村教师转岗培训，大力开展名师"送培下乡"活动等措施，全面提高农村教师队伍素质，在培训项目、指标和经费等方面对民族中小学进行倾斜。四是全面实施中小学教师绩效工资改革。在全国率先提高了中小学教师津补贴水平。五是推进教师轮岗交流。完善义务教育学校教师"县管校用"管理体制，积极推进县域内义务教育学校教师校际交流，促进县域内义务教育学校师均衡配置、优化配置。同时，做好城镇教师支援农村教育工作，促进城镇优质教育资源共享。

三 福建省民族教育发展存在的主要问题和困难

当前，福建省义务教育已由全面普及进入推进均衡发展、促进内涵建设的新阶段，高中阶段教育进入普职比例协调，提高质量，办出特色的新时期。由于历史、社会、自然条件和经济发展水平等方面的原因，福建省民族教育与少数民族群众要求接受更高质量教育的新期待还有一定差距，与全省整体教育发展水平还有一定差距，发展不平衡和发展相对滞后的状况尚未根本改变。突出表现在以下几方面。

（一）民族教育经费投入不足的矛盾仍然突出

福建省的民族地区主要在农村山区，经济社会发展相对的落后，当地政府财政困难，对民族教育的经费投入有限。一是部分县（市、区）教育经费投入没有达到法定的"三个增长"要求，民族中小学正常办学和发展所需经费无法得到有效保障，制约了教学质量和水平的提高。二是一些地方因财力不足，地方财政应承担的教育资金投入没有及时到位，甚至省级下达的民族中小学专项补助经费到位也不及时，加剧学校经费紧张。三是不少民族中小学地处偏远农村,办学条件相对薄弱。近年来,随着农村义务教育经费保障机制的建立和完善,民族中小学经费保障水平比以前有较大提高,但因历史欠债过多,且大部分民族地区未设立民族教育专项经费,对民族中小学的扶持力度有限,民族中小学办学条件与达标要求仍存在一定的差距。

(二) 各类教育协调发展相对滞后

一是学前教育起步较晚。2009 年每万人口中少数民族在园幼儿数仅 58.54 人,与全省每万人口在园幼儿 298.9 人的水平存在较大差距,全省独立设置民族幼儿园 13 所,许多民族乡、村没有独立设置的公办幼儿园。二是初中适龄人口升学率较低。2009 年全省 562 个民族村少数民族初中生升学率为 79.9%,比全省低 18.96 个百分点,民族地区部分偏远山区初中学校的"控辍保学"难度较大。三是少数民族学生选报中等职业学校积极性不高。2009 年全省少数民族每万人口中普通高中在校生 196 人,中等职业学校在校生 87.78 人。19 个民族重点县(市、区)的中等职业学校无论是在基础设施建设方面,还是在师资力量、经费投入方面都相对不足,缺乏吸引力。

(三) 民族中小学办学条件相对较差

福建省少数民族总体上呈大分散、小聚居分布,占少数民族人口大部分的畲族主要生活在边远山区,县乡两级财政困难,教育经费投入增长缓慢,民族中小学硬件建设经费缺口较大,办学条件相对较差。一是生均校舍面积相对较低。2009 年全省民族中学生均校舍面积为 8.72 平方米,比全省平均水平的 12.09 平方米少 3.37 平方米。二是教育设施设备配备相对落后。2009 年全省民族小学体育场馆面积达标率、体育器材配备达标率、音乐教育仪器配备达标率、美术教学仪器配备达标率、数学自然实验仪器达标率分别比全省平均水平低 10.77 个百分点、19.72 个百分点、19.06 个百分点、18.34 个百分点和 21.97 个百分点;民族中学生均图书 24 册,比全省平均水平少 9 册;民族小学和民族中学计算机人机比分别比全省平均水平高出 1 人/机和 3 人/机。三是部分教学点办学规模小、办学效益低。

2009 年，全省 562 个民族村有不足 30 人的小学教学点有 106 个，就读的少数民族学生有 1505 人。

（四）民族中小学教师队伍仍显薄弱

一是教师学历上的差距仍然存在。民族中小学教师学历合格率虽已达到全省平均水平，但拥有高学历的教师比例较低，民族小学教师中拥有专科以上学历的比全省低 8.9 个百分点，初中教师具有本科以上学历的比全省低 2.54 个百分点。二是教师队伍存在"满编缺人"现象。福建省少数民族聚居地受自然条件限制，人口密度较低，人们居住分散，交通不便，造成了学校点多面广、生源分散，任课教师无法满足学科教学需求，尤其缺乏英语、音乐、美术、计算机等学科的教师。教师存在"教非所学"的现象，影响了专业化发展和素质教育实施。三是教师队伍不够稳定。由于民族中小学工作生活条件相对艰苦，缺乏留住人才的环境，存在中青年骨干教师外流的现象。四是教师总体素质有待提高。民族中小学不同程度存在教师年龄偏大，知识结构老化，教育观念、教育方式、教学手段相对陈旧等问题，无法完全适应基础教育新课程改革的需要。

（五）因经济困难影响少数民族学生就学的现象仍然存在

当前福建省多数民族乡村经济社会发展仍然呈现"三个相对落后"，即生产力发展水平相对落后、文化发展水平相对落后、群众生活水平相对落后。2008 年，全省 19 个民族乡人均财政收入为 330 元，只相当于全省人均水平的 14.3%；民族乡少数民族人均纯收入与全省农民人均纯收入的绝对差距从 2005 年的 1008 元扩大到 1624 元，民族村少数民族人均纯收入高于全省平均水平的只有 42 个村，仅占民族村总数的 7.4%。经济社会发展水平的落后导致少数民族子女，尤其是女孩接受教育的水平相对较低。2009 年全省小学少数民族学生中女生占 42.8%，与全省小学生中女生占 45.3% 的比例相差 2.5 个百分点，初中少数民族学生中女生占 40.43%，与全省初中女生占 45.60% 的比例相差 5.17 个百分点，普通高中少数民族学生中女生占 39.48%，与全省普通高中女生占 48.37% 的比例相差 7.94 个百分点。全省民族乡村因家庭经济困难影响子女就学的现象仍然存在，特别是高中、大学阶段少数民族学生贫困面还比较大。全省高校少数民族贫困生比例占少数民族学生数的 30% ~ 40% ，畲族主要聚居地宁德市 2008 年少数民族在校大学生有 2576 人，贫困生达 700 多人，在校高中生有 3000 多人，贫困生达 900 多人。

四 福建省民族教育发展的指导思想和目标任务

"十二五"期间至 2020 年是海峡西岸经济区建设和全面建设小康社会的关键时期。海峡西岸经济区建设和全面建设小康社会为加快福建省民族地区发展，促进各民族共同繁荣拓展了空间、创造了条件、提供了机会，也对民族教育事业提出新的更高要求，民族教育工作要在新的历史条件下拓展新思路、采取新措施，实现新发展。

（一）指导思想

"十二五"期间至 2020 年，福建省民族教育发展的指导思想是：以邓小平理论和"三个代表"重要思想为指导，深入贯彻落实科学发展观，全面贯彻党的教育方针和民族政策，紧紧围绕海峡西岸经济区建设的大局，牢牢把握各民族共同团结奋斗、共同繁荣发展的主题，以办好人民满意教育为宗旨，扎实推进民族地区各级各类教育又好又快发展，为海峡西岸经济区建设和民族地区经济社会发展提供更加有力的人才和智力支撑。

（二）目标任务

"十二五"期间及至 2020 年，福建省民族教育发展的目标任务是：

——巩固提高"两基"成果。到 2015 年，19 个民族工作重点县（市、区）全面完成高水平、高质量普及九年义务教育任务，义务教育均衡发展进一步加强，以民族乡村为单位，九年义务教育巩固率和完成率均达到 90% 以上，成人文盲率下降到 6% 以下，青壮年文盲率降到 1% 以下，15 岁及 15 岁以上人口人均受教育年限达 9 年以上。到 2020 年，有 10 个左右民族工作重点县（市、区）建成教育强县，县域内义务教育实现均衡发展，民族乡村新增劳动力受教育年限达 13 年，15 岁及 15 岁以上人口人均受教育年限达到全省平均水平。

——基本普及学前教育。到2015年，全省少数民族适龄儿童学前三年毛入学率达85%以上。到2020年，学前三年毛入学率达90%以上。

——普及高中阶段教育。到2015年，全省高中阶段少数民族学生毛入学率达85%，2020年达90%以上，进入基本普及高中阶段教育实施阶段。大力发展中等职业教育，扩大少数民族学生的招收规模，对未能升学和就业的少数民族初、高中毕业生进行职业技能培训。

——提高少数民族人口接受高等教育的比例。创造条件让更多的少数民族学生接受高等教育，未来十年力争使少数民族人口接受高等教育的比例每年逐步增长，到2015年少数民族高等教育毛入学率达30%以上，2020年达40%。

五　促进福建省民族教育事业又好又快发展的政策措施

（一）切实把民族教育摆在优先发展的战略地位

民族教育问题是加快民族地区发展中的一个重大问题，发展民族教育事业是实施科教兴省和人力资源强省战略，加快建设海峡西岸经济区的一项重要工作。各级党委、政府要切实把民族教育摆在优先发展的战略地位，把民族教育事业作为当地教育事业发展的重点，优先纳入经济和社会发展的总体规划，切实保证经济社会发展规划优先安排民族教育发展，财政资金优先保障民族教育投入，公共资源优先满足民族教育和民族地区人力资源开发需要。

要切实加强对民族教育工作的领导。各级政府要把民族教育列入工作的重要议事日程，认真研究制定民族教育事业发展规划，制定促进民族教育改革与发展的政策措施，营造有利于民族教育事业发展的政策环境，切实帮助民族地区学校解决办学中的困难和问题，努力为民族教育事业发展办实事。各有关部门要明确职责、密切配合、形成合力，共同关心和支持民族教育事业的发展。要加强对民族教育工作的督导检查，坚持督学与督政相结合，把民族教育发展列入"双高普九""对县督导"和"县（市、区）党政主要领导干部抓教育工作督导考核"体系，加大对民族地区义务教育"县管校用"管理体制落实、教育经费投入、教师工资发放、巩固初中学额、实施中小学校舍安全工程、中小学教师继续教育、少数民族考生加分照顾政策落实情况等专项督查，确保各项民族教育政策落到实处、取得实效。

（二）进一步加大民族教育经费投入力度

加大财政主渠道投入力度。各级政府要从实际出发，不断加大对民族教育的投入力度，依法保证民族地区教育经费投入达到"三个增长"的要求。同时，增加财政主渠道对民族教育的拨款。各地在制定教育发展规划和实施有关教育建设工程时，应优先将民族中小学列入发展和建设规划，以加快民族中小学的发展。继续设立省级民族教育专项补助经费，扶持经济欠发达民族地区中小学的发展。各设区市、县（市、区）也要设立民族教育专项资金，以加大对所属民族中小学的扶持力度。

多渠道筹措民族教育经费，鼓励社会团体和其他社会组织、个人以及企业到少数民族地区投资办学和捐资助学，国际组织的教育贷款、海外和港澳台的教育捐款，优先考虑民族地区，进一步改善民族中小学办学条件，提高办学水平。

健全少数民族中学生助学金制度和中等职业学校学生助学金制度。建设少数民族学生资助信息系统，不断提高少数民族学生的助学金标准和资助覆盖面。对少数民族中小学寄宿生和生活贫困学生进行补助，切实做到不让学生因家庭经济困难而失学。进一步加大高校少数民族贫困生资助力度，通过政府拨款助学、学校减免助学、社会捐资助学和银行贷款助学等渠道，保障少数民族贫困生更好地接受教育的权利。

（三）进一步改善民族中小学的办学条件

合理调整学校布局，切实提高办学效益。按照小学就近入学、中学相对集中的原则，科学稳妥地推进民族中小学布局结构调整，优化教育资源配置。民族教育工作任务较重的市、县（市、区）和民族乡镇，要集中力量完成"校园安全工程"建设任务，并建设好一批寄宿制民族中小学，要坚持以县（市、区）政府投入为主，加快实施农村寄宿制学校宿舍建设工程，争取在 2010 年底全面完成农村寄宿制学校宿舍建设工程任务，基本消除民族中小学的"大通铺"和校外租房现象。

大力推进义务教育学校标准化建设，改善民族中小学的办学条件。2015 年之前完成全省独立设置民族中小学标准化建设任务，实现"四有"的办学要求。即，有符合办学规模要求的校园用地和教学用房，有合格的教师，有合格的实验室、图书馆（室）和配套的教学仪器设备，有卫生安全的食堂和宿舍。要创新机制，改革管理模式，打破城乡和校际间的体制分割，鼓励和支持优质学校与民族中小学通过整合、捆绑、重组等方式，形成优质资源共建共享办学共同体，提高民族中小学办学水平，促进义务教育均衡发展。要重点扶持建设一批少数民族示范性幼儿园、中小学，更好地满足少数民族群众接受高质量教育的需求。

（四）进一步加强民族中小学教师队伍建设

认真贯彻《福建省人民政府关于进一步加强中小学教师队伍建设的意见》，把教师队伍建设作为民族教育发展的重点。一要继续做好民族中小学教职工编制核定工作，对独立设置民族中小学特别是寄宿制学校在教师编制方面给予倾斜，建设一支数量基本足够、素质较高的民族中小学教师队伍。二要创新民族中小学教师补充机制。将"农村紧缺师资代偿学费计划"和"经济困难县新补充农村学校教师资助计划"延伸到全省所有民族乡村所在地中小学校，引导鼓励大学毕业生到农村和民族中小学任教。采取优惠政策，鼓励、选拔部分优秀民族学生到师范类院校就读，定向回到民族中小学任教。及时补充民族中小学紧缺的英语、科学、综合实践和音乐、体育、美术教师，确保学校能够开齐国家规定的课程。三要推进县域内义务教育学校教师轮岗交流，促进教师在城乡之间、学校之间的合理流动。选调一批城镇优秀教师到民族中小学任教和支教，加强对薄弱学校和农村学校的扶持力度。四要加强民族中小学校长培训和教师继续教育。在安排省、市级校长、骨干教师培训指标时向民族地区倾斜，全面提高民族中小学教师实施素质教育的能力。五要提高民族乡村教师的待遇。设立农村教师岗位津贴和奖励基金，对长期在民族乡村从教、表现优秀的教师予以补助和奖励，适当提高民族中小学中、高级教师岗位结构比例和民族中小学教师在各级各类评先表彰中的比例，吸引优秀人才到民族地区任教。

（五）进一步促进民族地区各类教育协调发展

加快发展幼儿教育。积极发展公办幼儿园，扶持和规范社会力量举办幼儿园。各级政府要统筹规划学前教育发展，城区按服务人口6千人的区域设置1所规模不小于6个班的幼儿园，每个街道办事处所辖范围内至少要有1所公办园，农村按服务人口3千人设置1所幼儿园或小学（教学点）附设学前班（幼儿班）。在"十二五"期间，全省19个民族乡全部建有独立设置的公办中心幼儿园，并建成一批示范性幼儿园。562个民族村根据需要建设幼儿园或在小学（教学点）附设学前班（幼儿班），形成以乡镇中心幼儿园为骨干，延伸辐射至行政村的民族幼教事业发展格局。

稳步发展普通高中教育。充分考虑少数民族高中教育发展需要，省财政对民族高中的建设适当予以经费补助，扩大民族高中的教育容量。在达标普通高中开设民族班，吸引分散居住的少数民族初中毕业生接受高中教育，提高少数民族学生升入普通高中的比例。进一步完善少数民族学生报考普通高中的加分照顾政策，在普通高中招生时，分别对散杂居在城市（九个设区市所在地和县城关）的少数民族初中毕业生、生活在农村少数民族聚居地的初中毕业生、报考民族中学或普通中学民族班的少数民族初中毕业生，采取不同的加分照顾政策，既要有利于少数民族初中毕业生升入普通高中学习，又要确保招生的公平、公正。

大力发展中等职业教育，适应海峡西岸经济区建设和社会主义新农村建设的需要。认真贯彻国家民委、教育部《关于大力发展少数民族和民族地区职业教育的意见》，加强民族地区中等职业教育基础能力建设，2015年19个民族重点县（市、区）全部建成县级职教中心，建成一批标准化职业技能实训基地建设。利用优惠政策和国家级、省级重点中等职业学校的吸引力，扩大招收少数民族学生。凡初中毕业的少数民族学生可免试升入中等职业学校学习，并享受国家中等职业教育助学金，对选读涉农专业的学生免除学费。以促进就业为导向，依托中等职业学校对未能升学和就业的少数民族初、高中毕业生进行职业技能培训，帮助其提高就业和创业能力。加强民族乡村农村实用技术培训、农业产业技能培训、农村劳动力转移培训和行业企业技术培训规模，提升中等职业教育对民族乡村经济社会发展的贡献率。

办好高校民族班、民族预科班。依托省属高校继续办好民族预科班和民族班，进一步扩大民族预科班规模，"十二五"期间，民族预科班年招生规模保持在 250 人以上。省属高校少数民族预科生免收学费，其公用经费按本科生标准核定，免收的学费和公用经费由省财政拨发。在同等条件下，民族预科贫困生优先享受国家、省资助政策。在普通高等学校招生中，落实原有对少数民族考生的加分照顾政策，并将这一政策扩大到全省少数民族村的少数民族考生，增加少数民族人口接受高等教育机会。进一步加强少数民族高层次人才培养，在培养博士、硕士人才和安排国家公派留学人员上适当向少数民族倾斜。充分发挥闽台"五缘"优势，拓展闽台高校少数民族人才联合培养项目，扩大对外开放，促进民族教育国际交流与合作。

（六）进一步加强民族中小学教育信息化建设

加快民族中小学信息化建设的步伐，重点支持民族中小学建设现代远程教育网络，普及信息技术教育，完成校园网络或局域网建设，到 2015 年，福建省的民族中学和 19 个民族乡镇的中心小学全部建成校园网，实现"校校通"。民族完全小学建有计算机室或远程教育卫星接收点，实现远教资源和设备的"堂堂用"。加强民族中小学教师教育技术能力培训，促进信息技术与学科教学的整合，推动民族中小学教学方式的根本性变革，以教育的信息化，推动民族教育手段的现代化。依托省、市县教育资源中心平台，努力开发符合少数民族乡村实际和民族特点的课程教学课件库、素材库，提高民族中小学对优质教育资源的共享能力，为学校开齐课程和提高教师教学水平服务。要建立保障现代远程教育设施正常运行的长效机制，加强工程运用管理和设备维护更新，着力提高民族中小学现代远程教育工程应用效益。

（七）扎实开展民族教育对口支援

贯彻落实党中央、国务院和教育部的部署，继续开展教育对口支援工作。一要认真办好内地西藏、新疆班。举办西藏、新疆班是党中央、国务院交给福建省的光荣任务，是加快西藏、新疆经济和社会发展的重要措施。为进一步加强对西藏、新疆班的管理，要求承担办班任务的城市成立西藏、新疆班工作协调小组，协调解决办班中遇到的问题。省、市教育部门要加强与民族事务、公安、政法部门的沟通和联系，共同做好举办西藏、新疆班学校的维稳工作，确保少数民族学生德、智、体全面发展。按照教育部的要求，福建省从 2010 年开始承担西藏、新疆高中班扩招任务。到 2014 年满规模后，在福建省的西藏、新疆少数民族学生将达 1960 人。指导福州、莆田、龙岩市做好扩招的准备工作，落实办班经费，督促学校成立西藏或新疆学生管理机构，制定学生管理办法，落实民族学生的校舍、清真食堂、教师配备等工作，把办好西藏、新疆班作为一项重要的政治任务来完成，努力为西藏、新疆的社会发展和经济繁荣培养人才。二是继续组织实施"东部地区学校对口支援西部贫困地区学校工程"，做好省属高校对西藏、新疆、宁夏的对口支援工作，使少数民族和西部贫困地区在资金、设备、师资、教学经验等方面得到帮助。做好中等职业学校面向西部地区的联合招生和合作办学工作。三是实施省内对口援助民族教育工程。继续推动省直有关单位、沿海经济发达县（市、区）与 19 个民族乡，省属高校和省一级达标中学与民族中小学教育对口支援工作。

（八）全面推进民族中小学实施素质教育

加强民族中小学教育教学管理。围绕培养"四有"新人的目标，进一步深化课程改革，促进民族中小学提高教育教学质量。一是按照素质教育的要求，通过课堂教学、专题教育活动和实践活动等多种方式，把德育贯穿到育人全过程中，增强学生的社会主义法制观念、道德观念，形成正确的世界观、人生观。二是加强民族中小学的教学常规管理。开齐开足国家规定的课程，提高教师课堂教学的有效性，关心帮助学习、生活有困难的学生，防止学生辍学。对 19 个民族重点县（市、区）普通初中的三年巩固率、中考全科及格率和中考单科及格率进行重点监测，力争达到全省平均水平。加强民族中小学的科技教育，组织学生开展"小制作、小发明"等丰富多彩的课外活动，提高学生实践和创新能力。开展好阳光体育运动，确保学生每天锻炼一小时，促进少数民族学生德、智、体全面发展。三是加强少数民族优秀传统文化教育。深化民族中小学教育教学改革，力求办学形式、学制安排和课程设置等符合不同民族特点，使民族文化以适当的方式和比例进入学校课程，尤其是在地方课程与校本课程的开发与建设中，增加民族文化教育的内容，提高民族中小学教育特色和教学质量。

课题组成员：陈启文　肖龙井　尹雪梅　张平忠　郑　晗

执　　　笔：肖龙井　尹雪梅　张平忠

福建省中小学生课业负担情况的调查报告

2008 年底，福建省委教育工委、省教育厅召开教育界纪念改革开放 30 周年座谈会，参加会议的教师代表反映，目前中小学生课业负担过重。省委常委、副省长陈桦指示福建教育学院就此问题开展专项调查。福建教育学院专门成立以研究室为主、各市县进修院校配合的专项调研小组，采取问卷调查、个别访谈、座谈等形式开展调研。

问卷调查对象为九个设区市的义务教育阶段中小学师生和家长，共计发放问卷 9087 份，回收有效问卷 8551 份。具体情况见表 1 - 表 2。

表 1　问卷对象情况

单位：人

学校类别 ＼ 问卷发放对象		学生	教师	家长
小　学	农　村	793	476	721
	城　市	889	585	833
中　学	农　村	765	505	695
	城　市	889	590	810
合　计（8551 人）		3336	2156	3059

表 2　访问师生和家长分布年级情况

受访对象 ＼ 年级	一年级	二年级	三年级	四年级	五年级	六年级	七年级	八年级	九年级
学生所在年级（3336 人）	285	351	366	395	412	402	362	384	379
教师任教年级（2156 人）	198	253	243	215	266	243	241	215	252
家长子女就读年级（3059 人）	259	331	341	349	385	366	339	340	349

根据调查分析，现将福建省义务教育阶段中小学生课业负担情况报告如下。

一　福建省中小学生课业负担情况分析

（一）中小学生作息情况

　　中小学生睡眠时间、在校时间、学校课程表执行情况，可以从一个侧面反映出中小学生课业负担情况。

1. 中小学生睡眠情况

　　教育部 2008 年最新修订的《中小学学生近视眼防控工作方案》，对中小学生的睡眠时间、用眼时间以及作业时间都有明确规定，强调保证小学生每天睡眠 10 小时，初中学生 9 小时，高中学生 8 小时。根据学生调查问卷统计，受访中小学生早上起床时间和晚上睡觉时间情况如表 3。

表 3　中小学生作息时间

单位：%

作息时间 学生类别	早上起床时间				晚上睡觉时间			
	6：00 以前	6：00～ 6：30	6：30～ 7：00	7：00 以后	21：30 以前	21：30～ 22：00	22：00～ 22：30	22：30 以后
小学生 （1682 人）	95 5.6	643 38.2	823 48.9	121 7.2	1124 66.8	363 21.6	147 8.7	48 2.9
中学生 （1654 人）	324 19.6	915 55.3	395 23.9	20 1.2	325 19.6	564 34.1	403 24.4	362 21.9

　　从表 3 看出，超过一半的小学生早上起床的时间在 6：30 之后，88.4% 的小学生晚上睡觉时间在 22：00 之前。中学生相对起得早、睡得晚，早上 6：30 之后起床的占 25.1%，晚上 22：00 以前睡觉的占 53.7%。

2. 中小学生在校时间情况

　　根据福建省教育厅《关于规范中小学校历和作息时间安排的有关事项的通知》规定，学生早上到校时间，小学一般不早于 7：50，中学不早于 7：30。冬、春季节还应适当推迟学生早上到校时间。学校要严格控制学生在校的活动总量，小学每天不超过 6 小时，中学每天不超过 7 小时。根据学生调查问卷统计，受访中小学生在校时间具体情况如表 4。

表 4　中小学生在校时间

单位：%

在校时间 受访学生	上午上学时间		上午放学时间		下午上学时间		下午放学时间	
	正常上课时间	7：30 前	正常下课时间	推迟	正常上学时间	13：30 前	正常放学时间	推迟
小学生 （1682 人）	1354 80.5	328 19.5	1668 99.2	14 0.8	1594 94.8	88 5.2	1654 98.3	28 1.7
中学生 （1654 人）	970 58.6	684 41.4	1602 96.9	52 3.1	1492 90.2	162 9.8	1196 72.3	458 27.7

从表 4 看出，上午 80.5% 的小学生、58.6% 的中学生能按规定正常时间上学，99.2% 的小学生、96.9% 的中学生能按规定时间放学；下午 94.8% 的小学生、90.2% 的中学生能按规定正常上学，98.3% 的小学生、72.3% 的中学生能按规定时间放学。

3. 中小学生课程表、作息表、学校课外文体活动安排表执行情况

根据学生调查问卷统计，95.3% 的小学生和 78.1% 的中学生认为每天在校活动时间安排与学校的课程表、作息表、学校课外文体活动安排表完全一致或基本一致。4.7% 的小学生和 21.9% 的中学生则认为每天在校活动时间安排与学校的课程表、作息表、学校课外文体活动安排表基本不一致或完全不一致。个别访谈中，一些学生反映，每次临考前，音、体、美等副科，包括德育课会被语、数、英等主科挤占掉。

（二）作业量及考试情况

中小学生作业量及考试情况，可以从另一个侧面反映出中小学生课业负担情况。

1. 学生每天完成作业所需时间

根据《国家教委关于全面贯彻教育方针，减轻中小学生过重课业负担的意见》规定，小学一年级不留书面家庭作业，二、三年级每日课外作业量不超过 30 分钟，四年级不超过 45 分钟，五、六年级不超过 1 小时，初中各年级不超过1.5小时（以上均按中等水平学生完成的时间计算）。根据学生调查问卷统计，受访中小学生每天完成作业所需时间具体情况如表5。

表5 中小学生每天完成作业所需时间情况

单位:%

时间 受访学生	半小时	1 小时	1.5 小时	2 小时	2.5 小时	3 小时	3.5 小时	4 小时	4.5 小时	5 小时
小学生 （1682 人）	398 23.7	746 44.4	258 15.3	163 9.7	78 4.6	31 1.8	5 0.3	3 0.2		
中学生 （1654 人）	10 0.6	132 8.0	168 10.2	412 24.9	144 8.7	270 16.3	154 9.3	176 10.6	83 5.1	105 6.3

从表5看出，小学生每天完成作业时间在1小时之内的占68.1%；中学生每天完成作业时间在1.5小时之内的比例相对较低，仅占18.8%。

2. 征订教学辅助资料情况

福建省教育厅《关于加强中小学教辅材料管理工作的通知》明确规定，选择教辅材料是学生和家长的个人行为，学校可根据学生需要，从审读公布的教辅材料品种中向学生推荐符合本校各学科教学实际的教辅材料，每学科只能使用一种教辅材料。学校和教师不得指定或强行统一组织学生购买教辅材料，不得指定教辅材料的内容作为考试内容。各级教育行政部门和其他有关部门不得以任何形式强迫学校订购、中小学校不得组织学生购买、发行部门不得向学校征订或随教材搭售一切形式的教辅材料。根据学生调查问卷统计，受访中小学生认为学校没有强行统一组织征订教学辅助资料，学生根据需要自行决定购买教辅材料。具体情况如表6。

表6 中小学生征订教辅资料情况

单位:%

征订数量 受访对象	1 本	2 本	3 本	4 本	5 本	5 本以上
小学生 （1682 人）	765 45.5	458 27.2	298 17.8	63 3.7	56 3.3	42 2.5
中学生 （1654 人）	473 28.6	436 26.4	290 17.5	169 10.2	116 7.0	170 10.3

3. 中小学生日常考试情况

教育部和省教育厅多次下文，要求严格控制考试的科目与次数，考试要根据教学大纲的要求，着重考核基础知识和基本能力；学校教师不得按学生考分高低排列名次、张榜公布。根据学生调查问卷统计，受访中小学生认为除了半期考、期末考之外，较多的是单元考，小学大部分不公布成绩排名，但中学公布成绩排名的比较普遍。具体情况如表7。

表7 中小学生日常考试情况

单位:%

考试类型 受访对象	单元考	月考	季考	考试排名情况	
				公布	不公布
小学生 （1682 人）	1270 75.5	243 14.4	10 0.6	297 17.7	1385 82.3
中学生 （1654 人）	1235 74.7	1028 62.2	56 3.4	1260 76.2	394 23.8

从表7看，中小学生考试类型已经减少许多，基本上取消了季考，目前小学生的主要考试类型为单元考、半期考和期末考，少数小学生所在学校仍保留月考；中学生的主要考试类型为单元考、月考、半期考和期末考。82.3%小学生和23.8%的中学生反映学校不会公布成绩排名，但仍有17.7%的小学生和76.2%的中学生反映学校会公布成绩排名。公布成绩排名会导致师生都过分追求分数，更注重计总分排名次的课，不利于实施素质教育，也加重了学生的心理负担。

（三）参加课外兴趣小组或补习情况

省教育厅《关于严格执行中小学校历和作息时间有关规定的通知》规定，中小学校和教师不得占用双休日、节假日、寒暑假以及课外休息时间组织学生上课和集体补课。根据学生调查问卷统计，仍有不少中小学生在周末和晚上参加校外兴趣小组或补习班。具体的科目、次数、时间量、时间段情况如表8。

表8　中小学生参加课外辅导班情况

单位：%

项目 受访 对象	每周参加科目（个）						每周参加的次数（次）					
	0	1	2	3	4	5及以上	0	1	2	3	4	5及以上
小学生 （1682人）	102 6.1	1197 71.2	254 15.1	64 3.8	39 2.3	26 1.5	102 6.1	921 54.8	401 23.8	134 8.0	81 4.8	43 2.5
中学生 （1654人）		864 52.2	351 21.2	263 15.9	56 3.4	120 7.3		933 56.4	372 22.5	196 11.9	60 3.6	93 5.6

项目 受访 对象	每周参加时间量（小时）					每周参加时间段		
	0	1~2	3~4	5~6	7及以上	周一至 周五晚上	周末及 其他节假日	前二者都有
小学生 （1682人）	102 6.1	985 58.6	374 22.2	137 8.1	84 5.0	278 16.5	1086 63.4	216 12.8
中学生 （1654人）		825 49.8	433 26.3	202 12.2	194 11.7	234 14.1	1125 68.0	295 17.9

　　在调查中了解到，随着教育行政部门和学校"减负"力度的不断加大，中小学生作业量比以往相对减少许多，许多家长对"减负"后教育质量不放心，认为如果不让孩子参加各种课外兴趣小组和补习班，可能造成孩子课堂知识掌握不牢固、成绩退步、课余时间太多等不良后果。还有一些家长认为，其他的孩子都有参加各种兴趣小组或补习班，如果不让自己的孩子上补习班，就会让孩子输在起跑线上。出于望子成龙的心态，即使有的孩子功课不错，家长也让孩子在课外休息时间上各种兴趣小组或补习班，加重了孩子的课业负担。

（四）课余活动情况

　　省教育厅《关于规范中小学校历和作息时间安排有关事项的通知》规定，学校每天要安排一定的体育锻炼和课外活动时间，并按规定保证学生每天体育锻炼时间不少于1小时。根据学生调查问卷统计，受访中小学生每天体育锻炼时间和课外玩耍时间情况如表9。

表 9　中小学生课外活动情况

单位：%

时间 受访对象	每天体育锻炼时间（小时）						每天除体育锻炼外的玩耍时间（小时）					
	0.5 以下	0.5	1	1.5	2	2 以上	0.5 以下	0.5	1	1.5	2	2 以上
小学生 （1682 人）	258 15.3	434 25.8	544 32.4	139 8.3	170 10.1	137 8.1	232 13.8	458 27.3	426 25.3	142 8.4	172 10.2	252 15.0
中学生 （1654 人）	668 40.4	531 32.1	302 18.2	76 4.6	34 2.1	43 2.6	511 30.9	489 29.6	305 18.4	96 5.8	100 6.0	153 9.3

从表 9 可看出，有 58.9% 的小学生和 27.5% 的中学生每天体育锻炼时间超过 1 小时，有 58.9% 的小学生和 39.5% 的中学生每天除体育锻炼外的玩耍时间超过 1 小时。在个别访谈中，有的小学生反映，每天除了要完成老师布置的作业外，还要完成爸爸妈妈、爷爷奶奶布置的课外作业和参加绘画、书法、英语等培训班，没有玩耍的时间；有的中学生反映，每天放学后要做功课、参加补习班，就比较少去体育锻炼和玩耍了。

二　师生及家长对中小学生课业负担的看法与反映

（一）学生对课业负担问题的看法与反映

对学习的感受。根据学生调查问卷统计，92.4% 的小学生、72.5% 的中学生感到学习是快乐的或一般快乐，但也有一部分中小学生感到学习是苦恼的、不快乐的，对学习很厌烦。具体情况如表 10。

表 10　中小学生对学习的感受

单位：%

项目 受访对象	对学习感受				
	快乐的	一般快乐	不快乐的	苦恼的	很厌烦
小学生	55.6	36.8	4.7	1.8	1.1
中学生	24.2	48.3	13.1	6.9	7.5

感到最有难度的科目。从问卷调查和座谈了解中看出，英语是中小学生普遍感到学习最有难度的科目。依次是数学、语文、物理、地理、生物

学科。具体情况如表11。

表11 中小学生对学科难易的感受

单位:%

项　目 受访对象	英　语	数　学	语　文	物　理	地　理	生　物
小学生	53.2	19.0	19.9			
中学生	55.9	48.9	24.4	28.5	18.4	14.3

对老师的感受。中小学生心灵较为敏感，老师的关心和帮助能更好地沟通师生关系，激发学生的学习热情和积极性。从对学生的调查问卷中了解到，中小学生对老师的关心、帮助感受情况，小学老师胜于中学老师。具体情况如表12。

表12 中小学生对教师的感受

单位:%

项目 受访对象	老师关心我情况			老师个别帮助我情况		
	很关心	一般关心	不关心	经常	很少	从来没有
小学生	76.1	22.3	1.6	43.1	51.0	5.9
中学生	39.4	53.3	7.3	34.2	54.2	11.6

课业负担主要来源。37.9%的小学生和54.3%的中学生认为课业负担主要来自学校老师布置的作业和练习，33.6%的小学生和9.1%的中学生认为是家长布置的作业和练习，22.1%的小学生和11.2%的中学生认为是自己布置的作业和练习，6.4%的小学生和25.4%的中学生认为是补习班老师布置的作业和练习。

期望学校、老师、家庭三方都给予"减负"帮助。多数小学生认为目前的课业负担比较合理，多数中学生则认为目前课业负担较重。中小学生期望学校、老师、家庭三方都给予"减负"帮助：期望学校减少考试次数和考试难度，不公布成绩排名，增加体育锻炼时间和自由活动时间，中午不要布置作业，能留给学生午休时间。期望不同学科教师应协调布置作业，减少作业总量和课外辅导材料总类，与学生耐心沟通，在学生成绩退步和犯错误时多给予鼓励和帮助，而不是简单地罚抄作业。期望按课程表正常上课，不要随意调课，不要拖课，准时下课放学。期望家长不要布置太多额外的家庭作业，不要给孩子报太多的兴趣班和补习班，不要对成绩分数要求太高，在成绩退步时，家长不要施压，而是给予鼓励。

（二）教师对学生课业负担问题的看法与反映

关于学生负担问题。根据教师调查问卷统计，74.9%的小学教师和38.5%的中学教师认为学生课业负担不重，25.1%的小学教师和61.5%的中学教师认为学生课业负担重。多数教师认为学生负担重不是本学科造成的。75.5%的小学教师和78.4%的中学教师认为如果给学生布置的作业和练习减少，一般会影响学生的学习成绩，只有24.5%的小学教师和21.6%的中学教师认为减少作业和练习不会影响学生的学习成绩。

关于新课程改革中面临的最大困难问题。从问卷调查中了解到，一些教师不适应新课程改革，对如何开发课程资源、如何将新课程理念转化为教学等未能很好把握，因此影响了课堂教学效率和教学质量，有的通过增加学生作业量和补课来补充课堂教学内容，这也成了中小学生课业负担加重的一个原因。具体情况如表13。

表13 中小学老师对新课程改革的反映

单位：%

项目 受访对象	不清楚怎样开发课程资源	不知道怎样将新课程理念转化为教学	不熟悉新课程内容
小学教师	49.3	45.7	18.7
中学教师	54.9	41.2	19.6

关于学生课业负担能否减轻问题。根据教师调查问卷统计，57.6%的小学教师和63.8%的中学教师认为学生课业负担可以减轻。教师认为，从学校层面上，从三个方面努力可以减轻学生课业负担：一是提高课堂教学质量；二是通过注重培养学生思维能力和良好的学习习惯，深入实施素质教育；三是取消学生间、班级间的成绩排名，降低班生数，减轻教师的压力，让教师有更多的时间研究新课程教学，提高教学质量。42.4%的小学教师和36.2%的中学教师认为学生课业负担不可以减轻，主要理由：一是中小学生学习不够自觉，减轻学生课业负担不利于基础知识的巩固、学习

内容的掌握和良好学习习惯的养成；二是减轻学生课业负担可能导致学生成绩下降，难以应付市、县教育局的质量抽考；三是中、高考指挥棒不变，升学压力不变，"减负"就不可能实现；四是学校、上级、家长仍以学生分数作为衡量教师业绩的标准，评价标准不变，学生负担就不可能减轻。

（三）家长对学生课业负担问题的看法与反映

对学校教师安排课间或放学进行个别辅导或作业讲评的看法。根据家长调查问卷统计，31.3%的家长赞成教师安排课间或放学进行个别辅导或作业讲评，认为教师在课堂上要完成教学任务已经很紧了，很难挤出时间对学生进行个别辅导或作业讲评，利用课间或放学时间对学生个别辅导或作业讲评可以帮助学生提高成绩。68.7%的家长则认为安排课间或放学进行个别辅导或作业讲评不合理，孩子也不容易专心听讲，课间或放学时间应让孩子休息、玩耍、放松，建议学校可以在早读课或专门安排几堂课对学生进行个别辅导或作业讲评。

对限制作业量是否有利于减负的看法。根据家长调查问卷整理，一部分家长认为限制作业量有利于减轻学生负担，可以保证孩子的充足休息时间、睡眠时间和自由活动时间，让孩子上课、学习更有精力，让孩子有更多的时间阅读课外读物、参加社会实践活动和集体活动，扩充知识面，提高综合素质，向多元化方向健康、快乐成长。一部分家长则认为限制作业量不利于孩子课堂知识的巩固，会影响孩子的学习成绩，甚至可能增添孩子的惰性。还有一部分家长对限制作业量持中立态度，认为限制作业量要根据不同年级学生而定，对于毕业班学生还要适当增加作业量，不然分数就会上不去；对接受能力强的孩子要布置稍有难度的少量作业，对于基础差、接受能力慢的孩子要多布置巩固基础知识的作业。

减轻学生课业负担最有效的方法。根据家长调查问卷整理，家长对减轻学生课业负担提出以下建议：（1）学校方面。应按照上级"减负"规定，强化教学管理，规范学校作息时间，按课程表正常上课，不要随意占用音、体、美等课程，不要拖课，不要推迟放学，保证学生的体育锻炼时间；不公布学生考试成绩和排名，减轻学生的心理负担；推迟早上上学时间，保证学生有足够的睡眠时间；组织开展丰富多彩的文体活动和社会实践活动，促进学生健康快乐成长；组织各种兴趣小组，培养孩子的团结协作能力、自理能力、社交能力、动手能力，提高孩子的综合素质；减少班生数，减轻教师工作负担，不以学生成绩评价教师，使教师有更多精力因材施教，才能真正减轻学生负担。（2）教师方面。应更新教育观念，改进教学方法，精心备课，提高课堂效率，使学生在课堂上就消化理解所学知识；各科教师要平衡各科作业量，布置适量经过精选、优选的家庭作业，杜绝繁、难、怪、偏的题目当家庭作业，避免机械式的简单重复作业；培养学生良好的学习习惯，激发学生的学习兴趣，变被动学习为主动学习；针对不同孩子的特点，给予个性化指导；注重思想品德教育和心理健康教育，培养孩子良好的行为习惯；对成绩落后的学生要耐心帮助，鼓励帮助，不要恶言相向，不使用刺激性评语，以免伤害孩子的自尊心。（3）家长方面。应调整心态，理性看待考试，减轻孩子对考试分数的压力，避免厌学情绪；合理安排孩子的课外时间，不要盲目让孩子上各类培训班、兴趣班；多与孩子交流谈心，了解并理解孩子心理，引导孩子树立正确的人生观和价值观，尊重孩子的个人空间，培养孩子有益的兴趣爱好；加强家校联系，了解孩子在校学习情况和思想动态，并与教师沟通孩子的教育问题。（4）教育管理部门方面。应改革考试制度和评价制度，更多地关注学生的全面发展，提高学生综合素质；加强社会舆论对素质教育的宣传工作，使全社会对"减负"形成共识。

三　思考与建议

从调查分析情况看，福建省中小学生课业负担呈现出城镇学校重于农村学校、中学重于小学、毕业年级重于其他年级的特点。减轻中小学生课业负担，推进素质教育全面深入实施，是当前基础教育改革与发展的重要课题，对此我们有以下几点建议。

（一）把"减负"作为深入实施素质教育的重要环节来抓

中小学生课业负担是实施素质教育的绊脚石，要把"减负"作为深入实施素质教育的重要环节来抓。一是要进一步明确新时期加强素质教育的工作方针，即按照全面落实科学发展观的要求，坚持把全面贯彻党的教育方针、全面推进素质教育作为全党全社会的共同任务，作为构建社会主义和谐社会、建设创新型国家和推进社会主义新农村建设的奠基工程；坚持以素质教育为主题推进新时期教育工作，把促进青少年全面健康发展提到教育工作最核心的位置；坚持以提高国民素质为宗旨，面向全体学生、办好每一所学校，促进教育的公平、公正；坚持以创新精神和实践能力为重点，创新人才培养模式，鼓励学生生动活泼主动发展，提高青少年的创新力、竞争力。二是各级地方政府要树立正确的政绩观，不能给教育行政部门、学校压升学指标。三要加大改造薄弱校、加大教师轮岗交流制度，促进区域内教育均衡发展，全面建设合格学校，减少"择校"、升学竞争的压力。要从政府层面上，促进"减负"工作落到实处。

（二）依法规范学校办学行为，切实解决违背教育规律的突出问题

素质教育是各级各类教育工作的主题，实施素质教育的核心阵地在学校。要认真贯彻落实教育部《关于当前加强中小学管理规范办学行为的指导意见》，把加强学校管理、规范办学行为作为减负的关键环节来抓。一要规范课程设置。严格按照新课程改革的课程设置和课时要求，开齐开足各年级课程，不得随意增加教学内容和教学难度，语、数、英等主要学科不得占用音、体、美等小学科的课时，避免过多的文化课学习造成学生厌学。二要严格遵守作息时间，控制学生在校活动总量。按照福建省教育厅《关于规范中小学校历和作息时间安排有关事项的通知》的有关规定，不得要求学生提前到校，不得延长学生在校时间或延时放学，不许占用学生的课间、午休、休息时间和节假日进行补课。三要严格控制作业量。严格按照教学规范要求和有关规定布置作业，严格控制课外书面作业总量和质量，保证学生有充足的睡眠时间和活动时间。小学一、二年级不留课外作业，三、四年级学生每日作业量不超过30分钟，五、六年级学生每日作业量不超过45分钟；初中学生每日作业量不超过1.5小时。家庭作业应体现层次性、有针对性、多样性和有效性，由班主任负责协调各学科家庭作业

量，严禁布置机械重复和惩罚性作业。中午尽量不要给学生布置作业，保证学生中午有 1～1.5 小时的休息时间。四要满足学生的活动需求。学校应保证学生每天不少于 1 小时的体育活动时间，面向学生开放图书馆、阅览室、电脑房、体育设施等，组织学生参加丰富多彩的文体活动和社会实践活动，开阔学生眼界，促进学生全面、主动、和谐、健康发展。五要规范考试制度。学校不得以任何形式增加考试次数和考试难度，不得进行成绩排名和公布考试成绩，避免造成学生心理压力过大。

（三）加强中小学教师队伍建设，提高教师队伍素质

减负的解决路径一方面是堵，规范学校办学行为；另一方面是导，引导广大教师进行课堂教学改革实验，提高课堂学习效率。为此，必须进一步加强中小学教师队伍建设，提高中小学教师队伍素质。一是加强中小学教师培训工作。通过加强培训，引导教师全面贯彻党和国家的教育方针，不断提高教师的职业道德水平，增强教师的责任感和使命感；提高广大教师特别是农村教师实施新课程的能力和水平，提高教师教学素养，让每个教师都能把课上好，让每个学生在课堂上都能听懂，以减少补课、少留作业。教师布置作业应有效、适量，真正使之成为学好知识、探究问题的有机组成部分，而不应盲目布置，甚至作为某种惩罚的手段，切实减轻中小学生课业负担。二是加强校本教研工作。新课程的理念就包括减轻负担。各级学校要加强新课程教学研究，提高教师课堂教学有效性，达到"减负""增效"的要求。学校要重视集体备课、说课评课等，引导教师不断改革和创新教学方法，改变课堂教学"满堂灌"的做法，尊重学生的合理爱好，切实减轻学生课业负担，引导学生主动学习，激发学生创新精神，为培养学生创造能力奠定基础。三是充分利用现代教育技术手段，优化教学设计和教学过程，营造良好的课堂教学氛围，提高课堂质量与效率。特别是广大农村中小学教师要提高现代教育技术能力和水平，重视运用现代远程教育设备，利用网络信息资源和课程资源，提高农村教育质量，逐步解决农村中小学课堂教学效率普遍较低的问题。四是重视减轻中小学教师工作负担。要配齐配足各学科特别是英语、体育、综合实践、音乐、美术等学科教师，避免出现一位教师身兼多个学科的现象。严格控制班生数过

大现象。转变以学生分数作为衡量教师教学成效的标准，减轻教师的心理负担。通过减轻中小学教师工作负担，使教师有一定的时间和精力学习研究新课程教学工作，提高自身综合素质和业务能力，有更多的时间和精力对学生因材施教。

（四）家长要密切配合，使学校"减负"之后学生不再"加负"

"减负"既要学校努力，也需要学生家长的配合与支持。学校不搞补课、取消培训班之后，有的学生家长让孩子双休日去参加社会上的兴趣班、培训班，给孩子"加负"。各级教育行政部门和学校要加大"减负"宣传力度，使家长真正理解"减负"的重要性和必要性。要使广大家长树立素质教育理念，转变以分数和升学率作为评价孩子、评价学校和教育质量标准的旧观念，要关注学校办学理念对孩子长远发展的影响；要加强与孩子沟通交流，注重培养孩子良好的道德品质和学习习惯，引导孩子树立正确的人生观和价值观；要正确看待考试分数，加强对孩子作业的指导，而不是盲目地让孩子参加兴趣班、培训班，盲目布置课外作业。学校要加强与家长进行"减负"问题的沟通，减轻孩子的身心负担，促进孩子身心健康发展。

（五）以全省为单位、以高中为突破点，加大"减负"督查力度

一是要从高中下手抓"减负"工作。高中是人才培养的关键阶段，也是推进素质教育的攻坚阶段。"减负"不从高中下手，义务教育阶段"减负"就很难落到实处。要学习山东省经验，在以全省作为高考录取的一个单元的情况下，全省高中学校"减负"要统一行动，步调一致，整体推进，让全省的孩子在同一个平台上竞争，一起进行衡量。在全省"一盘棋"的前提下，形成一个公平的竞争环境，以保证素质教育的扎实推进。二是各级政府教育督导部门要把"减负"工作作为素质教育督导的一项重要内容，会同基教、监察、教研等部门，联合开展"减负"专项督察和经常性检查。要突出督察重点，重点督察与纠正向学校、班级、教师下达升学率、重点率等指标；按学生考试成绩对学校、班级、教师、学生进行排名和分班；违规利用双休日、法定节假日和寒暑假组织教学活动；学校和教师违反规定随意调整课程、增减课时、挤占体育课时、侵占学生体育锻

炼时间；学校和教师违反规定向学生布置超量、超时及惩罚性作业等问题。要设立"减负"举报电话，建立中小学课业负担监控网，建立"减负"通报制度，落实"减负"工作"一票否决制"，对严重违规的地区和学校追究相关责任，并向社会公开曝光。同时要加强对社会上举办的各类"培训班"的督促检查，对不符合规定的培训班及时取缔。三是中小学校要把"减负"督查工作纳入教育责任目标考核体系，强化"减负"的责任意识和纪律意识，明确教师减负工作的奖惩措施。四是要构建科学的考试评价制度。要深化高中招生考试制度改革。全面实行初中学生综合素质评价制度，以学业考试取代升学考试，丰富考试类型，变知识考核为主为综合素质考核为主，特别是考核学生的创新能力和应用能力，以综合素质评价结果取代中考成绩录取新生，引导义务教育阶段学校全面实施素质教育，削弱传统中考制度对学生课业负担造成的影响。要改革学生日常考试评价制度。制定完善的综合评估标准，建立发展性评价体系，减少考试科目和次数，以多样化测评代替考试，变单一的以学科考分评价学生为对学生德、智、体、美、劳进行综合素质的评价；取消中小学日常考试百分制，推广等级评价机制。五是要改革学校评价制度。取消达标校、重点校、薄弱校等评价方式，转变以升学率作为评价学校的主要标准，引导学校端正办学思想，明确实施素质教育的办学目标，以是否全面建设合格学校、全面贯彻新课程改革、落实减负措施、实施素质教育作为评价学校的标准，为学校"松绑"，促进"减负"工作真正落到实处。

课题组成员：赵素文　君雪梅　徐毅明　肖龙井　蔡丽红
执　　　笔：尹雪梅

全面两孩政策对福建省基础教育工作的影响与对策

2015 年 10 月 29 日，党的十八届五中全会发布公告，决定全面实施一对夫妇可生育两个孩子政策，这是国家继 2013 年决定实施"单独两孩"政策后的又一次人口政策大调整。人口变化与教育发展密切相关。实施"全面两孩"政策之后，对福建省基础教育将带来什么影响？应如何应对新政策对基础教育带来的新挑战？根据福建省教育厅厅长黄红武指示精神，福建教育学院组织专题课题组，开展"全面两孩政策对福建省基础教育工作的影响与对策"专题调研。专题调研组在开展问卷调查、走访相关部门、召开座谈会等途径深入了解相关情况的基础上，进行综合分析研究，形成本调查报告。

一 "十二五"期间福建省人口变化情况及基础教育基本情况

"十二五"时期，福建省常住人口从 2011 年的 3720 万人增加到 2015 年的 3839 万人，平均每年增加 29.75 万人；出生人口从 2011 年的 42.3 万人增加到 2015 年的 53.1 万人，平均每年增加 2.7 万人。根据经济社会和人口变化新情况，福建省采取了一系列扎实有效的措施，不断满足人民群众对教育的需求。

学前教育入园率居全国前列。"十二五"时期，针对适龄幼儿人口增长和百姓"入园难""入园贵"的呼声和要求，福建省实施第一期、第二期"学前教育三年行动计划"，实施"加快公办园建设"为民办实事项目和民办园奖补政策，持续扩大普惠性学前教育资源。"十二五"末，全省共有幼儿园 7748 所，较 2010 年增长 25%，其中公办园 2607 所，比增 23%，民办园 5141 所，比增 26%，公办、民办幼儿园结构为 3:7。全省在园幼儿 151.26 万人，比增 29.69%；其中公办幼儿园在园幼儿数 69.33 万人，民办幼儿园在园幼儿数 81.93 万人，适龄幼儿入园率 97.3%，较 2010 年提高 7.8 个百分点，位居全国前列。

义务教育阶段办学效益进一步提高。针对城镇化步伐加快、城镇外来流动学龄人口增多的新情况，福建省积极稳妥地推进义务教育学校布局调整，统筹城乡义务教育资源均衡配置，各级各类学校办学效益逐步提高。至"十二五"末，全省共有 74 个县（市、区）通过"义务教育发展基本均衡县"国家认定，占县（市、区）总数的 80.4%，居全国第 7 位。2015 年，全省义务教育阶段学校数 6381 所，比 2010 年减少 1921 所，其中小学 5141 所，同比减少 1833 所；初中学校 1240 所，同比减少 88 所。全省小学适龄人口入学率 99.99%，义务教育巩固率 98.2%，高中阶段毛入学率达 94.1%，均超过了省"十二五"教育发展专项规划目标。

教师队伍结构持续优化。根据城乡教育人口的新变化，福建省进一步优化中小学教师资源配置。2015 年全省中小学专任教师 31.1 万人，其中小学专任教师 16.25 万人、初中专任教师 9.80 万人、高中专任教师 5.05 万人，教师总量基本满足需求。从城乡分布情况看，城镇中小学专任教师 24.07 万人，占教师总量的 77.42%；乡村专任教师 7.02 万人，占教师总量的 22.58%。专科以上小学教师、本科以上初中教师、研究生学历高中教师的比例分别为 88.35%、86.22%、4.91%，教师学历水平有了较大提高。小学男女教师性别比为 35.57∶64.43，初中为 54.06∶45.94，高中为 52.60∶47.40，小学生师比为 17.74∶1；初中生师比为 11.57∶1。

各类学校办学条件得到较大改善。"十二五"时期，随着教育经费投入与资源配置水平的提高，福建省基础教育学校办学条件进一步改善。2015 年，全省中小学义务教育标准化学校完成率达 98.5%。全省普通小学校舍总面积 5184 万平方米、生均校舍面积 7.63 平方米；普通中学校舍总面积 6160 万平方米、生均校舍面积 16.96 平方米。中小学网络多媒体教室占普通教室比例为 71.3%。

基础教育质量稳步提升。建立了 138 个省级素质教育和教育教学改革试点基地，稳步推进基础教育课程改革，先学后教、校本作业、分层教学、高效课堂等教改成效明显。义务教育省级以上质量监测覆盖 88% 的县

（市、区）。省级示范性幼儿园 163 所、市级示范性 300 所、县级示范性 1016 所。全省达标高中学校 392 所，占全省高中校数的 78.7%；入读达标校的学生达 56.78 万，占全省高中学生的 90.8%。学生艺术教育成果、科技创新等成绩取得新突破，福建省中小学书画作品入选教育部"墨香书法展示"数量硬笔作品分列全国第一、第二位，毛笔作品分列第六、第七位；在中国青少年机器人竞赛中位居全国第一；在全国青少年科技创新大赛中获一等奖 7 项，占全国 10%，总成绩位居全国第三名。

二 "十三五"期间福建省人口变化及分布预测

"十三五"时期，随着两孩政策的全面实施以及城镇化建设的深入推进，福建省人口结构将随之产生变化。科学合理预测新增人口规模和结构特点，对及早调整安排基础教育布局、优化教育资源配置等具有重要意义。专题调研组根据政府有关职能部门提供的数据进行综合分析，对"十三五"全省人口增长态势进行了预测。

预测之一："十三五"时期，福建省新增人口将有较大增长，但总体上处于可控状态，人口峰值可能在 2017 年出现。

"十二五"期间，福建省常住人口以每年 29.75 万的速度递增，出生人口也逐年增加，特别是在 2013 年"单独二孩"政策放开后，2014 年出生人口开始跃上了 50 万人。详见表 1。

表 1 "十二五"福建省常住人口、出生人口数

单位：万人

年 份	2011	2012	2013	2014	2015	合 计
常住人口数量	3720	3748	3774	3806	3839	18887
出生人口数量	42.3	47.6	45.9	51.9	53.1	240.8

"十三五"期间，受"全面两孩"政策影响，福建省新增人口将有较大增长，预测 2017 年可能出现人口峰值，但总体上处于可控状态。

一方面，从"单独两孩"政策实施后福建省出生人口情况看，新增人口远不如预期。2013 年 11 月，党的十八届三中全会审议通过《中共中央

关于全面深化改革若干重大问题的决定》，提出实施一方是独生子女的夫妇可生育两个孩子政策。"单独两孩"政策启动后，全国符合申请条件的夫妇约 1000 万对，专家估计最终可能会有 200 万～300 万对夫妇提出申请，但截至 2015 年 9 月 30 日，累计申请 185 万对，仅占符合申请条件夫妇的 18%，远低于之前的预测。福建省从 2014 年 3 月 31 日开始正式实施单独两孩政策，专家预测约有 60% 符合条件的人群可能在近两年生育二胎，可能增加出生人口 5.6 万人。但截至 2015 年 12 月 31 日，全省累计审批单独两孩生育申请 5.2 万份，领证人数占符合条件人数的 49% 左右，其中已生育 2.3 万人，与预测误差很大，福建省并没有出现生育人口的大波动。

另一方面，从"全面两孩"政策实施后福建省新增人口预测情况看，人口释放峰值可能在 2017 年出现，但总体上处于可控状态。2015 年 10 月 29 日，党的十八届五中全会决定，全面实施一对夫妇可生育两个孩子政策。根据国家卫生计生委测算，全国新增可生育二孩的目标人群为 9000 多万，占 63%。新增目标人群中，40～49 岁人群占 50%。预计政策实施后，短期内出生人口明显增加，生育水平有所回升；全国人口总量增幅不大，峰值延后 2 年左右，2029 年达到峰值 14.5 亿人。根据国家全面两孩政策，福建省全面两孩政策于 2016 年 1 月 1 日起正式实施。福建省卫计委 2015 年底对全员人口信息库进行数据统计显示，全省生育一个孩子的育龄妇女约 362 万人，其中城镇 112 万人、农村 250 万人。实施全面两孩政策后，新增可生育二孩的目标人群 263 万人，其中城镇 99 万人、农村 164 万人。从年龄来看，新增对象中 35 岁以上的有 155 万人，占 59%。根据一孩育妇的数量和生育意愿推算，预计实行全面两孩政策后，2016 年福建省二孩出生增量在 5 万人左右，其中 35 岁以上育妇生育二孩的增加 2 万人左右。从单独两孩政策遇冷情况看，全面实施两孩政策，并不会带来出生率的猛增和人口数量的剧烈反弹。专家认为，由于社会对二孩的"积压需求"，全面两孩政策实施后，有可能造成短期内人口数量的反弹，但随着"积压需求"释放完毕，人口规模重新进入持续下降期。从各地卫计委对一孩家庭再生育意愿调查情况看，近 3 年各地均将面临生育小高峰。三明卫计委调查显示，三明市从 2011 年开始进入生育小高峰，年出生人数达 4 万人以上，2016 年达 4.8 万人左右。随着二孩生育政策的执行，生育高峰期延长，2012～2019 年出生人数都在 4.5 万人以上，生育峰值将出现在 2017 年，出生人数达到 6.5 万人左右；其次是 2018 年，出生人数 6.2 万人左右，2020 年之后，全市出生人数将出现快速回落。据厦门市卫计委 2015 年的调查，当地有三成符合条件的家庭有生育二孩的意向，还有三成符合条件的家庭表示正在考虑中。据初步统计，厦门市现有 33 万适龄妇女，其中 35 岁以上育龄妇女占 50%，按有生育意愿妇女测算，也有近 5.5 万高龄待孕妇女。

从省卫计委对出生人口的预测情况看，全面两孩政策实施后，"十三五"期间福建省人口会有较大增长，其中 2017 年为福建省出生人口高峰，达 89.2 万人左右；其次是 2018 年，出生人口 81.2 万人左右。随着"积压需求"的释放完毕，2020 年全省出生人口快速回落，此后逐年下降，至 2025 年出生人口将降至二孩政策实施前的数量，至 2029 年起预计低于 50 万人。详见表 2。

表 2 2016 年～2030 年福建省出生人口预测

单位：万人

年 份	2016	2017	2018	2019	2020
出生人口	73.9	89.2	81.2	73.3	59.8
年 份	2021	2022	2023	2024	2025
出生人口	58.4	57.0	55.8	54.4	53.2
年 份	2026	2027	2028	2029	2030
出生人口	52.1	51.0	50.1	49.2	48.4

预测之二：城镇人口预计有大幅度增长。

一方面，新增人口预计将大量集聚在城镇。福建省是较早放开农村单独二孩政策的省份之一，早在 2000 年 11 月 18 日对《福建省计划生育条例》进行第三次修正时就已开始实施。因此，单独二孩政策对福建省农村地区影响不大，新增单独二孩主要在城镇。全面二孩政策实施后，由于符合两孩政策的家庭大多为城市党政机关、国家企事业单位，新增人口预计主要集中在城镇地区。国家卫计委预测，新增二孩主要集中在城镇，占全部新增二孩出生数的 76%（其中超过 20% 是流动人口）。实施全面二孩政策后，福建省新增二孩也可能集中在城镇地区。

另一方面，人口迁移态势预计将主要向城镇转移。"十二五"时期，由于福建省城镇化快速发展，流动人口快速向城镇迁移，福建省常住人口城镇化率由 2010 年的 51.4% 上升到 2015 年的 61.8%，城镇常住人口由 2010 年的 2106 万人增长到 2015 年的 2403 万人。"十三五"时期，福建省城镇化发展将进一步加快，《福建省新型城镇化规划（2014—2020 年）》提出，2020 年福建省常住人口城镇化率达到 67%，户籍人口城镇化率达到 48% 左右。《福建省国民经济和社会发展第十三个五年规划纲要》提出，"推进以人为核心的新型城镇化，深化户籍制度改革，引导农业转移人口就地就近向中小城市和建制镇集聚"。从福建省城镇化发展规划预测，"十三五"期间，福建省山区和农村地区人口密度进一步降低，并向中心城区、县城等城镇有序转移，城镇常住人口预计达 2700 万左右。

三 全面实施二孩政策对福建省基础教育工作的影响与挑战

从福建省"十三五"时期人口变化及分布预测来看，"十三五"时期，福建省基础教育将面临不同程度的影响与挑战。

1. 从学段分析，全面二孩政策对学前教育的压力首当其冲

"十三五"时期，福建省预计新增人口 377.4 万，比"十二五"时期新增人口多 136.6 万。由于人口增长对教育的影响具有滞后性的特征，"十三五"时期，人口数量的变动主要对学前教育带来压力，小学阶段将到"十四五"、初中阶段将到"十五五"才带来影响。人口变动对学前教育的影响主要有以下几个方面。

一是学前教育学位供给紧张。单独二孩政策实施后，福建省 2014 年出生人口 51.9 万人、2015 年出生人口 53.1 万人，其中单独二孩新增幼儿 2.3 万人。按照幼儿就学时间推算，幼儿园将在 2017 年、2018 年迎来单独二孩入园高峰。全面二孩政策实施后，预计福建省 2016 年出生人口 73.9 万人、2017 年出生人口 89.2 万人，其中 2016 年全面二孩新增幼儿预计 5 万人，按照幼儿就学时间推算，幼儿园将在 2019 年、2020 年迎来全面二孩入园高峰。全省各地"十三五"期间幼儿园适龄人口预测情况详见表 3。

表3 "十三五"期间福建省各地幼儿园适龄人口预测表

单位：人

各市 \ 年份	2016	2017	2018	2019	2020
福 州	233701	238976	250940	262990	273090
厦 门	157197	163511	167967	174342	179674
漳 州	155984	165816	176406	189204	187839
泉 州	369402	384526	399424	411223	426213
莆 田	83474	85965	86367	93772	96679
三 明	116547	122006	128756	138046	145877
龙 岩	132130	150454	163366	171638	178353
南 平	100412	104072	109239	118338	132438
宁 德	118607	123105	125695	132760	142521
平 潭	15800	16100	16500	16800	17100
合 计	1483254	1454531	1624660	1709113	1779784

　　为积极应对人口政策调整对学前教育的影响，福建全省各地教育行政部门已初步做出"十三五"时期幼儿园建设规划，详见表4。

表4 "十三五"期间公办幼儿园与普惠性幼儿园建设规划表

各 市		合计	公办幼儿园						普惠性民办幼儿园					
			小计	2016年	2017年	2018年	2019年	2020年	小计	2016年	2017年	2018年	2019年	2020年
福州	新建（所）	226	90	24	19	15	14	18	136	12	25	35	29	35
	新增学位（个）	47210	20900	5700	4295	2970	3345	4590	26310	2347	5316	5946	5406	7295
	改扩建（所）	63	61	20	12	12	9	8	2	0	0	0	0	2
	改扩建学位（个）	7170	7080	2790	1320	1470	930	570	90	0	0	0	0	90

各市		合计	公办幼儿园						普惠性民办幼儿园					
			小计	2016年	2017年	2018年	2019年	2020年	小计	2016年	2017年	2018年	2019年	2020年
厦门	新建（所）	95	93	25	22	20	14	12	2	0	2	0	0	0
	新增学位（个）	31020	30480	8160	6930	6210	4860	4320	540	0	540	0	0	0
	改扩建（所）	8	8	6	0	2	0	0	0	0	0	0	0	0
	改扩建学位（个）	1350	1350	1170	0	180	0	0	0	0	0	0	0	0
漳州	新建（所）	388	211	42	36	43	42	48	177	31	32	36	37	41
	新增学位（个）	76940	50085	11800	8373	10024	8498	11390	26855	4250	4800	5210	6240	6355
	改扩建（所）	241	134	18	24	27	32	33	107	20	20	19	24	24
	改扩建学位（个）	27880	16913	2426	3768	2899	3876	3944	10967	2755	2572	1800	2074	1766
泉州	新建（所）	347	129		34	33	31	31	218	91	41	32	29	25
	新增学位（个）	193059	92540	15317	17199	18669	19121	22234	100519	29133	18432	18073	18127	16754
	改扩建（所）	90	50	15	12	11	6	6	40	9	7	7	9	8
	改扩建学位（个）	21091	12221	3575	3010	2376	1590	1670	8870	1560	1510	1670	2110	2020

续表

各市		合计	公办幼儿园						普惠性民办幼儿园					
			小计	2016年	2017年	2018年	2019年	2020年	小计	2016年	2017年	2018年	2019年	2020年
莆田	新建（所）	48	41	10	9	8	7	7	7	1	2	3		1
	新增学位（个）	15030	13140	3150	2880	2700	2070	2340	1890	360	540	720		270
	改扩建（所）	17	17	6	2	3	4	2				0		
	改扩建学位（个）	4260	4260	1170	300	900	1350	540				0		
三明	新建（所）	112	82	23	16	16	13	14	30	8	6	6	5	5
	新增学位（个）	34669	28543	7265	5385	5011	5478	5404	6126	1586	1180	1340	890	1130
	改扩建（所）	86	32	9	10	4	5	4	54	19	8	11	12	4
	改扩建学位（个）	12556	4311	1240	1181	630	900	360	8245	2990	1400	1765	1720	370
龙岩	新建（所）	115	71	12	16	15	14	14	44	9	11	8	8	8
	新增学位（个）	40975	29010	3840	6870	6420	5820	6060	11965	2580	2875	2190	2160	2160
	改扩建（所）	106	77	16	16	15	16	14	29	7	6	5	5	6
	改扩建学位（个）	12550	8780	1670	1870	1800	1820	1620	3770	950	750	660	660	750

续 表

各 市		合 计	公办幼儿园						普惠性民办幼儿园					
			小计	2016年	2017年	2018年	2019年	2020年	小计	2016年	2017年	2018年	2019年	2020年
南平	新建（所）	142	57	11	19	10	10	7	85	19	13	16	16	21
	新增学位（个）	23785	13715	2700	4095	2450	2310	2160	10070	2160	1660	2000	1910	2340
	改扩建（所）	49	15	2	3	5	2	3	34	2	5	8	9	10
	改扩建学位（个）	12495	3315	240	900	1065	540	570	9180	540	1350	2160	2430	2700
宁德	新建（所）	182	101	16	20	21	20	24	81	8	15	18	20	20
	新增学位（个）	54490	30400	3930	5685	6680	6750	7355	24090	2520	4650	5520	5580	5820
	改扩建（所）	51	51	8	11	12	10	10						
	改扩建学位（个）	8215	8215	1275	1745	1940	1545	1710						
平潭	新建（所）	43	13	2	3	2	3	3	30	8	3	4	5	10
	新增学位（个）	4590	4590	720	1080	720	1080	990						
	改扩建（所）	4	4	1	1	1	1							
	改扩建学位（个）	990	990	90	270	360	270							

续表

各　　市		合　计	公办幼儿园						普惠性民办幼儿园					
			小计	2016年	2017年	2018年	2019年	2020年	小计	2016年	2017年	2018年	2019年	2020年
合计	新建（所）	1698	888	165	194	183	168	178	810	187	150	158	149	166
	新增学位（个）	521768	313403	62582	62792	61854	59332	66843	208365	44936	39993	40999	40313	42124
	改扩建（所）	715	449	101	91	92	85	80	266	57	46	50	59	54
	改扩建学位（个）	108557	67435	15646	14364	13620	12821	10984	41122	8795	7582	8055	8994	7696

2015年，福建省幼儿在园人数是151.3万人，学前三年入园率为97.3%，幼儿园学位基本满足适龄幼儿入园需要。但在"十三五"期间，由于适龄幼儿增加，福建省部分地区幼儿园学位可能会产生较大缺口，城市"入园难"问题可能会更加突出。据《福建日报》2016年4月29日刊发的记者调查，三明市公办、私立托儿所资源原本紧张，又逢人口出生高峰，缺口将更大。据三明教育部门数据，2016年入幼儿园大班的人数是3.56万人，符合入园人数为3.85万人；到2021年，符合入园人数将达6.5万人，即使按90%的幼儿入园计算，也将达到5.9万人，缺口较大。

二是普惠性、优质学前教育资源不足。全省现有公办园2607所、在园幼儿69.33万，生园比为266∶1；民办园5141所、在园幼儿91.92万，生园比为179∶1；全省普惠性民办园2276所、在园幼儿34.54万，园生比152∶1。公办幼儿园、普惠性民办幼儿园资源依然短缺，城区公办园"大班额"问题比较突出。特别是优质教育资源有限，全省示范性幼儿园1479所（其中省级163所、市级300所、县级1016所），仅占全省幼儿园的19.09%。随着"全面二孩"政策带来的人口增长幅度加大，如何扩大优质公办幼儿园、普惠性学前教育资源，成为政府和教育行政部门亟须解决的问题。

三是幼儿师资队伍紧缺。福建省现有幼儿园专任教师 7.48 万、在园幼儿 151.26，生师比为 20.21：1（其中城镇生师比为 18.20：1，乡村师生比为 33.44：1）。幼儿园专任教师，特别是乡村幼儿园专任教师的缺口比较大。幼儿园教师性别结构不均衡，专任教师中女教师比例高达 99.40%。"全面二孩"政策实施后，短期内学龄人口的增加和女教师集中生育二孩，可能会使幼儿园师资紧缺问题加剧。

2. 从地区分析，全面两孩政策对城镇教育压力更大

"十二五"时期，随着经济社会的快速发展和城镇化进程加快，大量农村学生涌入城镇学校就读。为优化教育资源配置，福建省积极稳妥做好中小学布局调整工作，但城镇教育仍面临很大压力。"十三五"时期，在人口生育政策调整和城镇化步伐加快的政策叠加下，城镇教育将面临更大的压力。

一是城镇教育承载负荷将大大增加。根据全面两孩政策新增人口分布预测和城镇化步伐加快的情况，城镇新增两孩人口在短期内迅速增加，并将集中分布在城市和新型城镇，导致城镇教育承载负荷进一步增加，特别是一些新兴的城区、城市的郊区、面临经济发展重任的地区，教育配套资源不足问题将会更加突出。

二是城镇学校超规模、大班额问题将更加突出。"十二五"时期，随着城镇人口迅速增加，福建省城镇教育和农村教育比重反转，城镇学校、乡村学校义务教育阶段学生数占全省义务教育阶段学生数的比例分别为 78.2%、21.8%。一些城镇学校超规模、"大班额"现象难以解决。"十三五"期间，新型城镇化发展可能导致农村学龄儿童进一步减少，城镇学龄儿童进一步增多，使城镇大班额问题更加突出，影响城镇教育质量的提升。

三是随迁子女入学压力加大。"十二五"时期，随着城镇化发展，大量外来务工人员随迁子女到城镇就读。2015 年，全省义务教育阶段中小学生总数约 401.66 万人，其中随迁子女 95.84 万人，占总数的 23.86%。新型城镇化背景下，福建省农村人口将进一步向城镇流动，随迁子女就学需求持续增长。《福建省新型城镇化规划（2014—2020 年）》提出，2020 年义务教育阶段公办学校接受随迁子女比率 95%。由于人口对教育影响的滞后性，预计 2020 年之后，城镇公办义务教育学校将要面临外来人口随迁子女生源增加和全面二孩政策带来户籍人口生源增加的双重压力，导致公办学校学位更加紧张。

3. 从需求分析，全面二孩政策对优质教育需求更加强烈

一方面，群众对优质教育需求强烈。"十二五"时期，福建省大力发展学前教育，扎实推进义务教育均衡发展，努力促进教育基本公共服务均等化，适龄儿童入学率稳步提高，基本实现让每个孩子都能公平享有受教育的权力和机会。在满足孩子"有学上"的基础上，让孩子"上好学"成为人们新的诉求，群众对优质教育的需求日益强烈。全面二孩政策实施后，符合二孩政策的家庭大多为城市党政机关、国家企事业单位，父母双方大多受过高等教育，工作、收入稳定，有能力让子女接受良好教育，对优质教育的需求更加强烈。另一方面，优质教育资源相对不足。由于全省各地经济发展水平存在差异，当前福建省义务教育均衡发展与人民群众的新期盼还有一定差距，农村学校教育教学条件相对薄弱，城区义务教育资源配置还不能适应城镇化进程发展的需要，群众择校现象在一些地方还比较强烈。全面两孩政策实施后，随着生源的增加，教育公共服务供给与不断增长的教育服务需求之间的矛盾可能会更加明显，人们对优质教育的需求将更加强烈。

4. 从学校内部分析，全面两孩政策可能产生教师队伍产假式缺编问题

（1）女教师数量特别是处于生育年龄的女教师数量较大。根据《福建省教育事业统计简明资料（2015）》数据分析，全省基础教育学段女教师248025 人，占专任教师总数的 64.29%，其中幼儿园、小学、初中、高中女教师比例分别为 99.40%、64.47%、45.94%、47.40%；40 周岁以下的女教师 113677 人，占女教师总数 65.43%。详见表5、表6。

表5 福建省基础教育学段女教师数量情况

	幼儿园	小 学	初 中	高 中	合 计
女教师数（人）	74392	104703	45009	23921	248025
专任教师数（人）	74840	162496	97965	50463	385764
占比（%）	99.40	64.43	45.94	47.40	64.29

表6　福建省各学段40岁以下女教师数量情况

	小　学	初　中	高　中	合　计
40岁以下女教师数（人）	70836	27403	15438	113677
专任女教师数（人）	104703	45009	23921	173633
占比（%）	67.65	60.88	64.54	65.47

　　（2）女教师生育两孩意愿较强。根据各设区市抽样问卷填报数据分析，幼儿园、小学、初中、高中学段有生育二孩意愿的女教师所占比例分别为62.13%、45.66%、26.14%、40.0%；城区、县镇、农村女教师生育两孩意愿分别为43.19%、44.51%、47.65%。从调查分析情况看，幼儿园学段女教师生育二孩的意愿最强，城乡女教师生育二孩意愿差异不大。详见表7、表8。

表7　福建省基础教育学段女教师生育二孩意愿分学段抽样情况

	幼儿园	小学	初中	高中	中专	合计
有生育两孩意愿教师数（人）	643	1335	286	580	168	3012
女教师数（人）	1035	2924	1094	1450	603	7106
占比（%）	62.13	45.66	26.14	40.0	27.86	42.39

表8　福建省中小学、幼儿园女教师生育二孩意愿分区域抽样情况

	城市	县镇	乡村	合计
有生育两孩意愿教师数（人）	910	705	649	2264
女教师数（人）	2107	1584	1362	5053
占比（%）	43.19	44.51	47.65	44.81

　　但在调研中发现，受传统地域文化、经济发展水平等因素影响，泉州、莆田等地女教师生育二孩的意愿更为强烈。据泉州市近期调查，全市育龄女教师中，70%左右的人具有生育二孩的意愿。

　　（3）女教师生育二孩的时间较为集中。二孩政策实施后，福建省女教师近三年生育二孩意愿的较强，其中计划2017年生育二孩的人数最多，随后女教师生育二孩意愿逐渐下降。详见表9。

表 9　福建省基础教育学段女教师计划生育二孩分年份抽样情况

单位：人

	有生育两孩意愿的教师数	计划生育二胎年份					
		2016 年	2017 年	2018 年	2019 年	2020 年	2020 年以后
幼儿园	643	81	202	150	87	48	75
小　学	1335	317	593	189	92	54	90
初　中	286	61	161	49	8	1	6
高　中	580	178	244	101	40	13	4
中　专	168	19	66	33	18	11	21
合　计	3012	656	1266	522	254	127	196

（4）女教师生育两孩给学校教学带来一定影响。全面二孩政策实施后，福建省幼儿园、中小学女教师生育二胎的意愿较为强烈，特别是幼儿园女教师偏多，可能因为生产二胎而集中请产假，造成教师产假式缺编，给学校正常的教学秩序带来挑战。但女教师生育二孩对不同学段、不同区域学校教学带来的影响不尽相同。根据各设区市校长（园长）问卷填报数据分析，认为生育二孩对教学影响很大的幼儿园、小学、初中、高中、中专校占比分别为62%、77%、38%、72%、42%，认为生育两孩对教学影响很大的城区、镇区、农村学校校长（园长）占比分别为 84%、52%、58%。

5. 从教育管理分析，全面二孩政策将出现多方面新情况新问题

全面二孩政策给福建省基础教育带来新的压力和难题，也给政府的教育管理带来多方面的挑战。

一是学校布局问题。过去十五年，特别是"十二五"时期，福建省积极推进义务教育均衡发展，扎实做好中小学布局调整工作，优化教育资源配置。"十三五"时期，随着人口数量、结构变化，基础教育需求压力将增大，教育部门也面临着压力。以三明市为例，2016 年，三明市符合就读小学一年级的人数为 3.58 万人，在本地小学一年级就读的人数是 3.35 万人，两数相差不大；到2024 年，符合就读小学一年级的人数将达 6.5 万人，扣除部分在外地就读的人数，本地小学一年级新生人数将在 6 万人左右。按照目前的办学条件，届时小学阶段将有 2.7 万个学位的差额。2016

年就读初中一年级的学生 2.5 万人，与符合条件的人数一致，按现有条件，到 2030 年初中阶段将出现 4 万个学位的差额。如何对城乡幼儿园、中小学设点布局进行统筹规划，缓解基础教育需求压力，成为政府的重要任务。

二是经费调拨问题。"十二五"时期，福建省公共财政教育支出逐年提高，公共财政教育支出占公共财政支出比例居全国前列，但由于历史欠账等原因，生均公共财政预算公用经费支出仅在全国中下水平。"十三五"时期，全面两孩政策将使学前教育学龄人口有较大幅度增长，如何加大教育经费投入，特别是学前教育经费投入、扩充教育资源、改善办学条件等将是政府需要统筹考虑的问题。

三是师资补充问题。"十二五"时期，福建省完善教师补充机制，在全国率先实行城乡统一的教职工编制标准，率先实行中小学新任教师全省统一公开招聘，近 5 年新补充中小学教师 3.64 万名，其中农村紧缺学科教师 9000 多名，有效改善了教师队伍结构。全面两孩政策实施后，随着学龄人口的变动，学前教育师资力量短缺问题将更加突出。"十三五"时期，政府应采取有效措施，重点补充幼儿园教师，并合理补充基础教育各学段教师。

四　基础教育应对新情况新问题的对策措施

全面两孩政策的实施，对基础教育带来了新情况、新挑战，只有未雨绸缪，才能赢得主动权。

1. 根据人口变化规律特点，建立人口预测与教育规模结构预调整制度

"十三五"期间，加强人口预测与教育发展关系的研究，设计人口出生、年龄结构预测与教育资源关系的信息管理系统，掌握人口出生的峰谷交替规律、人口高峰的年龄结构在不同教育阶段的滚动趋势，以准确判断、布局教育的发展规模显得非常必要。建议教育部门要加强与计划生育、统计、财政等相关部门的协同，根据人口变化的实际规律做出及时研判和科学决策，适时在扩大规模与调整结构方面做出回应，避免应急性调整的失误，以逐年微调的形式推动教育稳步发展。从省卫计委对出生人口的预测情况看，全面两孩政策实施后，"十三五"期间福建省人口会有较大增长，其中 2017 年为福建省出生人口高峰。随着"积压需求"的释放

完毕，2021~2030 年，福建省预计出生人口逐年下降，至 2025 年出生人口将降至两孩政策实施前的数量，至 2029 年低于 50 万。面对这种峰谷式人口变化趋势，要密切关注全面二孩政策实施后前三年人口出生的变化，运用先进的精算模型，科学预测全面二孩政策实施后出生人口数量、结构以及在不同教育阶段的滚动趋势，短期内适当扩大学前教育规模，但从长远角度来看，在扩大规模的同时要适时调整教育结构，避免出生低谷时教育资源的浪费。

2. 根据人口变动和增长趋势、结构，科学预测并适时提供各学段学位

人口增长对教育的影响具有滞后性、阶段性特征。建议根据人口变动趋势未雨绸缪，科学预测新增学龄人口数量、结构，为新增孩子提供学前教育学位，并依次准备小学、初中、高中教育的学位。从福建省情况看，单独二孩政策新增人口最早在 2017 年入读幼儿园，全面两孩政策新增人口最早在 2019 年入读幼儿园。因此，"十三五"时期，应重点考虑幼儿教育发展需求，在幼儿教育资源的扩大和发展上提前做好预判和规划，满足新增幼儿群体的入园需求。

一要统筹规划幼儿园布局结构。因势而谋，做好新形势下的学前教育事业发展目标规划与制度的顶层设计。将人口变化与教育发展规划结合起来，做好城乡学前教育发展规划，科学布局学前教育资源，逐步构建"广覆盖、保基本、有质量"的学前教育公共服务体系。根据全省各地教育行政部门初步制定的"十三五"期间幼儿园建设规划，"十三五"时期福建省将新建幼儿园 2358 所，新增学位 63.96 万个，其中公办幼儿园和普惠性幼儿园 1661 所，新增学位 52.20 万个；改扩建幼儿园 697 所，新增学位 11.76 万个。

二要多种形式扩大学前教育资源。建立灵活开放的办园体制，积极探索支持多类型混合制幼儿园的发展。大力发展公办幼儿园，积极支持企事业单位举办幼儿园，扩大普惠性公办幼儿园比例。采用政府购买服务的方式扶持民办幼儿园。根据学龄人口的变化趋势，在有条件的小学以附设的形式举办学前班。

三要理顺办园体制机制。重点制定抓好城镇小区配套幼儿园建设管理、扶持企事业单位和普惠性民办园、公办园生均财政拨款标准或公用经费标准、公办园编制标准等方面重要文件，破解体制机制难题。

四要完善学前教育保障机制。建立与完善省级统筹，以县为主的学前教育财政投入体制。进一步加大公益普惠学前教育投入，学前教育经费纳入各级财政年度预算，新增教育经费要向学前教育倾斜。要注重建立长效机制，解决好幼儿园运转、教师编制、工资待遇等问题，实现可持续发展。

五要加强学前教育师资储备。面对"十三五"时期幼儿入园高峰期、幼儿师资紧缺的问题，可面向广大师范毕业生、在校生、综合性高校学生、社会上有志从事学前教育并受过良好高等教育的人群，招考、培训其成为合格的学前教育师资。

六要科学制定实施学前教育行动计划。认真贯彻实施福建省第二期学前教育三年行动计划，落实规划建设项目和专门资金，把扩大公办资源、建好用好小区配套幼儿园、入园率、普惠性资源覆盖率和学前教育财政投入占比等方面增长情况，作为衡量实施效果的重要指标。加快缓解"入园难""入园贵"的问题，把应对人口变化情况城镇幼儿园学位不足的问题作为重大任务，尽早启动制定福建省第三期学前教育三年行动规划。

同时，要未雨绸缪规划小学学位。积极应对学龄人口主要分布在城镇带来的城镇小学学位不足的挑战，到 2020 年必须在城镇新建、改扩建一批小学。对解决小学学位问题，也可以学习上海改变学制的办法。在学前高峰人口向小学滚动时，上海将六年级作为初中预备班挪入初中，合理利用了中学资源；当小学适龄儿童数量减少时，又通过小班化教学来利用资源。上海由于没有将富余资源随意处置他用，当再次面对学前高峰人口滚动到小学时，小学能够从容应付。

3. 根据人口增长趋势和分布态势，未雨绸缪搞好基础教育布局规划

目前，全省各地开始研究近五年中小学、幼儿园学位供给与实际需求之间的适应情况。建议由政府牵头，教育部门协调，促进公共政策的调整。在研究人口增长的分布态势、人口迁徙趋势和人口增长每年的变化趋势，做好分析的基础上，科学规划教育资源配置。过去 15 年，福建省农村教育布局处于剧烈变动之中。通过实施中小学布局调整工作，福建省农村小学校数从 2001 年的 11720 所下降到 2668 所，校均规模由 202 人增加到 245 人；农村初中校数从 872 所下降到 524 所，校均规模由 957 人下降到 366 人。随着城镇化进程的加快和全面二孩政策的实施，城镇学龄人口不断增长，未来 15 年将是城镇教育布局剧烈变动时期。政府要积极应对这一趋势，对幼儿园、义务教育的布局进行调整。

从城市内部看，成熟城区的教育配套基本上能够较好地满足人们的需要，政府要把布局调整的重点放在新兴的城区、城市的郊区、面临经济发展重任的地区。布局调整过去主要是中小学，现在要把幼儿园列入布局调整中。针对城镇化背景下新增儿童可能会集中在城市新区或新型城镇，学校布局结构需要做出相应调整，避免城市发展中出现教育服务滞后现象。在规划布局调整中，要制订城市居民区中小幼配套建设计划，防止今后没地建校。在这方面，可以学习上海市的经验。为保证小区配套能同期建设并同期使用，上海市浦东教育局要求房地产商在办理预售证和销售证之前要先到教育部门盖章。这样只要小区建设完成，政府就能配套建成公办幼儿园。教育行政部门要组织开展中小学、幼儿园布局盲点排查，分析预测未来五年适龄人口数量与分布变动情况，制定城乡中小学、幼儿园布局规划。

4. 根据女教师产假式缺编的问题，采取综合措施解决

面对短期内教师扎堆生产可能产生的产假式缺编问题，教育行政部门和学校、教师应共同探讨有效的方式，缓解女教师生育权力和学校教学秩序之间的矛盾。

一要维护教师合理合法的生育需求。根据《劳动合同法》和《女职工劳动保护特别规定》，学校不得因女教师怀孕、生育、哺乳降低工资，也不得单方解除正在孕期、产期、哺乳期内的女教师合同。

二要加强人文关怀。建立教师生育报备制度，学校可根据有生育意愿女教师的年龄、家庭、身体状况，结合学校的教学安排，与计生部门一起制定科学的生育建议方案，引导有二孩生育意愿的女教师尤其是相同科目的教师，彼此协调，做好规划，错峰生育。鼓励没有生育需求的教师发扬团队协作精神，分担生育二孩女教师的工作，维持稳定的教学秩序，避免学生正常上课受到影响。

三要合理规划教师队伍结构。教育行政部门要加大教师的招聘力度，与学校合力就整体教师年龄梯队、性别比例结构等进行规划，在教师招聘中适当提高男教师比例，不断完善教师队伍结构。

四要加大教师交流。由教育主管部门统筹，建立片区师资共享模式，鼓励把教师从配置相对较多的学校向相对较少的学校流动，从配置相对较多的学段向相对较少的学段流动。

五要建立教育人才资源库。根据当前的实际情况，将在职教师、有经验的退休教师、具有教师资格证且有实习经验但还未正式就业的毕业生纳入人才资源库，学校在需要时可以从中聘用教师代课。

六要规范兼职、代课教师管理。面对临时性突发性的产假式缺员、怀孕式缺员，县级教育主管部门应建立相应的代课教师中心，培养一支由退休教师、在校大学生组成的高质量的区域流动代课教师队伍，由中心根据各校实际进行统一调配，为各校的师资配备及常规教学管理提供强有力的后盾支持。

七要适当放宽编制。面对教师紧张的现状，相关部门可以适当放宽教师编制，按学校育龄女教师人数比例给予适当增编。或采取政府购买服务的方式，由当地财政核拨经费，专项用于中小学聘用编制外教师，及时补充紧缺教师。从省级层面要高度重视解决教师编制总量不够的问题。可以学习借鉴江苏的经验，把转企改制的事业单位留下的编制优先用于教育。

八要为产假式缺编教师聘期给予经费支持。地方政府应筹措资金，给予兼课教师和代课教师一定的报酬。如北京市朝阳区教委将给予每个学校外聘教师专项资金，用于应对教师生育而出现的教师人员紧缺状况。

根据福建省各地抽样调查，建议政府部门下拨外聘或兼课教师的津贴参考额度为：在职教师代课超工作量津贴每人每月为 1400~1700 元，返聘老教师津贴每人每月为 1900~3000 元，聘请大学生代课津贴为 1600~2400 元。不同学段对代课教师及上级选派教师任教需求有较大差异，其中小学、高中、中专学段需求较大。详见表10。

表 10　各地建议上级下拨代课教师津贴额度和选派教师数量抽样情况

	下拨本校在职教师代课超工作量津贴		下拨返聘老教师津贴		下拨聘请大学生代课津贴		上级选派教师任教	
	每人每月津贴（元）	每校人数（人）	每人每月津贴（元）	每校人数（人）	每人每月津贴（元）	每校人数（人）	每校增编（人）	每校选派代课教师（人）
幼儿园	1721	5	1900	4	2443	4	7	6
小　学	1702	13	2606	14	2371	15	14	14
初　中	1407	5	2511	5	2152	7	10	7
高　中	1472	15	2850	6	3000	11	9	9
中　专	1716	22	2355	9	1653	9	8	6

5. 根据教育事业发展出台政策引导民办教育，弥补公办教育特别是幼儿园不足

目前全省民办幼儿园 5449 所，占全省幼儿园的 66.35%，民办幼儿园在园幼儿 81.93 万人，占全省幼儿园在园幼儿的 54.16%。民办小学 94 所，占全省小学的 1.83%，在校生 13.08 万人，占小学在校生的 4.54%；民办中学 142 所，占全省中学的 7.98%，在校生 21.53 万人，占中学在校生的 12.23%。各级各类民办教育，特别是民办幼儿园，在缓解公办教育办学资源不足、学位供给紧张、满足群众多元化的教育需求等问题上发挥了积极有效的作用。"十三五"时期，人口政策的调整，必然带来教育资源多元需求的增加，由政府来解决教育投入不足的问题、保障教育事业发展的压力非常大。

建议省级政府及时出台相应的政策，引导和保障民办教育发展，弥补公办教育的不足。要充分运用政策的鼓励和倾斜作用，政府主导、社会参与，带动社会力量参与教育资源的提供和服务，满足人口政策变化下的教育发展需求。要改革办学体制，为民办教育发展营造更好的环境，通过公办教育和民办教育两条腿走路，扩大教育资源供给。在国家修订《民办教育促进法》，对民办教育实行分类管理的大环境下，通过鼓励兴办民办幼儿园、向民办园购买学位的方式，满足幼儿教育增量需求；在城市公办义务教育总体规划的框架下，适时委托民办义务教育学校承担学生就近入学责任，实现对流动人口子女接受教育的灵活安排；普及高中阶段教育时要将公办民办教育都纳入总体发展规划，并予以同等发展待遇；在高考改革即将全面实施的过程中，完善异地考试的准入条件设立和高校招生录取机制改革，适应未来更多流动人口子女能异地升学的需求。

6. 根据生育政策对教育影响的新情况，加强各级政府统筹规划

在省级层面，政府应加强统筹，应对两孩政策后教育发展的问题。一是优化教育布局规划。面对未来可能出现的新生人口增量，必须从省级层面通过科学的研究预测人口增量与教育发展的关系，对各类教育特别是学前教育提前做好全面规划，对学前教育和义务教育资源配置给予足够重视。政府的规划要充分考虑学龄人口长期变动趋势，不仅要考虑可能出现的生育高峰，还要考虑到高峰过后的回落，注重内涵式、可持续发展，避免教育资源浪费。二要采取措施破解学位供给难题。建议实施政府统筹、单列学校建设用地，加快建设幼儿园、小学、中学。应制定居民区中小学、幼儿园配套建设的办法，做到城市新区建到哪儿，学校就配套到哪儿。要以促进教育公平为基本出发点，在新城区中合理设置学前教育和中小学教育机构，保障学生就近入读和教育机会均等。三要根据人口增长的新趋势，搞好教育经费预算并予以保障，应进一步加大对学前教育的投入，适当提高福建省学前教育财政性经费占比。四要对教育结构科学调整。要根据新增人口不同阶段发展及其特征，对学前教育、义务教育、高中阶段教育、职业教育、高等教育等进行相应的调整，促进各学段教育协调发展。五要扎实推进义务教育均衡发展，缩小城乡与同城教育差距，全面提升教育质量，切实保障教育公平。

在市县层面，市县政府要落实基础教育发展的主体责任。一要把教育的增量发展纳入市级、县区的经济社会发展总体规划之中，搞好学校布局调整，优化教育资源。每年新增的教育资源供给必须分批进行规划建设，市县政府要把土地的供给、经费的投入，作为当前教育民生的头等大事来保障。二要保证学校建设用地。市县国土部门统筹，对于新建、改扩建学校的用地，由国土资源部门统筹供给，优先保障其使用。财政加大投入，采取购买服务、融资的办法，加快学校建设。三要建立分工合作工作机制。编制、人社、教育、财政、国土等部门各司其职。由教育部门牵头，财政部门保证资金供给，编制部门保证教师编制增量的供给，教育、人社部门做好教师的招聘等。四要改革管理体制，把教师由

"学校人"变成"教育系统人"，实现县域内教师资源统筹配置。继续推动教师"县管校聘"管理体制改革，推进教师轮岗交流。五要进一步推进义务教育均衡化，高标准提供优质教育服务，把家门口的学校办成让家长满意的"放心学校"，让优质教育资源为城乡学生公用共享以逐步解决"择校热"的问题。

课题组成员：赵素文　尹雪梅　肖龙井　周　伟　骆树芳
执　　　笔：尹雪梅

福建省"高考红旗"的历史经验及启示

基础教育在整个教育大厦中起奠基作用。福建基础教育历来以"基础扎实"闻名。特别是在全国统一高考的特定历史时期,福建曾以"高考红旗"享誉全国。福建是如何获得"高考红旗"?它对今天的基础教育改革发展又有何借鉴意义?本文就此做粗略探讨。

新中国成立初期,福建省基础教育质量比较差,在全国高校实行统招统考的头几年,福建省高考成绩一直居华东地区末位。1954年王于畔同志到福建省教育厅工作,在省委领导下,经过三年努力,到1957年开始取得好成绩,1959年进入全国先进行列。1959年12月21日《人民日报》发表了《福建中等教育跃入先进行列》的新闻报道,并刊发社论推荐当年升学率最高的福建、安徽、江苏三个省的经验。从1960年一直到"文革"前,福建省高考成绩皆名列华东地区前茅,被群众誉为"高考红旗"。"文革"结束后,福建省通过拨乱反正,恢复和发扬了"文革"前17年好的办学经验和办学传统,中学教育质量较快恢复发展,在1978年、1979年两次全国高招统考中,福建省又连续两年名列前茅,"高考红旗"重新焕发光彩。

统一高考制度是特定时代背景的产物。"高考红旗"只是个历史称号,但其背后所体现的当时福建省重视抓基础教育质量和重视培养德智体全面发展人才的经验做法,今天仍然值得弘扬与借鉴。

经验与启示之一:具有赶超先进的雄心壮志与实干作风

1953年福建高考成绩排在华东地区末位,引起了省委和教育行政部门的重视。分析当时的原因之一是各级教育行政部门没有摸索到学校工作的规律。省委要求全省教育行政干部要探索学校工作规律,做到"既会领导政治、也会领导劳动、更会领导教学"。省委第一书记叶飞同志多次在县委书记以上的工作会议上，要求各级党委重视教育、研究教育，把教育工作列入重要议事日程，并多次参加全省中教会议和教育行政会议，亲自主持召开重点中学校长座谈会。省教育厅按照省委指示，提出"提高教育质量，赶上先进省市"的号召，要求各级教育行政部门"要学会领导教学，深入领导教学"。各级教育行政部门树立赶超先进的雄心壮志，以科学务实的工作作风，切实加强对教学工作的领导。

一是当好"内行人"，把握教育规律。为学会领导教学，福建省大力开展教育行政干部轮训，1955 年，成立了省教育行政干校，地、市成立小学行政干部培训班，同时委托福建师范学院开办教育行政干部训练班，分期分批轮训各级教育行政干部。据统计，1956—1962 年，全省中学业务人员轮训 7570 人次。通过轮训，逐步建立一支能按教育规律办事的教育行政干部队伍。省教育厅还要求各地（市）、县教育行政部门定期组织教育行政干部在本地区开展教育工作巡回检查，发现问题，总结经验。教育行政部门和党委宣传部出题目，指定部分教育行政干部通过深入调研，撰写总结文章，把教育工作当成科学研究工作进行。

二是种好"试验田"，开展教学研究。各级教育行政干部改进工作作风，在所属的重点中学中，把握重点的"重点"，做好"一条龙"的"试验田"，以点带面，开展教学研究，在实践中掌握教学规律，努力成为领导教学工作的"内行"。如省教育厅在所属四所重点中学中直接负责福州一中的教学管理工作，派干部下去蹲点，深入教学第一线。王于畊同志亲自听取学校工作汇报、下校听课、参加教研活动，与学校共商教学大事，对学校情况知之甚详。她还直接负责一所重点小学——福州实验小学，一所重点幼儿园——福州儿童学园的工作。从幼儿园到中学形成"一条龙"。通过"一条龙"的教改实验，解剖麻雀，发现问题，掌握第一手材料，以点带面，研究大、中、小、幼儿教育衔接，探索中小学与幼儿园教育的工作规律，领导干部在实践中逐步成为"内行"，推动了福建全省教育的发展。

三是选好"领头雁"，加强班子建设。通过"两结合"的方式组成学校领导班子，即以派校的党员干部为主，并提拔一批精通业务、有行政组织能力的优秀教师到学校领导岗位上来。从 1952 年到 1959 年，福建省共派出一千多名党员干部到中学担任主要领导职务。福建省教育厅要求学校领导把兼课作为领导教学的重要途径，通过做好思想教育、教研活动、教学方面的工作，加强对学校工作的领导。通过"两结合"方式组成的学校领导班子具有领导教学的权威，受到教师的拥护。

四是走好"群众路"，虚心向师生学习。各级教育行政部门和学校领导坚持把专门工作与党的群众路线相结合，经常深入课堂，到教研组中去，到教师中去，到学生中去，"沉下去"了解掌握教学情况，指导点的工作，又"浮上来"研究决策，推进面上的工作；每逢使用新的教学大纲和教材，常请有经验的教师介绍、讲解其精神和特点；每要研究解决教学上的重要问题，也注意听取老教师的意见建议。学校领导深入教学第一线，深入年段、班级、教研组，深入教师与学生当中，善于把各方面的力量统一起来，共同做好学校工作。同时严格要求自己，凡是要求师生做到的，自己首先做到，以好的领导作风带动好的教风学风，在师生中普遍有较高的威信。五六十年代的干部作风至今仍被人们津津乐道。

今天，教育工作情况发生了很大的变化。改革开放以来，福建教育工作取得了很大成绩，但与先进省份相比，还有一定差距。教育关系国计民生，不重视教育的领导是不成熟的领导；教育规律性强，不懂教育的领导是外行的领导。在教育外延发展时期比较依赖行政领导，而在内涵发展时期则需要专业内行管理。习近平总书记 2014 年来闽视察时指出"福建没有理由办不好教育"。新时期，办好福建教育仍然需要树立赶超先进的雄心壮志，仍然需要各级教育行政干部当好"内行人"、种好"试验田"的科学精神和践行群众路线的求真务实作风，充分发挥福建人民崇文重教、耕读传家的历史传统和地处改革开放前沿阵地的优势，强化责任担当，勇于干事创业，努力在深化教育领域综合改革上先行先试，争取教育工作走在华东地区前列，进而赶超海峡东岸的台湾，率先基本实现教育现代化，再创福建教育新辉煌。

经验与启示之二：具有抓教学业务的智囊团与左膀右臂

新中国成立初期，百废待兴，教育工作千头万绪，专业性又很强。办什么样的教育？如何办好教育？福建省教育行政部门作为全省教育战线的

"指挥中心"，重视发挥专业机构作用，组建教育行政的"智囊团"和"左膀右臂"，当时被誉为"三驾马车"。

一是发挥福建教育学院的"参谋部"作用。1956年7月，省委批准成立福建教师进修学院，时任省教育厅厅长王于畔同志亲自担任院长，省教育厅从全省中学选拔一批优秀教师作为进修学院的教学骨干。1959年3月，省委批准将福建教师进修学院与福建省教育行政干校合并，成立福建教育学院，主要任务是对普通中学的教学进行研究并对全省中小学师资进行学历教育或短期培训。福建省教育厅重视发挥福建教育学院的作用，凡教育厅召开的各种专业性会议，都邀请福建教育学院有关同志参加，以便福建教育学院及时掌握全省教育工作动态，当好省教育厅的参谋。福建教育学院除定期轮训教育行政干部、学科教师外，每学期或每年还对各学科提出教改意见，对毕业班提出各科总复习的计划与意见，并对每年高考进行质量分析与编写高考复习资料。如1960年，经省委宣传部批准，在省教育厅直接领导下，以福建教育学院为主，编写、出版了一套高中各科总复习纲要10种，一套初中数理化总复习纲要3种，受到省内外师生的普遍欢迎，被誉为"北有海淀、南有福建"。

二是发挥视导组的"督查员"作用。1956年下半年，省教育厅开始建立视导员制度，视导员大多是中学校长或教育专业的行家，其经常性任务是：调查了解下一级教育行政、学校贯彻执行党的教育方针、政策的情况；密切上下级联系，实行教育事业的群众路线；经常深入基层，进行调查研究，总结推广经验。省、地（市）级视导组主要是对中学、师范和下一级教育行政进行视导，县视导组主要是对小学和幼儿教育进行视导。各级视导组建立视导员分区负责制，有的还分科设立，规定视导员至少要以1/2的工作时间深入基层，开展视导工作，确保教育方针、政策的落实。

三是发挥教研组的"教导员"作用。1954年，省教育厅中教科成立教学研究组，负责了解教学情况、研究教学问题、交流教学经验。随后，各地、市教育行政部门普遍建立了相应的教研机构。各地教研组除组织教师钻研各学科教学大纲、教材外，还经常举办两种活动，受到教师欢迎。一是举办学科教学讨论会，请各地"名牌"教师参加，大家各抒己见，研究、探讨教学中的问题，交流教学经验；二是进行高考质量分析，从学生答题情况具体分析，联系平时教学工作，找出值得肯定之处和薄弱环节，共同研究、讨论改进办法，并印成资料发给各科教师。1984 年 1 月 4 日，省政府闽政〔1984〕综 11 号《关于成立省普通教育教学研究室和重新核定福建教育学院机构、编制的批复》同意成立福建省普通教育教学研究室。此后，各级教育行政部门教研业务逐步整并到各级教师进修院校，全省基础教育实现研训一体化、系统化。

当前，随着基础教育进入内涵发展的关键时期，提高质量成为教育发展的核心任务。全面深化基础教育课程改革，深入实施素质教育，推进教育治理体系和治理能力现代化，迫切要求强化教育专业机构的服务、支撑和保障功能。目前，福建省基础教育教研、科研、培训等专业机构分设，力量分散，影响了各自功能的发挥，也制约了为基础教育改革发展服务的整体能力。要借鉴上海、江苏、吉林、黑龙江等省市的经验，整合省级基础教育的教研、科研、培训等资源，建立教研培一体的 "航空母舰"，使之成为政府和教育行政部门推动课程与教学改革的专业中枢，成为高水平专业化的教育第三方评价力量，推动基础教育又好又快发展。

经验与启示之三：具有以教学为中心扎扎实实抓质量的科学态度

1953 年，随着我国开始大规模社会主义建设，福建省学校迅速把工作重心转向以教学为中心，建立正常的教学秩序，大力提高教学质量上来。1958 年，由于受 "左" 的错误，特别是 "瞎指挥" 和 "浮夸风" 的影响，产生了许多冲击教学和违背教育规律的错误。针对这种情况，当时省委第一书记叶飞及时对教育工作提出 "十条意见"，明确提出学校要以教学为中心，依靠教师办好学校。1960 年，省教育厅又提出 "重政治、抓教学、搞劳动、注意健康" 的要求，强调 "要稳定教学秩序，突出以教学为中心，努力提高教学质量"。全省学校以教学为重心，扎扎实实地抓教学质量，取得了较好成效。

一是聚焦课堂，向 45 分钟要效益。1950 年代，全国大力推广苏联教育专家凯洛夫主编的《教育学》体系，规范课堂教学行为。福建省提出，抓教育质量就要抓课堂教学质量，备课、上课、搞好辅导和精选作业是课堂教学的基本环节。省教育厅在总结各校经验的基础上，提出备课要坚持"三个原则"（即个人钻研、集体帮助、教学相长），做到"四个熟悉"（即熟悉教学大纲、教材，熟悉学生，熟悉生产劳动和国家大事，熟悉教学方法），"七个要"（即教学任务要明确，目的要求要清楚，难点、重点要掌握，教学内容要熟悉，学生情况要了解，教学方法要灵活，细节考虑要周到），精心设计每一堂课，充分利用45分钟；对教师讲课提出了"讲解透彻、善于启发、反复巩固、检查补缺"的要求，使学生对所学的知识能够"透彻理解、牢固掌握、举一反三、熟练运用"；提出复习巩固要掌握好"三种类型""四点要求""两项注意"等。以上要求，成为当时评价和改进课堂教学的"法规"。许多学校在凯洛夫教学原则的指导下，普遍地开展了启发式教学法、谈话式教学法、实验教学法、直观教学法等教改实验，克服了"满堂灌"，调动了学生学习积极性。

二是抓好"双基"，打好基础。当时福建省提高中学教学质量的基本内容是狠抓"双基"（即基础知识教学和基本技能训练），特别是强调抓好语文、数学这两门工具课的"双基"。狠抓"双基"首先是要"吃透教材"，概括地说就是"学大纲、钻教材、排双基、明重点"；其次是狠抓初一和高一的学生，学好"双基"，打好基础；再次是搞好"年段过关"，每个学年的教学任务一定要在该学年完成，许多教师秉持"严师出高徒"和"铁将军把关"的教学理念，对学生言传身教、严格要求、严格把关。由于基础扎实，许多高中毕业生不论是继续升学还是参加社会工作，都有很强的发展后劲。1959年，清华大学在普通物理、高等数学、普通化学等三门课程中进行了调查研究，认为福建学生学得最好，五个学习最好的学生中，有四个是福建学生。北京大学经过调查，在十个学习最好的学生中，有七个是福建学生。

三是及时总结推广先进教法。在20世纪50年代中期掀起学习苏联教育经验热潮的基础上，60年代初期，福建省进一步提倡要运用毛主席"两论"（《矛盾论》《实践论》）来指导教学，强调要讲练结合、善于启发、揭示规律、因材施教、生动活泼。在改进教学教法方面提倡百花齐放，不拘泥于一种模式，但强调要遵循学生的认识规律，讲求实效，防止形式主义。如1956年福建师院组成工作组，研究总结出附中化学教师薛攀达优良教学经验，并出版单行本向省内外介绍、推广。福州一中 "精讲多练"，注重培养学生分析问题和解决问题能力的教学方法，三明一中在抓 "大面积丰收" 的基础上，狠抓 "尖子" 培养的做法等，都很有成效。王于畊同志经常带领视导员、福建教育学院老师到中学调查研究、视察指导工作，总结推广各校先进教学经验。"文革" 前 17 年，全省召开了 11 次中学教育会议，都注意将各地各校的先进教学教法进行推广。如 1960 年 2 月 17~29 日召开全省第八次中教会议，总结新中国成立以来提高教学质量的经验和问题，以更好地指导各地各校教学改革。

四是广泛开展校际教研协作。50 年代，各校学习苏联经验，建立起各科教学研究和在个人备课基础上的集体备课制度。为促进各校学习交流，各级教育行政部门组织大规模集体备课或校际教研组集体备课活动，定期组织校际之间骨干教师互相听课，交流经验，共同提高教学水平。1959 年《人民日报》刊发了《先进帮后进，老校带新校——福州市各中学携手共跃进》的专题报道，肯定福建省 "开展校际互助协作，对不断改进和提高教学质量，起了重要作用"。

福建省坚持以教学为中心扎扎实实抓质量的历史经验，对今天推进课程改革、提高教学质量具有重要借鉴意义。课堂教学改革是基础教育改革的关键环节。课堂教学改革要处理好继承与发展的关系，我们要重视把传统课堂教学非常强调的 "双基" 目标与新课程改革倡导的 "三维" 目标有机结合起来，围绕减负增效，打造高效课堂。要积极探索新的教育教学教法，总结推广闽派特色教育教学模式和教学方法，努力实现课堂教学改革从个别试点向区域推进，全面提高教育教学质量。

经验与启示之四：具有一支事业心强、踏实苦干的教师队伍

福建省中学师资原来基础很薄弱。据 1955 年统计，学历不合格的教师占 40%，1956 年和 1958 年，福建省中学教育事业两度大发展，使 1959 年学历不合格教师上升到 60% 以上。经过三年大调整，到 "文革" 前，情况才有了较大改变。在这种情况下，福建省教育事业之所以能取得好成绩，最根本的一条，就是福建省十分重视建设一支忠诚党的教育事业，事业心

强，踏实苦干，能胜任教学的教师队伍，紧紧依靠广大教师办好教育。

一是充分调动教师积极性。新中国成立初期，经过分期分批学习培训和思想改造运动，全省广大教师树立起为人民教育事业服务的理想信念。各级党委、政府和教育行政部门正确贯彻党的知识分子政策，在政治上对广大教师有正确的估计，信任、尊重他们；在工作上大力支持他们，同时在生活上给予关心、照顾。特别是省委领导同志亲自做教师工作，使广大教师受到极大鼓舞，积极性被充分调动起来。"文革"前，福建省教师队伍的突出特点是敬业爱生、严谨治学、教学得法、无私奉献。虽然总体生活水平很低，甚至相当部分教师家庭生活困难，但广大教师一如既往地坚守岗位，不计较个人得失，奉献教育事业，全身心育人。当时政治运动多，政治学习多，正常情况下，每周有 2～3 个晚上要参加政治学习或组织生活，每逢政治运动还要另加时间。即使如此，许多教师仍然坚持精心备课，认真编写教案，作业全批全改，每晚都坚持工作到深夜，甚至下半夜。白天有自修课时许多教师争下班、争辅导，面批作业，课后或星期天主动给个别学生辅导补习也是常事，从不计较报酬，更无收取学生补习费的情况。

二是加强教师培养培训。"文革"前，省教育厅十分重视办好师范院校和教师进修院校，建立师范学院、师范专科学校、中等师范学校三级教师培养体系，使之成为培养中小学教师的"母机"；建立福建教育学院、地（市）教师进修学院、县教师进修学校三级教师培训体系，使之成为促进中小学教师专业化成长的"加油站""助推器"。随着师范教育由三级向二级过渡，进而向一级过渡，现在师范教育的主体是师范学院和师范大学。全省三级教师进修系统，在半个多世纪的发展中，除了设区市级教师进修学院残缺不全外，全省县级教师进修学校仍普遍存在，在开展教师学历补偿教育和业务培训中发挥了重要作用。

三是大力培养教学骨干。新中国成立初期，在接管旧教育的同时，福建省从旧学校延聘了一批精于教书、治学严谨、业务精湛的知名教师，同时引进培养一批新教师，逐步建立了一支素质好的教师队伍。1962 年，省教育厅厅长王于畊提出，"戏里有名旦，电影有明星，学校要有名教师"，福建要有"教育上的梅兰芳"。省教育厅要求，重点中学各个学科都必须有一定数量、有教学经验、业务水平较高的骨干教师，一般中学也要争取各个学科或主要学科有一定数量的骨干教师，并充分发挥他们的引领带动作用。当时福建省十分重视新教师、青年教师的培养，要求老教师要无私传帮带，新教师要虚心拜师，刻苦钻研。1959 年，福州三中总结出"一升一留""一新一旧""先直后横""先听后上"等训练方法，有效培养新教师教学能力。各学校通过"抓两头、带中间"的办法，提升教师队伍整体业务水平。

办好教育的关键在教师。相当长一段时间以来，人们对教育发展的关注点主要集中在物质层面上，教育优先发展也主要体现在教育投入特别是改善办学条件上。人们往往把教育发展落后和质量不高，归咎于经费投入和办学条件等客观因素上。改革开放以来，特别是进入 21 世纪以来，福建省各级政府不断加大教育投入，极大地改善了学校办学条件。但办学条件好不一定就等于教育质量好。在办学条件基本实现均衡之后，基础教育发展的着力点不应仅仅在物质层面上，而是必须转变教育发展方式，将工作重心从前一个时期重投入、重改善办学条件，转向人的因素，即加强教师队伍建设上来。新时期，要大力弘扬福建省尊师重教的优良传统，切实解决好广大教师普遍关心的切身利益问题，调动广大教师的工作积极性。要大力加强师德师风建设，引导广大教师增强教书育人的责任感与使命感。要加强教师培养培训工作，提升广大中小学教师的专业化发展水平，努力造就一批在省内外有较大影响力的名师和骨干教师队伍，引领带动教育质量整体提升。

经验与启示之五：具有一批先行先试的"领头羊"发挥示范引领作用

从 1953 年起，省教育厅分期分批选择基础较好的学校作为重点学校。1963 年，确定重点中学 47 所，其中首批办好的重点中学 14 所。1978 年恢复办重点中学的办法，确定省重点中学 16 所、地市重点中学 78 所、县重点中学 94 所。实践证明，在当时经济社会条件下，办好重点中学是一项见效比较快而又比较经济的出经验、出人才的战略举措。根据福州一中、福州三中、福建师院附中、莆田一中、龙岩一中等校统计，1958 年至 1965 年历届高中毕业生升学率都为 80% ~ 90%（个别学校在个别年份达 100%），就是在"文革"十年浩劫后，1978 年福建省高中毕业生参加全国统考，及格率也达 30% ~ 40%，高校录取率达 20% 以上。福建省许多高中毕业生到高校后普遍表现优异。原清华大学校长蒋南翔评价说："福建的学生，一努力读书；二热爱劳动、艰苦朴素；三当干部多、政治上较进步"。"文革"前，全国重点大学在福建省招生任务往往超过原定计划。在勇夺"高考红旗"中，重点中学发挥了"领头羊"作用。

一是明确重点中学的示范作用。"文革"前，福建省教育厅向全省重点中学提出任务，即作为各级教育行政部门的"试验田"，先行一步，在出经验、出人才方面做出成绩。许多重点中学在开展学制试验，中学教材教法研究和学术活动，培训师资队伍，提高教师业务水平等方面发挥示范引领作用。改革开放初期，省教育局要求重点中学应该办成本地区最高水平的学校，福州、厦门的省重点中学更应努力办成代表福建省水平的、在全国有影响的学校。重点中学有责任帮助和带动一般中学，要与一般中学建立互相学习、互相促进的关系。各重点中学之间开展比学赶超，积极为保福建"高考红旗"做贡献。1960 年 4 月 23 日，省教育厅王于畊厅长亲自到福建师院附中，鼓励附中要树立雄心壮志赶超福州一中。1965 年高考，附中实现了超越一中的目标，王于畊厅长专门召集附中领导及毕业班教师到西湖宾馆开总结会，给予肯定和鼓励。

二是改善重点中学的办学条件。"文革"前，省教育厅要求重点中学学生数一般控制在 1500 人左右，班额不得超过 30 个班，初中每一年段 6 个班，每个班 50 人左右，高中每一年段 4 个班，每个班 45 人左右。"文革"后，省教育局规定，省重点中学学生数一般控制在 2000 人左右，最大规模不超过 40 个班额，一般控制在 36 个班以内。省教育厅积极改善重点中学的办学条件，特别是千方百计改变福建省中学理科实验落后状况。1965 年，在教育经费十分困难的情况下，王于畊同志多方筹措经费为福州一中建造了一座面积共 5400 平方米的教学实验大楼，实验仪器设备之先进在全国数一数二。此后，按照福州一中的模式，其他几十所省重点中学也建起完备的实验设施，使全省中学理科实验设备在当时和很长一段时间都处在全国一流水平。许多重点中学办学历史悠久、人文底蕴深厚、校园环境优雅、设施设备完善，适于读书学习，成为许多莘莘学子的精神家园。

三是加强重点中学的师资配备。"文革"前，省重点中学的教师是点名到校的，并注意挑选优秀的高师毕业生优先分配给重点中学。对重点中学的新教师采用业务考核的"筛选法"，不符合要求的教师由所在地、市教育局负责调整安排。如1958年，福州一中分配来20多个大学毕业生，几年后，只有五六个优秀教师得以留下来继续工作。此外，福建省还聘请一些高校教师到重点中学兼课，以提高师资水平。

20世纪福建省通过集中力量办好一批重点中学，发挥重点中学示范带动作用的做法，在今天仍具有借鉴意义。在推进义务教育均衡发展的大背景下，福建省大力推进学校标准化建设，实现了学校之间办学条件均衡、师资配备均衡、教育质量均衡、就学机会均衡。每所学校水准基本一样是好事，但办教育不能千校一面，要以"标准化+特色化"为路径，以创建特色校为抓手，鼓励办出特色，提升办学内涵。同时通过深化小片区管理模式改革、联盟化集团化办学、对口帮扶等措施，由优质校带一般校，构筑学校联动互助的发展平台，把每一所学校办成老百姓满意的好学校，推动义务教育优质均衡发展。普通高中则更要在全面普及的基础上，鼓励和扶持一批名校做强做优，创建若干所全国一流高中，充分发挥名校的示范辐射作用，带动普通高中特色化、多样化发展。

经验与启示之六：具有良好的校风学风，注重培养德智体全面发展的人才

20世纪五六十年代，福建省中学形成了"干群一心，力争上游；苦干踏实，一丝不苟；艰苦朴素，勤奋学习；尊师爱生、教学相长"的良好校风，许多学生的政治觉悟、爱国热情、精神面貌、自治能力、综合素质等都比较突出，若干年后都成为各条战线的中坚力量。

一是思想教育立德树魂。各学校结合党在各个时期提出的重大方针政策和各项政治运动，进行形势政策教育、爱国主义、集体主义、社会主义教育及反和平演变教育，校园政治气氛较浓厚。广大师生培育了工农感

情，在政治上积极求上进，自我要求严格，组织纪律性强，校园充满正能量。广大学生胸怀为中华腾飞而学习的坚定信念和报效祖国的理想，坚信通过自己的努力可以成长成才，将来在报效祖国的同时也可以改变自己的命运，激发了强大的学习动力。许多高中毕业生"一颗红心、两手准备"，正确面对升学、劳动和就业，在填报升学志愿时把国家的需要放在第一位，争相报考当时人才紧缺的地质矿产、水利电力等专业和军工院校。

二是勤奋学习蔚然成风。当时学校校风最让人称道的是广大学生认真学习的风气和肯吃苦的精神。"挑灯夜读""路灯下啃书""厕所长明灯下温课"等感人事例屡见不鲜，勤奋学习蔚然成风，届届相传。莆田一中的学生绝大多数来自农村，远者距校三四十华里，都住校，每周徒步回家一次，回校时用竹扁担挑着米、地瓜干、咸菜，供在校时食用，学生无一旷课、退学。福建师院附中1956届毕业生、福建省著名特级教师陈日亮在回忆文章中写道："当时附中的勤奋学风是值得称道的，无论是课内还是课外，到处都可以让人感受到高涨的学习热情。"文中还描述了某晚在宿舍里同学展开关于电子和分子运动论辩论的热闹场景。学生好学风气由此可见一斑。

三是生产劳动锤炼品格。各校贯彻"教育为无产阶级政治服务，教育与生产劳动相结合"的教育方针，严格执行国家颁布的教学计划，认真落实好"三表"（作息时间表、课程表、活动总表），安排好思想政治教育、教学工作、生产劳动、课外活动及休息，促进学生生动活泼地发展。各校把开展勤工俭学，组织师生参加各种劳动锻炼作为突出任务，组织学生深入到工厂和农村参加生产劳动，在社会的大课堂中进行生动教育，培养学生爱劳动的习惯，增进与劳动人民的思想感情，锻炼了能吃苦、不怕吃苦的精神与品质。漳州一中围绕生物科教学办好农场园地，加强教育与生产劳动相结合的经验，受到省内外的好评。1963年6月5日《人民日报》头版头条报道了福州一中坚持组织学生参加劳动的新闻，并发表了社论，强调要通过劳动培养热爱劳动人民的思想感情，养成自觉参加集体劳动的习惯。

四是课外活动丰富多彩。五六十年代，全省学校除了强化思想政治教育，努力提高教学质量之外，还十分重视组织各种丰富多彩的课外活动，促进学生德智体全面发展。"身体好"是"三好学生"的重要条件之一。

全省学校群众性体育运动蓬勃开展，体育工作成效突出。1958 年福建师院附中被评为全国体育红旗单位；1964 年、1965 年福州五中乒乓球运动多次蝉联全国冠军，学生入选国家队担纲主力，先后四次参加世锦赛。学校各类文体社团十分活跃，丰富了师生的精神世界，激发了学生的学习兴趣。福建师院附中 1957 届高中毕业生、原福建省委书记陈明义同志回忆说："我们当时不仅课内学习很紧张，课外活动也是非常生动活泼的，比如我的姐姐也是这里的学生，她参加航模活动，后来考了航空学院，我参加舰模活动，后来考上了交大造船系。我们在学校受到的熏陶和培养，不仅在课堂上，还在许多生动活泼的课外活动中。"

五是尊师爱生教学相长。五六十年代的师生关系纯朴深厚，在教学相长的原则下，教师充分发挥主导作用，调动教与学两方面的积极性，师生关系情如鱼水。莆田一中 59 届毕业生邓光华在回忆文章中写道：从初中到高中，教过我们的各门课任老师，都发挥创造精神把各自的课程上"活"了。例如，植物学家王家骧老师在亲手创建的校内植物园中亲自示范，以牵牛花嫁接红薯、茄子嫁接西红柿为例讲述物种改良的原理与应用；留美的唐端媛老师教动物课，利用生物室展出的人体解剖模型讲解人体的器官与结构等，都使我们受益匪浅，终生难忘。许多老师课外和学生打成一片，在困难时期，很多学校要求师生"三共同"（同吃、同住、同学习）。广大教师坚持社会主义办学方向，运用科学的教学理念和严谨的教育方法，言传身教，对学生进行学识、志向和品格全方位的培养，使莘莘学子受益终身。

提高教育质量，根本任务是做好立德树人工作。要弘扬福建基础教育的好传统、好作风，遵循教育规律，回归育人本源，把德育、智育、体育、美育等有机地统一在教育活动的各个环节中，使每一个学生实现全面而有个性的发展；要大力加强学校校风、教风、学风建设，培育和谐师生关系；大力加强学校德育工作，注意深入研究不同年龄和学习阶段学生的品德教育，调整优化教育目标、教育内容、教育方式，把社会主义核心价值观教育融入国民教育全过程。实践是最生动的课堂。要深化"爱学习、爱劳动、爱祖国"教育，特别是要研究建立和完善党委部署、政府推动、社会参与、学校主导的社会实践机制，建立一批青少年社会实践基地，使青少年学生更多地接触社会、参与实践、亲近工农，树立尊重劳动人民和劳动成果的思想感情。要学习山东省经验，以政府为主导，以省为单位，整体推进实施素质教育，标本兼治减轻学生课业负担，促进学生全面发展，着力提高服务国家服务人民的社会责任感、勇于探索的创新精神和善于解决问题的实践能力。

全国统一高考制度始于 20 世纪 50 年代。自 1952 年全国统一高考制度建立后，实行全国统一命题考试。1958 年曾试行分省命题，但仅实施了一年，又回到全国统一命题的方式。1977 年恢复高考后，因为时间非常匆忙，当年试行分省单独命题，但到了 1978 年又实行全国统一命题。福建省"高考红旗"就是在当时特定的社会历史背景下取得的。1985 年由上海率先试点高考自主命题，截至 2014 年全国共有 17 个省市实行高考自主命题。福建省高考自 2004 年开始语文、数学、英语科目的自行命题，2005 年扩大到理综和文综。2014 年 9 月下发的《国务院关于深化考试招生制度改革的实施意见》提出，自 2015 年起增加使用全国统一命题试卷的省份。2015 年 6 月，教育部批复福建省、安徽省、湖南省、广东省、重庆市、四川省、陕西省，同意七省（市）从 2016 年起普通高校招生统一考试使用全国卷。

统一考试具有公平、高效和具有可比性的特点。从某种意义上说，在分省自主命题时期，高中教育质量主要是各地市之间的比拼，福建高中质量在全国高考质量坐标体系中难以进行衡量。使用全国统一命题试卷后，不仅是各地市之间高中办学质量的比拼，更有省际横向对比，尽管现在的全国统一命题并非用同一张卷，而是在同一套考试大纲下出多份卷子，同时高招仍是各省一个单元进行录取，如果福建省的高考成绩与其他省相比后排就座，对政府、教育行政部门和学校都会有压力。

"文革"前 17 年及拨乱反正后，福建省基础教育夺取"高考红旗"的荣誉是在特定的社会历史背景下取得的，实践中有成功的经验，也有失败的教训。改革开放以来，福建省经济社会持续快速发展，基础教育的规模总量、结构层次、发展水平和发展速度也发生了翻天覆地的变化，取得的成绩更是无法与改革开放之前同日而语的。新时期，在实施素质教育的背景下，考试成绩和升学率已经不再是评价学校质量和学生学习好坏的唯一标准，"高考红旗" 也不是基础教育的终极目标。历史总是向前发展的。我们不能用今天的时代条件、发展水平、认识水平去衡量和要求前人，不能苛求前人干出只有后人才能干出的业绩来。老传统不能丢，好经验不能忘。认真总结福建省提高基础教育质量的历史经验，深刻把握教育发展规律，弘扬力争上游办好教育的 "精气神"，对于当前我们深化教育领域综合改革，率先基本实现教育现代化，办好人民满意的教育，仍然具有重要的启示意义。

课题组成员：赵素文　肖龙井等
执　　　笔：肖龙井

第二篇

福建省"十三五"教师
队伍建设研究报告

福建省"十三五"教师队伍建设研究报告

百年大计,教育为本;教育大计,教师为本。教师是教育事业发展的基础,是提高教育质量、办好人民满意教育的关键。根据《国家中长期教育改革和发展规划纲要(2010~2020年)》《国务院关于加强教师队伍建设的意见》和《福建省中长期教育改革和发展规划纲要(2010~2020年)》的精神,为进一步加强福建省教师队伍建设,现对福建省"十三五"教师队伍建设提出如下思考与建议。

一 福建省教师队伍建设工作基础和面临形势

"十二五"以来,福建省认真贯彻落实国家教育改革和发展规划纲要精神,大胆探索、锐意改革,在教师队伍建设方面出台了一系列政策措施,积极推进福建省教师队伍建设持续健康发展。

教师总量结构基本满足需要。全省各级各类学校教职工 54.93 万人,教职工中专任教师 44.12 万人,其中幼儿园专任教师 7.04 万人,小学专任教师 15.87 万人,普通中学专任教师 14.89 万人,中等职业学校专任教师 1.71 万人,普通高等学校专任教师 4.39 万人,特殊教育专任教师 1825人。总体上看,福建省教师队伍数量满足需求,结构不断优化,素质持续提升,一支师德高尚、业务精湛、结构合理、充满活力的高素质专业化教师队伍正在形成,为福建省教育改革发展提供了有力支撑。

师德建设得到加强。"十二五"期间,福建省持续加强师德师风教育。省委教育工委、省教育厅出台《关于进一步加强中小学师德师风建设的意见》《进一步加强和改进高等学校教师职业道德建设的意见》,并出台《福建省中小学教师职业道德考评办法》《中小学教师教育教学行为规范》等,建立师德考评体系,规范教师从教行为。开展寻找"身边张丽莉式教师"、寻找"最美乡村教师"的活动，在全省树立一批先进教师典型，引领师德建设风尚。广大教师敬业爱生、教书育人蔚然成风，涌现出"时代先锋"吕榕麟、"全国教书育人楷模"黄金莲、"全国道德模范"阮文发等一大批模范教师。

教师补充机制进一步完善。在全国率先将县镇、农村义务教育学校教职工编制标准提高到城市学校水平，实行城乡统一的教职工编制标准。在全国率先实行中小学新任教师全省统一公开招聘，近四年新补充中小学教师2.76万名，其中农村紧缺学科教师9000多名，有效改善了教师队伍结构。实施农村紧缺学科师资代偿学费计划、经济困难县补充农村学校教师资助计划，扩大农村学校教育硕士师资培养计划规模，推动农村及经济困难县及时补充新教师。推进小学富余学科教师转岗从事幼教工作，缓解幼儿教师紧缺问题。

教师资源配置逐步优化。完善义务教育教师"以县为主"管理体制，将县域内公办学校教职工人事关系收归县管，实行"县管校用"管理方式，推动义务教育阶段教师轮岗交流。不断完善教师管理"六个统一"，即工资待遇制度、编制标准、岗位结构比例、招考聘用、考核办法、退休管理和服务统一，推进县域内义务教育师资的合理配置。全面实施城镇中小学教师到农村学校任（支）教服务期制度，城镇学校与农村中小学对口支援，提升农村学校师资水平和办学水平。实施福建省优秀退休教师志愿支教计划，提升教师队伍素质和专业化水平。

教师教育教学能力得到提升。建立健全教师培训制度，明确教师每五年参加培训的时间不少于360学时，推动教师培训走上专业化、制度化轨道。实施基础教育"百千万人才工程"，组织开展百名教学名师和百名名校长、千名学科教学带头人和万名骨干教师的培养工作。组织实施福建省"农村教师（校长）教育教学能力提升工程"，五年全省投入三亿元对全省15万名农村教师（校长）免费轮训一遍。实施23个省级扶贫开发工作重点县教师专项培训，深入开展教育技术能力、班主任、高中新课程和农村紧缺学科教师转岗培训。扎实开展名师"送培下乡"活动，促进农村教师队伍整体素质的提高。坚持集中面授培训与远程网络培训相结合，扎实推进教师全员培训。举办两届全省"中小学教师教学技能大赛"，推动教师岗位大练兵活动深入开展。加强教师进修院校建设,开展省级示范性县级教师进修学校评估工作,完善教师培训体系。

创新加强职业院校"双师型"教师队伍建设。创新职业院校师资补充机制,建立职业院校从具有行业企业经历人员中招聘专业教师的制度。加强职业院校教师培养培训工作,依托行业企业和高等院校建设一批职业教育教师培养培训基地,实行每五年一周期的教师全员培训制度。实施"职业院校教师素质提高计划",培养了一批在教育教学工作中起骨干和示范作用的"双师型"教师,中职和高职"双师型"教师比例分别达50%、60%。实施专业带头人和骨干教师培养计划,培养1100名专业带头人、2000名骨干教师和一批优秀教学团队。完善职业院校兼职教师管理和教师到企业实践制度,建立健全岗位设置和管理工作,规范教师专业技术岗位结构比例,深化职称制度改革。

加大高校高层次人才培养和引进力度。全面实行高校职务聘任制,支持高校自主评聘教师等专业技术职务。支持高校根据专业及岗位特点,自主公开招聘人员,推进高校教师队伍建设。实施高校高层次人才培养与引进"三项计划",重点资助高校百名领军人才、重点培养千名学科带头人、重点提升百名高校领导干部办学治校能力。计划实施以来,共遴选资助高校领军人才56名,海外访问学者167名,国内访问学者482名。实施高校青年教师成长计划,加强高校青年教师教育教学、科学研究、社会实践能力培养,促进一大批高层次拔尖创新人才特别是青年英才脱颖而出。实施民办高校"强师工程",全面提升民办高校教师教育教学能力和水平。

教师激励保障机制进一步健全。福建省委、省政府评选表彰第三届"福建省杰出人民教师",33名教师获奖。设立实事助学基金、中小学幼儿教师奖励基金、农村教师奖励基金等,表彰奖励师德标兵以及长期在农村任教的优秀教师。全面实施中小学校绩效工资改革,将义务教育学校实施绩效工资所需经费全额纳入财政预算,教师工资待遇有了较大幅度提高。各地都建立农村教师补贴制度,部分县(区)补贴标准每月达600元。推进中小学教师职称制度改革,在中小学设立正高级职称,2013年全省首次评选产生25名中小学正高级教师,进一步激发了中小学教师长期从教、终身从教的热情。设立农村教师职称直聘制度,凡在农村学校任教累计满25年的教师可不受岗位职数限制直接聘任，并在评先评优方面给予政策倾斜。

"十二五"以来，福建省教师队伍建设取得良好成效。但是，必须清醒认识到，福建省教师队伍建设仍存在一些薄弱环节，主要表现在以下几个方面。

一是中小学师资配置不够均衡。全省中小学教师 30.76 万人，其中乡村、镇区中小学教师 20.61 万人，占全省中小学教师总量的 67.01%，农村教师队伍素质亟待提高；乡村中小学教师 7.5 万人，约占全省中小学教师总量的 24.5%，乡村教师留守意愿不高；35 岁以下青年教师占的比例较大，高中、初中、小学分别为 35.2%、25.6%、33.9%，青年教师的专业化水平亟待提高；各学科教师配置不够均衡，综合实践、通用技术以及体育、音乐、美术、信息技术、小学科学等学科教师配置不足；中小学教师信息技术水平参差不齐，教师信息技术与课程整合能力还不够强。

二是学前教育师资力量短缺。全省在园幼儿 145.63 万人，班数 49082 个，专任教师仅 70405 人。按民办与乡镇幼儿园每班配 1.5 名专任教师、城区幼儿园每班配 2 名专任教师标准进行统计，需要幼儿园教师 76737 人，缺口教师 6332 人。如全省幼儿园统一按每班配 2 名专任教师标准进行统计，需要幼儿园教师 98164 人，缺口教师 27759 人（其中乡村幼儿园缺口教师 15982 人）。

三是职业学校"双师型"教师培养培训体系不够健全。技能型人才到职业学校从教渠道不够畅通。

四是高校领军人才较为匮乏。高层次人才培养和引进力度有待进一步加大，中青年教师和创新团队建设有待加强。

五是教师管理体制机制不够完善。教师职业特别是农村教师职业吸引力亟待提升等。

"十三五"时期，是国家实施全面建成小康社会、全面深化改革、全面依法治国、全面从严治党重大战略布局的关键时期，是国家赋予福建自贸区政策、海上丝绸之路核心区政策，实现新发展、建设新福建的重要时期，也是福建省率先基本实现教育现代化，率先基本形成学习型社会，进入教育强省和人力资源强省行列的攻坚时期，教育事业面临新的形势、新的任务。作为立教之本、兴教之基、强教之源的教师队伍建设，面临新的机遇、新的挑战：一是经济发展新常态对教师队伍建设的挑战。经济发展新常态的特征之一, 在消费需求上, 模仿型排浪式消费阶段基本结束, 个性化、多样化消费渐成主流, 在消费多样化个性化的新背景下, 千人一面的人才供给不符合人的个性发展需求, 也难以满足消费市场对创新型产品供给的需求, 支持个性化发展成为教育新需求, 也对教师队伍建设提出了新挑战。二是 "互联网＋" 时代对教师队伍建设的挑战。"互联网＋" 成为国家经济社会发展的重要战略, 而教育则被普遍认为是未来互联网行业最受关注的领域。慕课、翻转课堂、微课等汹涌袭来, 教育正发生着前所未有的变化。师资水平跟上智慧教育发展的需要, 是教师队伍建设面临的一大挑战。三是加快城镇化进程对教师队伍建设的挑战。随着城镇化建设的深入, 教育资源的配置将面临格局性的大调整, 也对教师资源配置提出新的要求、新的挑战。四是教育进入质量时代对教师队伍建设的挑战。2015 年政府工作报告提出要推动教育公平发展和质量提升, 凸显了经济社会发展对教育的新要求。在这之前, 2014 年国家颁布的《关于深化考试招生制度改革的实施意见》, 第一次明确了教育改革的终极目标, 即把促进学生健康成长成才作为改革的出发点和落脚点。这些都标志着教育改革已经从对均衡布局等外围问题的关注开始向课程改革深化、提高质量转变。教育进入质量时代, 对教师队伍素质能力提出了新的更高的要求。五是地方高校转型对教师队伍建设的挑战。2015 年政府工作报告提出, 要 "引导部分地方本科高校向应用型转变"。促进地方本科高校办学转型, 最重要的是要求师资队伍结构、能力素质的转型, 这是高校教师队伍建设面临的新挑战。在新机遇、新挑战面前, 我们要进一步增强责任感和紧迫感, 把教师队伍建设放在教育工作优先发展的位置来抓, 全面加强教师队伍建设, 为教师专业发展创造良好环境, 为福建科学发展跨越发展提供坚强的人才支撑和智力保障。

二 "十三五" 期间福建省教师队伍建设的思考与建议

(一) "十三五" 期间教师队伍建设总体要求

1. 指导思想

高举中国特色社会主义伟大旗帜, 以邓小平理论、"三个代表" 重要思想和科学发展观为指导，全面贯彻党的教育方针，认真贯彻落实国家、省教育规划纲要和人才规划纲要，围绕促进教育公平、提高教育质量的要求，以推动教师专业发展为重点，以充分发挥教师积极性、主动性、创造性为核心，以创新教师管理体制机制为动力，全面加强教师队伍建设，为福建省教育事业改革发展提供有力支撑。

2. **总体目标**

按照"有理想信念、有道德情操、有扎实学识、有仁爱之心"的总体要求，着力加强教师师德建设，着力提高教师专业化水平，着力规范教师管理。至2020年，建立起较为完善的准入严格、管理规范、保障有力的教师队伍建设长效机制，形成一支师德高尚、业务精湛、结构合理、充满活力的高素质专业化教师队伍。

教师队伍总量满足需要。完善教师补充机制，专任教师数量满足各级各类教育发展需要。至2020年，各级各类专任教师总量控制在45万人左右。

教师队伍结构更加合理。优化教师资源配置，中小学教师队伍的年龄结构更加合理，学历层次普遍提高，职务（职称）结构得到改善，学科结构更加优化，城乡教育协调发展，农村学校、薄弱学科师资力量明显增强。职业院校"双师型"教师比例达到80%以上。普通高校高层次人才比例和高学历教师比例明显提高。

教师职业道德素养明显提升。师德建设机制进一步完善，广大教师争做有理想信念、有道德情操、有扎实知识、有仁爱之心的好老师，敬业爱生、教书育人蔚然成风。

教师业务能力普遍提高。教师普遍具有先进的教育理念、扎实的专业知识基础和较强的教育教学能力，善于运用新技术提高教学设计、教学实施、教学评价，适应教育现代化和实施素质教育的要求。

教师地位待遇得到保障。教师地位待遇不断提高，教师职业成就感、自豪感和幸福感明显增强，教师职业声望提升，更多优秀人才愿意到农村从教。

教师管理更加科学。教师管理制度科学规范，形成富有效率、更加开放、更具活力的教师工作体制机制，有效促进教师专业成长和持续发展。

3. 工作原则

——控制总量、调整结构。根据未来五年教育事业发展和各级各类教育在校生数基本稳定的情况，创新各级各类教育教师补充机制，控制各级各类教育教师总量。补足配齐幼儿园教师，加大补充农村中小学紧缺学科师资，加强职业教育"双师型"教师培养，推进高等学校中青年骨干教师培养，促进教师队伍结构不断优化。

——严格资质、提升素质。严格教师资格和准入制度，全面实施教师资格考试和定期注册制度，把好教师入口关。完善教师培养培训体系，按照"四有"好老师的要求，加强师德师风建设，提高教师专业水平和教学能力，提升各级各类教师整体素质。

——分类建设、突出重点。幼儿园教师队伍建设以补足配齐教师为重点，严格实施幼儿园教师资格制度，突出加强民办幼儿园教师培养培训。中小学教师队伍建设以农村教师为重点，采取倾斜政策，着力提升农村教师素质。职业院校教师队伍建设以"双师型"教师为重点，健全畅通技能型人才到职业院校从教制度。高等学校教师队伍建设以中青年教师和创新团队为重点，强化教师的教学科研能力和服务经济社会发展能力。特殊教育教师队伍建设以提升专业化水平为重点，健全管理和保障制度。

——实施标准、促进转型。贯彻落实教育部出台的幼儿园、小学、中学、职业学校、高等学校教师专业标准，改革创新教师培养模式，积极推进师范教育向教师教育转型，促进教师教育从高校培养向高校、地方政府和中小学"三位一体"培养转型，促进教师专业发展从职前培养和职后培训脱节向职前职后一体化统筹规划转变，着力提升教师专业能力水平。

——城乡一体、倾斜农村。按照省教育规划纲要提出的率先基本实现教育现代化的目标任务，抓住重点、补齐短板，在实施城乡一体化政策基础上，在教师职称评定、教师地位待遇、教师补充流动等方面向农村倾斜，加快提升农村教师队伍素质，加强高素质专业化教师队伍建设，为实现率先基本实现教育现代化的目标提供坚强的师资保障。

——创新管理、试点先行。聚焦教师队伍建设体制机制障碍和热点难点问题，以深入推进教师工作综合改革为主线，积极探索、勇于创新。坚持改革项目试点先行、分类指导、逐步推开，着力破解教师管理体制机制障碍和突出矛盾，形成富有效率、更加开放的教师工作体制机制。

（二）以社会主义核心价值观为引领，加强教师队伍师德建设

师德是教师职业的灵魂，师德师风是教师队伍建设的首要任务。要深入贯彻落实教育部关于建立健全中小学和高校师德建设长效机制的意见要求，以社会主义核心价值观为引领，建立健全教育、考核、激励、监督、奖惩与保障相结合的"六位一体"师德建设长效机制，引导广大教师自尊、自强、自省、自律，立德树人、为人师表，不断提升人格修养和学识修养，做有理想信念、有道德情操、有扎实学识、有仁爱之心的党和人民满意的好老师。

建立健全师德教育机制。把师德教育融入教师职前职后培养培训体系之中。将教师职业道德作为师范生的公共必修课，并要注重师德养成教育，把师德教育融入理论教育、实践教育和学生课余活动各个环节之中。在新教师岗前培训中开设师德教育专题，在职教师集中培训和校本培训把师德教育作为重要内容，计入培训学分。坚持每年围绕一个主题开展师德师风教育活动，创新师德教育内容、模式和方法。采取实践反思、师德典型案例评析、情景教学、点评互帮、日常教育等教育形式，建立新任教师宣誓制度、师德承诺制度等，提高师德教育的针对性和实效性。建立师德建设专家库，把师德重大典型、教书育人楷模、一线优秀教师请进职前教育职后培训课堂，用优秀教师的感人事迹诠释师德内涵，切实增强师德教育的效果。

建立健全师德考核机制。将师德考核作为教师考核的核心内容。深入实施《福建省中小学教师职业道德考核办法》，结合实际制定福建省高等学校教师职业道德考核办法，充分尊重教师主体地位，促进教师提高师德修养。坚持客观公正、公平公开原则，采取个人自评、学生测评、同事互评、单位考评等多种形进行。对违反福建省中小学教师职业道德规范20条和高校职业道德规范10条的，考核应评定为不合格，在教师资格定期注册、履职考核、职务（职称）评审、岗位聘用、评优奖励和特级教师评选等环节实行一票否决。建立师德档案制度，将教师师德考核结果存入教师师德档案，作为评先评优、职务晋升、教师资格定期注册、岗位聘用的重

要依据。

建立健全师德激励机制。进一步完善师德表彰奖励制度，将师德表现作为评奖评优的首要条件。省级定期评选表彰福建省杰出人民教师、中小学特级教师、省优秀教师，并对长期在乡村学校从教的教师予以表彰奖励。支持和鼓励社会组织或个人向奖励教师的基金组织捐助资金，对师德表现突出的教师进行奖励。在同等条件下，师德表现突出的，在教师职务（职称）晋升和岗位聘用，研究生导师遴选，骨干教师、特级教师、学科带头人和学科领军人物选培，各类高层次人才及资深教授、荣誉教授等评选中优先考虑，以激励教师以德施教、以德立身，不断提高道德修养，提升人格品质，以自己的模范行为影响和带动学生。

建立健全师德监督机制。要建立行之有效的师德监督体系，以有效防止师德缺失。教育行政部门和学校要建立健全师德状况定期研析制度、师德重大问题报告制度、师德舆情快速反应制度、师德建设年度评议制度，及时研究加强和改进师德建设的政策措施。积极探索构建学校、教师、家长、学生、社会"五位一体"的师德监督体系。教育行政部门要把师德建设列入对学校工作督导评估内容。学校要充分发挥教职工代表大会、工会、学术委员会、教授委员会等在师德建设中的作用。学校及主管部门要建立行之有效的师德投诉、举报平台，及时掌握师德信息动态，及时纠正不良倾向和问题，将违反师德行为消除在萌芽状态，对师德问题做到有诉必查，有查必果，有果必复。

建立健全师德惩处机制。依据有关法律法规和《高等学校教师职业道德规范》《中小学教师职业道德规范》《中小学教师违反职业道德行为处理办法》，研究制定福建省各级各类教师违反职业道德行为处理办法实施细则，明确教师不可触犯的师德禁行性行为，并提出相应处理办法。对危害严重、影响恶劣者，坚决清除出教师队伍；对涉及违法犯罪的，及时移交司法部门。建立问责机制，对教师严重违反师德行为监管不力、拒不处分、拖延处分或推诿隐瞒，造成不良影响或严重后果的，要追究学校或主管部门主要负责人的责任。

建立健全师德保障机制。各级教育行政部门要建立师德建设工作领导小组，加强对师德师风建设工作的指导和监管。学校要把师德建设摆在教师工作的首位，贯穿于学校教育教学管理全过程。要明确学校是师德建设的责任主体，校长要履行师德建设第一责任人职责，亲自负责师德建设。发挥学校基层党组织、广大党员教师、教代会、群团组织作用，形成加强和推进师德建设合力。要建立师德建设"一岗双责"的责任追究制度，对师德建设工作推动不力的地区和学校，要责令限期整改；对师德问题突出且屡禁不止的学校，校长应引咎辞职或予以免职，并追究学校主管部门领导责任。要加大师德建设经费投入力度，为师德建设提供坚强保障。

（三）以优化教师队伍为重点，努力提高教师专业化水平

教师专业化发展是教师队伍建设的重要目标，也是提高教育质量的关键。要适应教育发展、教育变革的需求，分类指导，突出重点，努力提升各级各类教师专业化水平。

1. 加强中小学教师队伍建设

福建省中小学专任教师30.76万人，其中农村教师占三分之二，35岁以下教师占三分之一，提高中小学教师专业化水平，突出抓"两个重点"，实施"三个计划"。

重点之一：以农村教师队伍为重点，大力提升农村教师素质。针对农村教师队伍建设存在的突出问题，采取倾斜政策，着力解决四个问题。

（1）着力解决农村教师留守意愿不高的问题。要采取措施，让农村教师"进得来、留得住、干得好"。进得来：进一步创新农村义务教育教师补充新机制，加强省级统筹，多渠道扩充农村优质师资来源。继续实施扶贫开发工作重点县师资特设岗位计划、农村紧缺学科师资代偿学费计划和农村学校教育硕士师资培养计划，探索建立吸引高校毕业生到村小、教学点任教的新机制，鼓励引导优秀高校毕业生到农村学校任教。采取定向委托培养等特殊招生方式，培养补充小学全科教师和音体美等薄弱学科师资。留得住：落实乡村教师支持计划，对长期在农村基层和艰苦边远地区工作的教师，实行工资倾斜政策。在教师编制核定、岗位设置、职称晋升、聘用考核、评先选优、培养培训等方面向乡村学校倾斜，切实增强乡村教师吸引力。继续实施乡村教师补助政策，省级财政设立专项资金，按照乡村学校地理位置偏远程度、条件艰苦程度以及教师在乡村从教年限等

因素，分档设定补助标准，其中23个省级扶贫开发重点县由省级财政全额保障，其他县（市、区）按经济发展水平和财力状况，分级确定补助比例。建立扎根农村义务教育学校骨干教师补助制度，对现在农村学校工作的省级名师、省级学科带头人、特级教师，由省财政承担，每人每月发放定额补助。省级财政安排基建投资，支持建设农村艰苦边远地区学校教师周转宿舍，鼓励各级地方政府将符合条件的农村教师住房纳入当地住房保障范围统筹予以解决。推进教师养老保障制度改革，按规定为农村教师缴纳住房公积金及社会保险费。干得好：继续实施省级万名农村骨干教师培养提高计划，各市、县也要加强对农村教师的全员培养培训工作。落实城镇教师到农村学校支教服务期制度，实施服务期满特岗教师免试攻读教育硕士计划，允许优秀农村教师进城任教。实施农村中小学教师置换培训计划，推进师范生顶岗实习和城镇教师农村支教工作的深入开展，大力促进农村教师专业发展。

（2）着力解决农村学校教师"三无"问题。针对不少农村学校无高级教师、无学科带头人、无优秀青年教师问题，加强农村骨干教师、青年教师培养。研究完善符合村小和教学点实际的职务（职称）评价标准，适当提高农村中小学中、高级教师职务的结构比例，职务（职称）晋升向村小和教学点专任教师倾斜。采取轮岗交流、志愿服务等方式，鼓励城镇高级教师、学科带头人、骨干教师到农村任教，给予适当补助。至2020年，农村完小、初中校消灭无高级教师、无学科带头人、无优秀青年教师的"三无"问题。

（3）着力解决教学点、村小师资紧缺问题。针对全省2529个教学点、2668个村小师资紧缺，特别是体、音、美等学科教师严重不足、难以开齐开足课程的问题，探索定向委托培养等特殊招生方式，免费培养小学全科教师，补充教学点、村小师资。积极推进教师轮岗交流、支教、走教等，解决村小、教学点师资紧缺问题。继续实施优秀退休教师志愿支教计划，鼓励、支持退休的特级教师、高级教师到农村学校支教教学。实施大学生志愿服务农村学校计划，鼓励优秀大学生赴农村教学点、村小开展志愿服务。

（4）着力解决23个省级扶贫开发工作重点县师资紧缺问题。继续对

23 个省级扶贫开发工作重点县新补充农村义务教育学校教师的工资性支出进行经费补助，推动贫困县及时补充教师，解决农村学校师资总量不足和结构不够合理等问题。每年选派 200 名中小学（含幼儿园）骨干教师赴省扶贫开发重点县支教，支持贫困县教育事业发展。继续组织开展名师送培下乡活动，提高参训教师覆盖面，提升农村教师的整体素质。

重点之二：以加强青年教师培养为重点，大力提升青年教师素质。青年教师是基础教育事业的后劲与未来。"十三五"期间，建议组织实施青年教师培养"三个计划"。一是实施中小学青年教师"三千"培养计划，即省级每年重点培养 1000 名教龄在 5 年以内的优秀青年教师、1000 名教龄在 5~10 年的中小学青年骨干教师、1000 名教龄在 15~20 年的青年教学能手，促进青年教师更快成长。各地要从本地青年教师队伍实际情况出发，有计划地实施青年教师培养计划。二是实施新入职教师全员培训计划，做到先培训、后上岗，缩短入职适应期，引导新入职教师当"四有好老师"。中学新入职教师岗前培训由福建教育学院负责实施，小学新入职教师岗前培训由市（县）教师进修学校负责实施，全面提升新教师专业水平。三是实施小学师范男生培养计划，逐步改善小学教师队伍中男教师严重不足的问题。加强特殊教育师资培养。提高师资培养水平。

计划之一：实施名优教师培养计划，发挥名优教师的示范辐射作用。顶层设计基础教育领军人才体系，形成遴选、培养、管理与使用一体化的运行机制。继续组织实施省中小学名师、名校长培养工程，"十三五"期间，省级重点培养中小学名师、名校长各 500 名，努力造就一批专业贡献突出、引领作用明显的闽派教育家型的名师、名校长。建设一批省级特级教师和名师、名校长工作室，建立名师、名校长指导年轻教师专业发展的机制，发挥名师、名校长的辐射示范作用。实施基础教育领军人才奖励和津贴制度。加强省、市、县三级中小学骨干教师队伍建设，省级继续实施万名骨干教师培训计划，启动农村中青年骨干教师培训计划，重点培养 3000 名农村中青年骨干教师，发挥骨干教师在教师专业发展中的引领带动作用。定期开展特级教师评选，加强特级教师管理，更好地发挥特级教师的示范带动作用。

计划之二：实施卓越教师培养工程计划，提升新教师专业水平。改革师范生招生办法，推进多元化招生选拔，遴选乐教适教的优秀学生攻读师范专业。根据中学、小学、幼儿园、中等职业学校和特殊教育教师的培养特点，分类推进教师培养模式改革。组织实施"卓越教师"培养工程，探索"4＋2"教育硕士培养试点，实施小学、学前师范男生培养计划，加大农村小学全科教师培养力度，加强特殊教育师资培养，提高师资培养水平。通过建立稳定的教育实践基地和教育实践经费保障机制、实施高校教师和中小学教师共同指导师范生的"双导师制"、建立标准化的教育实践规范等举措，切实落实师范生到中小学教育实践不少于一个学期制度，提高教育见习实习等实践教学的质量。建立高校和中小学教师专兼职结合的教师教育师资队伍共同体，高校教师教育类课程教师到中小学兼职任教、挂职实践每五年不少于一年。

计划之三：实施薄弱学科师资补充计划，新增或空余编制主要用于补充薄弱学科师资。针对体育、音乐、美术、信息技术、综合实践、通用技术、小学科学等学科教师配备不足，有的学校难以开足国家规定的课程的问题，"十三五"期间，各地新增或空余编制应主要用于补充薄弱学科师资，使师资队伍结构更好地适应课程改革需要，适应学校实施素质教育的需要。

2. 加强职业院校教师队伍建设

职业院校教师队伍建设以"双师型"教师为重点，实施"六个计划"。

（1）实施教师招聘引进计划。比照普通高中和高等学校，根据职业教育特点核定公办中等、高等职业院校教职工编制。新增教师编制主要用于引进有实践经验的专任教师。扩大职业学校选人用人自主权，允许职业院校在编制数内，打破学历、身份限制，从行业企业自主招聘紧缺专业且具有丰富实践经验的高级专业技术人才和高级技师担任专业课、实习指导教师。健全兼职教师制度，鼓励职业院校按照国家相关规定聘请企业管理人员、工程技术人员和能工巧匠担任专兼职教师。职业院校教职工编制总额中的20%可用于聘用专业兼职教师，兼职教师占专兼职教师总数的比例应在学校岗位设置方案中明确，一般不超过30%。到2020年，职业院校"双师型"专业教师比例分别达80%以上。

（2）实施教师培养提高计划。推动具有教师教育基础的普通本科高校转型建设为职业技术师范学院。依托高水平大学和大中型企业共建"双师型"教师培养培训基地。完善教师培养培训制度，建立职业院校教师轮训制度、到企业实践制度和"访问工程师"进修制度，促进职业院校教师专业化发展。重点实施"三个项目"：一是实施青年教师企业实践项目，"十三五"期间，计划选派2000名左右职业院校青年教师到企业进行专业实践，实行"师带徒"模式，积极利用企业设备、技术、人才、信息等资源优势，加快提高职业院校教师实践教学能力，培养一批青年"双师型"专业教师。二是实施专业骨干教师培养项目，"十三五"期间，重点培养500名省级专业带头人。加强职业教育教科研队伍建设。支持职业院校成立教育名师（技能大师）工作室，发挥名师的示范辐射作用。三是实施职业院校专业教师访学研修项目，每年从参加专业骨干教师培训的教师中选拔100人赴国（境）外培训进修，培养一批具有开阔视野、先进职业教育理念和先进教学方法的专业带头人。

（3）实施师资闽台联合培养计划。建立闽台职业教育师资合作交流长效机制，鼓励本省和台湾地区的高等院校、职业学校、职业培训机构与企业建立校企合作平台，在两岸分别设立3～4个福建省师资闽台联合培养中心，引进台湾优质教育资源，联合培养培训职业院校师资，提升职业院校师资专业技能。"十三五"期间，计划培训应用型本科高校、职业院校学科（专业）骨干教师3000名、管理干部1000名，重点选派45周岁以下的中青年骨干教师，并向产业结构优化升级、闽台产业对接、自贸区建设所需的相关专业教师倾斜。

（4）实施教师培养重点资助计划。建立"双师型"教师资助项目，对教师取得与从教专业相关的高级职业（或执业）资格证书、参加各级培训取得与从教专业相关的高一级职业（或执业）资格证书者，省财政部门给予一定资金资助。建立兼职教师资助项目，省财政安排专项资金，用于支持发展势头良好、社会声誉较高、专业师资紧缺的职业学校聘请"双师型"教师或高技术技能人才、能工巧匠兼职任教。市、县应根据当地情况，采取相应措施，支持优质学校聘请兼职教师。

（5）实施创新团队建设计划。在职业院校骨干特色专业及具备发展条件的专业中，遴选并重点支持一批专业创新团队，建设一支专业理论扎实、实践技能突出、善于合作、甘于奉献的创新型专业师资队伍，带动职业院校教师专业水平的提高。省级财政每年设立专项经费 1 亿元，对专业创新团队进行资助。每个团队每年资助 15 万元，连续资助两年。资助经费主要用于以队伍建设为核心的课程改革、技能培训与竞赛、教科研活动、学术交流、成果出版、进修、考察等项目。

（6）实施培训基地建设计划。遴选优秀企业、高等学校、国家级示范性职业学校，共建 15 个高等职业学校 "双师型" 教师省级培养培训基地、15 个中等职业学校 "双师型" 教师省级培训基地。同时依托各市职业技术学院及其综合性实训基地，建成 15 个市级中等职业教育师资培训基地，不断优化基地专业和区域布局，完善覆盖全省职业教育重点专业的国家、省、市、县、校五级教师培养培训体系，为提升教师 "双师" 素质创造条件。探索建立职业院校师资海外培训基地，培养高水平职业院校师资队伍。

3. 加强高等学校教师队伍建设

高等学校教师队伍建设要以中青年教师和创新团队为重点，着力抓好 "四个推进"。

一是着力推进中青年教师队伍建设。高校 35 岁以下青年教师占高校教师总量的五分之二，青年教师强则高校强。中青年教师队伍建设重点实施 "四个计划"，优化中青年教师成长发展、脱颖而出的制度环境。（1）继续实施 "高校青年教师成长计划"，支持高校设立教师教学发展中心，开展教师培训、产学交流、教学研究、教学咨询、评估管理以及职业发展咨询等，帮助青年教师专业成长。完善青年教师培养培训体系，建立青年教师传帮带团队协作机制，实施民办高校 "强师工程"，推进青年教师参与教育教学改革研究，提升青年教师教育教学能力。（2）实施高校青年教师拔尖人才培养计划。继续实施福建省高等学校 21 世纪优秀人才支持计划、青年教师博士后计划、杰出青年科研人才培育计划、新进教师科研资助计划，提升青年教师学术水平和科研能力，"十三五" 期间，重点选拔培养 500 名高校优秀青年教师。（3）实施高校青年教师实践能力提升计划，支持青年教师开展与专业相关的实践应用和政产学研合作研究。（4）实施青年教师国际拓展计划，从福建省出国留学奖学金中安排一定比例，每年选派 50 名高校优秀青年骨干教师，资助其到国（境）外知名高校培训进修，培养一批具有国际视野，能够参与国际合作研究，熟悉国际规则的创新型人才。

二是着力推进高层次人才队伍建设。继续支持高校申报国家"千人计划"、长江学者奖励计划等项目，争取有一批人才入选国家"千人计划"、长江学者奖励计划、国家杰出青年科学基金等人才项目。继续实施闽江学者奖励计划，支持高校选聘 200 名"闽江学者"特聘教授。启动第二批高校百名领军人才资助计划、千名学科带头人培养计划和百名领导干部能力提升计划，提高高校学科建设水平、自主创新能力和核心竞争力。加大海外高层次人才引进力度，设立"台湾师资引进计划"专项资金，引进一批满足福建省产业发展和紧缺、薄弱学科专业人才培养急需的台湾全职教师。设立福建省"海丝"和自贸区建设人才库专项资金，支持高校重点引进相关学科领域国内外专家及高层次人才。对新引进符合省事业单位专业技术正高二级岗位竞聘条件的省外高端人才，按特设岗位管理制度安排聘用。加强高层次人才服务管理，落实各项政策和待遇。对高层次人才给予居留、出入境、社会保障、医疗、子女入学、家属就业等方面的便利政策，提供高效便捷的服务，配套建立有吸引力的高校教师住房保障制度。

三是着力推进地方高校转型中教师队伍结构的调整转型。顺应区域经济社会发展和地方高校转型发展的需要，通过引进、招聘、培养等渠道，积极推动教师队伍结构调整，使之适应培养应用技术型人才的需要。探索建立高等学校教师教育联盟，促进优质师资资源共享共有，深入构建协同、共生、共赢的区域性教师教育发展机制。加强应用技术型人才培养，争取在合作开展人才培养、学科专业建设、科学研究、队伍建设、课程开发等方面尽快取得新突破，同时在错位发展、转型发展上努力取得新成效，从而推动地方高校转型发展。

四是着力推进教师分类分岗管理。分类制定教师选聘要求，应用基础型和应用型高校选聘新任教师原则上要有博士研究生学位学历；技能型高校选聘基础课教师原则上要具备硕士研究生学位学历，选聘专业课教师要以"双师型"教师为重点。分类实施教师发展培育计划，应用基础型和应用型高校要通过高等学校首席专家制度、在职教师博士学位提升计划、中青年骨干教师访学研修项目等,加强优秀拔尖人才、中青年学科专业带头人及优秀青年骨干教师的选拔与培养;技能型高校要通过建立教师企业产学研践习项目、中青年教师访学研修项目等,加强教师在职培训、短期脱产学习和短期访学研修,不断提高专业发展能力。积极探索高校内部教师岗位分类设置和管理办法,按照 "教学为主岗" "教学科研并重岗" "科研为主岗" "社会服务与技术推广岗" 等,确定不同的岗位职责和考核评价标准。完善高校教师职称评审标准和评审办法,在强调教学业绩的基础上,应用基础型高校要突出教师的学术水平和创新能力;应用型高校要突出教师的科研能力和科技转化能力;技能型高校要突出教师的技术研发能力和践习能力,激发教师干事创业的积极性、创造性。

4. 加强幼儿园教师队伍建设

幼儿园教师队伍建设要以补齐配足为重点,切实加强幼儿园教师特别是民办园教师的培养培训,努力建设一支师德高尚、热爱儿童、业务精良、机构合理的幼儿教师队伍。

(1)补足配齐幼儿园教师。按照教育部出台的幼儿园教师配备标准,结合福建省学前教育事业发展和幼儿园实际工作需要,合理确定省公办幼儿园教职工编制,严禁挤占、挪用幼儿园教职工编制。企事业单位办、集体办幼儿园和普惠性民办幼儿园按照配备标准,配足配齐教师。制订全省幼儿园教师补充计划,在每年新招聘的中小学教师计划中安排一定的比例用于补充公办幼儿园教师。对小学教师超编地区,可在所属小学教师中选择适合幼儿园教师岗位人员,经培训并取得幼儿园教师资格证后充实到所属幼儿园教师岗位。采用派驻公办教师等方式对企事业单位办、集体办幼儿园和普惠性民办幼儿园进行扶持。加强对各类幼儿园教职工配备情况的动态监管,把教职工资质及流动情况作为幼儿园保教质量评估监测的重要内容。启动实施支持农村边远地区开展学前教育巡回支教试点工作,吸引优秀人才到农村边远贫困地区幼儿园任教。

(2)提高幼儿园教师培养培训质量。全面落实教育部幼儿园教师专业标准,提高幼儿园教师专业化水平。办好中等幼儿师范学校、幼儿师范高等专科学校和高等师范院校学前教育专业。依托高等师范院校重点建设一批幼儿园教师培养培训基地。积极探索初中毕业起点五年制学前教育专科学历教师培养模式。围绕提高幼儿园教师六个方面基本专业能力，即观察能力、作品分析能力、谈话能力、课程设计能力、活动组织能力、评价能力，做好培养培训工作。"十三五"期间，省级重点实施幼儿园教师（园长）"15555 计划"，即实施幼儿园骨干教师综合素养及专业能力提升计划，每年培训 1000 名幼儿园骨干教师；实施幼儿园骨干园长教育管理能力提升计划，每年培训 500 名幼儿园骨干园长；实施民办幼儿园骨干教师教育教学能力提升计划，每年培训 500 名民办幼儿园骨干教师；实施农村幼儿园骨干教师专业发展计划，每年培训农村幼儿园骨干教师 500 名；小学转岗幼儿园教师专业提升计划，每年培训转岗教师 500 名。各市、县要实施幼儿园教师（园长）全员培训计划，全面提升幼儿园师资队伍专业水平。

（3）完善幼儿园教师资格制度。全面实施幼儿园教师资格认证制度。按照教育部幼儿园教师资格考试标准，深化幼儿园教师资格考试内容改革，幼儿园教师须取得相应的教师资格证书。各级各类幼儿园在新录用幼儿园教师时，必须把持有相应的教师资格证作为必备条件，不得再新进没有教师资格证书的幼儿园教师。具有其他学段教师资格证书的教师到幼儿园工作，应在上岗前接受教育部门组织的学前教育专业培训。"十三五"期间，组织开展未取得教师资格证书的在岗幼儿园教师全员培训，至 2020 年底，仍不能考取教师资格证书的在岗幼师，应及时调整到幼儿园其他工作岗位或依法予以解聘。开展幼儿园教师定期注册和资格审核，各类幼儿园聘用教师每五年注册一次。定期注册不合格或逾期不注册的人员，不得从事幼儿教育教学工作。要把幼儿园教师资格认证工作作为幼儿园评估督导的一个重要标准，促进各类幼儿园规范配置师资，确保学前教育工作质量和科学化水平。

（四）以推动教师专业成长为重点，加强培养培训体系建设

要进一步构建以师范院校为主体、以教师进修院校为依托、综合大学参与、开放灵活的教师培养培训体系。

1. 建立职前职后一体化教师教育体系

改革创新教师培养模式，建立高等学校与地方政府、中小学（幼儿园、职业学校）"三位一体"培养教师的新机制，着力提升教师专业能力

水平。努力办好师范教育，改革师范生招生办法，采取提前招生、免费培养、大类录取二次选拔等方式，吸引优秀高中毕业生就读师范。探索"4＋2"教育学硕士培养改革试点，扩大面向中小学一线教师的教育硕士培养规模。积极争取与教育部共同建设若干所师范大学和职业技术师范院校。支持福建师范大学与地方师范院校合作建立区域性教师教育联盟。进一步深化教师教育课程改革，构建模块化、选择性和实践性的课程结构，不断提高教师培养专业化水平。发挥好行业企业在培养职业学校"双师型"教师中的作用。加强教师养成教育和教育教学能力训练，落实师范生教育实践不少于一学期制度。建立以师范院校为主体、教师培训机构为支撑、现代远程教育为支持、立足校本的教师培训体系。依托现有资源，加强中小学幼儿园教师、职业学校教师、特殊教育教师培养培训基地建设。

2. 落实教师培训学习制度

鼓励高校与中小学建立伙伴关系，完善校本研修制度，创建并认定一批教师专业发展示范学校。全面实行每五年一周期的中小学教师和校长全员培训制度，建立中小学教师专业发展梯队攀升体系，分期、分批、分年度实施各层级教师培训工作，让每一名教师都能对应找到自己专业化成长的平台。建立教师培训学分管理制度、培训机构资质认证制度和培训质量评估制度，推广使用福建省中小学教师继续教育管理系统，推进教师培训管理现代化。加强优质培训课程资源建设，形成资源共建共享平台。推动信息技术与教师培训深度融合，探索混合式培训、网络研修等新兴培训模式，促进教师自主学习。探索建立新入职教师脱产培训制度和在职教师置换脱产培训制度。选派中小学骨干校长、教师赴境外研修。加大农村教师、特殊教育教师和音乐、体育、美术、英语、信息技术、综合实践、通用技术、小学科学等师资紧缺学科教师培训。普遍开展中小学教师教育信息技术能力培训。完善以企业实践为重点的职业学校教师培训制度。推进高等学校中青年教师专业发展，建立高等学校中青年教师国内访学、挂职锻炼、社会实践制度。

3. 实施培训提高重点工程

省级每年安排 1.5 亿元资金，重点实施"四个工程"。一是实施基础教育学科骨干教师培训工程。"十三五"期间，重点实施八个计划：

（1）闽派基础教育领航人才培养计划，培养名师、名校长各 500 名，省级学科带头人 1000 名，骨干校长 1000 名；（2）省级骨干教师培养计划，五年内遴选、培养、认定 3000 名省级骨干教师；（3）优秀青年教师"三千"培养计划，每年培训 3000 名中小学优秀青年教师；（4）农村教师培训计划，省级培训 1 万名优秀农村骨干教师；（5）高考改革背景下高中教师教学能力提升计划，对 5 万名高中教师采取面授与网授相结合的方式进行全面轮训；（6）薄弱学科教师培训计划，对英语、体育、音乐、美术、心理健康、科学、综合实践、通用技术等紧缺、薄弱学科教师进行培训；（7）新入职教师全员培训计划，省级每年对中学新入职教师进行培训；（8）幼儿园教师"15555 计划"，培训幼儿园教师 1.5 万名。二是实施职业院校教师素质提高工程，省级五年内重点培养 500 名专业带头人，培训 3000 名专业骨干教师、1000 名管理干部、2000 名青年教师，选派 100 人赴国（境）外培训进修。三是实施高校优秀中青年骨干教师培养工程，以提高优秀中青年骨干教师综合素质能力为核心，五年内重点培养 500 名师德高尚、具有先进教育教学理念、具备较强教育教学能力和科学研究能力的中青年骨干教师。每年选派 50 名优秀青年教师到国（境）外知名高校培训进修。四是实施中小学教师信息技术应用能力提升工程，对全省中小学、幼儿园教师开展新一轮信息技术应用能力提升全员培训，五年内省级培训 1 万名骨干教师，全面提升教师信息技术应用能力、学科教学能力和专业自主发展能力，促进信息技术与教育教学的深度融合，提高教育教学质量。

4. 创新教师培训模式

教师培训工作要适应课程改革和全面实施素质教育的现实需求，深化培训模式改革，全面提升培训质量。要提高培训的针对性，以实施好基础教育新课程为主要内容，以满足教师专业发展个性化需求为工作目标，建立健全培训需求调研分析制度，确保按需施训。要提高培训的实效性，针对教师学习特点，强化基于教学现场、走进真实课堂的培训环节，将提高教师教育教学技能作为培训主要内容，以典型教学案例为载体，创设真实课堂教学环境，开展主题鲜明的技能培训，实践课程应不少于教师培训课程的 50%。要提高培训的自主性，探索建立教师自主选学机制，建设"菜单式、自主性、开放性"的选学服务平台。积极推动信息技术与教师培训深度融合，推进教师网络研修社区建设，促进教师自主学习。结合培训需求，有计划、分批次开展骨干教师赴国（境）外研修。遴选第二批省基础教育师资培训实践基地，加强培训实践基地的管理与考核，为落实教育部规定的实践性课程不少于教师培训课程的50%要求提供保障。遴选第二批省级基础教育师资培训专家，加强培训专家库管理，落实培训者团队中一线优秀教师所占比例不少于50%的要求。

5. 加强教师进修院校建设

进一步健全省、市、县、校四级教师培训体系。加强福建教育学院建设，从校区建设、办学经费、人才引进、资源整合等方面加大支持力度，充分发挥其在全省中小学教师继续教育和基础教育教研科研工作中的引领带动作用。统筹建设市级教师培训基地。实施县级教师培训机构标准化建设工程，支持教师进修学校、教研室、教科所（室）、电教馆的职能和资源整合，建设"四位一体"的县级教师发展中心，统筹县域内教师全员培训工作。加强省级示范性县（区）教师进修校动态评估与管理，推动进修院校建设上新水平。设立特殊教育、艺术教育类教师研修基地，为中小学教师创造适合专业发展的在职培训机会。

（五）以充分发挥教师积极性、主动性、创造性为核心，建立健全教师管理制度

"十三五"期间，要不断创新教师管理体制机制，促进教师管理制度科学规范，努力形成富有效率、更加开放的教师工作体制机制，不断激发教师队伍的生机与活力。

1. 加快建设现代学校制度

适应国情和时代要求，建设依法办学、自主管理、民主参与、社会监督的现代学校制度，使教师在办学模式、育人方式、资源配置、人事管理等负面享有充分的知情权、参与权、表达权和监督权，提升教师主体意识。按照有利于调动教职工的积极性和创造性、激发学校的办学活力和竞争力、规范治理结构和权力运行规则的原则，加快学校章程建设。健全落实教职工代表大会，保障教师参与学校决策的合法权利。完善中小学学校管理制度，发挥好党组织的领导核心和政治核心作用，实行校务会议等制

度，完善教职工参与的科学民主决策机制。完善中小学幼儿园家长委员会参与学校民主管理与监督的机制。完善现代大学制度，坚持党委领导下的校长负责制，探索教授治学有效途径，充分发挥教授在教学、学术研究及学校管理中的作用。完善教师人事争议处理制度和教职工维权服务机制，畅通诉求渠道，依法维护教师权益

2. 创新教师编制管理

按照国家规定的各类学校办学条件及标准，建立和完善各类学校教职工编制标准，合理确定各类教育编制总量。建立健全编制动态管理机制，盘活用好编制资源，解决学前教育师资不足问题。建立完善教师补充长效机制，在编制和岗位限额内及时补足配齐教师，保证专任教师"退补相当"。完善城乡统一的中小学教职工编制标准，按照生师比或生师比与班师比相结合的方式核定农村中小学校教职工编制，对农村寄宿制学校、村小和教学点实施师资特殊配备政策，补足配齐农村音体美、英语、信息技术、科学课程等紧缺学科教师以及心理健康教育教师。经主管部门和同级编制、财政、人力资源和社会保障部门审核同意，职业院校可在核定编制总额内，拿出不低于20%的编制数聘用兼职教师，面向企业、行业聘用技术技能型人才，实行购买服务，经费由同级财政负担。高校在核定的编制总量内，可按需合理调剂使用。选择部分本科高等学校开展编制备案管理制度试点，取得经验后逐步推开。积极探索制定福建省幼儿园教职工编制标准。加强编制使用管理，严禁挤占、挪用、截留教师编制，继续清理在编不在岗人员。

3. 优化教师岗位管理

根据分类推进事业单位改革的总体部署，按照按需设岗、竞聘上岗、按岗聘用、合同管理的原则，完善以合同管理为基础的用人制度。进一步完善以县为主的中小学教师管理体制，县域内公办学校教职工人事关系收归县管，由学校根据需要按期聘用，动态调整，合理流动，促进教师资源均衡配置。完善义务教育教师交流轮岗制度。采取政府购买服务等形式，解决公办中小学寄宿制学校管理人员不足问题，政府购买所需经费纳入部门综合预算。实行城乡统一的中小学专业技术岗位结构比例，按照与小学教师职务结构比例相当的原则确定幼儿园高、中、初级专业技术岗位结构

比例。发挥职教集团"集团化"办学优势，强化校企合作，鼓励和支持集团内行业、企业及科研院所专业技术人员和职业院校师资互聘互用，资源共享。根据高等教育事业发展需要，建立高、中、初不同等级专业技术岗位调控机制，不断优化岗位结构。积极推进高校人事制度改革，探索促进协同创新、持续创新的高等学校人事管理办法。完善外籍教师管理办法，吸引更多高水平的专家学者来闽从事教学、科研和管理工作。

4. 严格教师资格准入制度

完善中小学新任教师公开招聘制度，有条件的地方可探索采取先面试后笔试的办法，使热爱教育事业、真正适合当教师的人才进入教师队伍。采取公开招聘和从中小学调剂相结合的方式，拓宽学前教育师资补充渠道。完善教师资格考试制度，提高教师资格准入标准，特别是非师范类专业毕业的新教师的教育教学能力。全面实施教师资格定期注册制度，中小学教师资格实行五年一周期的定期注册，对于不适应教学岗位的教师实行离岗培训、调岗或调离的制度。建立引进人才"绿色通道"，职业院校可从企业引进紧缺专业的高水平技术技能型人才，经学校主管部门和同级人力资源社会和保障部门审批后聘用。完善职业学校教师资格认定标准，增加生产实践工作经历和职业能力要求，将"双师型"教师素质基本要求纳入教师资格认定和评价体系。建立符合高等学校用人特点的公开招聘制度，高等学校可按照公开招聘政策规定的程序，自主组织实施。

5. 推进教师职务（职称）制度改革

分类推进教师职务（职称）制度改革，完善符合各类教师职业特点的职务（职称）评价标准和评价办法。完善与事业单位聘用制度和岗位管理制度相衔接、符合教师职业特点、统一的中小学教师职务（职称）制度，全面实行在中小学设置正高级教师职务（职称）。研究完善符合村小和教学点实际的教师职务（职称）评定标准，职务（职称）晋升向村小和教学点专任教师倾斜。城镇中小学教师在评聘高级职务（职称）时，要有1年以上在农村学校或城镇薄弱学校任教的经历。完善符合中等职业教育特点的教师职务（职称）评审标准，探索文化课教师、专业课教师和实习指导教师分类评审办法。完善中等职业学校教师专业技术职务评聘、晋升办法和薪酬制度，在中等职业学校设置正高级教师职务（职称）。中等职业学校专业课教师、实习指导教师每两年到企业实践累计不少于两个月，作为职务（职称）评审的必备条件。完善高等学校教师专业技术职务任职资格评审标准和办法，鼓励引导教师潜心教学、开展产学研合作和成果转化。鼓励和支持符合条件的职业学校和高等学校兼职教师申报相应系列教师专业技术资格。

6. 完善校长管理制度

实施中小学校长专业标准，建立职业化、专业化的校长选聘机制，完善校长任用、管理和考核制度。义务教育学校校长由县级教育行政主管部门选拔任用并归口管理。推行中小学校长竞争上岗、公开招聘。完善中小学、中等职业学校校长负责制和任期制，每届任期一般为五年，中小学校长在同一所学校任职满两届的原则上应予交流，鼓励优秀校长到薄弱学校任职。落实中小学、中等职业学校校长负责制实施细则，探索校长职级制改革，促进形成"职务能上能下，待遇能高能低，流动能进能出"的良好氛围。坚持和完善高等学校党委领导下的校长负责制。落实和扩大学校办学自主权，支持鼓励校长在实践中大胆探索，创新教育思想、教育模式和教育方法，形成办学风格。

7. 健全教师考核评价制度

改变单纯以绩效为指标的教师考核制度，构建多元开放、科学合理的教师发展性评价机制，促进教师专业成长和持续发展。完善重师德、重能力、重业绩、重贡献的教师考核评价标准，实行学校、学生、教师和社会等多方参与的评价办法，坚持平时考核、年度考核、聘期考核相结合，专业水平评价与师德师风评价相结合，引导教师潜心教书育人。严禁简单用升学率和考试成绩评价中小学教师。建立职业院校教师评价标准和评价办法。根据不同类型高等学校教师的岗位职责和工作特点，完善高等学校教师分类管理和考核评价办法，形成促进优秀中青年教师脱颖而出、广大教师不断进取的激励约束机制；健全大学教授为本科生上课制度，把承担本科教学任务作为教授考核评价的基本内容。强化评价结果的应用，将考核结果作为岗位调整、职称评审、专家选拔、绩效分配、评优奖励、续聘解聘重要依据。通过严格考核、科学评价，逐步建立教职工转岗和退出机制。教师年度考核被确定为不合格等次的，学校可以调整其岗位，或者安排其离岗接受必要的培训后调整岗位，教师无正当理由不同意变更岗位的，或者虽同意调整岗位，但到新岗位后年度考核仍不合格的，学校有权按照规定的程序单方面解除聘用合同；连续两年被确定为不合格等次的，依法解除聘用合同。

8. 完善教师表彰激励制度

继续做好全国、全省模范教师、优秀教师、教育系统先进工作者等推荐表彰工作，定期开展特级教师、教学名师和教学成果奖评选活动，重点向教育教学一线、农村、民族和艰苦边远地区长期从教、贡献突出的教师倾斜。按照有关规定，开展福建省杰出人民教师、福建省 "实事助学" 基金杰出教师评选表彰工作，对在教育教学一线做出杰出贡献的优秀教师、优秀校长给予奖励。每三年开展一次全省中小学教师教学技能大赛，优秀单位和教师分别授予 "省五一先锋岗" 和 "省五一劳动奖章"，营造切磋技艺、比学赶超的氛围。建立基础教育省级教学成果奖制度，激励广大中小学教师在教学实践中积极探索、勇于创新。

（六）以改革创新为主线，着力破除教师队伍建设体制机制障碍

坚持改革项目试点先行、分类指导、逐步推开的原则，以实施十大改革重点项目为载体，着力破解教师管理体制机制障碍和突出矛盾，为努力造就一支师德高尚、业务精湛、机构合理、充满活力的高素质专业化教师队伍营造良好的政策环境和制度环境。

1. 实施乡村全科教师定向免费培养项目

按照 "全科培养、免费教育、定向就业" 培养模式，实施高中起点两年制、初中起点五年制、农村小学全科教师定向培养。定向全科师范生不分科培养，在校学习期间免除学费，免缴住宿费，并补助生活费。定向全科师范生毕业后，在农村乡镇以下小学、教学点从教时间不得少于 6 年。服务期满的定向师范毕业生，在学历深造、晋升职称、评优评先等方面政策将给予倾斜。"十三五" 期间，全省计划培养 5000 名左右能胜任小学各门课程教学任务的全科教师，努力提高农村教育质量。

2. 实施中小学教师 "三位一体" 培养项目

以实施卓越教师培养工程为抓手，深化教师培养模式改革，建立高校

与地方政府、中小学（幼儿园、中等职业学校、特殊教育学校，下同）"三位一体"协同培养新机制。高校与地方政府、中小学协同制定培养目标、设计课程体系、建设课程资源、组织教学团队、建设实践基地、开展教学研究、评价培养质量，建立"权责明晰、优势互补、合作共赢"的长效机制。

3. 实施县管校聘改革项目

加强县（市、区）域内义务教育教师的统筹管理，深入推进"县管校聘"管理改革，将县域内公办学校教职工人事关系"收归县管"，实行"县管校聘"。全面推行县域内义务教育教师校际交流，组织教师在城镇学校和农村学校、优质学校和薄弱学校、超编学校和缺编学校之间合理流动，改善教师队伍年龄、学科、职称等结构，推进义务教育师资均衡配置，促进义务教育均衡发展。

4. 实施校长职级制项目

改革中小学校长管理制度，将校长、副校长和党组织书记、副书记全部纳入职级制改革范围，取消行政级别，实行校长、副校长任职资格制度。校长、副校长一般聘期5年，初任校长、副校长第一年为试用期。在同一所学校连续任职满2个聘期（10年）的校长必须交流任职，交流到薄弱学校或农村学校任职的中小学校长，评级晋档优先考虑。2016年，遴选9个县作为校长职级制改革试点，在总结试点经验的基础上，2018年在全省全面推开。

5. 实施高校教师岗位分类管理项目

根据教师在教学、科研等方面所侧重承担的主要职责，在专业技术岗位分级聘用的基础上，对教师岗位实行分类管理，建立和完善人才队伍的分类管理、分类评价、分类激励机制。鼓励高校根据办学定位和发展目标，坚持按需和分类用人原则，出台教师分类管理指导意见，对教师岗位进行分类设置，引导和促进从事教学、科研等各项工作的教师各尽所能、各得其所。探索设置基础研究岗位和专职科研岗位，进一步构建多元化用人格局。

6. 实施教师进修院校资源整合项目

加强县级教师进修学校建设，整合县级教师进修学校、教研室、教科所、电教馆等的职能和资源，构建县级教师发展中心，统筹县域内教师全员培训工作，实现县域内教科研训一体化，实现管理统一、资源共享、信息贯通、人财物集中使用，提高培训能力，更好地为教师专业发展服务，提高教师实施素质教育的能力和水平。

7. 实施 "双师型" 教师培养培训体系建设项目

"十三五" 期间，建设闽台职业教育师资合作培训中心。重点建设 50 个职业教育师资培养培训专业点，改善职业教育师资基地的实训条件。支持职教师资培养工作基础好、具有相关学科优势的本科层次国家级职业教育师资基地等有关机构，牵头组织职业院校、行业企业等方面的研究力量，共同开发 100 个职教师资本科专业的培养标准、培养方案、核心课程和特色教材，加强职业教育师资培养体系的内涵建设。重点建设专业点在选取上兼顾专业和区域布局，突出支持重点，向现代农业、先进制造业、现代服务业相关专业倾斜，向开展职教师资培养培训工作成效显著的基地倾斜，向培养培训条件相对薄弱的地区倾斜。

8. 实施教师资格定期注册项目

实施中小学教师资格定期注册制度改革，对教师入职后从教资格进行定期核查。中小学教师资格实行 5 年一周期的定期注册。定期注册不合格或逾期不注册的人员，不得从事教育教学工作。省教育厅主管全省中小学教师资格定期注册工作，省中小学教师资格认定指导中心协助省教育厅协调指导全省中小学教师资格定期注册工作。各市、县（区）教育行政部门按照中小学教师人事管理权限，负责本地教师资格定期注册的组织、管理、监督和实施。

9. 实施统一中小学教师职务（职称）项目

深入实施中小学幼儿园教师职称制度改革，在试点的基础上向全省铺开，将原来相互独立的中学、小学教师职务系列统一设置为中小学教师职称（职务）系列，在中小学幼儿园设置正高级职称。修订中等职业学校教师评价标准和评价办法，将教学实绩、技能水平、技术研发成果等作为专业技术职务评聘的重要依据，鼓励教师取得多个专业技术职务资格和职业资格，设立正高级教师职务（职称），提升教师职业发展空间。增设实习指导教师职务序列。

10. 实施高校、农村教师周转房建设项目

将农村学校教师周转房建设纳入民生工程和为民办实事项目，鼓励和引导地方政府将必要的教师生活周转用公房建设纳入学校建设规划或纳入学校所在地附近的乡镇村规划，建设一定数量的教师周转房。省政府设立专项资金，对解决农村教师住房问题成效显著的县（市、区）给予以奖代补。同时，发展多元化的农村教师住房供给体系，将农村中小学教师住房公积金纳入财政保障范围，并按规定的缴存比例及时缴存住房公积金，支持教师自建住房、单位集资建房、政府建设经济适用房，以及购买商品房、闲置校舍改建农村教师周转房等多种渠道，解决教师住房问题，让教师安居乐业，扎根农村。支持符合条件的高校建设教师周转房，加大住房补贴力度，推动解决高校青年教师住房难题。

（七）加强组织领导，确保教师队伍建设政策措施落到实处

1. 建立组织保障机制

各级人民政府要切实加强对教师队伍建设的领导，完善部门沟通协调机制，及时研究解决教师队伍建设中的突出矛盾和重大问题，并根据省"十三五"教师队伍建设规划，研究制定本地教师队伍建设"十三五"规划。各级教育行政主管部门要加强对教师队伍建设的统筹管理、规划和指导，制定相关政策措施。各级机构编制、发展改革、财政、人力资源和社会保障、住房城乡建设等部门要在各自职责范围内，积极推进教师队伍建设工作。

2. 建立经费保障机制

各级人民政府要优先保障教师队伍建设的投入，确保全省财政教育支出占公共财政支出比例达到国家要求，新增财政教育经费要把教师队伍建设作为投入重点之一，加大教师培养培训、工资待遇等方面的投入。各类教师培训经费要列入财政预算。幼儿园、中小学和中等职业学校按照不低于年度公用经费预算总额的5%安排教师培训经费。高等学校按照不同层次和规模情况，统筹安排教师培训经费，保证培训需要。鼓励社会力量通过多种渠道支持教师队伍建设。切实加强经费监管，确保专款专用，提高经费使用效益。

3. 建立考核督导机制

建立教师队伍建设专项督导考核制度，制定出台督导指标体系，把教师队伍建设情况作为对各级政府及其相关部门督导考核的重要内容，作为各级各类学校办学水平评估的重要指标，作为评优评先、表彰奖励的重要依据。定期开展全省教师队伍建设专项督导考核，并向社会公布，确保教师队伍建设各项政策措施落到实处。

4. 建立激励问责机制

通过多种方式和途径，营造良好的社会舆论氛围，广泛宣传广大教师为人师表、爱岗敬业、无私奉献的先进事迹，大力弘扬全社会尊重知识、尊重人才、尊重创造的优良传统，着力培育团结奋进、宽松和谐、充满活力的教育环境，进一步在全社会形成尊师重教的良好风尚。对贯彻落实本规划工作突出、成效显著的地方政府、教育行政部门和主要领导进行表彰奖励，对贯彻落实本规划工作不力、成效不明显的地方政府、教育行政部门进行通报批评，并追究相关领导责任。

课 题 指 导：陈丽英　　高培青

课 题 组 长：赵素文

课题组成员：尹雪梅　　范光基　　张平忠

　　　　　　　邰鹭明　　蔡丽红

执　　　　笔：尹雪梅

福建省"十三五"中小学教师培训工作调研报告

根据《国家中长期教育改革和发展规划纲要（2010～2020年)》、《福建省中长期教育改革和发展规划纲要（2010～2020)》的精神要求，从福建省基础教育、福建省中小学教师队伍现状出发，为进一步提高中小学校长、教师队伍整体素质，推进福建省基础教育内涵发展，加快教育强省建设步伐，现对福建省中小学教师"十三五"培训工作提出如下思考与建议。

一 福建省中小学教师队伍基本状况与教师培训工作面临形势

（一）中小学教师队伍基本状况

1. 数量情况

截至2014年，全省中小学专任教师307554人，其中小学专任教师158698人、初中专任教师97933人、高中专任教师50923人，教师总量基本满足需求。

2. 学历情况

2014年，全省小学、初中、高中专任教师学历合格率分别为99.9%、99.6%、97.1%，其中专科以上小学教师、本科以上初中教师、研究生学历高中教师的比例（学历提高率）分别为86.0%、84.4%、4.2%，与华东地区其他省份还有差距。

3. 年龄情况

全省34岁及以下的小学、初中、高中教师分别占33.90%、25.68%、35.25%，35～44岁小学、初中、高中教师分别占36.61%、50.97%、

39.77%，显示中青年教师成为主体，教师年龄结构总体合理。显示小学教师年龄较为老化。

4. 专业技术职务情况

2014 年，全省小学、初中、高中具有中高级职务的教师分别为 61.19%、63.64%、67.27%，教师职务结构总体上不断改善。其中特级教师为 713 人，占教师总数的 0.23%。

5. 骨干教师情况

2014 年全省县级以上骨干教师 62374 人，占全省中小学专任教师总数的 20.28%。骨干教师多集中在城区、镇区中小学，其中城区、镇区、乡村骨干教师比重分别为 20.98%、22.27%、15.90%。

6. 省级名师、名校长、学科带头人情况

"十二五"期间，福建省级名师、省学科带头人、福建省中小学名校长培养人选 91 人、福建省中小学骨干校长培养人选 820 人。经省中小学名师考核认定，评委会评审、公示，共有 67 名教师获评福建省首批"中小学教学名师"。

(二) 教师专业发展中存在问题

1. 教师整体学历水平大幅提高，但专业素养仍显不足

中小学校教师的第一学历普遍较低，大部分教师提高学历为职后取得。在学历进修中存在"重层次，轻专业"的倾向，"学非所教"的问题比较突出。虽然教师学历层次大幅度提高，但相当部分教师职业素养和学科专业素养仍有待提升。

2. 教师专业发展目标较低，自主发展意识不强

当前福建省中小学教师专业发展目标不明确，自主发展意识不强。调查显示，30.05% 的教师认为只要能胜任教学就可以了，22.05% 的教师希望成为学校名师，35.01% 的教师希望成为市、县（区）级名师，仅有 12.89% 的老师希望成为省级、国家级名师。这在一定程度上说明教师的职业发展目标定位较低，没有较高的专业发展需求。相当部分教师没有自主学习态度，专业发展意识不强。

3. 农村教师职后培训有所加强，但总体师资水平较低

农村学校优质教师明显少于城镇。农村好教师留守意愿不高，往往通过招考"跳"进城区学校任教，造成农村教师整体师资水平较低。虽然"十二五"期间通过实施"农村教师（校长）教育教学能力提升工程"和名师"送培下乡"活动，加强了农村教师职后培训，但农村教师参加高端培训的机会少于城镇教师，农村师资整体水平有待大幅提升，教师培训工作有待进一步加强。

4. 青年教师比例较大，专业素养亟待提升

青年教师是基础教育事业的后劲与未来。从年龄结构上看，福建省中小学 35 岁以下青年教师占的比例较大，高中、初中、小学分别为 35.25%、25.68%、33.90%，青年教师的专业化水平亟待提高。

5. 紧缺学科没有配齐配足教师，紧缺学科教师培训有待加强

从学科师资分布上看，音体美、科学、信息技术、心理健康、综合实践活动等薄弱学科教师配备仍显不足，山区、偏远、农村学校中，存在紧缺学科由其他学科兼职任教或由第一学历非本专业的教师任教的情况较为普遍，造成紧缺学科师资总体水平较低。因此，要加强紧缺学科教师的配备与培训工作。

6. 缺乏闽派特色教学名师，骨干教师引领示范有待发挥

"十二五"期间培养了一批省级名师和学科带头人，相对于江苏、天津、浙江等地，福建省的省级名师培养工作起步晚，数量不多，名师群体尚未形成。近几年来各地评出一批市级教学名师、学科带头人和骨干教师、设立一批名师工作室。但总体上看，福建省的名师、骨干教师还没有发挥其在省内或本地区的示范带头作用，对教学方法、教学经验进行总结提炼得不够，很少有影响的教学论著，还没有产生在全省乃至全国有影响力的名师。

7. 县级教师进修学校地位和作用有待加强，培训者教研培训能力有待提升

"十二五"期间，福建省开展县级教师进修学校达标评估工作和省级示范性县级教师进修学校评估工作，推动了县级进修学校规范化发展。但是，目前县级教师培训机构的功能作用发挥不够到位，师资队伍在数量结构、学历职称、名师数量、培训教研能力等方面存在不容忽视问题。实施中小学教师全员培训特别是农村教师的全员培训任务主要由县级教师培训机构承担,县级教师培训机构责任重大。因此,要加强县级教师培训机构建设,加强对其师资队伍培训,只有逐步提高其在实施全员教师培训中的地位作用,才能适应新时期新形势下高质量、专业化的教师培训新需求。

8. 教师参加高端培训机会较少,校本教研深度和广度略显不足

根据《福建省教育事业统计简明资料(2014)》数据分析,2014 年,福建省参加过国家级培训的小学、初中、高中教师比例分别占 0.71%、0.56%、0.51%,参加过省级培训的小学、初中、高中教师比例分别占 5.06%、5.29%、10.58%,参加过地市级培训的小学、初中、高中教师比例分别为 7.68%、17.29%、18.55%,可见,中小学教师参加地市级以上高端培训的机会少。目前福建省大多数中小学建立了校本教研制度,但校本教研的深度和广度还很不够、针对性实效性有待提升,一些学校的校本教研活动流于形式。要不断创新校本教研的模式,引导高校、科研院所、各级培训机构和中小学校合作开展校本教研活动,通过开展集体备课、听课评课、专家报告、辅导讲座、同伴互助、导师带教、课题研究等活动促进教师教研活动的深入开展,促进教师专业发展。

(三) 当前教师培训工作面临的新形势新要求

新时期中小学教师队伍建设正站在新的起点上,在总量和结构基本满足基础教育需要之后,处在内涵提升、提质、优化阶段。2010 年中央、国务院印发《国家中长期教育改革和发展规划纲要》,提出了新时期教育工作方针和目标任务,即到 2020 年,基本实现教育现代化,基本形成学习型社会,进入人力资源全国行列。教育所有工作都要围绕实现这一战略目标来进行。《纲要》提出严格教师资格,提升教师队伍素质,努力造就一支师德高尚、业务精湛、结构合理、充满活力的高素质专业化教师队伍。要求加强师德建设,提高教师业务水平。以农村教师为重点,提高中小学教师队伍整体素质,造就一批教育家,倡导教育家办学。培训工作要围绕教师队伍建设的新要求来进行,为建设高素质教师队伍提供保障。一是要明确教师工作的总体目标。2012 年国务院下发的《关于加强教师队伍建设的意见》(国发〔2012〕41 号)提出:"把促进学生健康成长作为教师工作的出发点和落脚点，围绕促进教育公平、提高教育质量的要求，加强教师工作薄弱环节，创新教师管理体制机制，以提高师德素养和业务能力为核心，全面加强教师队伍建设，为教育事业改革发展提供有力支撑。"并提出"到 2020 年，形成一支师德高尚、业务精湛、结构合理、充满活力的高素质专业化教师队伍"。开展培训工作，要围绕这个目标来进行。二要明确中小学教师培训工作的新要求。2011 年教育部印发了《关于大力加强中小学教师培训工作的意见》，对新一轮中小学教师全员培训工作做出了总体部署和安排，明确了新时期教师培训工作的基本思路和主要任务，在培训模式、培训制度、培训体系、组织保障等方面提出了新要求。我们要按照教育部提出的新要求搞好"十三五"教师培训工作。三要明确中小学教师培训的新任务。要根据本省教师队伍工作现状，认真贯彻落实教育部 2013 年下发的《关于进一步加强中小学校长培训工作的意见》和《关于深化中小学教师培训模式改革全面提升培训质量的指导意见》，采取针对性措施，深化培训模式改革，全面提升培训质量，为提升中小学教师队伍素质，全面提高福建省基础教育整体水平做出积极贡献。

二 "十三五"福建省中小学教师培训工作思考与建议

（一）指导思想

认真贯彻落实党的十八大报告提出的"加强教师队伍建设，提高师德水平和业务能力，增强教师教书育人的荣誉感和责任感"的战略决策和国家、省中长期教育改革与发展规划纲要精神，贯彻落实《国务院关于加强教师队伍建设的意见》《教育部关于深化中小学教师培训模式改革全面提升培训质量的指导意见》的要求，以深入实施素质教育和促进基础教育改革发展、全面提高教育教学质量为目标，以提高师德素养和业务能力为核心，以深化中小学教师培训模式改革为抓手，加强中小学教师培训工作，全面提高培训质量，促进教师队伍整体素质提升，努力培养造就一支师德高尚、业务精湛、结构合理、充满活力的高素质、专业化教师队伍，为福建省基础教育改革发展、实现教育现代化和建设人力资源强省提供强有力的师资保障。

（二）工作原则

1. 师德为先的原则

教师培训工作要帮助教师树立师德以先的思想，强化教师育人责任，引导教师率先垂范、教书育人，做党和人民满意的教师。

2. 突出重点的原则

以提升农村教师队伍素质、提升青年教师队伍素质为重点，实施中小学教师培训工作，全面提升中小学教师队伍整体素质。

3. 统筹兼顾的原则

加强全省教师培训工作规划，坚持"面向全员、突出骨干、倾斜农村、服务急需"的原则，统筹规划培训工作。根据各地区、各类、各级、各学科、各层次的教师现状、特点和需求，做好分类别、分层次、分岗位的培训，提高培训针对性。

4. 专业前瞻的原则

突出培训内容的专业性和前瞻性。既要满足教师现有教育教学实践和教师专业发展的需要，同时在理念引领和实务指导上又具有适度超前性，能够引领教师探索研究新知识新现象新问题，完善构建新思想新方法新经验。

5. 精致高效的原则

强调培训管理的精致高效。健全培训管理机制，规范培训实施流程，按需施训、精选培训内容，加强培训项目监管和培训质量评价，不断提升培训质量。

6. 创新多元的原则

根据新时期新要求，改革创新教师培训内容、培训模式、培训手段。强调多元培训模式和培训方式结合，以增强培训吸引力。坚持全员培训与骨干培训、远程培训与集中培训、脱产进修与校本研修、统一培训与个性培养、名师引领与自主研习、非学历培训与学历教育等相互结合。

（三）培训目标

"十三五"期间，福建省中小学教师培训工作应紧密围绕国家教育工作战略目标、福建省基础教育改革发展目标和全面深入实施素质教育的总体要求，以提升教师教学实践能力和教师队伍整体素质为导向，有目的、有计划地组织全省中小学和幼儿园教师分类、分层、分岗培训。重点围绕中小学教师以下"七个能力提升"的目标任务来实施。

1. 立德树人能力的提升

落实德育为先的要求，加强辅导员、班主任队伍培训，加强学科教师教书育人能力提升。帮助教师创新德育形式，丰富德育内容，增强德育工作实效性，提高教师以德施教、立德树人的能力。

2. 素质教育能力的提升

教师培训中要引导教师增强素质教育理念，提升实施素质教育的能力。帮助教师掌握教育规律和学生身心发展规律，坚持以人为本，面向全体学生，注重培养学生创新精神和实践能力，发挥教师在提升学生创新能力的引领作用，促进学生全面发展。教师培训中要加强体育、音乐、美术、科学、通用技术、综合实践等紧缺薄弱学科教师的培训工作，推动中小学开足开好国家规定课程，促进素质教育真正落到实处。

3. 课程教学能力的提升

在总结实施基础教育新课程的基础上，按照国家义务教育质量基本标准、普通高中课程标准、中小学教师专业标准，深化课程与教学方法改革，总结推广中小学各学科先进的教学方法和闽派特色教学经验，开展新一轮深化课程全员培训，提高课堂有效教学，全面提高基础教育教学质量。

4. 教师信息技术应用能力提升

按照《教育部关于实施全国中小学教师信息技术应用能力提升工程的意见》的总体工作部署和教师信息技术应用能力标准的要求，建立福建省信息技术应用能力测评、培训体系和教师主动应用机制，用5年时间对全省中小学教师进行新一轮信息技术应用能力提升全员培训，全面提升教师信息技术应用能力、学科教学能力和专业自主发展能力，推动教师在教育教学中主动应用信息技术，实现信息技术与教育教学深度融合。

5. 学历整体水平的提升

以中青年骨干教师为重点，鼓励教师通过各种渠道，提升学历水平，鼓励教师参加研究生学历或学位学习,坚持学用一致、学以致用的原则,力争高中教师研究生以上学历达到10%以上,初中、小学教师本科以上学历分别达到100%、60%。

6. 学习反思能力的提升

教师培训要营造良好的学习研究氛围,引导教师树立终身学习理念,积极参加培训,制定专业发展规划,与同伴分享经验,自主学习善于反思,针对教育教学中的问题进行探索和研究,自觉改进教育教学能力,不断促进教师专业自主发展。

7. 骨干引领带动能力的提升

加强教育教学骨干专家培养,培养一批在省内外具有较大影响力与知名度的闽派特色名师、名校长,产生若干名在全国具有较高知名度的教育家。总结和推广先进的教育思想和办学理念,通过开展名师 "送培下乡"、鼓励骨干教师结对子帮扶、鼓励 "名师工作室" 开展活动等,发挥名师、名校长、骨干教师的引领示范引领作用,带动全省中小学教师队伍整体素质的提高。

(四) 规划措施

"十三五" 期间中小学教师培训工作要注意做好 "两个衔接",即与 "十二五" 福建省中小学教师培训工作的衔接、与国家级中小学教师 "十三五" 培训计划的衔接,在继续实施 "福建省基础教育百千万人才工程" 的基础上,启动实施 "十个行动计划"。

1. 闽派基础教育领航人才培养计划

在 "十二五" 省级名师和学科带头人培养的基础上, "十三五" 期间继续在全省遴选500名名师、500名名校长培养人选、1000名骨干校长培养人选、1000名省级学科带头人培养人选进行重点培养,打造一批综合素质强、理论素养深厚、教育教学艺术精湛的闽派名师和名校长,力争产生若干有较高知名度的教育家。在继续完成 "十二五" 万名骨干教师培训项目任务的基础上,实施第二轮省级骨干教师培训项目,五年内遴选、培养、认定3000名省级骨干教师,促进省级骨干教师在课程教学、教学研究等方面的引领示范作用。并建设一批省级特级教师和名师、名校长工作室，发挥名师、名校长的示范辐射作用。

2. **农村教师培训计划**

福建省农村（镇区以下，不含乡镇）学校数小学 2668 所、初中（含九年一贯制学校）524 所、高中 50 所，共计 3242 所。计划每年为全省每一所农村学校培养一名农村"种子"教师，五年内共计培养 1 万名省农村"种子"教师。通过短期集中培训、顶岗实习置换培训、网络远程培训三种方式，努力提高其新课程教学设计和课堂教学实施能力，促进县域义务教育师资均衡发展。

3. **紧缺薄弱学科教师培训计划**

由省级培训机构组织开展中小学英语、信息技术、音乐、美术、体育、心理健康、科学、综合实践、通用技术等紧缺、薄弱学科教师培训工作，改善紧缺学科师资力量薄弱状况，推动中小学教师队伍学科结构调整，开足开好国家规定课程，促进素质教育工作落到实处。

4. **教师信息技术应用能力提升计划**

开展信息技术应用能力提升全员培训，每位教师五年内须完成不少于 80 学时（其中网络研修 50 学时，校本研修 30 学时）的信息技术应用能力培训。省级五年培训 1 万名骨干教师。建立教师主动应用信息技术的有效机制。开展教师信息技术应用能力测评，将教师信息技术应用能力作为教师资格定期注册的必备条件，并列入中小学办学水平评估和校长考评指标体系。建立信息技术应用创新实验区、示范性网络研修社区和示范校，推动信息技术应用综合创新。

5. **高考改革背景下高中教师教学能力提升计划**

计划通过五年时间，对 5 万名高中教师轮训一遍，加强高考改革政策的解读，更新教师教育教学理念，切实提升高中教师教育教学能力，促进教师主动顺应高考改革新形势新要求。

6. **培训者队伍建设计划**

面向各级教师培训机构的培训者，每年定期开展主题化专项研修，围绕培训质量及重点难点问题、培训理念更新、优质培训资源、总结分享培训经验等内容开展研修，切实提高培训者队伍的管理水平和教学水平。

7. 中青年教师专业发展推动计划

根据福建省中小学年轻教师比重大、接受培训机会相对较少的特点，实施中青年教师 "三千" 培养计划，每年培训 3000 名优秀青年教师。

8. 德育教师队伍培训计划

用五年时间对 2000 名骨干班主任和 2000 名心理健康教师进行专项培训，提高德育师资队伍整体素质，促进德育工作水平的提高。

9. 新入职教师全员培训计划

省级每年对新入职中学教师进行集中培训，市、县教师进修学校对新入职小学教师进行集中培训。

10. 对外交流合作计划

选派 500 名优秀名校、优秀学科带头人和骨干教师进行国际合作培训，培养一批具有国际视野的优秀教学人才，为成长为闽派教育教学名师名校长奠定基础。加强闽台两地培训交流合作，以名校长、名师、学科带头人、教师培训机构培训者为主要对象，组织开展闽台两地分段培训，促进两地教师研讨交流基础教育教学经验。加强闽台两地培训者的交流合作，促进培训经验分享、培训师资交流和培训项目合作。

（五）组织保障

1. 明确教师培训工作的意义和目标

中小学教师队伍建设在基础教育事业发展中具有战略性意义，而中小学教师培训是中小学教师队伍建设的重中之重。福建省中小学教师培训工作要遵循立德树人的根本要求，以研究好、实施好基础教育新课程为主要内容，以满足教师专业发展和终身学习的需求、推进教师队伍整体素质提升为总体目标，以全面实施素质教育和推进基础教育课程改革发展、造就一支党和人民满意、高素质专业化的中小学教师队伍为工作宗旨。各级教育行政部门要在各级政府领导下，把基础教育教师队伍建设和教师培训工作放在重要地位，加强领导，充分协调各部门，制定相关政策，指导和督促有关部门促进 "十三五" 培训行动计划的具体落实。

2. 加强教师培训体系建设

以各级教师培训机构为主基地，引导鼓励师范类公、民办本科院校积极参与，调动各方积极性开展教师培训工作，构建以教师进修院校为主体、师范院校积极参与、开放多元的教师培训体系。要大力加强福建教育学院建设，加快新校区建设，改善办学条件，整合教研资源，强化其培训、教研的功能以及在全省中小学教师继续教育工作中的引领带动作用，努力提高为广大教师学习进修服务水平。要大力加强省、市、县（区）、三级教师培训体系建设，优化各级培训机构资源配置，明确任务职责，深入实施省、市、县教师培训机构"三级联盟"，推进八个方面的合作，即共同研制培训方案、共享共用培训师资资源、共建共用培训基地、共建共享网络信息资源平台、共同办好基教刊物、联手承接培训业务、联合开展基础教育热点难点问题调查研究、共同实施人才强校战略，形成合力搞好中小学教师培训工作。要加强县级教师进修学校建设，开展县级教师进修学校达标评估工作和省级示范性县级教师进修学校评估认定工作，推动县级进修学校规范化、制度化发展。要强化"福建省中小学教师继续教育指导中心"对全省各地中小学教师培训工作的业务指导、质量评估和监测与督导等功能。

3. 加大对培训工作经费投入

"十三五"期间，要加强各级教师培训经费的划拨和安排，省级每年安排一亿元资金开展中小学教师培养培训工作，各级财政部门要切实按教职工年度工资总额 1.5%~2.5% 的标准，核拨教师继续教育经费，认真落实教师培训专项资金和省重点培训项目配套经费，县级教育、财政部门要将教师继续教育经费的 60% 以上拨至进修院校开展培训工作。农村中小学要按学校年度公用经费预算总额的 5% 安排教师培训经费，用于教师参加培训所需的差旅费、伙食补助、资料费和住宿费等开支。民办学校也要按本校教职工年度工资总额的 1.5%~2.5% 安排教师继续教育经费。加强教师培训经费的管理，实行专款专用，提高经费使用效益。

4. 创新培训模式提高培训实效性

一要精选培训内容。深入研究基础教育改革与发展中出现的问题，有针对性地确定培训主题，设置培训课程，做到主题明确、内容精选。强调培训内容的实践性，通过现场诊断、案例教学、跟岗培训、情境体验、行动研究及反思实践等有效形式，提高实践性培训的实效。要灵活运用不同的培训方式。根据在职教师的学习特点、培训项目的目标任务和培训对象的不同需求，综合运用混合式、研究式、实景式、诊断式、体验式、案例式、作坊式、参与式等新颖活泼的培训方式，促进培训目标内容化、培训内容问题化、培训问题活动化、培训活动互动化，促进学员边学习、边实践、边提升、边应用，提高培训感染力。要推进培训课程改革，加强培训课程结构 "模块化" 构建，强调实践性课程和一线教师课程的在总培训课程中的比重。要鼓励各地建设教师培训模式创新实验区，促进培训模式综合改革实质性推进。要不断探索和创新教师培训模式，促进新型培训模式在培训实践中不断完善。要充分发挥现代远程教育手段在教师培训中的作用，积极开展远程培训，实现资源共享、互连贯通，解决边远农村地区、扶贫开发重点县教师缺少培训机会和难以接受优质培训的问题。

5. 加强教师培训规范化管理

完善五年一个周期的教师全员培训制度，教师五年内必须完成不少于360个培训学时。各级培训机构必须建立培训管理制度，如培训方案论证制度、培训质量分析制度、培训项目检查评估制度、培训工作年度总结报告制度，促进培训规范化发展。制定《福建省中小学教师省级培训项目管理办法（试行）》，规范省级培训项目的组织与管理。加强 "福建省中小学教师继续教育信息管理系统" 建设，完善系统的教师信息管理、培训项目管理、教师继续教育信息管理三大核心功能，加强对培训工作和培训项目动态化管理，提高教师培训管理信息化水平。

6. 重视教师培训资源平台建设

一要加强省级培训专家库建设，从全省高校、科研院所、中小学及其他有关单位中遴选高水平专家、名师，组建最优省级培训专家团队。为实施高质量的中小学教师培训提供优质的师资保障支撑。二要加强省级培训实践基地库建设，遴选一批省内外中小学名校作为培训实践基地，注意凝练培训基地特色，使之在培训中发挥更好的作用。三要加强省级基础教育网站建设，重点支持福建基础教育网建设，为中小学教师学习交流、研修提高提供平台。四要加强省级基础教育刊物建设，重点办好福建教育、福建基础教育研究等刊物，促进刊物在探索基教改革、交流研讨教育教学、总结推广闽派特色教育教学经验、打造福建基础教育名片等方面做出成绩。五要加强省级培训资源库建设，收集、整理省内外优质的基础教育课程资源、考试资源、视频资源、专项培训课程资源、教学案例资源，特别是注重实践性课程、微课程、实验课程收集和开发，购买全国优质教学资源包，为中小学教师提供优质、丰富的教学与培训资源。

课题指导：郭春芳
课题组长：林　藩
课题组成员：蔡丽红　林宝森　林小文
执　　笔：蔡丽红

福建省"十三五"幼儿园教师
队伍建设调研报告

党的十八大报告提出"要办好学前教育"。教育大计，教师为本。幼儿园教师承担着保育和教育的双重职能，是学前教育事业科学稳步发展的动力源泉与重要保障。现将福建省学前教育师资队伍现状及加强学前师资队伍建设的对策与建议报告如下。

一 福建省幼儿教师队伍建设现状

福建省高度重视学前教育发展，把加强幼儿教师队伍建设摆在突出位置。近年来，先后制定并印发了《福建省人民政府关于加快学前教育发展的意见》（闽政〔2010〕24 号）、《福建省学前教育三年行动计划（2011～2013 年)》《福建省幼儿教师水平评价标准条件（试行)》等文件，学前教育事业获得了长足发展。截至 2015 年初，福建省共有幼儿园 7519 所，较2010 年增长了近 22 个百分点；幼儿教职工 122885 名，其中专任教师70405 名，比 2010 年增加 31492 名。省教育厅重视加强幼儿教师队伍职后教育，设立学前教育教师培训基地，承担省厅下达的学前教育教师培训任务，不断强化培训基地在学前教育教师继续教育工作中的引领带动作用。依托福建省幼儿师范高等专科学校成立"福建省学前教育师资远程培训中心"，持续开展学前教育师资培训。目前，专业教师中具有高中毕业及以上学历的专任教师占 50% 以上，幼儿教师队伍不断壮大，专任教师学历也逐年提升。

但是，与中小学教师队伍相比，福建省幼儿教师队伍建设的整体情况不容乐观，尤其是基层幼儿教师队伍建设亟待加强。一是学前教育师资力量短缺。全省在园幼儿 145.63 万人，班数 49082 个，专任教师仅 70405

人。按民办与乡镇幼儿园每班配 1.5 名专任教师、城区幼儿园每班配 2 名专任教师标准进行统计，全省需要幼儿园教师 76737 人，缺口教师 6332 人。如全省幼儿园统一按每班配 2 名专任教师标准进行统计，需要幼儿园教师 98164 人，全省幼儿园缺口教师 27759 人，其中乡村幼儿园缺口教师 15982 人。此外，据福建省卫计委统计数据，自 2014 年 3 月 31 日实施"单独两孩"政策至当年 8 月底，福建省申请单独两孩生育证的夫妻 17811 对，已发证 17271 本，领证人数占符合条件人数的 15%。据此可知，随着"单独二胎"政策的实施，2016 年后适龄幼儿的人口数量将持续增长，社会对学前教育师资需求的数量将稳步提升，福建省仍然需要加大学前教育师资培养的力度。二是城乡师资配置不均衡。福建省乡村幼儿园专任教师 9632 人，仅占全省幼儿园教师数的 15.8%，但乡村幼儿在园数为 329925 人，占全省幼儿总数的近四分之一。基层幼儿教师师资力量明显薄弱，学前教育优质师资不断向城市有一定规模的优势幼儿园集聚，进一步加剧了城乡之间的不均衡。三是学前教育师资队伍整体素质亟待提高。虽然近年来，幼儿教师队伍的素质得到一定提升，但基层幼儿教师尤其是乡村幼儿教师队伍素质仍需提升。福建省幼儿教师师资主要来源于福建师范大学等 9 所本科层次高校和福建幼儿师范高等专科学校等 14 所高职高专层次高校。其中很大一部分院校都是在近年学前教育大发展背景下新起炉灶，专业建设尚处于起步阶段，师资队伍与实训条件等都难以在短时间跟上。2014 年高校毕业的 2552 名学前教育专业学生中，本科学历毕业生仅占 25%，本科及以上学历的幼儿教师队伍规模虽逐年扩大，但总体数量依然偏少，高中及专科学历幼儿教师数量仍占较大比例，达到 83.31%，幼儿教师学历与专业水平整体偏低的现实与人民群众对优质学前教育的需求之间的矛盾日益凸显。四是幼儿教师管理体制机制不够完善。目前，福建省幼儿园师资队伍中学前教育专业毕业生比例逐年增大，已达近 75%，专业教师占比不足的问题基本得到解决，但幼儿教师中非专业的教师仍占一定比例。幼儿教师资格认证制度和准入政策还不够完善，幼儿园教师队伍构成中非在编人员占一定比例，教师质量参差不齐。此外，非编教师与在编教师在待遇、培训等方面存在较大差距，非编教师对其职业缺乏认同感，限制了教师自身发展，进一步制约着学前教育质量的提升。

二 加强幼儿教师队伍建设的对策与建议

"十三五"期间，福建省幼儿教师队伍建设要以补齐配足为重点，切实加强幼儿教师特别是民办园教师的培养培训，努力建设一支师德高尚、热爱儿童、业务精良、机构合理的幼儿教师队伍。

1. 补足配齐幼儿园教师

按照教育部出台的幼儿园教师配备标准，结合福建省学前教育事业发展和幼儿园实际工作需要，合理确定福建省公办幼儿园教职工编制，严禁挤占、挪用幼儿园教职工编制。企事业单位办、集体办幼儿园和普惠性民办幼儿园按照配备标准，配足配齐教师。制订全省幼儿园教师补充计划，在每年新招聘的中小学教师计划中安排一定比例用于补充公办幼儿园教师。对小学教师超编地区，可在所属小学教师中选择适合幼儿园教师岗位人员，经培训并取得幼儿园教师资格证后充实到所属幼儿园教师岗位。采用派驻公办教师等方式对企事业单位办、集体办幼儿园和普惠性民办幼儿园进行扶持。加强对各类幼儿园教职工配备情况的动态监管，把教职工资质及流动情况作为幼儿园保教质量评估监测的重要内容。启动实施支持农村边远地区开展学前教育巡回支教试点工作，吸引优秀人才到农村边远贫困地区幼儿园任教。

2. 完善幼儿园教师资格制度

全面实施幼儿园教师资格认证制度。按照教育部幼儿园教师资格考试标准，深化幼儿园教师资格考试内容改革，幼儿园教师须取得相应的教师资格证书。各级各类幼儿园（尤其是民办幼儿园）在新录用幼儿园教师时，必须把持有相应的教师资格证作为必备条件，不得再新进没有教师资格证书的幼儿园教师。具有其他学段教师资格证书的教师到幼儿园工作，应在上岗前接受教育部门组织的学前教育专业培训。"十三五"期间，组织开展未取得教师资格证书的在岗幼儿园教师全员培训，至2020年底，仍不能考取教师资格证书的在岗幼师，应及时调整到其他工作岗位或依法予以解聘。开展幼儿园教师定期注册和资格审核，各类幼儿园聘用教师每5年注册一次。定期注册不合格或逾期不注册的人员，不得从事幼儿教育教学工作。要把幼儿园教师资格认证工作作为幼儿园评估督导的一个重要标准，促进各类幼儿园规范配置师资，确保学前教育工作质量和科学化水平。

3. 提升幼儿教师学历

大力提升福建省幼儿园教师学历，提高幼儿园大专以上学历教师在幼儿师资队伍中的比例。依托福建幼高专、泉州幼师、福建师大、福建教育学院等基础教育教师培训院校，实施幼儿教师学历提升计划。引导各幼儿园重视幼儿教师学历提升教育，把教师学历提升工作作为教师队伍建设的重要工作来抓。做好对学历层次未达到要求教师的宣传发动工作，努力为教师参加学历层次提升进修创造便利条件。各地要把幼儿教师学历提升进修作为教师培训工作的一项主要内容，幼儿教师要达到专科及以上学历，并纳入幼师继续教育考核评估体系，同时把幼儿园教师学历提升作为职称评聘的考核条件之一。经过五年努力，争取至 2020 年底，幼儿教师专科学历达到 45%，本科学历达到 35%。

4. 提高幼儿教师培养培训质量

全面落实教育部幼儿教师专业标准，提高幼儿教师专业化水平。办好中等幼儿师范学校、幼儿师范高等专科学校和高等师范院校学前教育专业。依托高等师范院校重点建设一批幼儿教师培养培训基地。积极探索初中毕业起点五年制学前教育专科学历教师培养模式。围绕提高幼儿园教师六个方面基本专业能力（即观察能力、作品分析能力、谈话能力、课程设计能力、活动组织能力、评价能力）做好培养培训工作。"十三五"期间，重点实施幼儿园教师（园长）"15555 计划"，即实施幼儿园骨干教师综合素养及专业能力提升计划，每年培训 1000 名幼儿园骨干教师；实施幼儿园骨干园长教育管理能力提升计划，每年培训 500 名幼儿园骨干园长；实施民办幼儿园骨干教师教育教学能力提升计划，每年培训 500 名民办幼儿园骨干教师；实施农村幼儿园骨干教师专业发展计划，每年培训农村幼儿园骨干教师 500 名；实施小学转岗幼儿园教师专业提升计划，每年培训转岗教师 500 名。各市、县要实施幼儿园教师（园长）全员培训计划，全面提升幼儿师资队伍专业水平。

5. 完善幼教园长任职资格和教师职务（职称）评聘制度

制定福建省幼儿园园长任职资格制度实施办法。教育部门办幼儿园园长由县级及以上教育行政部门聘任。企事业单位办、集体办、民办幼儿园园长由举办者按国家和地方相关规定聘任，报当地教育行政部门审核。合理确定幼儿园教师岗位结构比例。完善符合幼儿园教师工作特点的评价标准，重点突出幼儿园教师的师德、工作业绩和保教能力。结合事业发展和人才发展规划，合理确定幼儿园高级、中级、初级岗位之间的结构比例。对长期在农村基层和艰苦边远地区工作的幼儿园教师，在职务（职称）方面实行倾斜政策。确保民办和公办幼儿园教师公平参与职务（职称）评聘。

6. 构建教科研网络，促进幼儿园教师专业化成长

学术研究是幼儿园教育教学的重要支撑。依托幼教教研员骨干队伍、名师、名园长工作室建立完善的幼儿教育教科研网络，促进幼儿教师提高科研能力、加快专业成长。（1）建设幼教教研员骨干队伍。省级教育部门制定幼教教研员骨干队伍遴选标准，增强教研员教科研和专业指引、评价、示范能力。五年内，建立30个幼儿教育教科研基地，承担专题研究任务。（2）建立"名师工作室"和"名园长工作室"。加快名师、名园长培养，各地市建立一批"名师工作室"和"名园长工作室"，充分发挥名师、名园长在幼儿园管理、教育保育、教研科研、新秀培养等领域的示范引领作用，带动园长和教师队伍整体水平不断提高。（3）建立园本研训长效机制。坚持以园为中心，建立健全常态化园本研训机制，根据办园特色和实际教学问题，设置园本园训课程，广泛开展案例教学、现场诊断、专题讲座等多种形式的园本研训活动，构建以提高科学保教水平为核心的教师专业能力管理模式。（4）建立"市—县（市）、区—园"三级管理模式。以设区市为单位，建立县（市）、区学前教育发展共同体；以省、市一类园和学区中心园为龙头，建立幼教辅导网；以网内结对帮扶为依托，发挥优质园辐射带动作用。通过三级分层管理、层级互动的工作机制，促进网片联动，在相互依托、共享资源的基础上进行教育教学研究，实现共同提高。

7. 实施学前教育"卓越师资"本科层次培养工程试点项目

福建省是中国东部发达地区的学前教育强省，占据着闽台合作交流的前沿主体地位，需要加大本科及以上学历师资培养的力度，不断提升学前教育师资队伍的文化与专业素质，以满足示范性幼儿园及城市幼儿园家长对优质学前教育师资的需求。要大力实施学前教育"卓越师资"本科层次培养工程试点项目，通过五年的建设，到2020年，福建省幼儿教师本科学历毕业生应达80%。（1）开展学前教育师资培养院校质量评估。福建省当前培养本科层次学前教育师资的高校有9所，培养高职高专层次学前教育师资的高校有14所，办学条件和水平不一。省级教育行政部门制定评估标准，重点评估其学前教育专业内涵建设的质量与水平，对新增设学前教育专业院校严把准入关，加强办学过程的监管，切实保证学前教育人才培养的质量符合学前教育事业发展的需要。（2）加大对符合学前教师教育培养要求的院校的财政投入。按照国家普通高等教育院校生师比的投入要求，适当加大对学前教育师资培养院校的倾斜。鼓励其逐步扩大本科层次学前师资的培养规模，到2020年，全省每年本科层次学前教育专业毕业生应达3000人左右，占全省学前教育本专科毕业生的80%以上。（3）重点扶持一批学前教育品牌院校，发挥其示范引领作用。加大对长期以培养学前教育师资为主渠道、业已树立学前教师教育优秀品牌的福建幼儿师范高等专科学校、泉州幼儿师范高等专科学校等院校的投入，提升该类院校师资培养的学历层次，并充分发挥其专业示范带头作用。优化优质学前教育专业人才培养院校的办学资源，为福建省高质量的学前教育培养出高层次、高素质的师资人才。（4）引导学前教育中职校向培养高素质的幼儿园保育员转型。调整福建省学前教育专业、幼教人员培养院校分工，明确大专院校、中职校培养对象和目标。对于已开办学前教育专业的中职学校，教育行政部门进一步创造条件，五年内，将其转向培养幼儿园保育员，以满足全省学前教育事业发展对高素质保育员的需求。

课题组长：张平忠
课题组成员：刘火苟　宁莹莹　蒋德鸿

福建省农村教师队伍建设情况调研报告

　　农村教育是教育工作的重中之重。发展农村教育，办好农村学校，关键在教师。为深入了解和研究福建省农村教师队伍现状，发现问题，补齐短板，受福建省教育厅委托，福建教育学院组成调研组于 2014 年 11 ~ 12 月开展了全省农村教师队伍建设情况调研。调研采取三种方式。

　　（1）数据收集。由各市、县（区）教育局先期开展调研，填报数据（包括本地区中小学教师队伍基本信息、工资待遇、骨干教师、教师招聘、教师流动、教师需求、教师培训等内容），分别撰写调研报告。除福州市鼓楼区、台江区，厦门市思明区、湖里区因没有农村教师以外，全省各市、县（区）及部分开发区均报送了数据材料，调研组在此基础上汇总得出全省数据（报表数据见附件1）。

　　（2）问卷调查。调研组向全省每个县（市、区）各发放 100 份农村教师调查问卷，回收 73 个县（市、区）的有效问卷共 7230 份。样本分布情况按教师任教学校类型分：农村初中校占 38.88%，农村完小校占 50.95%，村小和教学点占 9.53%；按年龄分：25 岁及以下的占 4.8%，25 ~ 34 岁占 23.1%，35 ~ 44 岁占 42.39%，45 ~ 54 岁占 23.68%，55 岁以上占 5.84%（调查问卷统计结果见附件2）。

　　（3）实地调研。深入顺昌县、闽清县、寿宁县下党乡开展实地重点调研。深入农村学校特别是完小和教学点，了解农村教师工作生活情况，通过召开农村教师座谈会，了解农村教师所思所想所盼，增强感性认识。

　　调研组在深入开展调研和收集大量相关资料的基础上，经过认真梳理归纳、分析研究、总结提炼，形成本研究报告。报告中农村是指在城镇（含镇所在地）以外的地区，由于各地对农村范围的界定不尽相同，在本文叙述中，有时农村也指除县城以外的地区。

一　福建省农村教师队伍基本情况

根据《福建省教育事业统计简明资料（2013）》，2013 年，全省有小学 5228 所，教职工 157126 人，其中专任教师 154490 人，小学在校生 259.84 万人。全省普通中学 1782 所，其中完全中学 544 所（含高级中学 103 所）、独立建制的初级中学 1238 所；普通中学教职工 175034 人，专任教师 148564 人，其中普通高中专任教师 51602 人、普通初中专任教师 96962 人；普通中学在校生 176.47 万人，其中普通高中在校生 65.65 万人，普通初中在校生 110.82 万人。全省乡村小学 2832 所（教学点 2464 个），专任教师 52109 人；乡村初中 552 所，专任教师 24359 人；乡村高中 60 所，专任教师 3661 人。全省乡村专任教师占中小学专任教师总数的 27.19%。

根据各县（市、区）填报的数据，截至 2014 年 11 月，除福州市鼓楼区、台江区，厦门市思明区、湖里区和各设区市教育局直属学校以外，全省共有乡村学校专任教师 92063 人，其中小学 57816 人、初中 28270 人、高中 5977 人，乡村专任教师占全省中小学专任教师总数（2013 年）的 30.37%。

全省乡村小学专任教师年龄情况为：34 岁及以下 14688 人、占 25.40%，35～39 岁 11714 人、占 20.26%，40～44 岁 7963 人、占 13.77%，45～49 岁 6576 人、占 11.37%，50～54 岁 7754 人、占 13.41%；55 岁以上 6460 人、占 11.17%；学历情况为：具有专科以上学历的 44431 人、占 76.84%。

全省乡村初中专任教师年龄情况为：34 岁及以下 6049 人、占 21.40%，35～39 岁 7782 人、占 27.53%，40～44 岁 6706 人、占 23.72%，45～49 岁 4032 人、占 14.26%，50～54 岁 1808 人、占 6.40%；55 岁以上 1219 人、占 4.31%；学历情况为：具有本科以上学历的 44431 人、占 79.95%。

全省乡村高中专任教师年龄情况为：34 岁及以下 2045 人、占 34.21%，35～39 岁 1553 人、占 25.98%，40～44 岁 1146 人、占

19.17%，45～49 岁 682 人、占 11.41%，50～54 岁 255 人、占 4.27%；55 岁以上 100 人、占 1.67%；学历情况为：具有本科学历的 5684 人、占 95.09%，具有研究生学历的 103 人、占 1.72%。

二　近年来福建省加强农村教师队伍建设的主要做法

福建省委、省政府把大力加强农村教师队伍建设，作为落实教育优先发展，作为提升质量，促进公平的有力抓手。2008 年，省政府制定出台《福建省人民政府关于进一步加强中小学教师队伍建设的意见》，在提高农村中小学教职工编制标准、完善农村教师补充机制、改善教师待遇等方面集中出台了一系列突破性政策措施。几年来，各级政府和教育行政部门持续加大投入，优化教育资源配置，推动农村教师队伍结构改善和素质提升，为义务教育均衡发展提供有力保障。主要做法有以下几点。

（一）提高农村教职工编制标准

将农村、县镇义务教育学校编制标准提高到城市水平，实行城乡统一的教职工编制标准，城市、县镇、农村初中学校统一按员生比 1:13.5 配备教职工，小学在校生 200 人以上的学校按员生比 1:19.5 配备教职工，并设立规模较小学校的教师编制最低保障数，实行员生比和班师比相结合的编制配置方式，确保农村学校教育教学需要。2009～2011 年，省里给各地 6500 个农村教师编制用于补充农村小学紧缺学科教师，确保农村学校有编可补。同时，针对农村中小学布局结构调整，寄宿制学校增多的情况，会同省委编办、省公务员局、省财政厅出台《关于加强普通中小学校生管教师队伍建设的通知》，解决寄宿制普通中小学生管教师配备问题。

（二）拓宽农村教师补充渠道

在全国率先实施中小学新任教师全省统一公开招聘，近三年全省补充中小学教师 1.7 万名，其中紧缺学科教师 9000 多名，农村教师占 60% 以上，有效改善了教师队伍结构。实施农村紧缺学科教师学费代偿计划，省财政每年投入 1500 万元，吸引大学毕业生到农村任教。从 2014 年起，将紧缺师资代偿学费计划的实施范围调整至 23 个省级扶贫开发工作重点县。自 2009 年开始实施"经济困难县补充农村学校教师资助计划"，按每人每年 1.5 万元标准，对 20 个经济困难县新补充农村义务教育学校教师的工资性支出进行经费补助，连续补助三年。2012 年补助范围从 20 个经济困难县扩大到 34 个原中央苏区县和财政特别困难老区县，2014 年补助范围调整为 23 个省级扶贫开发工作重点县，2009～2013 年省财政共投入 1.35 亿元，推动经济困难县及时补充新教师。实施"三支一扶"计划，招募派遣高校毕业生到农村基层中小学从事支教服务。各地在中小学教师整体超编的情况下，重点补充农村紧缺学科教师，解决农村学校教师结构不合理的问题。如南平市出台政策，允许按照每年教师自然减员总数 30% 补充急需专业的年轻教师，缓解农村教师出现断层问题。安溪县实行"纳新补缺"，加大新教师补充力度，2011 年以来招聘了 444 名新教师，其中初中教师 38 人、小学教师 398 人、特教教师 8 人，将 80% 以上新聘教师安排到农村缺编中小学任教。2014 年，县政府还拨出专项资金 480 万元，招聘了合同制新教师 304 人（主要是小学紧缺学科教师），返聘退休教师 36 人，有效弥补了师资缺额问题。将乐县 2006～2013 年采取"退二进一"，共补充教师 185 名，其中农村教师 76 名，从 2014 年开始采用"退一补一"的方法补充教师，已引进教师 44 名，其中农村教师 20 名。

（三）推进城乡师资均衡配置

2009 年在闽侯县等 11 个县（市、区）开展"教师人事关系收归县管，实施教师校际交流工作"试点工作，积极探索县域教师管理新模式。2011 年出台《县域内义务教育学校教师校际交流试点工作指导意见》，推进县域内中小学教师管理实现"六个统一"，统一县域内教师工资待遇制度、编制标准、岗位结构比例、招考聘用、考核办法、退休管理和服务，加大县域内师资统筹配置。2014 年省教育厅出台《关于进一步推进县域内义务教育学校校长教师校际交流工作的意见》，全面实施校长教师校际交流制度，明确在同一所学校任职达两届（每届 3～5 年）的校长（含副校长）应进行交流，在同一所学校任教达 6 年的教师为应交流对象，每年交流人数要达到应交流对象的 10% 以上，其中每年参与交流的特级教师、县级以上名师、学科带头人、骨干教师（上述人员简称"骨干教师"）要达到应交流骨干教师的 10% 以上，重点引导优秀校长、骨干教师向农村学校流动。同时，完善城镇中小学教师农村任（支）教服务期制度和城乡中小学"校对校"对口帮扶制度，提升农村学校师资水平和办学水平。

（四）加大农村教师培训力度

从 2009 年开始，组织实施"农村教师（校长）教育教学能力提升计划"，5 年投入 3 亿元，对全省农村教师（校长）免费轮训一遍，其中省级培训教师 1 万名、校长 1000 名。实施基础教育"百千万人才工程"，组织开展了百名教学名师和百名名校长、千名学科教学带头人和千名骨干校长的遴选和培养工作，加大在名师名校长培养工程中向农村教师倾斜的力度。建立一批名师工作室，通过名教师、名校长的带动辐射，不断提升农村教师队伍的整体素质。实施 23 个省级扶贫开发工作重点县教师专项培训和农村紧缺学科教师转岗培训。开展名师"送培下乡"活动，近五年组织特级教师、学科带头人为 20 多个经济欠发达县培训农村教师（校长）10 多万人次。深入开展教师岗位大练兵活动，与省总工会举办两届全省"中小学教师教学技能大赛"，营造了"人人学业务、个个当能手"的良好氛围。

（五）增强农村教师职业吸引力

2009 年，全面实施中小学校绩效工资改革，建立农村教师补贴制度，进一步健全教师分配激励机制，确保县域内教师平均工资水平不低于当地公务员平均工资水平，县域内农村教师待遇不低于城镇教师待遇。开展福建省"最美乡村教师"评选活动。设立农村教师奖励基金，定期表彰长期在农村任教且表现优秀的中小学教师，并在各类评优表彰中都向农村教师倾斜。将长期在农村任教且有实际困难的教师住房纳入当地保障性住房建设体系，加快周转房建设，满足交流、支教、农村教师住房需求。武夷山市于 2009 年在全省率先启动了农村教师周转房建设工程，投入 1800 万元，在全市 8 个乡镇建设了 277 套周转房。将乐县从 2012 年开始，在农村学校新建、改建教师周转房 420 套，基本解决了农村教师住房难问题。长乐市为住房困难的外地引进教师提供经济适用房和廉租房，从 2014 年起，对外县籍的新教师每人每月给予 1000 元的住房补贴，还对边远农村教师每月发放 500 ~ 1000 元的生活补贴。

（六）实行倾斜的职称评审政策

实行城乡学校统一的岗位结构比例，小学、初中高、中、初级岗位结构比例分别为 1∶5.5∶3.5、2∶4∶4。制定《福建省中小学教师水平评价标准条件》，对长期在农村中小学任教的教师在公开课、教科研工作要求等方面放宽申报条件。要求城镇公办中小学教师晋升高级教师应有农村学校任（支）教 1 年或薄弱学校任（支）教 3 年以上的经历，其中城镇公办义务教育学校 40 周岁以下（含 40 周岁）教师晋升高级教师应有农村学校任（支）教 2 年以上的经历。在全国较早建立农村教师职称直聘制度，对在农村学校任教累计满 25 年且仍在农村学校任教教师，可不受岗位职数限制直接聘任相应职务，缓解了农村教师的聘任矛盾，以鼓励教师在农村安心从教，吸引优秀人才长期扎根农村教育事业。

三　福建省农村教师队伍存在的主要问题

近年来，福建省农村中小学教师队伍建设取得了很大成效，农村义务教育师资整体素质不断提升，但城乡之间、区域之间、各校之间的师资水平仍存在一定差距，教师队伍结构性矛盾仍较突出，农村教师留守意愿不高、城镇教师交流动力不足、毕业生赴农村任教愿望不强。具体表现在以下几方面。

（一）农村学校"超编缺人"普遍存在

随着城镇化的加快发展，农村学龄人口的主动流出与自然减少导致农村教师与学生的比例失调，农村教师的绝对数量出现富余，同时出现部分小规模学校教师数量结构性不足现象。根据各县（市）教育局填报数据，截至 2014 年 11 月，全省各县（市、区）共核定乡村学校教职工编制数 87699 人，实有在编教职工数 97654 人，超编 9955 人，其中小学超编 959 人（泉州市缺编 1861 人、漳州市缺编 385 人）、初中超编 8326 人、高中超编 670 人。从数量上看，福建省农村教师已经基本满足农村教育需求，但结构性缺编造成了农村教师仍然紧缺。虽然 2008 年省定中小学编制标准进行了调整，并对农村教师编制进行倾斜，但农村学校点多面广，生源分散、交通不便、成班率低，按现有的"生师比""班生比"教师配置标准，许多农村学校普遍存在"超编缺人"现象，特别是小规模学校仍然存在"多科一师""多班一师"甚至"一校一师"的问题，有的完小校和教学点教师几乎都得包班上课，学校难以开展正常教学工作，甚至无法开足开齐省颁规定课程。另外，随着农村寄宿制学校的发展，由于很多地方没有落实专用编制，学校只能安排专任教师从事生管、保安等非教学工作，挤占了专任教师编制。不少县（市）反映，目前幼儿园编制只核定中心校幼儿园以上级别，且基本是每班只核定两位专任教师，对完小校幼儿园和教学点的学前班均未予以核定，也占用了小学教师编制。根据《中共福建省委、福建省人民政府关于严格控制机构编制的通知》（闽委发〔2013〕5号）要求，事业单位机构编制数量只减不增，许多设区市编办暂停教育系统核编工作，尽管县教育局积极争取，县政府同意超编进人，但市公务员局均不予审批，导致无法及时补充教师。由于现有农村教师编制吃紧，加上外来工子女增加，为解决教师数量不足问题，一些沿海经济发达地区的学校自行聘用代课教师（合同制教师）。据统计，目前全省共有非编聘用教师5868 人（福州 693 人、厦门 1416 人、泉州 3251 人），其中乡村学校 2879 人，仅泉州市农村学校就有非在编聘用教师 1982 人（其中晋江市有 1692 人、占农村教师总数的 32.2%，石狮市有 151 人、占农村教师总数的 28.3%）。

（二）农村教师队伍年龄老化加剧

根据各县（市）教育局填报的数据，截至 2014 年 11 月，福建省乡村小学 50 岁以上的专任教师 14214 人，占乡村小学专任教师总数的24.58%。其中，南平市、三明市乡村小学 50 岁以上的专任教师分别占48.29%、44.15%。再过几年，乡村教师将迎来退休高峰期，2015～2020年，各县（市、区）乡村教师自然减员数量将达 11731 人。许多山区县（市）财政困难，教育经费捉襟见肘，农村教师的需求与县级财政供养形成较为突出的矛盾，"小财政办大教育"的现实决定了对缺编人员不可能一次性按编制配齐，只能开个小口逐年个别补充新教师，有的县多年来几乎没有补充年轻新教师，导致农村教师队伍"青黄不接"。如邵武市1998~2008年十年没有招聘小学新教师，2003~2013年十年没有招聘农村中学新教师，造成了农村教师年龄老化断层，平均年龄达44.09岁，其中中学42.34岁，小学46.08岁。政和县农村小学教师平均年龄达到50岁，顺昌县30周岁以下教师全县仅100余人。基层反映，随着民师转正的大批农村教师到达退休高峰期，农村完全小学及教学点将出现教师"断档"，如不及时补充新教师，将面临"教师荒"的窘境，许多县教育局和乡镇中心校负责人都在为偏远农村小学的教师选派焦虑不已。如闽清县近十年全县将有715名教师退休，平均每年退休约70人，2021年之后连续15年，每年退休约150名教师。许多老教师身体状况不佳、思想观念陈旧、知识结构老化、职业倦怠严重，难以适应新时期教育教学的要求。

（三）农村教师学科结构仍显失衡

从学科分布上看，2013年全省小学语文、数学专任教师占72.96%；初中语文、数学、英语专任教师占51.82%；高中语文、数学、英语专任教师占45.16%。与新课程要求对比，语数英等传统学科教师比较充足，音体美、科学、信息技术、心理健康、综合实践活动等薄弱学科教师配备不足。农村学校由于规模小、编制少，技能学科教师配备更加不足。以一所6个班200人的完小为例，按照现行编制标准只能配10个教师，按语文、数学满工作量安排就需9个教师，剩下的艺体学科教学大都由语文、数学教师兼任。全省2464个教学点的学生数多在200人以下，勉强只能配齐主科教师，即便配备了技能科教师，也多半是"半路出家"，导致农村学校教师学科结构失衡现象严重。基层反映，由于学科教师身份是按现聘职称岗位的学科为准进行统计，总的来看，农村初中校语文、数学、英语三个学科的专业教师相对剩余较多，物理、化学、政治、美术、地理五个学科专业教师基本满足教学需要，生物、历史、体育、音乐、信息技术等学科专业教师明显不足，心理、电教、实验、劳动技术、综合实践、校本课程等学科专业教师缺编严重；农村小学思品、英语、体育、科学、音乐、美术、信息技术、劳技、心理健康教育等学科教师仍然紧缺。办学规模小的学校，由于教师数少，学科间教师的调剂难度较大，学科结构性失衡对学校教育教学管理产生很大的压力。为了缓解农村学校学科专业教师不足的问题，各地积极采取措施，通过富余学科教师转岗从事农村紧缺学科教学、完成本学科教学任务前提下有余力的教师兼职教学、教师"走教""巡回教学""支教"等形式，但仍难以满足开足开齐课程和实施素质教育的要求。基层反映，由于转岗教师"教非所学、学非所教"，工作压力大，同时职称评聘专业不对口，产生的学科角色模糊的困惑，积极性受到影响。不少小学中心校的紧缺学科教师要负责几所完小和教学点的教学，每天骑着摩托车来回跑教，被称为"摩托车教师"，增加了路费开支，教学途中的交通安全也无法保障。

（四）农村教师岗位聘任矛盾突出

在职称结构上，全省小学中高级职称已聘人数占专任教师的比例，城镇和乡村分别为54.44%和45.80%；全省初中中高级职称已聘人数占专任教师的比例，城镇和乡村分别为52.15%和43.31%。乡村学校小学中高级教师聘任比例低于城镇，特别是高级职称比例更低，导致许多农村教师职称长期停留在中级而得不到晋升机会，影响了工作积极性。同时，因2001年评聘分开后产生大批有资格待聘的教师，目前全省已取得副高级以上职称资格的人员有31459人（乡村学校7924人）、待聘人员7038人（乡村学校1806人），已取得中级职称资格的人员有137558人（乡村学校47497人）、待聘人员33273人（乡村学校11909人）。尽管2012年福建省实行城乡学校统一的岗位结构比例，提高了农村学校高、中级的比例，同时出台"农村任教25年直接聘任"的倾斜政策，但同时取消了"退二聘一"和"三年不占岗"的优惠政策，加上农村学校规模小、编制少、岗位比例依然很低。高、中级岗位职数有限，直接影响教师岗位聘任和高层级职称晋级的指标。特别是2014年开展中小学教师职称制度改革，实施评聘合一后，由于岗位职数限制，多数农村学校近三至五年内难以分到中高级职称指标，大量达到中高级职称评审年限条件的教师只能排着长长的队列等候。如建瓯市达到高级职称评审年限条件而未参评人员达1662人，未聘人员39人；中级职称符合条件的未参评人员501人，未聘人员达223人。有

的地方反映，农村任教 25 年直接聘任（聘任专业技术 10 级或者专业技术
7 级）后，要晋升高一级（比如说 7 级进 6 级或者 5 级）的岗位时，同样
要占用岗位，聘任一样困难，影响工作积极性。另外，许多地方反映，
《福建省中小学教师水平评价标准条件（试行）》（闽教人〔2014〕20 号）
对农村教师评审高级教师的资格条件做了倾斜，但文件对城镇和农村的界
定不够合理，多数初中校和小学中心校虽然都在镇区，但偏远程度与工作
生活环境与周边乡村差异不大，而职称评审条件要与城区等同，教师意见
很大。教师职称与工资直接挂钩，农村学校职称比例不尽合理，评聘矛盾
突出，加上教师职级间工资差距太大（专技 12 级工资才到专技 5 级工资的
一半），挫伤了职称没上的教师的工作积极性。

（五）农村骨干教师流失比较严重

由于城乡差异，农村学校的工作条件和生活环境较为艰苦，农村的教
师向往城区，条件差、待遇低的学校教师向往更好的学校，教师"逆向流
动"现象突出。优于教师地位待遇的职业成为农村中小学教师，特别是年
轻骨干教师向往的目标，报考公务员、其他事业单位及参加沿海发达地区
学校招考的教师人数不断增加。一些农村学校实际成了其他部门和城区学
校的实习基地和培养基地，新进的教师少则两三年，多则三五年，一旦崭
露头角，要么跳槽、转行，要么就被条件更好的学校"挖走"。近两年，
全省各县（市、区）农村教师流失 11262 人，其中调到县城学校的 6284
人，通过公开招聘到外县（市、区）学校的 1145 人，考取公务员、调往
其他事业单位及辞职的 4155 人。南平市延平区仅 2014 年就有 44 人提交离
职申请（其中已调离或辞职 41 人），对教师队伍稳定带来很大冲击。在参
与问卷调查的 7208 位教师中，有 2684 位教师表示"正努力争取机会调到
县城学校工作"，占 38.19%。若按年龄段分析，35 岁以下的青年教师有
55% 正在努力争取机会进城。问卷表明，这部分教师一般都在县城安家，
想调动的主要目的是照顾家庭、让子女接受更好的教育以及改变生活环境
等。而 45～54 岁的教师有 76.64%，55 岁以上的教师有 81.52%，没有准
备进城，这部分教师一般家在当地农村，年龄偏大，有的身体状况欠佳，
感到城里工作生活压力更大，想随遇而安；有的感到没有门路、没有机

会，不想折腾；也有部分教师已经适应农村生活环境，对农村教育有感情，想扎根农村，服务农村教育。调查显示，农村教师感到在乡村学校工作生活不利条件最主要的是：（1）交通不便，占34.15%；（2）缺乏公共服务设施，占33.68%；（3）经济发展水平低，占29.61%。由于交通不便和工作生活环境相对艰苦，农村骨干教师流失比较严重，从统计数据看，全省农村学校市级以上骨干教师、学科带头人和特级教师所占的比例远远低于城镇学校（附件表1～表3），农村学校留不住人才，留不住骨干教师，导致农村学校骨干教师"空心化"现象，从而进一步影响农村生源的流向，恶化农村教育生态。

（六）农村教师工资待遇相对较低

根据各设区市汇总填报的数据，2013年全省小学教师月均工资水平城区为4226元，镇区4481元，乡村4492元；初中教师月均工资水平城区为4253元，镇区4523元，乡村4516元。总的看，乡村教师工作高于城镇，但由于各地经济发展不平衡，中小学教师工资水平差异也较大，如厦门市小学教师月均工资水平城区为6830元，镇区7772元，乡村7133元；初中教师月均工资水平城区为7145元，镇区7543元，乡村7500元。而南平、三明、龙岩、宁德、漳州中小学教师月均工资水平均在4000元以下。在参与问卷调查的7208位农村教师中，2013年全年应发工资（含基本工资、基础性绩效、奖励性绩效等工资性收入，个人缴交的住房公积金、基本医疗保险、税收等不予扣除，但不含单位为个人缴交的住房公积金、基本医疗保险等）为2.5万～3万元的占23.86%，3万～3.5万元的占23.45%，3.5万～4万元的占22.55%，4万～4.5万元的占11.82%，4.5万～5万元的占9.7%，5万元以上的占7.46%。也就是说2013年全年应发工资4万元以下的占69.86%。

《教师法》规定，教师平均工资不低于或高于当地国家公务员平均工资水平，绩效工资改革后，城乡教师工资水平基本一致，乡村教师工资还略高。但基层教师反映，与公务员相比，教师工资水平和福利待遇还相对较低。如公务员的社保金、失业保险金无须个人缴费，还有第13个月的工资、年度考评奖励、通信补贴和就餐补贴等，而教师基本没有享受。加上绩效工资改革后教师加班补贴等工作性福利一概取消，导致教师心理失衡。与公务员和其他事业单位相比，教师工资10%的提高部分只有基本工资中的岗位工资和薪级工资才有计算，仅160～200元，激励作用不大。此外，教师死亡抚恤金也只有公务员的一半。南平市延平区反映，中小学教师要缴纳其个人工资总额8%的养老保险，意见很大。工资水平的高低已经成为衡量农村教师职业吸引力的重要指标，问卷显示，79.85%的农村教师认为，"在工资待遇上给予更多倾斜"是吸引人才到农村学校任教的最主要因素。

调研发现，目前福建省各县（市、区）农村教师补贴水平还比较低。据统计，全省有76个县（市、区）设立了农村教师补贴，其中有52个县（市、区）是在绩效工资总量外单列专项资金。不少地方财政部门以绩效工资已包含农村教师补贴为由，财政预算中不予另外列支乡村教师补贴。如罗源县自2006年开始由财政单列预算实施农村教师津贴（边远山区补助），2009年教师绩效工资改革后，县财政将边远山区补助从预算中取消，县教育局多次申请予以恢复，但县财政局根据《福建省人民政府办公厅转发人事厅 省财政厅 省教育厅关于福建省义务教育学校绩效工资实施意见的通知》（闽政办〔2009〕113号），提出"从2009年1月1日起教师实施绩效工资，边远教师津贴已包含绩效工资内，不存在边远山区教师津贴的问题"，不予恢复。由于区域之间经济发展不平衡，各县（市）农村教师补贴标准普遍不高，农村教师津贴差异很大，补贴标准最高与最低的相差4～5倍，如南平市农村教师补贴额度每月一般在30～100元不等，泉州市为100～550元不等。许多农村教师反映，随着经济发展和物价提高，特别是与城区相比，农村教师交通、通信成本较高，现有补贴标准与实际生活水平不相适应，有的县（市）没有按学校偏远程度分档设定，只要县城以外的就有补贴，无法起到激励作用。

（七）农村教师工作生活压力较大

问卷调查表明，农村教师认为影响自身工作积极性的最主要因素，依重要程度居前三项的分别是：（1）工资待遇低，占88.19%；（2）专业技术职务晋升困难，占52.86%；（3）工作负担太重，占42.59%。认为目前生活中最主要的困扰，依重要程度居前三项的分别是：（1）经济收入，占91.51%；（2）工作压力，占58.93%；（3）住房，占38.8%。关于工资待遇和专业技术职务聘任情况，前面已做分析，现将农村教师住房和工作负担问题分析如下。

关于农村教师住房问题。问卷调查表明，农村教师住房情况是：（1）自购商品房的占31.29%；（2）利用父母或配偶宅基地建房的占41.04%；（3）学校集资建房的占2.84%；（4）购买经济适用房或政府限价房的占4.27%；（5）住学校周转房的占5.99%；（6）租赁社会房的占8.09%。农村教师反映，近几年县城房价已大幅上涨，农村乡镇也很少有商品房可购买，除非是当地人，否则自己在农村也没有宅基地建房，按照收入水平又不符合购买经济适用房的条件，政府没有解决教师住房问题的支持政策，依靠农村教师自身解决住房问题压力很大。有的县财政困难没有落实农村教师住房公积金，如顺昌县2014年以前教师住房公积金提取额度为10%，其中县财政出5%，另外5%由学校自筹，由于农村学校除少量公用经费外，根本没有其他资金来源，学校承担的5%基本无法兑现。由于多数学校没有建设教师生活周转房，也没有专项资金将闲置校舍改建教师宿舍，有的挤占教学用房，有的将应拆除的旧房、危房安排给教师住，农村学校教师住宿条件普遍很差。闽北山区有的学校教师仍住在20世纪七八十年代所建的"工棚式"住宅里，有的学校两三家人住在一套房子里，有的青年教师则与寄宿生同住，一些青年教师在学校无房子住，在社会上租房子也难，只能"走教"，不能安心在农村任教。同时，大部分农村学校没有给教师集中办伙食，住校教师吃饭是靠同伴搭伙或自己解决。

关于农村教师工作负担问题。在参与问卷调查的7208位教师中，每周教学课时数（课表内的课时，不含兼职工作量）1～5节的占4.56%，6～10节的占27.47%，11～15节的占53.1%，16～20节的占12.39%，21节以上的占1.67%。从课时数看，农村教师教学工作量适中，但调研发现，不少村小和教学点只有1～2个教师，教师有的要包班上课，有的要承担多门课教学，每周课时在20节以上的也不少见。农村教师反映，由于农村生源基础差、管教难，农村学校教学条件相对较差，付出同样甚至更多的努力，农村教师的教学业绩往往比不上城区教师，年终考核处于劣势，感到不公平。此外，农村留守儿童多，家庭教育缺失，寄宿制学校管理压力大，许多农村教师特别是班主任感到不堪重负。问卷调查中，认为自己的工作量"很饱满"的占44.2%，"比较饱满"的占37.86%，"一般"的占16.04%，不太饱满和很不饱满的占0.99%；而认为自己工作压力"非常大"的占30.26%，"比较大"的占50.62%，"一般"的占19.95%，"比较小"和"非常小"的占0.65%。农村教师的工作生活压力大影响了农村教师的职业满意度和职业吸引力。问卷调查中，只有1.12%的教师对目前的工作"非常满意"，18.99%的教师感到"满意"，53.4%的教师感到"一般"，而感到"不满意"和"非常不满意"的比例达18.41%和6.5%。对于"如果可以重新选择，您是否还会选择成为一名教师？"只有10.1%的农村教师认为"肯定会"，49.13%的农村教师认为"可能会"，有39.54%的农村教师认为"肯定不会"。

（八）农村教师参加高端培训机会较少

根据各县（市、区）报表统计，2011～2013年福建全省义务教育农村教师参加过国家级培训的比例占3.9%，参加省级培训的比例占15.19%，参加市级培训的比例占30.43%，参加县级培训的比例占96.48%。可以看出，农村教师参加市级以上培训的机会相对较少，县级教师进修学校作为中小学教师培训的基础机构，承载着最大量、最直接的农村教师培训任务。从调研中了解到，目前县级进修校办学条件普遍较差，师资力量比较薄弱，办学经费比较紧张，培训能力相对不足。一些县级教师培训机构的主体地位没有得到足够重视，区域教师学习与资源中心的主体功能难以充分发挥。特别是很多财政困难的县（市），没有按照教师年度工资总额的1.5%～2.5%核拨教师继续教育经费，对教师进修学校的培训经费拨款不到位，有的采用一次性包干拨给办公、教研、培训、修缮经费的办法，其中能用于教师培训的经费就显得捉襟见肘。由于经费不足，南平市、县两级进修院校组织的培训多以网络远程培训为主，所有培训均要向教师收费，教师参训积极性不高。顺昌县反映，教育部门缺乏教师培训自主权，教师进修校的培训方案要经人事部门审定备案，教师既要参加教育部门组织的专业培训，又要参加人事部门组织的公共科目培训，存在多头培训的现象。尽管人事部门培训实效性不强且又要收费，但教师继续教育课时需要其认定才算数，教师不得不参加，意见很大。另外，农村教师在学校几乎都是"一个萝卜一个坑"，有的要兼顾教学、家务、农活，"工学矛盾"比较突出，平时很难抽出时间参加培训，不少校长为了不影响学校正常的教学工作以及减少公用经费开支，选送教师外出参加培训的积极性也不高。

（九）城乡教师校际交流推进困难

根据统计，2012～2014年，福建全省各县（市、区）有55450名教师参与校际交流，其中从城镇学校交流到农村学校的有9746人、从农村学校交流到城镇学校的有16955人、从片区内优质校交流到薄弱校的有14543人、从薄弱校交流到优质校的有14206人，校际交流教师占应交流教师的比例均在10%以上，但各地教师校际交流大多停留在一年期的"支教"范畴内，无法实现"人走关系走"。尽管省政府《关于进一步加强中小学教师队伍建设的意见》（闽政文〔2008〕344号）和省教育厅等部门《关于进一步推进县域内义务教育学校校长教师校际交流工作的意见》（闽教文〔2014〕29号）提出了以实行中小学教师"县管校用"推进教师校际交流的要求和具体办法，但各地反映，在具体实施中困难很大。一是各地编制、人事部门仍然按照学校核定编制并进行岗位设定，教育行政部门无法统筹调配教师，校际之间教师难以"对等交流"，无法实现"人走关系走"，教师身份也无法真正由"学校人"变为"区域人"。二是城乡教师交流，无论家在城里的教师交流到乡镇，或是家在乡镇的教师到县城区，或是乡镇与乡镇之间交流，都面临夫妻两地分居、子女教育、家庭成员照顾等生活问题。有的乡镇偏远交通不便，很多学校没有周转房，城镇教师普遍存在畏难情绪，主动性不强。农村教师反映，目前福建省教师校际交流主要在小片区进行，对于推进城区优质校与薄弱校办学水平均衡有意义，但农村学校办学水平相差不多，为了硬性交流，把教师从一个乡镇学校交流到另外一个乡镇学校，意义不是很大。三是有的学校本位思想比较严重，优质教师舍不得派，为完成指标只抽派一般教师参加轮岗交流，对薄弱校无法真正起到"传、帮、带"的作用。同时，由于教学质量和学生素质的差异，一般校、农村校的教师到优质校、城区校，不能很好地适应教学需要，甚至难以得到学生和家长认同，对轮岗交流持消极态度。

三　加强农村教师队伍建设的对策建议

习近平总书记在视察福建时要求福建加快农村发展、加强农村教育。在校安工程和义务教育标准化学校建设基本完成，农村学校办学条件有较大改善的背景下，大力加强农村教师队伍建设，努力提高农村教师队伍的整体素质，是促进教育均衡发展和改善农村教育生态的重要举措。在新型城镇化加快发展的新形势下，加强农村教师队伍建设是一个系统工程，需要前瞻性的规划和创新性的思维，根据福建省农村教师队伍现状，本着"有所为、有所不为"和"力所能及"的原则，建议从以下几个方面采取措施。

（一）合理配置农村教师编制

一是以学科需求合理核定农村中小学校教职工编制。充分考虑许多农村学校地处山区、教学点分散、班级较多但每班学生少的实际情况，采取城乡区别对待政策，突破传统单维的"生师比"教师配置标准，以教学班数量和课程设置为依据，以"班师比""科师比"核定教学点及完小的教师编制，保障农村学校特别是小规模学校开足开齐课程。二是完善农村地区教师编制的倾斜政策。适当增加农村专任教师编制，对寄宿制中小学、乡镇中心学校、村小及教学点等实施特殊师资配备政策，补足配齐基础教育课程要求的农村师资，特别是音体美、英语、信息技术、科学课程等紧缺学科教师，以及心理健康教育教师。三是适当提高农村中小学中、高级教师职务的结构比例，允许学校对高层次的岗位跨档借用，将剩余高级岗位降低至中级职称岗位使用，缓解中级各层级岗位不足问题。放开小中高职称的评审，取消岗位内设等级或调整内设等级比例。继续实行聘期内（三年内）退休的教师免竞聘的政策，按照已聘任的时间确定相对应的等级，且不占学校岗位数，让辛苦一辈子的老教师享受应有的待遇，腾出岗位让中青年教师聘任。四是强化县级教育行政部门对教师编制的调配与使用。协调编制、人事部门对教育系统岗位实行总量控制管理，允许教育部门根据生源的变动情况，对县域内中小学教职工编制进行核编、设编、调编，对各学校的岗位在总量范围内进行动态调配，打破教师"县管校用"的瓶颈，促进教师在校际、区域之间的合理流动。五是允许身体患有严重疾病的教师离岗待退，不占学校编制，不享受奖励性绩效工资，到退休年龄时办理退休手续。对从教 30 年以上、体弱多病的教师，允许其在自愿的基础上，提前 2~3 年退休，腾出编制。

（二）创新农村教师补充机制

农村教师存在"超编缺人"、有编不补、结构性矛盾、年龄老化、活力不足等问题，最根本的原因是在"以县为主"的管理体制下，由于县域经济发展不平衡，县级财政统筹解决教育资金投入和使用的压力很大，多数县级财政紧张不愿主动补充乡村教师。义务教育是公共产品，"属地管理"与"支出责任"是两个不同概念的范畴，"以县为主"管理并不能等同于以县级支出为主。法国教师工资均由中央财政支付。德国把教师列入国家公职人员序列，州一级财政将教师工资直接拨入教师个人账户。日本中央政府负担全国教师工资的 50%，新建校舍的 50%，学校维修重建支出以及全部教科书支出的 33%。美国州一级财政承担教育支出的最主要份额，近年来呈现出教育财政投入中央化趋势。借鉴国外教育财政配置经验，在我国义务教育事权责任尚未划分清楚的情况下，实行农村师资省级统筹，是在"以县为主"管理体制下的一项制度创新，它既解决了"以县为主"体制短期内难以解决的县域经济发展不均衡、县级财政紧张而不愿主动补充乡村教师的瓶颈问题，又为那些有乡村从教愿望的优秀人才实现从教梦想，开辟了一条制度性通道，是推动城乡义务教育均衡发展的治本之策。湖北省从 2012 年开始在全省启动省级统筹农村义务教育学校教师队伍补充新机制（附件 3），实行"全省统招统派、经费省级负担、县级教育行政部门管理、农村学校使用"的农村教师补充省级统筹方式，改变了湖北农村义务教育学校教师队伍年龄老化、学历偏低、质量不高的窘境，优化了农村教师队伍结构（附件 4）。福建省农村教育规模不及湖北省，省级财政实力也比较充足，建议省政府借鉴湖北省经验，在"以县为主"的管理体制下，加强农村义务教育学校教师补充的省级统筹，从根本上为加强农村教师队伍建设提供有力保障。

（三）大幅提高农村教师补贴

农村教师的坚守不能仅靠觉悟，还需要有制度和政策的激励。在市场经济条件下，我们不能让教师拿着低廉的工资，牺牲自己去实现国家利益。农村教师生活条件相对艰苦，衡量农村教师补贴标准合理与否，最简单的是看教师的选择意向，如果教师愿意到农村学校任教，就说明达到标准了。澳大利亚中部是比较荒芜的地区，但当地在招小学教师时，却有美国的博士去应聘，其原因在于工资待遇是其他地方的三倍，越是条件差的地方工资越高。目前，福建省各地农村教师补贴普遍缺乏吸引力，说明标准太低。2013 年 5 月，湖南省实施集中连片特困地区农村教师人才津贴政策，对武陵山片区和罗霄山片区两个片区的乡村教师实施人才津贴，根据任教地点分别给予每人每月不低于 700 元、500 元、300 元的生活补助，共有 43 个县的 9 万多名教师纳入了享受乡村教师津补贴的范围，其中湘西自治州 8 个县享受省级财政 100% 的保障，其他 35 县市区按照省级财政负担60%、县市区配套 40% 落实资金保障。泸溪县对村小和教学点教师发放岗位津贴最高达 1200 元，出现了每年有近 200 名城镇学校教师自愿申请到农村学校任教的喜人局面（附件 5）。建议福建省参照湖南省的做法，实施乡村教师人才津贴政策，由省级财政设立专项资金，在奖励性绩效工资之外，大幅度提高农村教师补贴标准，按照乡村学校地理位置偏远程度、条件艰苦程度以及教师在乡村从教年限等因素，分档设定补助标准，对 23 个省级扶贫开发重点县由省级财政全额的保障，对其他县（市、区）按经济发展水平和财力状况，分级确定补助比例。同时，为鼓励骨干教师扎根农村，建议建立扎根农村义务教育学校骨干教师补助制度，对现在农村学校工作的省级名师、省级学科带头人、特级教师，由省财政承担，每人每月发放定额补助。总之，要通过大幅提高农村教师津补贴，提高农村教师的幸福指数，增强教书育人的荣誉感和责任感，增强农村教师的职业吸引力。

（四）完善农村教师培养机制

在小学阶段，特别是低年段，国际上的普遍经验是使用全科教师进行教学。过去专门为小学培养教师的中师教育，基本上都是按全科教师培养的，培养出来的教师既可以教数学也可以教语文，同时还能在音乐、体育和美术方面选择一项自己喜欢的方向。从未来的发展上看，这依然是趋势。广西从 2013 年开始实施农村小学全科教师定向培养计划，拟到 2017

年，培养 5000 名左右"下得去、留得住、教得好"能胜任小学各门课程教学任务的农村小学教师，进一步优化农村教师队伍结构，提高农村教育质量。该计划立足农村教师素质需求，定向招录一批初中、高中优秀毕业生，分别按照五年制、二年制专科层次小学教育专业培养方案，培养一批既能适应基础教育改革发展和全面实施素质教育需要，又能承担农村小学各门课程教学任务的全科教师。定向培养的农村小学全科教师在校学习期间免除学费，免缴住宿费，并补助生活费，所需经费由区本级财政安排，定向师范生毕业后按协议定向就业（附件6）。福建省永安市与闽南师大合作，实施农村教学点教师全科课堂教学能力提升培训工程，也取得良好成效。建议福建省设立专项资金，实施农村小学全科教师定向培养计划，引导和推动高师院校定向培养小教专业全科教师，培养当地本土教师，同时在"省培计划"中加大"全科教师"和"复式教学教师"的培训，提高乡村教师的教学能力。完善农村义务教育阶段学校教师特设岗位计划，借鉴他省经验，实施"农村学校教育硕士师资培养计划"和"服务期满特岗教师免试攻读教育硕士计划"，继续实施师范生免费教育制度和大学生学费代偿制度，探索建立吸引高校毕业生到村小、教学点任教的新机制，鼓励引导高校毕业生服务农村教育。

（五）加快建设农村教师周转房

随着教师录用采用统一招考方式后，越来越多的教师属于外地招录，这些教师通常只能住校。如果学校不能提供安全实用的住房，必然会使一部分教师尤其是中青年教师不能安心工作，而是想方设法往城里或经济发达地区调动，导致城镇学校教师超编、农村教师严重不足。这种现状已经影响到农村中小学教育教学质量的提高和农村教育的发展。要想吸引优秀人才献身农村教育事业，必须解决好住房这个后顾之忧。建议省教育厅协调有关部门，提请省政府在全省层面组织实施"农村中小学教师周转房建设工程"，将农村学校教师周转房建设纳入民生工程和为民办实事项目，鼓励和引导地方政府将必要的教师生活周转用公房建设纳入学校建设规划或纳入学校所在地附近的乡镇村规划，建设一定数量的教师周转房。省政府设立专项资金，对解决农村教师住房问题成效显著的县（市、区）给予以奖代补。同时，要发展多元化的农村教师住房供给体系，将农村中小学教师住房公积金纳入财政保障范围，并按规定的缴存比例及时缴存住房公积金，支持教师自建住房、单位集资建房、政府建设经济适用房，以及购买商品房等多种渠道，解决教师住房问题，让教师"在县城或镇上有自有住房，在学校有周转宿舍"，实现乡村教师住有所居，安居乐业。

（六）大力加强农村教师培训

加强对农村教师的培训，提升农村教师的专业效能感，是教师长期执教的根本动力。根据问卷调查，农村教师感到在教学中最缺乏的知识依次是（1）"课改新理念"，占 28.13%；（2）"教科研方法"，占 19.6%；（3）"人文修养和艺术鉴赏"，占 17.25%；（4）"课堂管理策略"，占 15.19%；（5）信息技术，占 14.67%；（6）学科专业知识，占 12.5%；（7）学科教学法，占 12.23%。尽管新课程改革已进行了两轮，农村教师最缺乏的知识依然是新课改理念，这与农村教师队伍相对老化和农村工作生活环境相对闭塞有关。新时期开展新一轮农村教师培训，要从农村教师的现实需求出发，既要解决他们教学过程中操作层面的问题，又要研究他们理论支撑和知识拓展的核心问题。总的来说，就是要以提高新课程实施能力为突破口，开展新课标的基本理论学习，让教师把握新课程的原则，增强实施新课程的自觉性，启发和引领教师在新课程理念下，提高课堂教学的有效性。同时，要开展教育科研能力基本知识和方法的学习和训练，引导农村教师立足实际开展教育科学研究，提高研究能力，促进自身专业发展。建议省教育厅在 2009 年实施"农村教师教育教学能力提升工程"的基础上，发挥省级农村教师免费培训项目的引领示范作用，继续实施"全省农村教师素质提升工程"，重点开展"新课改、新理念、新技能"培训，对全省农村教师再系统轮训一遍。针对农村教师参加高端培训机会少，"工学矛盾"突出的问题，实施农村中青年骨干教师置换脱产研修项目，遴选一批具有良好发展潜力的农村中青年骨干教师，采取院校集中研修和城市优质中小学"影子培训"实践相结合的培训方式，通过组织高年级师范生到农村中小学顶岗实习支教、置换出农村骨干教师到高水平院校和优质中小学进行为期半年左右的脱产研修，为农村学校培养一批在深入推进课程改革、实施素质教育和开展教师培训中发挥示范带动作用的"种子"教师。同时，要加强全省教师培训机构建设，实施省、市、县三级教师进修院校标准化建设工程，提升培训和教研能力，充分发挥在中小学教师特别是农村教师专业化成长过程中的服务、支撑和保障功能。

（七）优化农村学校布局调整

目前，农村教育发展最大的难点是两极化问题，即乡村学校小型化和县城学校超大化问题。乡村小学处于整个教育体系的末端，无论在师资配置还是在办学条件、经费保障上都处于不利地位，由于学校小，没有规模效益，许多地方政府财力有限，无法对乡村小学进行优先的资源配置。但是，在农村还有不少弱势家庭子女无法到县城上学，如果这些学校不保留，他们极有可能辍学。但是，保留这些学校，优质教育资源又难以配置到位。这是目前最大的困难。另外，由于城乡教育质量差距，许多经济条件较好的家庭都把自己的子女送到县城读书，出现大量的陪读群体，导致县城大班大校问题，教师编制严重不足，这也同样影响了县域教育质量提升。针对 21 世纪以来，部分地区农村撤点并校过急过快的问题，2012 年国务院办公厅印发了《关于规范农村义务教育学校布局调整的意见》，各地暂停农村学校撤并，农村教育进入"后撤点并校时代"。在新时期，如何适应新型城镇化发展和新农村建设的新形势，统筹考虑城乡人口流动、学龄人口变化，以及农村地理环境及交通状况、教育条件保障能力、学生家庭经济负担等因素，坚持办好必要的村小和教学点，审慎推进义务教育学校布局调整，实现农村基础教育学校的科学布局，需要政府、教育部门和农村社区有前瞻性的思维和创新性探索。

课题指导：陈明庆
课题组长：郭春芳
课题组成员：杨振坦　林斯坦　肖龙井　尹雪梅
　　　　　　胡　静　郑　芳　周　伟　黄澄辉
执　　　笔：肖龙井

附件 1

表 1 福建省中小学教师队伍基本信息统计表

（数据统计截至 2014 年 11 月 1 日）

单位：人

学段	区域	在校学生数	核定教职工编制数	实有在编教职工数	其中：专任教师数	在编专任教师学历、年龄、职称情况										中小学教师系列专业技术职称						非编聘用教师数
						学历				年龄						副高级及以上		中级		初级及以下		
						研究生	本科	专科	高中阶段及以下	34岁及以下	35~39岁	40~44岁	45~49岁	50~54岁	55岁及以上	取得资格人数	已聘人数	取得资格人数	已聘人数	取得资格人数	已聘人数	
小学	城区	692786	35834	32812	31563	163	16667	12949	1791	9379	8414	5183	3875	2570	1555	573	710	19403	15301	9384	10098	1565
	镇区	808614	51634	51409	48495	42	13792	27795	6866	12223	10914	8755	5715	6295	3948	707	642	34136	26934	12566	12868	991
	乡村	864272	59368	60327	57816	41	15960	28430	13488	14688	11714	7963	6576	7754	6460	772	869	32876	25613	16561	15867	2689
	小计	2365672	146373	144177	137505	245	46205	69039	22126	36123	31101	21847	16141	16607	11950	2044	2215	86168	67664	38398	38737	5245
初中	城区	225610	17231	17537	16307	200	14294	1840	70	2414	4253	4018	3136	1443	716	4299	3277	7809	5911	3299	4045	259
	镇区	371914	30946	38196	34858	113	28363	6247	322	5932	10564	8984	5539	1944	1185	7418	5503	16605	11990	9555	10770	84
	乡村	251445	22581	30907	28270	83	22519	5258	443	6049	7782	6706	4032	1808	1219	5640	4198	12259	8046	7930	8466	141
	小计	848969	70857	86640	79435	395	64108	13345	835	14395	22599	19708	12817	5195	3120	17357	12978	36173	25979	20812	23519	848

续表

学段	区域	在校学生数	核定教职工编制数	实有在编教职工数	其中：专任教师数	在编专任教师学历、年龄、职称情况																非编聘用教师数
						学历				年龄						中小学教师系列专业技术职称						
						研究生	本科	专科	高中阶段及以下	34岁及以下	35~39岁	40~44岁	45~49岁	50~54岁	55岁及以上	副高级及以上		中级		初级及以下		
																取得资格人数	已聘人数	取得资格人数	已聘人数	取得资格人数	已聘人数	
高中	城区	189322	16487	16203	14416	616	13350	451	45	3843	3254	2697	2287	1124	533	4643	3710	5384	4381	3224	3376	68
	镇区	231612	19547	22836	20526	409	19237	818	72	5615	4733	4342	3603	1343	604	5962	4626	7939	5918	5199	5220	34
	乡村	64942	5750	6420	5977	103	5581	175	56	2045	1553	1146	682	255	100	1562	1101	2362	1929	1545	1662	49
	小计	485776	42562	45459	40919	1110	38168	1444	173	11503	9540	8185	6572	2722	1237	12167	9437	15685	12234	9962	10252	151
合计		3687651	258942	275429	257097	1749	147938	83612	23109	61805	63103	49623	35383	24399	16305	31459	24421	137558	104285	69010	70579	5868

表2　福建省各县（市、区）中小学在编教师待遇情况调查表

学段	区域	教师工资水平总体情况		农村教师待遇情况				
		在编教职工数（人）	月均工资水平（元/人·月）	是否分档设立补助标准（填是或否）	补助标准（元/人·月）	享受农村教师补贴人数（人）	每年所需资金（万元/年）	是否在绩效工资总量外单列专项资金（填是或否）
小学	城区	30955	4226.89					
	镇区	52990	4481.38	—	—	—	—	—
	乡村	55035	4492.23					
初中	城区	18727	4253.37					
	镇区	36993	4523.92	—	—	—	—	—
	乡村	29442	4516.28					
高中	城区	15867	4390.96					
	镇区	18859	4706.15	—	—	—	—	—
	乡村	6668	3743.62					

表3　福建省县（市、区）中小学骨干教师队伍情况调查表
（数据统计截至2014年11月1日）

单位：人

学段	区域	县级			市级			省级以上					
		骨干教师	学科带头人	教学名师	名校长	骨干教师	学科带头人	教学名师	名校长	国务院特殊津贴	省政府特殊津贴	省学科带头人	省特级教师
小学	城区	4612	690	352	46	3575	436	113	65	0	4	275	74
	镇区	5803	623	296	271	3992	478	155	64	1	8	142	32
	乡村	4086	298	146	88	3070	208	66	34	1	3	37	21
	小计	14418	1596	794	405	10769	1114	328	158	2	15	453	125
初中	城区	2131	437	210	24	1720	185	67	22	0	2	77	12
	镇区	3938	556	291	147	2206	239	97	31	0	2	52	5
	乡村	2441	173	130	44	1558	98	42	15	0	1	13	4
	小计	8324	1123	631	212	5475	519	204	66	0	5	142	20
高中	城区	1444	581	321	21	1529	320	120	20	2	17	208	54
	镇区	2248	687	259	162	1626	317	156	23	2	6	149	46
	乡村	575	64	36	15	433	48	19	8	0	0	13	6
	小计	4299	1294	616	198	3681	635	289	48	4	22	360	92
合　计		26433	3990	2041	813	19914	2310	832	282	6	43	955	242

备注：城区、镇区、乡村的划分，按教育事业单位统计口径确定，详见附表1。

表 4 福建省各县市专任教师招聘情况统计表

单位：人

学校类型	学校所在地	招聘人数									合计人数
		2012 年			2013 年			2014 年			
		男	女	小计	男	女	小计	男	女	小计	
小学	城区	78	508	586	106	725	831	118	801	919	2506
	镇区	123	868	989	153	1245	1384	182	1224	1396	4229
	乡村	186	1331	1510	261	1937	2184	321	2535	2832	6602
	合计	384	2680	3083	516	3852	4371	613	4486	5106	13462
初中	城区	14	64	78	21	101	122	25	126	149	391
	镇区	38	121	157	50	108	156	29	136	165	563
	乡村	39	163	196	85	222	301	69	277	346	881
	合计	91	345	434	156	429	579	122	534	659	1848
高中	城区	32	126	153	52	127	174	27	114	137	527
	镇区	19	60	78	13	99	112	31	70	102	299
	乡村	8	27	36	18	57	75	35	132	167	272
	合计	57	208	266	83	282	360	94	313	408	1105

备注：城区、镇区、乡村的划分，按教育事业单位统计口径确定，详见附表1。

表 5 2012～2014 年福建省义务教育教师流动情况调查表

（数据统计截至 2014 年 11 月 1 日）

一 农村教师流失情况

单位：人

年 份	学段	合计	选调到县城学校	通过公开招聘到外地学校	其他
2012	小学	2173	1264	244	732
	初中	1476	701	93	758
	小计	3692	1907	332	1504
2013	小学	2456	1457	280	763
	初中	1345	665	141	598
	小计	3849	2085	411	1414
2014	小学	2426	1524	250	668
	初中	1226	737	137	424
	小计	3685	2236	378	1137
合 计		11262	6284	1145	4155

二 义务教育教师校际交流情况

单位：人

年 份	城镇学校 到农村学校	农村学校 到城镇学校	优质学校 到薄弱学校	薄弱学校 到优质学校
2012	3245	5315	4679	4529
2013	3259	5666	4804	4766
2014	3242	5974	5058	4911
合 计	9746	16955	14543	14206

备注：本表的城镇指设区市市区及县（市）政府驻地镇街，农村是指乡镇及以下。

表6 "十三五"期间专任教师需求人数预测统计表

县（市、区）教育局（盖章）　　填表人：　　　联系电话：　　　单位：人

年 份	区域	小学		初中	
		自然减员	专任教师需求	自然减员	专任教师需求
2015	城区	614	6310	315	1395
	镇区	1617	7942	492	4767
	乡村	1919	6228	406	1678
2016	城区	578	5659	328	1497
	镇区	1416	7806	535	4835
	乡村	1685	5727	389	1672
2017	城区	777	5645	395	1610
	镇区	2058	8175	614	4954
	乡村	2401	6211	480	1643
2018	城区	818	5645	417	1691
	镇区	1936	8281	572	5207
	乡村	2188	6311	481	1792
2019	城区	651	5645	428	1815
	镇区	1622	8359	568	5401
	乡村	1790	6116	447	1826
2020	城区	683	5780	496	1906
	镇区	1469	8426	656	5309
	乡村	1748	6189	519	1977

备注：城区、镇区、乡村的划分，按教育事业单位统计口径确定，详见附表1。

表7　2011~2013年福建省农村教师培训情况调查表

（数据统计截至2013年12月31日）

一　培训计划完成情况

学段	农村专任教师总数（人）	完成规定培训学时		培训层次情况							
		农村专任教师数（人）	占农村专任教师总数的比例（%）	国家级培训		省级培训		市级培训		县级培训	
				人数	专任教师总数的比例（%）	人数	专任教师总数的比例（%）	人数	专任教师总数的比例（%）	人数	专任教师总数的比例（%）
小学	80481	77550	96	3162	3.93	12328	15.32	23545	29.26	80702	100.27
初中	62180	60656	98	2442	3.93	9393	15.11	18916	30.42	60436	97.20
合计	137686	133231	97	5370	3.90	20912	15.19	41902	30.43	132836	96.48

注：1、完成规定学时培训人数是指完成年度72学时培训的专任教师人数。

　　2、本表专门统计农村教师培训情况，"农村"与表1"乡村"同。

二　教师培训经费落实情况

单位：万元

类　　别	总　　计	2011年	2012年	2013年
市级财政专项	540	181.8	183.6	175
县级财政专项	55585.7177	16844.0713	18671.7245	23195.5319
其　　他	1089.23587	397.66195	397.21137	423.61255
合　　计	55730.63357	16719.79325	18360.15587	22841.14445

注：请补充说明义务教育学校公用经费5%用于教师培训工作的落实情况。

附件 2

福建省农村教师工作生活情况的调查与分析

为了解全省农村教师工作生活情况，调研组编制调查问卷，请各县（市、区）教育局分别组织 100 位农村教师填写问卷（小学 60 位、初中 40 位）。共回收 73 个县（市、区）有效问卷共 7230 份，调查对象具体分布情况为：

1. 从年龄分布看：25 岁及以下的占 4.8%，25 ~ 34 岁占 23.1%，35 ~ 44 岁占 42.39%，45 ~ 54 岁占 23.68%，55 岁以上占 5.84%。（见图 1）

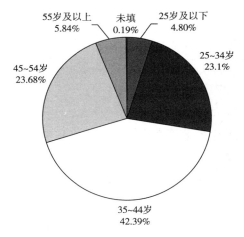

图 1   年龄分布情况

2. 从教师任教学校类型看：农村初中校占 38.88%，农村完小校占 50.95%，村小和教学点占 9.53%（见图 2）。

3. 从教师学历分布看：本科占 53.79%、专科占 34.77%、中师毕业占 9.02%、民办教师转正占 1.49%、其他占 0.93%。（见图 2）

经过统计分析，福建省农村教师工作生活情况如下。

一   关于工作量

1. 每周教学课时数。教学工作是教师的主要工作，根据调查问卷统计，农村每周教学课时数（课表内的课时，不含兼职工作量）1 ~ 5 节的占

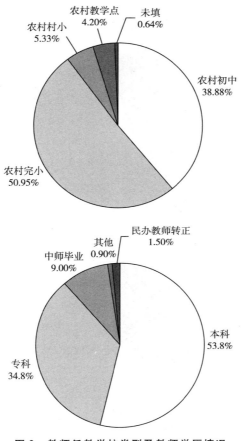

图 2　教师任教学校类型及教师学历情况

4.56%、6~10 节的占 27.47%、11~15 节的占 53.1%、16~20 节的占 12.39%、21 节以上的占 1.67%。也就是说，有 32.03% 的教师教学工作量并不饱满，表明农村教师教学工作量相对较轻（见图3）。

2. 任教班级数。由于农村学校规模较小，教师跨年级、跨班级任教是"常态"。数据统计显示，农村任教两个班级以上的教师占六成以上。38.31% 的教师任教 1 个班级，32.56% 的教师任教 2 个班级，任教 3 个、4 个、5 个及以上班级的教师分别占 11.15%、7.79%、10.07%（见图3）。

3. 任教学科。统计数据显示，农村教师跨学科教学的比例占四成左右。60.44% 的教师任教 1 个学科，16.18% 的教师任教 2 个学科，任教 3 个、4 个、5 个及以上学科的教师分别占 11.11%、5.93% 和 4.61%（见图4）。

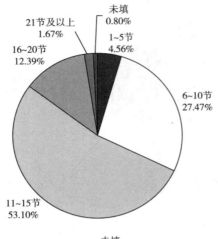

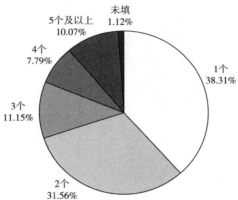

图 3　教师教学课时数及任教班级数

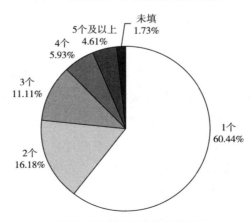

图 4　教师教学任教学科数

4. 教师对工作量的感受。调查数据显示，八成教师认为总体工作量饱满。其中44.2%的教师感觉自己工作量很饱满，37.86%的教师感觉比较饱满，16.04%的教师感觉一般。只有0.9%和0.44%的教师感觉自己的工作量不太饱满和很不饱满（见图5）。

农村初中、完小、村小和教学点教师对工作量感受的具体情况见图5。

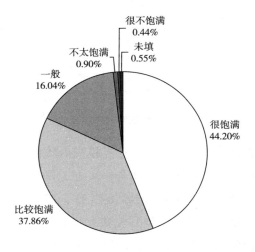

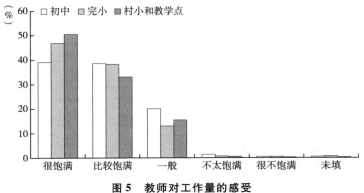

图5　教师对工作量的感受

5. 工作压力。调查数据显示，八成以上教师感到工作压力大。其中30.26%的教师感到工作压力非常大，50.62%的教师感到工作压力比较大，17.95%的教师感觉一般。只有0.57%和0.08%的教师感工作压力比较小和非常小（见图6）。

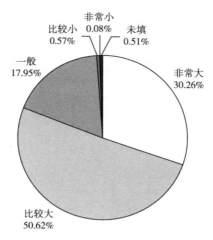

图 6　教师感知的工作压力

一般认为，教师工作时间表现出边界模糊的特性，表现在教学时间与非教学时间界限模糊，法定工作时间与非法定工作时间界限模糊。除课堂教学工作以外，教师需要做很多看不见的工作，即需要在课堂甚至工作日之外完成的工作。这些"隐形工作"花费教师大量的工作时间，以至于学校工作渗透到教师的私人生活之中，让教师感到工作压力大。

进一步分析表明，在感到工作压力非常大和比较大的教师中，中青年教师占主体，具体见图7。

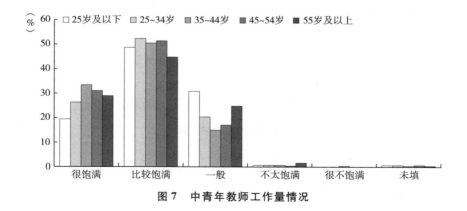

图 7　中青年教师工作量情况

而农村初中、完小、村小和教学点教师对工作压力的感受情况大体相当，具体见图8。

242

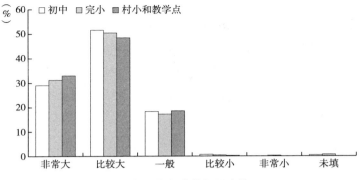

图8　农村中小学教师压力情况

二　关于工资待遇

1. 工资水平。调查数据显示，七成教师2013年全年应发工资（含基本工资、基础性绩效、奖励性绩效等工资性收入，个人缴交的住房公积金、基本医疗保险、税收等不予扣除，但不含单位为个人缴交的住房公积金、基本医疗保险等）在4万元以下。具体情况见图9。

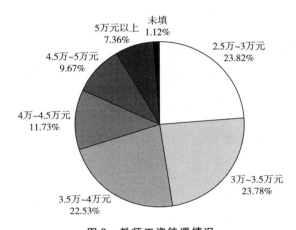

图9　教师工资待遇情况

2. 对收入的满意程度。调查数据显示，六成以上教师对目前的收入不满意。其中对收入感到非常满意和满意的仅占0.68%和3.58%。具体如下。

从区域分析，对收入感到不满意和非常不满意的教师的比例依次是宁德、龙岩、南平、三明、福州、漳州、莆田、泉州、厦门。具体如图10。

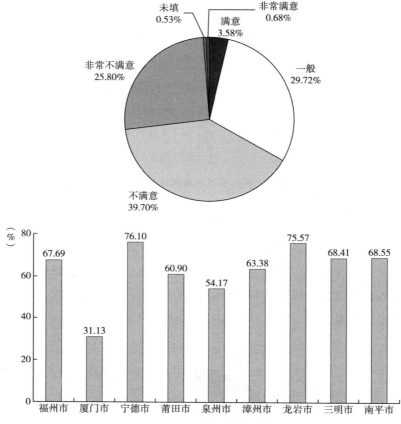

图 10　教师对收入的满意程度及区域分析

三　关于生活情况

1. 住房。调查数据显示，七成以上农村教师通过自购商品房和父母或配偶宅基地建房解决自有住房问题。其中，自购商品房的占 31.29%，利用父母或配偶宅基地建房的占 41.04%，学校集资建房的占 2.84%，购买经济适用房或政府限价房的占 4.27%，住学校周转房的占 5.99%，租赁社会房的占 8.09%。

2. 身体健康状况。调查数据显示，近五成的教师感到自己身体状况一般。其中感到自己身体状况良好的占 28.96%，有 1.13% 的教师有重病或大病。具体见图 11。

3. 生活中的主要困扰。调查数据显示，农村教师生活中的主要困扰，

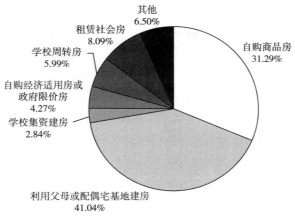

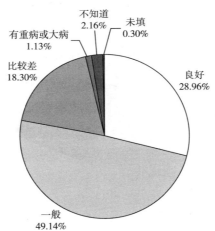

图 11　教师住房情况及健康妆况

按程度居前 3 位的是：（1）经济收入，占 91.51%；（2）工作压力，占 58.93%；（3）住房，占 38.8%。具体见图 12。

四　关于职业感受

1. 工作满意度。调查数据显示，五成以上教师感到目前的工作一般，而对工作感到非常满意和满意的占 1.12% 和 18.99%，对工作感到不太满意和非常不满意的占 18.41% 和 6.5%。

进一步分析表明，而农村初中、完小、村小和教学点教师对工作满意程度大体相当，具体见图 13。

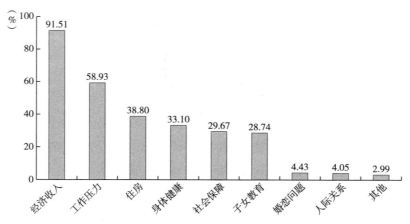

图 12　教师生活中的主要困扰

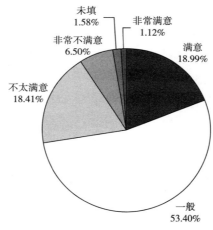

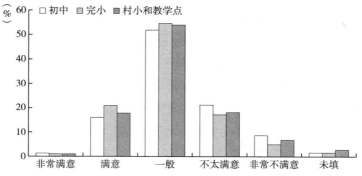

图 13　教师工作满意度

2. 工作中的主要困扰。调查数据显示，农村教师工作中的主要困扰，按程度居前 3 位的是：（1）工资待遇低，占 88.19%；（2）专业技术职务晋升困难，占 52.86%；（3）工作负担太重，占 42.59%。具体如图 14：

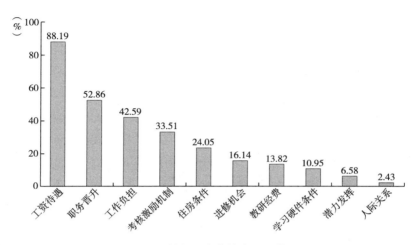

图 14　教师工作中的主要困扰

3. 对乡村环境的感受。调查数据显示，农村教师感到在乡村学校工作生活不利条件最主要的是：（1）交通不便，占 34.15%；（2）缺乏公共服务设施，占 33.68%；（3）经济发展水平低，占 29.61%。具体见图 15。

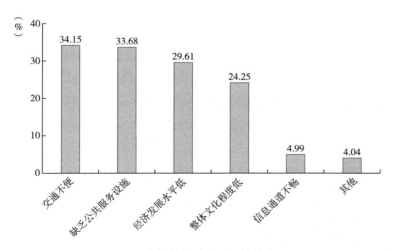

图 15　农村教师对乡村环境的感受

4. 进城意向。调查数据显示，有 37.93％ 的教师正在努力争取机会调到县城学校工作，59.05％ 的教师没有准备调往县城学校（见图16）。

进一步分析各年龄段教师争取进城的意向，年龄在 35 岁以下的青年教师中有 55％ 左右在努力争取。

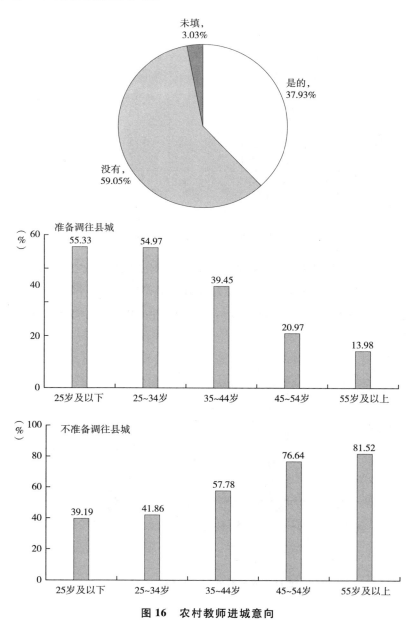

图16 农村教师进城意向

年龄 45~54 岁的教师有 76.64%，55 岁及以上的教师有 81.52%，目前没有准备进城。

5. 职业认同感。调查数据显示，近四成的教师表示，如果可以重新选择，不会选择成为一名教师。49.13% 的农村教师认为"可能会"，只有 10.1% 的农村教师认为"肯定会"。

进一步分析表明，在职业认同度上，村小和教学点教师高于完小教师、完小教师高于初中教师。具体如图 17。

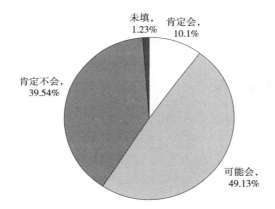

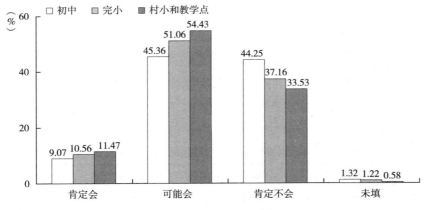

图 17　教师职业认同感情况

6. 职业需求。调查数据显示，八成以上农村认为只有在工资待遇上给予更多的倾斜，才能吸引优秀人才到农村任教，其次是认为要在职称聘任上给予更多的倾斜。具体如图 18。

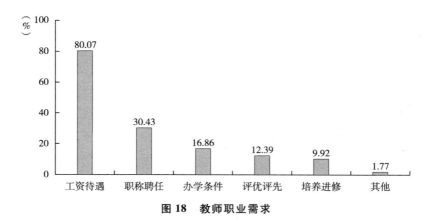

图18 教师职业需求

五 关于专业发展

1. 影响专业发展的最主要原因。调查数据显示，农村教师认为影响自身专业发展最主要的原因，居前三位的是：（1）工作压力大，无暇顾及，占 39.27%；（2）学生基础差，没干劲，占 29.5%；（3）办学条件差，经费不足，占 26.45%。具体如图19。

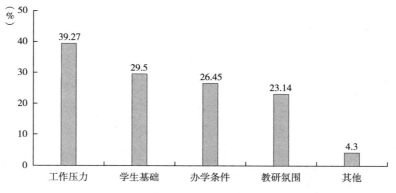

图19 影响教师专业发展的主要因素

2. 专业知识需求。调查数据显示，农村教师感到在教学中最缺乏的知识，居前三位的依次是：（1）"课改新理念"占 28.13%，（2）"教科研方法"占 19.6%，（3）"人文修养和艺术鉴赏"占 17.25%。具体如图20。

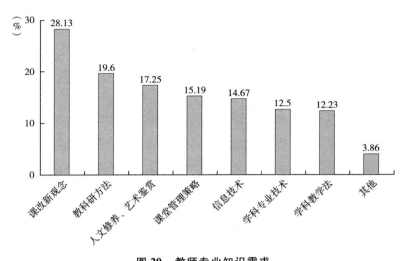

图 20　教师专业知识需求

课 题 指 导：陈明庆

课 题 组 长：郭春芳

课题组成员：杨振坦　林斯坦　肖龙井　尹雪梅

　　　　　　胡　静　郑　芳　周　伟　黄澄辉

执　　　　笔：肖龙井

福建省中小学教师队伍建设及培训体系研究报告

百年大计，教育为本；教育大计，教师为本。教师是办学的主体，是教育的第一资源。建设一支高素质专业化的中小学教师队伍，是落实教育优先发展战略，努力办好人民满意的教育的关键所在。加强教师培训，是深入贯彻科学发展观、促进教育公平的重要举措，是推进实施素质教育、全面提高教学质量的必然要求，也是广大中小学教师专业化成长的内在需求和愿望。

党的十八大把努力办好人民满意的教育作为改善民生的首要任务，提出加强教师队伍建设，提高师德水平和业务能力，增强教师教书育人的荣誉感和责任感。《国家中长期教育改革和发展规划纲要（2010~2020）》指出，"要完善培养培训体系，做好培养培训规划，优化队伍结构，提高教师专业水平和教学能力"。《国务院关于加强教师队伍建设的意见》要求，"建立教师学习培训制度，完善教师培养培训体系"。《福建省中长期教育改革和发展规划纲要（2010~2020）》提出，"完善教师培养培训体系，强化教师教育教学能力培训"。加快建设一支师德高尚、业务精湛、结构合理、充满活力的高素质专业化教师队伍，是新时期教育事业科学发展的迫切要求。

为贯彻落实中央和福建省关于加强中小学教师队伍建设和教师培训工作的决策部署，全面了解福建省中小学教师队伍建设和教师培训工作现状，为谋划新时期全省中小学教师建设和教师培训工作提供决策参考，2012年1月，受福建省教育厅委托，福建教育学院成立以副院长郭春芳教授为组长，学院办公室、师训处和有关研修部专家组成的课题组，对福建省中小学教师队伍建设现状及培训工作情况进行深入调研。调研采取文献资料分析、实地考察走访、专题研讨和问卷调查相结合的方式进行，先后召开十多场培训班学员座谈会，结合开展"福建省县域义务教育基本均衡公众满意度调查"工作，深入 24 个县（市、区）开展问卷调查和座谈访谈，同时在"福建基础教育网"开设网络问卷调查专栏，通过 18 个县（市、区）教育局组织开展教师网络问卷填报工作。在收集大量有关资料和数据的基础上，经过课题组全体成员认真梳理归纳、分析研究、总结提炼，形成了《福建省中小学教师队伍建设及培训体系研究报告》。

2008 年以来，福建省在加强中小学教师队伍建设方面采取一系列具有开创性、突破性的做法，取得了明显成效，积累了宝贵经验，为建设高素质专业化教师队伍奠定了良好的基础。教师培训是加强教师队伍建设的重要环节，在基础教育进入以内涵发展、质量提升为核心任务的新形势下，完善教师培训体系，提升教师培训能力是加强中小学教师队伍建设重中之重的任务。本研究报告在全面总结近年来，特别是 2008 年以来福建省加强中小学教师队伍建设经验做法的基础上，深入分析了福建省中小学教师队伍结构现状和培训需求，提出"十二五"期间构建中小学教师培训体系的政策建议。

研究报告分为三个部分，第一部分是福建省加强中小学教师队伍建设的主要做法和经验启示；第二部分是福建省中小学教师队伍结构现状和培训需求；第三部分是构建福建省中小学教师培训体系的政策建议。

一 福建省中小学教师队伍建设的主要做法和经验启示

福建省委、省政府高度重视中小学教师队伍建设，把加强教师队伍建设作为提升教育质量的基础工程来抓。2008 年省政府制定出台《关于进一步加强中小学教师队伍建设的意见》；2009 年省政府召开改革开放以来首次全省中小学教师工作会议，全面规划新时期中小学教师队伍建设蓝图，不断加强对中小学教师队伍建设工作的政策引领，通过几年的不懈努力，福建省中小学教师队伍规模稳定增长，教师队伍年龄结构和专业结构持续优化，教师教育理念不断更新，实施素质教育和新课程改革的能力明显提高，教师队伍活力显著增强。

2011 年，全省普通中小学专任教师达 35.53 万人，小学、初中、高中师生比分别为 1：15.85、1：11.83、1：13.54；具有专科以上学历的小学教师和具有本科以上学历的初中教师分别达 77.94% 和 78.44%，均比 2000 年提高 60 多个百分点，普通高中专任教师学历达标率达 95.26%，比 2000 年提高了 31 个百分点；小学高级以上职务教师达 61%，是 2000 年的 3.2 倍，中学高级教师比例达 19.33%，比 2000 年提高了 14 个百分点，较好地满足教育教学需要。中小学教师队伍成为促进基础教育改革发展的有力支撑。全省适龄儿童少年义务教育入学率、巩固率、青壮年非文盲率继续保持在全国较高水平，覆盖全省人口 92.4% 的地区实现高水平、高质量普及九年义务教育；学前三年入园率约达 92%，连续多年位居全国前列；高中阶段毛入学率达 88%，基本普及高中阶段教育。

（一）福建省加强中小学教师队伍建设的主要做法

1. 坚持把师德建设放在首位，切实提高教师职业道德修养

师德是教师职业的灵魂。高尚的师德，是对学生最生动、最具体、最深远的教育。福建省坚持把师德建设放在教师队伍建设的首位，一手抓规范管理，以严格的制度作保障，一手抓典型引路，用榜样的力量鼓舞人，形成了"两手抓两手硬"的工作特色，树立了人民教师的崇高形象，教师赢得了全社会广泛赞誉和普遍尊重。

一是开展"师德建设年"活动，加强师德师风教育。2007 年以来，福建省每年围绕一个主题集中开展"师德建设年"活动，先后以"全面提高教育教学质量，办好人民满意的教育""爱岗敬业、教书育人、为人师表""忠诚履职、爱生乐教""学规划，强师德，树形象"等为主题，组织开展形式多样的师德师风教育活动，着力解决教师队伍中群众反映强烈的师德师风问题，不断增强教师教书育人的责任感和使命感，引导广大中小学教师严格遵守职业道德规范，积极践行高尚师德。各地各校以"师德建设年"活动为载体，深化活动主题，丰富活动内容，创新活动形式，促进师德建设各项措施落实。如厦门市教育系统持续开展"师德建设年""教师岗位大练兵""百名校长万名教师进社区进家庭"三项主题教育活动，把师德、师能、师风三项建设有机统一起来；福州市不断深化以"十查""三进""五评"为主要内容的"师德建设年"活动，积极构建师德建设

长效机制；三明市围绕师德建设年主题，推行"两项承诺"、推进"四项关爱"、组织开展"五个一"活动。2012年以来，省委教育工委把"创先争优"与师德建设年活动紧密结合起来，广泛开展"三访三创"活动，深入推进中小学教师家访活动，并将家访工作情况存入教师档案，作为考核教师师德情况的重要内容和评优评先的重要依据，引导广大教师以爱育爱，做学生成长的导师。

二是建立师德考评体系，规范教师从教行为。2009年，福建省制定出台《福建省中小学教师职业道德考核办法（试行）》，明确24条师德规范要求，建立师德年度考评机制，并在全国率先提出中小学师德"一票否决"20种情形，明确规定教师"应该做什么，不应该做什么"，使抽象师德有了具体评价标准和考评办法，有力地规范了全省中小学教师的职业道德和职业行为。同年，福建省出台《福建省中小学校和教职工绩效考核工作指导意见（试行）》，将师德建设作为学校办学水平的重要指标，把师德考核作为教师工作考核、职务评聘和评先评优的重要依据。各地各校以强化师德考核评价为手段，通过师德评议、设立举报电话等形式，认真解决群众反映强烈的有偿补课、有偿托管、学术不端等突出问题，引导教师自觉规范从教行为，积极践行高尚师德。三明市开展"六查六看"活动，规范教师从教行为；泉州市建立"八个严禁"制度，严厉查处有偿家教行为。近三年来，全省共查处58起师德违纪案件，对广大教师起到较好的警示教育作用。

三是树立先进教师典型，引领师德建设风尚。注重师德先进典型的示范引领作用，积极挖掘先进教师平凡工作中的不平凡精神，挖掘师德模范的真人、真事、真心、真情，使先进人物贴近教师、感染教师、引导教师。长期以来，全省教育系统广泛深入开展"师德标兵""师德先进个人"评选表彰活动，2008年以来，省委教育工委、省教育厅评选表彰了300多名"师德标兵""师德先进个人"，全省涌现出"全国教书育人楷模"黄金莲、"全国道德模范"阮文发、"全国模范教师"陈文明等一大批先进模范教师。2011年，福建省庄巧真老师在光明日报社、中央电视台等媒体举办的寻找"最美乡村女教师"的活动中，以其扎根农村战胜病魔的感人事迹，入选"全国十大最美乡村女教师"。各地各校也选树一批师德先进典型，并通过举办师德报告会、师德论坛和新闻媒体大力宣传先进典型事迹，在全社会弘扬尊师重教的良好风尚，营造关心教育、关心教师的良好氛围，激励广大教师静下心来教书，潜下心来育人，关爱学生，严谨笃学，勤恳敬业，淡泊名利，甘为人梯，乐于奉献，努力作学生爱戴、人民满意的教师。

2. 坚持把农村教师队伍建设作为重点，创新补充机制，改善教师队伍结构

党的十七大报告指出："加强教师队伍建设，重点提高农村教师素质"。《国家中长期教育改革和发展规划纲要（2010~2020年）》提出："要以农村教师为重点，提高中小学教师队伍整体素质"。福建省农村中小学占全省中小学校数的51.2%，农村中小学专任教师占全省专任教师数的48.1%。加强农村教师队伍建设是推进义务教育均衡发展，促进教育公平的重中之重的任务。针对农村教师队伍建设的薄弱环节，2008年以来，福建省大胆突破原有体制的条条框框，勇于先行先试，采取许多在全国具有领先示范意义的政策措施，有力推动全省农村教师队伍建设。

一是率先提高农村学校教职工编制标准。福建山区、海岛多，农村中小学区域分布广、学校规模小、生源分散。针对中小学教师编制"城乡倒挂"的问题，2008年，福建省在全国率先提出将县镇、农村义务教育学校教职工编制标准提高到城市学校水平，实行城乡统一的教职工编制标准，全省城市、县镇、农村初中学校统一按员生比1∶13.5配备教职工，小学在校生200人以上的学校按员生比1∶19.5配备教职工，在校生31~200人的学校按班师比1∶1.7配备教师，在校生10~30人的至少配备2名教师，在校生10人以下的配备1名教师。2009~2011年省教育厅、省财政厅、省公务员局联合下文，核增6500个编制用于补充农村小学紧缺学科教师。几年来，各地按照新的教职工编制标准，及时补充农村教师，着力解决农村学校"超编缺人"和教师队伍"青黄不接"问题，确保农村教育可持续发展。

二是率先实施新任教师全省统一公开招聘。为严把教师"入口关"，从源头上保证教师队伍的整体素质，福建省在2009年首次组织全省农村小学紧缺学科教师统一招聘工作的基础上，2010年在全国率先全面推行中小学新任教师全省公开招聘统一考试，2011年底福建省中小学新任教师公开招聘工作被列为国家教育体制改革试点项目。实施中小学新任教师公开招聘制度，坚持凡进必考、择优聘用，根据国标、省考、县聘、校用的要求，实行全省统一笔试，县（市、区）考核录用。其主要特点是：（1）规范教师补充程序，客观公正地选人用人，拓宽选人渠道，吸收优秀人才进入教师队伍；（2）遵循教师职业特点，科学设置考试内容和方法，选拔真正适合当教师的人才进入教师队伍；（3）在全省统一笔试的基础上，尊重各地用人自主权，推动地方及时补充师资，改善教师队伍结构。经过几年的探索和实践，福建省教师公开招聘工作体制机制不断完善，特别是坚持"阳光"操作，实行"四个公开"，即公开招聘范围、公开岗位条件、公开招聘程序、公开招聘时间，确保了招聘工作的公开、公平、公正，得到社会的欢迎和肯定。许多高校毕业生反映，福建省教师公开招聘"全省统一考试评卷、随机选择面试评委、根据成绩依次选岗"，体现了政府的公信力；许多县（市、区）的教育行政部门负责人和校长反映，教师公开招聘给他们在精神上"减负"，因为公开招考让自己不必再为"条子"犯愁，而且新招聘教师的水平整体提高了。2010年、2011年全省各地通过公开招聘补充中小学新任教师1.1万人，其中农村教师占60%以上，紧缺学科教师占40%以上，有效改善了教师队伍结构。

三是积极引导优秀大学毕业生到农村任教。高校毕业生是宝贵的人才资源。针对一方面大学生就业形势严峻，另一方面农村教师岗位的人才需求缺口仍然比较大的新情况，福建省加强政策引导，鼓励优秀大学毕业生到农村任教，支持各地及时补充吸纳新教师，重点实施三项计划：（1）实施农村紧缺师资代偿学费计划。省教育厅、省财政厅联合发文，规定凡具备相应教师资格的本科毕业生到福建省一般转移支付县乡镇及以下的农村中小学任教，按每人每年5000元计算，逐年退还学费，连续退费4年，所需经费由省级财政承担。在绩效工资改革中，福建省特别规定，高校毕业生到乡镇及以下中小学任教的，可直接转正定级，转正定级时薪级工资高定1级。（2）实施经济困难县补充农村学校教师资助计划（简称"省特岗计划"）。省财政从2009年起，五年内拟投入1.35亿元，按每人每年1.5万元的标准，连续三年对20个经济困难县新补充农村教师的工资性支出进行资助，支持经济困难县及时开展编制核定，及时补充新教师。三年已累计资助经济困难县补充教师1600名。（3）开展农村学校教育硕士师资培养计划。通过推荐免试、免缴学费的办法，从省内高校吸引一批具备相应教师资格的应届本科毕业生到农村中学任教并在岗完成教育硕士学业。同时规定，各市、县（区）在中小学新任教师招聘中要安排一定比例用于招聘参加"三支一扶计划"、"志愿服务西部计划"（含研究生支教团）、"支援服务欠发达地区计划""高校毕业生服务社区计划"等服务基层项目服务期满考核合格的高校毕业生。

四是多措并举改善农村教师队伍结构。由于农村小学、教学点办学规模小，按现有编制标准仍难以按学科配备教师。在完善农村教师补充机制的同时，为改善农村中小学教师队伍学科结构，缓解部分学科师资紧缺状况，近年来福建省各地立足于内部挖潜，采取多种措施补充农村紧缺学科教师，确保到2012年全省所有农村学校开足开齐课程。如开展农村教师转岗培训，引导富余学科教师转岗担任紧缺薄弱学科专任教师；采取"走教"等形式，鼓励中心小学、完全小学教师到农村教学点从事紧缺学科教学；利用农远工程辐射优质课程资源，实施农村边远小学、教学点紧缺学科教学等。针对农村中小学布局结构调整，寄宿制学校增多的情况，2010年省教育厅会同省委编办、省公务员局、省财政厅出台《关于加强普通中小学校生管教师队伍建设的通知》，明确寄宿制普通中小学生管教师配备标准（寄宿生在50人以下的学校原则上配备1名生管教师，50～99人的配2名，100～300人的配3名，300人以上的酌情配4～5名），规定生管教师所需编制原则上在县域内中小学校教职工总编制内调剂解决，要求各地加强师资统筹调配，引导超编教师、富余学科教师从事生管工作，进一步优化农村教师队伍结构。

3. 坚持把推进教师轮岗交流作为突破口，有效促进义务教育师资均衡配置

打破校际藩篱，推进教师轮岗交流，是促进义务教育均衡发展的突破口。福建省以承担国家教育体制改革项目"县域内义务教育学校教师校际交流"为契机，努力在体制机制上创新和突破，推进试点工作取得实效，2013年将在全省逐步推广，2017年全省基本实现县域内义务教育师资均衡配置。

一是坚持试点先行，探索"以县为主"教师管理体制。福建省于2009年在闽侯县等11个县（市、区）开展"教师人事关系收归县管，实施教师校际交流工作"试点工作，积极探索县域教师管理新模式。闽侯县实施片区联动，建立小学、初中办学联合体，组织教师超编和带岗交流、竞岗交流、对口协作交流，同时加大教师周转房建设力度，实行绩效工资农村教师倾斜政策，引导教师向山区、半山区流动；荔城区对交流到农村、山区的教师给予经济补贴；光泽县统一义务教育阶段城乡教师岗位结构比例，成立退休教师协会，统一退休教师管理和服务，切实解决交流教师的后顾之忧；海沧区实行小学教师全员竞聘上岗，以竞聘促交流；台江区坚持以人为本，采取组织选派和教师志愿相结合，多形式开展交流工作。各地还普遍将校长、教师参与校际交流的工作表现作为绩效工资分配、职务晋升、培养培训、表彰奖励的重要依据，并注意解决教师交流中岗位聘任、工资待遇和生活配套等问题，鼓励教师积极参与交流，维护教师队伍稳定。几年来，各试点县（市、区）参与交流教师均达到应交流人数的10%以上，有效促进师资优化配置，"择校热"得到缓解，教师工作热情和业务潜力在交流中得到激发，教学能力和水平得到提升。各试点地区先行先试，大胆创新，为全省开展"县管校用"教师人事制度改革积累了宝贵的经验。

二是理顺管理体制，实行县域教师管理"六个统一"。在总结试点地区工作经验的基础上，2011年省教育厅、省公务员局、省委编办联合出台《县域内义务教育学校教师校际交流试点工作指导意见》，推进县域内中小学教师管理实现"六个统一"，即统一教师工资待遇、统一教师编制标准、统一学校岗位结构比例、统一教师招考聘用、统一教师考核办法、统一退休教师管理和服务。统一县域内义务教育学校工资待遇，在工资分配上向农村倾斜，有利于从经济待遇上吸引教师在农村长期从教；统一县域内学校岗位结构比例，适当增加农村学校中高级岗位，有利于在制度上推动优秀年轻教师从高级职称较为集中的城区学校、优质学校向高级职称较为稀缺的农村学校、薄弱学校流动。实行"六个统一"，将教师由"学校人"变为"区域人"，有效盘活教师资源，促进县域内师资均衡配置。为确保教师管理体制落到实处，福建省政府进一步明确规定了县级教育、人事、编制部门的教师管理职责和工作分工，由县级人事部门对县域内中小学教职工人事管理实施宏观管理、指导和监督；县级教育行政部门主管教师工作，负责教师资源配置，依法履行中小学教师资格认定、招考聘用、职务评聘、培养培训和考核等管理职能，从而理顺了教师管理体制。

三是建立交流制度，促进县域教师流动规范有序。福建省提出，县域内义务教育学校教师校际交流原则上在本县（市、区）义务教育阶段公办学校进行，按照科学交流、合理交流、公开交流、规范交流和以人为本、积极稳妥的原则，在保持学校办学优势和特色的前提下，"扬峰填谷"，逐步推进，从总体上提升福建省义务教育阶段的办学水平和质量。教师校际交流坚持先易后难、分步实施，先实行分片区交流，以县域内优质学校为龙头，分别联合周边农村学校、薄弱学校，形成若干个片区，在片区内进行教师校际交流。在此基础上，不断完善教师校际交流工作机制，逐步扩大教师校际交流范围。福建省规定，在同一所学校工作满一定年限的教师列为应交流对象，每年交流人数原则上为应交流对象的10%左右；在同一所学校任职满两届（每届一般3~5年）的校长原则上也要进行交流。各地应重点引导优秀校长、骨干教师向农村学校、薄弱学校流动，超编学校教师向缺编学校流动。各地要坚持组织选派与教师个人志愿相结合，采取指导性交流、岗位竞聘交流、校际协作交流、个人申请交流等多种形式开展教师校际交流工作，努力确保教师校际交流工作稳步推进、规范有序。

四是完善配套措施，形成教师轮岗交流长效机制。教师校际交流事关教师切身利益。推进教师轮岗交流，必须加强政策引导，强化激励机制，坚持以人为本，解决好教师的后顾之忧。福建省从2009年开始实施城镇学校教师农村任（支）教服务期制度，引导教师到农村学校、薄弱学校任教，城镇中小学教师评聘中、高级教师职务应有农村学校任（支）教1年或薄弱学校任（支）教3年的经历，其中城镇义务教育学校40周岁以下（含40周岁）教师评聘高级教师职务应有农村学校任（支）教2年以上的经历。同时对积极参与校际交流、在教育教学工作中发挥骨干示范作用的教师，在评先评优、职称评聘等方面给予倾斜；具备中、高级职称资格的教师交流到农村学校、薄弱学校工作，可优先聘任中、高级职务；交流到异校中、高级岗位的教师，其在原学校聘任的中、高级职务的细分等级可以保留。两年来，全省已有一万多名城镇教师先后到农村学校、薄弱学校支教。为消除教师后顾之忧，福建省大力支持各地建设教师周转房，优先保证校际交流教师使用，切实解决校际交流教师的住房问题。

4. 坚持把提升教师教学能力作为核心，切实加强教师培训工作

适应新课程改革和实施素质教育对教师队伍素质提出的新要求，坚持面向全员、突出骨干、倾斜农村的原则，实施项目带动战略，大力开展以提高教育教学能力为核心的中小学教师培训，努力建设一支高素质专业化的教师队伍。

一是实施"两个工程"，重点提升农村教师素质。在大力开展农村紧缺学科教师补充工作的同时，大规模开展农村教师专项培训，努力提高农村教师适应素质教育和新课程改革的能力。2009年以来，省、市、县三级教育行政部门联合组织实施"农村教师教育教学能力提升工程"和"农村校长办学治校能力提升工程"，五年累计投入1.5亿元，免费对全省15万农村教师（校长）轮训一遍，其中省级培训1万名农村教师、1000名农村校长。"两个工程"是福建省首次对农村教师实施的高规格、高层次的专项培训，也是福建省规模最大的一次农村教师系统培训，充分体现了省委、省政府对提升农村教师整体素质的高度重视。"两个工程"省级培训任务将于2012年完成，市、县两级培训正扎实推进，有效提升农村教师的教学能力和专业素养。

二是启动"百千万人才工程"，加快名优骨干教师培养。近年来，福建省中小学教师队伍素质整体得到很大提升，基础教育质量持续保持较好水平，但是中小学教师中在教育教学中具有很强领军作用的骨干教师不多，在全国具有一定影响作用的名师、名校长数量较少。为加快培养福建省基础教育高端人才队伍，2010年，福建省启动实施"基础教育百千万人才工程"，即在全省遴选100名名师培养人选和100名名校长培养人选进行重点培养，着力打造一批师德高尚、教育理论素养深厚、教育教学艺术精湛、综合素质强的名师和名校长，力争产生若干有较高知名度的教育家；在全省遴选、培养1000名学科教学带头人和1000名骨干校长，建设一支师德高尚、教育理念先进、专业基础知识扎实、教育教学能力强的学科教学带头人队伍和一支办学理念先进、管理能力强，具有开拓创新精神的骨干校长队伍；在全省培养 10000 名省级骨干教师，形成一支覆盖基础教育各级各类学校、学科结构合理、教育教学能力过硬的骨干教师队伍。省级财政为此投入资金 3600 万元。目前首批遴选的 96 名中小学教学名师和 108 名名校长培养人选、1001 名学科教学带头人和 212 名骨干校长已依托福建师大、福建教育学院等八所高校进行培养培训。各地也纷纷结合实际制定了骨干教师、学科教学带头人培养规划，厦门市采取"导师制"培养名师；福州市开展了名师访学研修活动，着力打造闽派特色中小学名师；漳州市实施了"名师十百千工程"；龙岩市打造"红土书香"教育品牌，评选名师、名校长等。近两年来全省累计培养市级以上骨干教师达 1.65 万人。

三是举办教学技能竞赛，推动教师岗位大练兵。从 2010 年起全省组织开展了大规模的中小学教师岗位大练兵活动。大练兵活动以学校为主体，以提升教师教育教学能力为核心，坚持"干什么、练什么"，"缺什么、补什么"的原则，分层次、常态化进行。福建省各级教育行政部门还开展形式多样的中小学教师教学技能大赛，以赛促练、以赛促学，营造"人人学业务、个个当能手"的良好氛围。2010 年省教育厅联合省总工会举办福建省首届中小学教师教学技能大赛，这是改革开放 32 年来福建首次举办的全省性、全学段、全学科的中小学教学技能赛事。大赛有几个显著的特色：（1）规模大。在全省 34 万教师岗位练兵基础上，通过各设区市选拔，共有 528 人选手参赛，分成高中组、初中组、小学组、幼儿园组四个学段 33 个主要学科组，组委会从评委库中抽调了 259 位评委，组织动员 150 名工作人员服务赛事。（2）专业性强。比赛的项目有教学设计、片段教学、板书设计、课件制作、玩具教具制作、命题简笔画、综合素质（现场答题和试卷答题）7 大项，体现教师专业特点和职业要求，有很强的针对性、实战性。（3）奖项层次高。各参赛组设特等奖一名，授予特等奖获得者"福建省五一劳动奖章"。同时，根据各设区市组织竞赛活动以及参赛选手获奖情况取前三名，授予优秀组织奖和"福建省五一先锋岗"称号。目前，全省中小学教师教学技能大赛已成为福建省中小学教师常规比赛项目，每两年举办一次，有力推动福建省中小学教师广泛开展岗位大练兵，提升教学业务水平。

四是开展"送培下乡",发挥名师引领作用。在不断提高农村教师参加省、市专项培训比例的同时,福建省还针对农村学校交通不便,培训师资薄弱的实际,积极探索经济、高效的农村教师培训模式。2007年以来,全省各地广泛开展名师"送培下乡"活动,组织特级教师、学科教学带头人到经济欠发达县、农村中小学校开展培训,以高层次、高质量的培训促进农村教师队伍整体素质的提高,仅省教育厅组织的名师"送培下乡"活动,已累计为40多个山区、海岛和经济欠发达县培训农村教师(校长)2万多人次。同时,各设区市建立了一批名师工作室,以名师工作室为载体,以名师为引领,以学科为纽带,搭建促进中青年教师专业成长以及名师自我提升的发展平台,打造一支有成就、有影响的高层次教师团队,在引领中小学教师提升素质方面发挥重要作用。

五是坚持面授网授并举,扎实推进教师全员培训。开展全省中小学教师全员培训,突出强调教育教学能力提高,注重密切联系教育教学实际。近年来各级教师进修院校、师范院校,通过集中面授培训与远程网络培训相结合,重点组织实施了教师职业道德培训、高中教师新课程培训、班主任培训、教育技术能力培训等专项培训,近五年全省累计培训教师达100万人次,其中省教育厅组织的高中新课程教师省级培训16万人次,班主任培训约6万人次(含参加国家级远程培训1.1万人次),教育技术能力培训2万余人次,另有5万多人参加了英特尔未来教育核心课程培训,为福建省基础教育课程改革的顺利实施奠定了坚实的师资基础,有力促进了班主任工作水平和教师教育技术能力的提高。

六是加强进修院校建设,完善教师培训体系。大力加强省、市、县三级教师进修院校建设,积极构建以教师进修院校为主体,师范院校、优秀中小学校共同参与的灵活、开放的教师培训体系。2008年,省政府决定大力加强福建教育学院建设,强化其培训和教研功能,把福建教育学院建设成为全省中小学教师省级培训主要基地和中小学教师继续教育的政策研究咨询和业务指导中心。同时,以开展省级示范性县级教师进修学校评估工作为抓手,推进各县(市、区)教师培训、教研、电教等资源整合,努力将县级教师进修学校建设成为县域内教师学习和资源中心,目前全省已评估认定示范性县级教师进修学校27所,其中国家级示范校2所。近年来,全省教师进修院校深入实施"三级联盟"计划，广泛开展八个方面的合作，即共同研制培训方案、共享共用培训师资资源、共建共用培训基地、共建共享网络信息资源平台、共同办好基础教育刊物、联手承接培训业务、联合开展基础教育热点难点问题调查研究、共同实施人才强校战略，实现资源共享、优势互补，形成强大培训教研实体，成为支撑中小学教师专业成长的有力平台。

5. 坚持把提高教师地位待遇作为重要保障，努力调动教师工作积极性

稳步提高教师地位待遇，着力保障"优者从教、教者从优"，切实增强教师的职业吸引力，有效激发广大教师教书育人的事业心和责任感，越来越多的优秀人才选择从教，越来越多的基层教师享受到职业幸福感。

一是评选杰出人民教师，不断加大对优秀教师表彰和奖励力度。2004年福建省委、省政府评选表彰首届"福建省杰出人民教师"33名，奖励每位教师一辆东南菱帅轿车；2009年省委、省政府评选表彰第二届"福建省杰出人民教师"33名，奖励每位教师一辆价值32万元的"大捷龙"商务车，并建立起三年一届的评选表彰机制；2012年评选出第三届"福建省杰出人民教师"33名，省委、省政府在教师节期间召开隆重的表彰大会进行表彰。在已评出的99名"福建省杰出人民教师"中，中小学教师共69名，其中农村教师13名。同时，福建省每三年一次评选表彰省优秀中小学校长、优秀农村教师，每四年一次评选福建省特级教师，2000年以来已有562人被授予特级教师荣誉称号，有300人被评为省优秀中小学校长、500人被评为省优秀农村教师。各地也普遍建立优秀教师评选机制，营造尊师重教的浓厚氛围。省教育厅还专门设立了中小学幼儿教师奖励基金，表彰奖励模范教师、优秀教师、师德标兵以及长期在农村任教的优秀教师，并与省委组织部联合组织优秀农村教师赴北京休假活动。福建省是著名侨乡，海外华侨有尊师重教、捐资兴学优良传统。全省注重充分利用侨资侨力，设立各种奖教金，表彰奖励优秀教师，如海外侨胞林尚德先生发起成立的尚德教育基金会，与省教育厅合作设立了1000万元的"优秀农村教师奖励金"，从2009年起十年奖励1000名"福建省优秀农村教师"，每人奖金1万元人民币，至今已奖励400名优秀农村教师。

二是实施绩效工资制度，切实提高教师待遇水平。2004年，福建省全面建立中小学教师工资国库统一发放机制，解决了农村教师被拖欠工资的问题。2008年，在全国率先提高中小学教师津贴补贴标准，省级财政从当年超收的21.65亿元中拿出12.55亿元，支持地方财政提高中小学教师工资，确保县域内教师平均工资水平不低于当地公务员平均工资水平，确保县域内农村教师待遇不低于城镇教师待遇，并建立了中小学教师与公务员工资联动机制。2009年，全面实施中小学校绩效工资改革，将义务教育学校实施绩效工资所需经费全额纳入财政预算，教师工资待遇有了较大幅度的提高。同时，切实发挥绩效工资打破大锅饭，奖勤罚懒，奖优罚劣的激励和约束作用，充分调动广大教师的积极性、创造性。

三是关注特殊困难群体，努力维护教师合法权益。按照《民办教育促进法》规定，积极落实民办学校教师在业务培训、教龄和工龄计算、职务聘任、表彰奖励、社会活动等方面与公办学校教师享有同等权利；规范民办学校教职工聘用合同，明确民办学校与聘用教职工的权利义务，督促民办学校按合同兑现教职工的工资、福利待遇，为教职工缴纳社会保险、住房公积金，并参照公办学校岗位结构标准聘任具备相应职称的教师，切实维护民办学校教师合法权益。福建省民办教师退养工作做得比较早，也比较好，在绩效工资改革中注意将民办退养教师统筹列入考虑，确保稳定，同时采取招聘、转岗、辞退、补偿等多种措施妥善解决了3000多名代课教师问题。将长期在农村任教，且有实际困难的教师住房纳入当地保障性住房建设体系，如闽侯县2011年共有100多户山区教师家庭申请到位于县城最好地段的"两限房"，确保教师安居乐业。每年教师节和春节期间，各级党委和政府都组织开展走访慰问和扶贫救助活动，对家庭经济比较困难的教师在生活上尽最大努力给予关心和帮助，切实解决他们生活上的后顾之忧，让他们能够安心工作。

(二) 福建省加强中小学教师队伍建设的经验启示

几年来，福建省加强中小学教师队伍建设工作受到上级领导和社会各界的广泛关注。国务委员刘延东同志专门批示肯定福建省加强农村教师队伍建设的举措；省教育厅先后应邀在教育部年度会议和全国教育人才工作会议上介绍中小学教师队伍建设经验；中央电视台、《人民日报》和《中

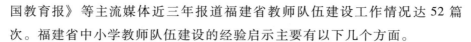

国教育报》等主流媒体近三年报道福建省教师队伍建设工作情况达 52 篇次。福建省中小学教师队伍建设的经验启示主要有以下几个方面。

1. 必须加强组织领导

党委政府重视是加强中小学教师队伍建设的前提。加强教师队伍建设要形成党委政府高度重视，教育行政部门牵头负责，有关部门积极配合的中小学教师队伍领导管理体制。福建省委、省政府高度重视中小学教师队伍建设，2008 年省政府出台了《关于进一步加强中小学教师队伍建设的意见》，2009 年，省政府召开了改革开放以来首次全省中小学教师队伍建设工作会议，对加强中小学教师队伍建设做出了全面部署。近几年来，原省委书记孙春兰多次听取教育工作汇报，深入中小学校调研，对加强中小学教师建设做出重要指示和明确要求。2004 年，福建省在全国率先建立了省、市、县三级教育工委体制，由各级党委常委兼任教育工委书记，全面负责当地学校党建、干部管理和重大教育改革发展方针制定，在加强中小学教师队伍建设的统筹协调方面发挥了重要作用。省委常委、副省长、省委教育工委书记陈桦倾情关注中小学教师队伍建设，悉心指导并亲自修改教师队伍建设的重要文件，亲自协调省直有关部门落实中小学教师队伍建设政策措施。全省各级党委、政府主要领导，都把加强中小学教师建设摆上重要议事日程，亲自过问、亲自负责，为加强教师队伍建设提供强有力的组织保障。在各级党委、政府的重视支持下，各级教育行政部门根据省政府对教育、财政、人事、编制等有关部门在中小学教师队伍建设中的职责分工要求，发挥主体作用，积极主动作为，加强沟通协调，努力争取各方的配合和支持，努力形成"齐抓共管"的工作格局。

2. 必须做好顶层设计

随着教育改革逐渐步入"深水区"，积累下来的主要是体制性、政策性的问题和矛盾，加强教师队伍建设必须强化以提升教师队伍整体素质为主题的政策引领。福建省在加强中小学教师队伍建设工作中，始终坚持自上而下原则，从制度层面、政策层面，做好总体设计和系统谋划。几年来，省政府相继出台了《关于进一步加强中小学教师队伍建设的意见》《福建省 2010～2012 年教育改革和发展的重点实施意见》《福建省中长期教育改革和发展规划纲要（2010～2020 年)》，对中小学教师队伍建设进行了近期、中期和远期发展规划。按照省政府的部署,省教育、人事、编制、财政等部门密切配合,紧紧围绕提升中小学教师队伍整体素质这一发展主题,逐项制定出台改革的指导意见,实施了一系列配套的"组合拳":如通过增加编制、吸引优秀毕业生到农村任教、加强农村教师培训等,着力补"短板",提升农村教师队伍的整体素质;通过补充紧缺学科教师,引导超编教师、富余学科教师转岗、校际交流、农村支教等,着力调结构,提升教师队伍的学科适应性和发展均衡性;通过全员培训、岗位练兵、技能大赛等,着力增素质,提升教师队伍的教育教学能力;通过公开招聘、绩效工资、表彰奖励等,着力添活力,提升教师队伍的整体竞争力。从而,使中小学教师队伍建设既有系统设计、整体谋划,又有配套措施、重点突破,形成了比较完整、系统的政策体系。中小学教师队伍建设发展目标明确,改革线路图清晰,基层工作有章可循,确保全省中小学教师队伍建设取得实效。

3. 必须推进改革创新

教育要发展,根本靠改革。加强教师队伍建设必须着力破解束缚中小学教师队伍建设的重点难点问题。几年来,福建教育人发扬"敢拼会赢"的改革精神,以体制、机制和制度的纵深改革为突破点和着力点,勇于先行先试,着力解决教师队伍建设中牵动教育改革发展全局的主要工作、事关长远的重大问题、关系民生的紧迫任务,不断为基础教育改革发展注入源头活水。如在全国率先提高了农村学校教职工编制标准,并且实行员生比与班师比相结合的编制核定标准,初步解决了编制标准"城乡倒挂"的问题;积极创新农村教师补充机制,实施农村紧缺师资代偿学费计划、经济困难县补充农村学校教师资助计划等,较好地解决了高校毕业生到农村任教下不去、留不住的问题;明确了中小学教师"以县为主"管理的体制,并在全国率先实施了全省中小学教师公开招聘制度、县域内义务教育学校教师校际交流制度,创造性地实践了"国标、省考、县聘、校用"的中小学教师队伍管理机制,教师队伍两项改革被确定为国家教育体制改革试点项目。在全国率先与公务员同步调整提高全省中小学教师津补贴水平,依法保障教师权益,有效维护了中小学教师队伍的稳定。同时,在改革实施过程中,坚持科学论证、试点先行、因地制宜、整体推进,把握好改革的节奏和力度。看准了就大刀阔斧，一步到位；有争议的就试点先行，摸索前进。因势随形、知变则胜，不断与时俱进和改革创新，走出了一条符合时代特征、具有福建特色、适应教育发展需要的中小学教师队伍建设路子。

4. 必须抓好工作落实

中小学教师队伍建设有了清晰坚定的目标，关键在落实、关键在实效。抓好工作落实，就是要在主动运作、实干实效上下功夫，确保中小学教师队伍建设的目标任务落实基层落到实处。从 2008 年起，省政府每年都把教师队伍建设的重点和主要目标任务，列入对教育行政部门的绩效考核指标。省委教育工委、省教育厅围绕省政府确定的目标任务，建立责任分解机制，构建纵向联动、横向协调、内外统筹的工作落实体系。几年来，省教育厅积极协调编制、人事、财政等部门逐项制定配套政策和实施办法，逐项解决了教师编制、工资待遇、教师培训、职称评审、岗位聘任、交流轮岗、经费保障等诸多问题，坚持干一件是一件、干一件成一件，使各项改革"花开有果、落地有声"，看得见、摸得着，广大基层学校和教师实实在在感受到改革的变化、改革的成效。同时，福建省将中小学教师队伍建设的落实情况列入了"教育强县""对县督导"和义务教育均衡发展督导评估范围，建立常态化的督导评估机制，有力地促进了基层落实中小学教师队伍建设的各项政策措施。

5. 必须坚持以人为本

以人为本是科学发展观的本质与核心。教师队伍建设的主体是教师，加强中小学教师队伍建设就是要牢固树立尊重教师、依靠教师、服务教师的理念，把满足教师终身学习和全面发展的需要，把解决好广大教师最关心最直接最现实的利益问题，实现好维护好发展好最广大教师的根本利益，作为教师队伍建设工作的出发点和落脚点，充分调动教师的积极性、主动性、创造性，使教师真心参与改革、真正支持改革。在中小学教师队伍建设的工作中，福建省始终坚持以人为本，注重倾听基层教师意见，及时回应基层教师的关切。近年来，通过开展绩效工资改革、教师轮岗交流、教师职称评聘改革、教师工作负担、青年教师心理压力等涉及广大教师切身利益问题的专项调研，出台的各项政策具有很强的现实性、操作性。如，在听取基层教师意见的基础上，完善教师轮岗交流制度，除了进一步加大优惠政策支持引导力度以外，特别规定：因病、孕等原因不能坚持正常教育教学工作的教师不纳入交流；交流到农村学校、薄弱学校的教师，参与"二次交流"时，应优先考虑其交流意愿等。基层学校教师反映，教师轮岗交流措施非常具体、非常人性化。在以人为本、做好服务的同时，注意妥善处理好改革、发展、稳定的关系，坚持依法治教、从严治教，不断加强教师队伍的管理，引导教师规范职业行为，正确反映利益诉求，切实维护中小学教师队伍稳定。

6. 必须突出专业导向

教师专业化是教师职业发展的重要趋势。实践证明，教师专业化发展需要有专业化的机构和专业化的队伍来支撑引领。长期以来福建省教师进修院校在中小学教师学历提升、业务培训、教研科研和促进教师专业化发展工作中发挥重要作用。近年来，受教师教育职前职后一体化趋势的影响，许多地方教师进修院校功能逐步被淡化、弱化、边缘化，有的被撤并、取消，教师培训体系出现"网破、线断、人散"的局面。从全省教师进修院校系统比较健全、与基层中小学联系十分紧密的实际出发，福建省积极强化教师进修院校在中小学教师培训、教研工作的主渠道、主阵地作用。2008年福建省委、省政府决定保留福建教育学院，大力加强福建教育学院建设，将其建设成为全省中小学教师省级培训主要基地和中小学教师继续教育的政策研究咨询和业务指导中心。近年来，福建教育学院坚持以培训为主业，坚持改革创新，逐步成为专业化的培训机构，在全省中小学教师继续教育工作中发挥引领带动作用。在各县（市、区）政府的重视支持下，全省84所县级教师进修校，已有74所进行了培训和教研机构的整合，占县级教师进修校总数的88%，县级教师进修校基础能力建设得到加强，成为形成上联高校、下联中小学的区域性教师学习与资源中心，在集中培训、远程培训和校本研修的组织协调、服务支持等方面发挥重要作用，成为中小学教师专业成长的重要支撑平台。

7. 必须加大经费投入

加大经费投入，建立经常性的中小学教师队伍建设的经费保障机制，是加强中小学教师队伍建设的关键之举。尽管福建省的财力并不宽裕，但历届省委、省政府都格外支持教育事业发展，形成了重视教育、办好教育的传统，对教育的投入不断加大，从 2001 年起，福建省预算内教育经费占财政支出比重连续十年居全国首位。随着各级财政对教育投入的不断加大，对中小学教师队伍建设的投入也水涨船高。从 2008 年起，省级财政每年补贴地方 12.55 亿元，在全国率先提高了中小学教师津补贴标准。2012年省财政核拨中小学教师队伍建设专项经费已达 7500 万元，是 2007 年的15 倍。其中，仅核拨给福建教育学院的省级教师培训经费就达 1700 万元。省政府相关文件还明确规定，各级财政部门要按教职工年度工资总额1.5%～2.5% 的标准，核拨教师继续教育经费，并落实教师培训专项资金。农村中小学要按学校年度公用经费预算总额的 5% 安排教师培训经费，用于教师参加培训所需的差旅费、伙食补助、资料费和住宿费等开支。

二　福建省中小学教师队伍结构和培训现状调查分析

总体上看，福建省中小学教师队伍建设得到有力加强，中小学教师队伍数量满足需求、结构不断优化、素质持续提升，基本满足基础教育教学需要。同时，福建省中小学教师队伍仍存在学历结构、年龄结构、学科结构不合理的现象，教师资源在城乡之间、区域之间、校际之间配置不够均衡的问题，部分教师特别是农村教师学科专业素养和教育教学能力有待提高，教师队伍合理流动机制有待完善，教师培训体系有待完善，教师队伍管理还需进一步加强等。

（一）福建省中小学教师队伍结构现状分析

从福建省中小学教师总量及结构分析，福建省中小学教师队伍具有以下几个特点。

1. 教师数量及分布情况

从统计数据分析，福建省教师数量基本满足需要，配置状况总体改善，但城乡、区域、学科之间分布仍不均衡。

其一，从总量上分析。2001～2011 年，福建省中小学教师总体数量保持稳定，其中小学教师下降 14.56 个百分点，初中教师基本持平，高中教师增长 91.07%。至 2011 年，全省中小学专任教师总数 305507 人，其中小学 155337 人、初中 97795 人、高中 52375 人。从生师比分析，福建省义务教育阶段教师超编 41211 人，高中阶段教师缺编 2968 人，福建省中小学教师总量上超编 38243 人。

表1　2001～2011 年福建省中小学专任教师数量变化总体情况

单位：人

年　份	小　学	初　中	高　中	合　计
2001	181816	98455	27411	307682
2005	166465	98982	45328	310775
2010	156601	99333	52136	308070
2011	155337	97795	52375	305507

资料来源：福建省教育厅：福建省教育事业统计简明资料（2001 年、2005 年、2010 年、2011 年）。

表2　2011 年福建省中小学专任教师数量情况

单位：人

		学生数	学生与专任教师比			
			省定标准	可配教师	现有生师比	现有教师
小学		2460858	19.5：1	126198	15.8：1	155337
初中		1157266	13.5：1	85723	11.8：1	97795
义务教育阶段合计		3618124		211921		253132
普通高中	城区	284201	12.5：1	22736	13.45：1	21133
	镇区	386895	13：1	29761	13.68：1	28291
	乡村	38419	13.5：1	2846	13.02：1	2951
普通高中阶段合计		709515		55343	13.54：1	52375

资料来源：福建省教育厅：福建省教育事业统计简明资料（2011 年）。

其二，从城乡分布上分析。2001～2011 年，福建省中小学生师比逐年降低并趋于合理。2011 年，福建省生师比小学为 15.8：1、初中为 11.8：1、高中为 13.54：1，小学阶段城区学校近几年生源不断膨胀，生师比高于省定标准，而镇区、农村学校生师比均低于省定标准，教师大量富余；初中阶段城区学校生师比略高于省定标准，镇区、乡村学校生师比低于省定标准，教师较多富余；高中阶段城区和镇区学校生师比高于省定标准，教师数量相对不足。

表3　2001～2011年小学生师比总体情况

年　份	小　学	初　中	高　中
2001	19.50	19.73	16.07
2005	16.42	17.87	16.16
2010	15.25	12.83	13.55
2011	15.8	11.8	13.54

资料来源：福建省教育厅：福建省教育事业统计简明资料（2001年、2005年、2010年、2011年）。

表4　2011年福建省中小学分城乡学生与专任教师比情况

	城区学生与专任教师的比		镇区学生与专任教师的比		乡村学生与专任教师的比	
	省定标准	现有状况	省定标准	现有状况	省定标准	现有状况
小　　学	19.5	21.15	19.5	16.1	19.5	11.7
初　　中	13.5	13.9	13.5	11.7	13.5	9.8
高　　中	12.5	13.5	13	13.7	13.5	13.0

资料来源：福建省教育厅：福建省教育事业统计简明资料（2011年）。

其三，从学科分布上分析（见表5）。近几年，随着中小学教师补充机制不断完善，各地重点补充一批紧缺学科教师，中小学教师学科结构得到有效改善，但师资在不同学段、不同学科中配置不均衡的状况仍然存在。2011年，福建省小学专任教师中，语文、数学专任教师占73.56%，英语教师占4.02%，音乐、体育、美术教师的比例之和不足10%，与新课程设置比例要求对比，语文、数学等传统学科教师仍显过剩，音乐、体育、美术、英语、信息技术等学科专任教师仍显不足，能够承担科学、艺术、综合实践活动等综合性课程的复合型教师更为缺乏。

表5　2011年福建省小学分学科专任教师情况

学科	思想品德	语文	数学	英语	体育	科学
专任教师人数（人）	4655	61536	52740	6240	6131	3536
比例（%）	3.00	39.61	33.95	4.02	3.95	2.28
学科	艺术	音乐	美术	综合实践	其他	本学年不授课
专任教师人数（人）	390	4316	4198	4492	5151	1952
比例（%）	0.25	2.78	2.70	2.89	3.32	1.26

资料来源：福建省教育厅：福建省教育事业统计简明资料（2011年）。

表6　2011年福建省初中分学科专任教师情况

学　科	政治	语文	数学	英语	科学	物理	化学	生物	历史社会	地理
专任教师人数（人）	7464	17750	16901	16394	41	6330	3972	4027	182	3887
比例（%）	3.63	18.16	17.28	16.76	0.05	6.47	4.06	4.12	0.19	3.97
学　科	历史	信息技术	通用技术	体育健康	艺术	音乐	美术	综合实践	其他	本年无授课
专任教师人数（人）	5207	6	1	5477	43	2042	2396	3290	875	1150
比例（%）	5.32			5.60	0.04	2.09	2.45	3.36	0.89	1.76

资料来源：福建省教育厅：福建省教育事业统计简明资料（2011年）。

表7　2011年福建省高中分学科专任教师情况

学　科	政治	语文	数学	英语	物理	化学	生物	历史	地理
专任教师人数（人）	3435	7996	8075	8008	4641	4497	3340	3128	2986
比例（%）	6.75	15.27	15.42	15.29	8.86	8.59	6.38	5.97	5.70
学　科	信息技术	通用技术	体育健康	艺术	音乐	美术	综合实践	其他	本年无授课
专任教师人数（人）	1191	466	2560	41	750	744	42	262	213
比例（%）	2.27	0.89	4.89	0.08	1.43	1.42	0.08	0.50	0.40

资料来源：福建省教育厅：福建省教育事业统计简明资料（2011年）。

2. 教师学历提升情况

教师的学历代表其曾经接受正规教育的程度，在一定程度上反映了一个人的知识层次和知识结构，是衡量一个人知识水平的标准之一。虽然学历的高低不能完全代表教师的教学能力和教学水平，但如果教师的文化程度偏低，缺乏专业理论知识和全面的知识结构，就难以满足基础教育改革发展的要求。从表8、表9、表10显示的统计数据分析，福建省教师学历合格率已经达标，高学历教师比例进一步提高，但与发达地区相比还有差距。截至2011年底，福建省小学、初中、高中专任教师学历合格率分别达到99.72%、99.24%、95.26%，分别比2001年提高2.65个百分点、3.39个百分点、30.74个百分点，与全国同期的平均水平基本持平；其中专科以上小学教师、本科以上初中教师、研究生学历高中教师的比例分别为

77. 94%、78. 44%、3. 03%，分别比 2001 年提高 60. 23 个百分点、67. 25 个百分点、2. 79 个百分点。但 2011 年全省小学专任教师学历提高率、普通高中专任教师学历合格率和提高率与部分中西部地区和沿海发达地区还有差距。由于历史原因，福建省中小学校教师的第一学历普遍较低，大部分教师的合格学历为职后取得，虽然教师学历层次普遍提高，但教师学历进修中存在"重层次，轻专业"的倾向，"学非所教"的问题比较突出。

表 8 2001~2011 年福建省中小学教师学历合格率与提高率

单位:%

年　份	小学教师学历		初中教师学历		高中教师学历	
	合格率	提高率	合格率	提高率	合格率	提高率
2001	97. 07	17. 71	95. 85	11. 19	64. 52	0. 24
2005	98. 84	48. 54	97. 49	35. 52	79. 15	0. 90
2010	99. 52	74. 16	98. 98	72. 61	93. 4	1. 58
2011	99. 72	77. 94	99. 24	78. 44	95. 26	3. 03

资料来源：福建省教育厅：福建省教育事业统计简明资料（2001 年、2005 年、2010 年、2011 年）。

表 9 2011 年福建省中小学专任教师学历提高率与省外对比情况

单位:%

地区	福建	辽宁	广西	河南	江苏	浙江	陕西
小　学	77. 94	84. 6	77. 96	80. 76	87. 48	89. 69	88. 41
初　中	78. 44	73. 5	66. 56	55. 55	81. 68	86. 97	69. 4

资料来源：福建省教育厅：福建省教育事业统计简明资料（2011 年），2011 年各省教育事业统计公报。

表 10 2011 年福建省普通高中专任教师学历与省外对比情况

单位:%

地区	福建	全国	广西	河南	江苏	浙江	辽宁	山东
合格率	95. 26	95. 73	94. 76	95. 47	98. 32	98. 8	98	97. 47
提高率	3. 03	3. 6 *	4. 44	5. 29	6. 7			

资料来源：福建省教育厅：福建省教育事业统计简明资料（2011 年），2011 年各省教育事业统计公报。数据后加 * 的为 2010 年数据。

3. 教师年龄结构情况

教师的年龄结构是指教师群体内部不同年龄层次的比例和相互关系的组合形式，它是教师群体结构中重要的亚结构。实践证明，合理的年龄结构不仅可以发挥教师队伍整体水平的最大效能，而且处在不同年龄时期的教师，不仅知识、能力、技能以及实践经验的积累等各方面不尽相同，同时也体现出不同的特点和倾向性，在相当程度上反映了教师的教学活力和潜力。从统计数据分析（见表11），福建省教师年龄结构总体合理，中青年教师成为主体，但农村教师队伍老化问题突出。2011年，全省35岁以下的小学、初中、高中教师分别为42.41%、44.02%、48.33%，45岁以下的小学、初中、高中教师分别占71.20%、87.66%、86.53%，中青年教师成为中小学教师主体，教师年龄结构不断优化。但农村教师队伍老化问题较突出，根据2010年的统计（见表12），福建省农村小学51岁以上教师比例为24.5%，分别比县镇和城市高10.78个百分点和14.91个百分点。如武平县小学（幼儿园）教职工平均年龄达42.6岁，武夷山市中小学教师平均年龄达到43岁。

表 11　2011 年福建省中小学专任教师年龄情况

单位：人,%

年龄（岁）		25 及以下	26～30	31～35	36～40	41～45	46～50	51～55	56～60	61 及以上
小学	人数	10070	20799	35008	26087	18642	18252	18945	7473	47
	百分比	6.48	13.39	22.54	16.79	12	11.75	12.20	4.81	0.03
初中	人数	5027	13078	24945	25659	17017	6968	3173	1694	54
	百分比	5.14	13.37	25.51	26.24	17.40	7.13	3.21	1.73	0.06
高中	人数	3204	11228	10878	10758	9251	4784	1486	703	83
	百分比	6.12	21.44	20.77	20.54	17.66	9.13	2.84	1.34	0.16

资料来源：福建省教育厅：福建省教育事业统计简明资料（2011年）。

表 12　2010 年福建省小学专任教师分城乡年龄情况

单位：人,%

年龄（岁）		25 及以下	26～30	31～35	36～40	41～45	46～50	51～55	56～60	61 及以上
城市	人数	3816	7305	9672	7145	4103	3492	2956	804	8
	比例	9.71	18.59	24.61	18.18	10.44	8.89	7.52	2.05	0.02

年龄（岁）		25及以下	26~30	31~35	36~40	41~45	46~50	51~55	56~60	61及以上
县镇	人数	2534	8834	13115	10152	6504	6949	5788	1836	15
	比例	4.55	15.86	23.54	18.22	10.87	12.47	10.39	3.3	0.03
农村	人数	2736	8958	11713	8115	6132	8844	10725	4343	17
	比例	4.44	14.55	19.02	13.18	9.96	14.36	17.42	7.05	0.03

资料来源：福建省教育厅：福建省教育事业统计简明资料（2010年）。

4. 教师职称结构情况

从统计数据分析（见表13、表14、表15），福建省教师专业技术职务结构总体上不断改善，中高级职称比例进一步提高，但高级职称聘任比例偏低。2011年，福建省小学、初中、高中具有中高级职称的教师分别为61%、59.24%、63.75%，分别比2005年提高26.34个百分点、24.41个百分点、12.32个百分点，比2001年提高40.1个百分点、38.06个百分点、16.42个百分点，教师职称结构总体上不断改善。但由于中小学教师尤其是农村学校教师高级职称聘任比例偏低，加上评聘分开产生的大批有资格待聘的教师，许多教师停留在中级职称而长期得不到晋升机会。由于教师工资是与职称挂钩的，中小学教师高级职称聘任比例偏低，意味着在同一标准下，教师的工资收入较低，不合理的职称结构，导致许多农村教师失去了持续提高教学能力的热情和专注于农村基础教育的积极性、创造性。

表13 福建省小学专任教师职称情况

单位：人,%

职称类别		小学高级	小学一级	小学二级	小学三级	未评职称	合计
2001年	人数	37674	91061	44462	680	7616	181816
	比例	20.72	50.08	24.46	0.37	4.19	100
2005年	人数	57128	92016	12987	342	3426	166465
	比例	34.32	55.28	7.8	0.2	2.06	100
2011年	人数	93148	47592	5497	229	7269	155337
	比例	59.97	30.64	3.54	0.15	4.68	100

资料来源：福建省教育厅：福建省教育事业统计简明资料（2001年、2005年、2011年）。

表14   福建省初中专任教师职称情况

单位：人，%

职称类型		中学高级	中学一级	中学二级	中学三级	未评职称	合计
2001 年	人数	3113	17735	52673	16850	8084	98455
	比例	3.16	18.01	53.5	17.12	8.21	100
2005 年	人数	6510	27964	51993	7128	5387	98982
	比例	6.58	28.25	52.53	7.2	5.44	100
2011 年	人数	15109	42823	34832	1511	3520	97795
	比例	15.45	43.79	25.39	1.55	3.60	100

资料来源：福建省教育厅. 福建省教育事业统计简明资料（2001 年、2005 年、2011 年）

表15   福建省高中专任教师职称情况

单位：人，%

职称类型		中学高级	中学一级	中学二级	中学三级	未评职称	合计
2001 年	人数	4312	8657	11360	943	2139	27411
	比例	15.73	31.58	41.44	3.44	7.81	100
2005 年	人数	8201	15102	17646	798	3581	45328
	比例	18.09	33.32	38.93	1.76	7.9	100
2011 年	人数	13926	19455	17104	250	1640	52375
	比例	26.6	37.15	32.66	0.48	3.13	100

资料来源：福建省教育厅. 福建省教育事业统计简明资料（2001 年、2005 年、2011 年）

5. 教师性别结构分析

从统计数据分析（见表16、表17），福建省教师性别结构处于相对均衡状态，女教师数量逐年增长，小学教师性别失衡状况较为严重。2011年，全省中小学专任教师男女性别比为47.79∶52.21，处于相对平衡状态。其中，高中男女教师性别比为54.59∶45.41、初中为56.61∶43.39、小学为39.95∶60.05，除小学之外，初、高中男教师的比例均高于女教师的比例，但从发展态势看，无论小学、初中或者高中，女教师比例均呈现出逐年增长的态势，近几年福建省新录用教师中女教师比例远远高于男教师，如2011年福州新招聘教师594名，男教师只有55人，不到一成，按照这样的发展趋势推测，初、高中女教师的比例将分别在未来 3～5 年后超过 50%，届时在性别结构上，女性教师占全体专任比例严重失调的现象将长期存在。

表 16　2005～2011 年福建省中小学女专任教师所占比例情况

单位：%

学　段	2005 年	2006 年	2007 年	2008 年	2009 年	2010 年	2011 年
高中	39.04	40.46	41.76	42.84	43.95	44.73	45.41
初中	39.38	40.06	40.99	41.67	42.36	42.91	43.39
小学	55.54	55.94	56.34	57.24	58.05	59.27	60.05

表 17　2005～2011 年福建省中小学新录用教师女教师所占比例

单位：%

学　段	2005 年	2006 年	2007 年	2008 年	2009 年	2010 年	2011 年
高中	53.81	58.87	62.34	65.05	68.14	67.07	73.37
初中	57.07	62.38	63.26	65.46	69.8	73.72	72.87
小学	74.31	79.52	81.77	81.66	82	85.12	86.12

6. 骨干教师队伍情况

从统计数据分析（见表 18），福建省教师队伍总体素质提高，人才梯队基本形成，但骨干教师的辐射力、影响力仍显不足。骨干教师是教师队伍的中坚力量，是各个学科教学的带头人，对广大教师有重要的引领作用。2011 年福建省现有省级教学名师培养人选 96 名、在职特级教师 505 名、省级学科教学带头人（含培养对象）2723 名，县级以上骨干教师 53372 人，教师人才梯队基本形成。但福建省骨干教师多集中在县城中心校以上的学校，入选百名名师培养人选的农村教师不足 5%，入选 2010 年千名学科教学带头人培养对象也仅占 20% 左右，农村特级教师仅 33 人，乡村小学县级以上骨干教师比例比城区、镇区低 10 个百分点。同时，福建省骨干教师对教学方法、教学经验进行总结提炼得不够，没有有影响的教学论著，也没有产生在全国有影响的名师。

表18　2011年福建省中小学县级及以上骨干教师占专任教师情况

单位：人，%

	合计		小学		初中		高中	
	人数	比例	人数	比例	人数	比例	人数	比例
城　区	17210	19.14	8826	21.29	4339	15.88	4045	19.14
镇　区	24620	18.82	12002	21.28	7380	16.0	5238	18.51
乡　村	11542	13.61	6721	11.69	4340	17.83	481	16.3
总　计	53372	17.47	27549	17.73	16059	16.42	9764	18.65

　　根据上述分析可见，在当前和今后一个时期，福建省中小学教师队伍建设的主要任务是"调整结构、提升素质"，要以科学发展观为指导，以适应素质教育和率先基本实现教育现代化为总要求，以提高教师队伍专业化水平和整体素质为核心，以优化结构为主线，以加强骨干教师队伍建设为重点，统筹规划，创新机制，强化保障，努力建设一支数量充足、师德高尚、业务优良、结构合理、充满活力的高素质专业化教师队伍。具体目标：一要稳定教师队伍总量。逐步降低生师比，适应推行小班化教学和率先基本实现教育现代化的需要。二要优化教师队伍结构。普遍提高教师队伍学历层次，合理配置城乡中小学教师高、中、初级专业技术岗位结构比例，加强薄弱学科教师队伍建设，满足新课程教育教学改革的需要。三要着力提升教师能力素质。增强教师参与专业发展培训和终身学习的自觉性，普遍提升教师的专业意识、专业知识和专业技能更好地适应实施素质教育的要求。四要建设名优骨干教师队伍。完善名优骨干教师评选和管理办法，建立名优教师骨干梯队培养机制，打造基础教育高端人才队伍，力争产生一批在全省发挥引领作用，在全国有一定影响的教育家型教师。

（二）福建省中小学教师培训现状调查分析

　　教师是一种职业，但不是一般的职业，具有很强的专业性。教师只有具备足够的专业能力，成为教育教学方面的"临床专家"，才能满足教育改革发展需要。教师在职培训是促进教师专业化发展的有效途径。国务院《关于加强教师队伍建设的意见》要求，加强教师养成教育和教育教学能力训练，大力提高教师专业化水平；国家和福建省中长期教育改革和发展规划纲要对新时期教师培训工作提出新的要求，新一轮中小学教师全员培训工作已经全面启动。从宏观上全面了解福建省中小学教师的专业发展培训现状，深入分析中小学教师专业发展培训的主要需求和存在的问题，对于教育行政部门和各级教师培训机构制定教师专业化发展规划，加强教师队伍建设具有十分重要的意义。课题组通过网络问卷调查的方式，对福建省中小学教师培训现状进行了较深入的大样本调查，为提出相关政策建议提供了科学依据。

1. **调查基本情况**

课题组参照 2008 年教育部"中小学教师培训制度、模式和质量研究"调查问卷，通过"问卷星"网站编制网络调查问卷，在福建基础教育网设置"中小学教师培训体系调查研究"专栏，按照分层抽样调查原则，发函给全省 9 个设区市的 18 个县（市、区）教育局和教师进修学校，要求每个县（市、区）组织 150 名和 15 名校长参加问卷填报，同时在参加福建教育学院 2012 年义务教育新课标骨干教师培训、高中新课程推进性实施骨干教师培训等班次的学员中组织问卷填报。截至 2012 年 10 月 30 日，共回收有效问卷 2555 份，其中，中小学教师问卷 2323 份、中小学校长问卷 232 份。问卷回收后，课题组对问卷进行检验性剔除，问卷效度评价结果表明，调查样本分布比较全面，符合抽样原则，具有一定代表性。调查对象基本情况如下。

（1）从区域分布看，福州占 8.8%、厦门占 3.8%、莆田占 13.5%、三明占 23.7%、泉州占 15%、漳州占 12.7%、南平占 10.4%、龙岩占 3%、宁德占 8.5%、平潭占 0.07%（见表 19）。

表 19　调查对象区域分布一览表

地　区	福州	厦门	莆田	三明	泉州	漳州	南平	龙岩	宁德	平潭
人　数	227	98	347	607	385	326	267	77	219	2
百分比（%）	8.8	3.8	13.5	23.7	15	12.7	10.4	3	8.5	0.07

（2）从性别分布看，男教师占 47.65%，女教师占 52.35%。调查样本性别比例与全省中小学教师性别比例基本一致。

（3）从年龄结构上看，30 岁以下占 10%，30 ~ 39 岁占 46%，40 ~ 49

岁占37%，50～59岁占7%。调查对象以中青年教师为主，年龄集中分布于30～49岁，占总人数的83%，与福建省中小学教师队伍年龄结构基本一致（见图1）。

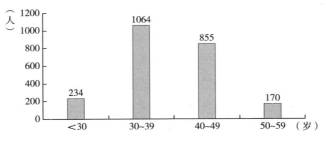

图1　调查对象年龄结构统计

（4）从学历层次看，专科及以下占25.79%、本科占72.41%、研究生（含在职硕士、研究生课程班）占1.8%。调查结果显示，相当一部分教师的入职学历较低，但他们都通过参加各种学历教育，提升自己学历层次。

（5）从教师来源途径上看，高等师范院校毕业后任教的有1216人，中等师范院校毕业后任教的有721人，综合大学毕业后任教的有108人，三者占总人数的88.04%。显示各类师范院校是培养中小学教师的主要途径（见图2）。

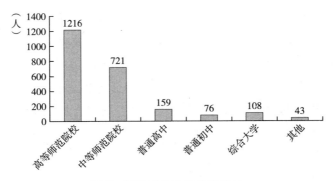

图2　调查对象来源途径统计

（6）从执教年限看，5年以下的有205人，占总人数的8.8%；执教年限在6～10年的有179人，占总人数的7.7%；执教年限在11～15年的有 527 人，占总人数的 22.7%；执教年限在 16~20 年的有 636 人，占总人数的 27.4%；执教年限在 20 年以上的有 776 人，占总人数的 33.4%（见图 3）。

（7）从任教科目看，语文、数学、外语占 58.46%，其他学科占 41.54%。

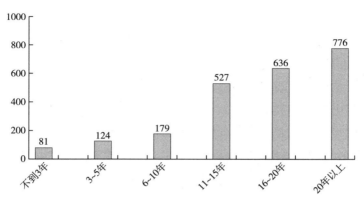

图3 调查对象执教年限统计

（8）从学校类型看，小学占 40.03%、初中占 21.44%、普通高中占 14.98%、完全中学占 23.55%。

（9）从城乡分布看，市区占 14.51%、县城占 33.36%、乡镇占 39.47%、农村占 12.66%。

2. **调查结果与分析**

（1）关于中小学教师参加培训的动机。学习动机推动教师学习，促进教师持续发展与成长的内在要素，教师只有具有自觉学习的心向，培训才能真正收到实效。调查结果显示，中小学教师参加培训的动机，按程度大小排序，排在首位的是"个人业务提高，自己得到成长和发展"，平均综合得分为 6.37；其次是"改善工作环境"，平均综合得分为 3.46；排在第三位的是"减轻负担"，平均综合得分为 2.65。调查表明，绝大多教师参与培训的出发点是基于自身专业发展和教育教学的需要，他们对培训的作用有比较客观的认识。但也有部分教师存在功利性认识，把培训作为增加资历，谋求更好职位的手段；也有部分教师产生职业倦怠，将外出培训作为摆脱繁重教学工作压力，外出"散散心"的途径。根据选项所占的频次，教师希望通过培训获得的回报各选项得分如图 4。

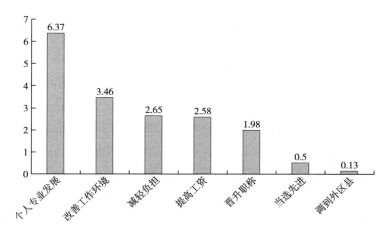

图4　中小学教师参加培训动机统计

（2）关于中小学教师参与培训的情况。"十一五"期间，全省广泛开展以实施新课程为主要内容的全员培训，积极开展形式多样的专项培训，中小学教师参与各级各类培训的机会不断增加。调查结果显示，98.85%的教师认为各级培训机构组织了教师职务、骨干教师培训、新教师培训等不同层次的培训；94.36%的教师认为各级培训机构组织了针对教育教学薄弱问题的专项培训。在各类培训中，有91.42%的教师参加了课改培训、89.12%的教师参加了师德培训、91.09%的教师参加了信息技术培训、84.67%的教师参加了班主任培训、83.62%的教师参加了心理健康教育培训。

（3）关于影响中小学教师参加培训的原因。教师学习具有教学压力大工作繁忙、学习时间零碎而有限等特点。调查结果显示，按照程度大小排序，影响中小学教师参加培训的主要原因居于前三位的依次是"学校教学任务重，工学矛盾突出"，占样本数52.8%；其次是"培训活动形式化，无实效"，占样本数40.8%；排在第三位的是"培训理论与实践脱节"，占样本数的39.6%。这表明工学矛盾、培训的针对性实效性不强是影响教师参加培训积极性的主要因素。这与调研中基层学校和教师的反映基本一致。根据各选项所占的频次，教师认为有碍其参加培训的原因各选项综合得分如图5。

（4）关于中小学教师培训内容需求。高中新课程改革不断深化和义务教育新课标颁布实行对中小学教师素质提出新的要求。调查结果显示，教

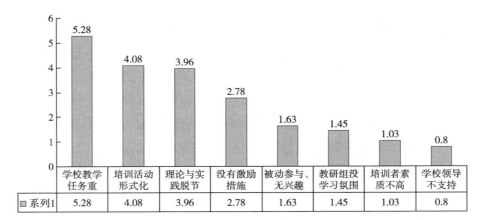

图5　影响中小学教师参与培训的因素统计

师认为最需要的培训内容，根据需要程度，居于前三位的依次是"学科专业知识"、占样本数42.5%，其次是"学科教学技能"占样本数33.6%，排在第三位的是"教研和科研能力"占样本数的28.8%。

（5）关于中小学教师最喜欢的培训模式。目前中小学教师培训模式日益多样化，既有高校和专业教师培训机构组织的脱产进修和集中培训，也有网络培训、校本培训。调查结果显示，中小学教师感觉最有成效的三种培训模式依次是：（1）脱产研修，占样本数的26.69%；（2）集中培训，占样本数的21.48%；（3）校本与集中培训相结合，占样本数的16.1%。调查表明，中小学教师比较希望有带薪脱产研修的机会，以便解决工学矛盾，进行更加系统、更有针对性的培训。教师认为，近年来由各级教师进修院校组织的短期集中培训的规范化、专业化水平不断提高，培训实效性相对较好。教师希望，培训教研机构要加强对校本培训的指导和规范，为根据教师需求和学校特点开展多种形式和内容的培训创造良好条件。中小学教师感觉最有效的培训模式情况如图6。

（6）关于教师培训的针对性实效性。中小学教师参加培训，基本上是能力提高培训。由于参训教师已具有较为系统的学科知识、一定的教学经验，他们有专业困惑和学习需求，有效的培训要满足教师的需求，激发教师的学习兴趣。调查结果显示，中小学教师认为，一项培训活动需要提高教师的学习兴趣，增强积极性、主动性，应具备的三个最主要特征是：（1）培训能解决教学实际问题，平均综合得分为6.24；（2）培训与教学

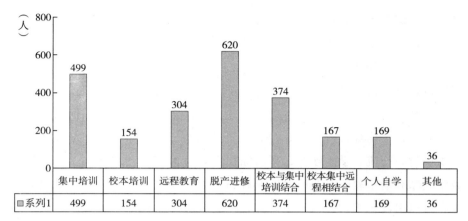

图6 中小学教师最喜欢的培训模式统计

经验相关,平均综合得分为4.12;(3)有利于教师积极主动学习和参与,平均综合得分为3.6。因此,新时期中小学教师培训在内容设计上要以实践为基本取向,以提高教师实际教学水平为根本目的,以问题解决为主线;在培训组织形式上,要坚持以教师为主体,更加注重采用互动式、参与式培训模式。教师认为有效培训的特征见图7。

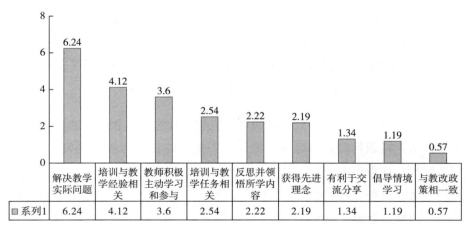

图7 培训活动应具备的特征统计

(7)关于中小学教师最希望的培训形式。培训形式是为培训内容服务的,选择适当的培训形式有助于增强培训效果。调查结果显示,中小学教师最喜欢并愿意参加的培训教学形式,居于前三位的依次是:①教学观摩，平均综合得分为6.48；②合作交流，平均综合得分为5.77；③问题探究，平均综合得分为3.89。中小学教师认为，有效提高课堂教学能力的实践训练方式，居于前三位的依次是：①教学观摩，占样本量的33.06%；②案例教学，占样本量的25.74%；③集体备课，占样本量的19.63%。中小学教师认为，最有效的校本培训方式，按其实效性从高到低依次是：①观摩听课，平均综合得分为5.58；②师徒结对，平均综合得分为3.66；③组织研讨、交流、学术沙龙，平均综合得分为3.57（见图8）。研究表明，教学观摩有助于教师专业的发展，有利于缩小课程发展与教师实践间的落差，可以引发艺术切磋与教学研究，是促进教师培训的一种有效方式。同时，中小学教师培训在通过教学观摩，注重同层次的横向支援的同时，要发挥专家、教授、教研员的纵向引领作用，着重在理论上进行提升。

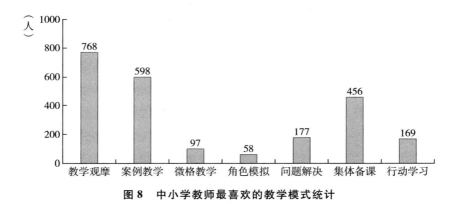

图8 中小学教师最喜欢的教学模式统计

（8）关于中小学教师较认可的培训机构。针对以往教师专业化发展中重职前培养轻职后提高的现象，福建省积极构建以教师进修院校为主体，师范院校、优秀中小学校共同参与的教师培训体系。问卷调查显示，根据培训效果，教师认可的教师培训机构依次是：①省级教育学院和市级进修学校，占样本数的45.69%；②县级教师进修学校，占样本数的27.16%；③师范院校的继续教育学院，占样本数的13.79%；④学校自身，占样本数的7.33%。调查表明，福建省教师进修院校体系较完整，与中小学联系紧密，功能作用发挥较好，近几年福建省大力加强教师进修院校建设，不断提升教师培训能力，培训质量和效果得到中小学校长、教师的认可，在基础教育改革不断深化、建设高素质专业化教师队伍成为核心任务的新形势下，教师进修院校地位作用更加凸显。

（9）关于中小学教师培训组织实施情况（见表20）。中小学教师培训的组织管理涉及训前需求调研、训中组织管理、训后跟踪指导等各个环节，包含课程设置、师资选聘、培训资源供给等各个方面。

①在培训内容方面。调查显示，85.15%的教师认为"参加的培训有适合培训对象的系列课程"，76.8%的教师认为"上级培训机构组织了针对教育教学薄弱问题的专项培训"，78.56%的教师认为"参加的培训中没有重复培训现象"，84.25%的教师认为"培训内容适合自己教育教学需要"，81.38%的教师认可"80%以上培训内容对自己有启发和指导作用"。

②在师资选聘方面。86.01%的教师认可"80%以上的培训选用了合适的师资"，87.18%的教师认为"培训没有因人设课现象"。

③在培训资源供给方面。83.55%的教师认为"能够方便地获取学习资源（包括书籍、光盘、网站等形式）"，76.72%的教师认为"培训资源都非常有用"，80.63%的教师认为"培训资源来源多样"。

表20　中小学教师培训组织实施情况统计

题目＼选项	非常同意	基本同意	少量同意	不同意
我参加的培训有适合培训对象的系列课程	820（35.3%）	1158（49.85%）	285（12.27%）	60（2.58%）
上级培训机构组织了针对教育教学薄弱问题的专项培训	778（33.49%）	1006（43.31%）	414（17.82%）	125（5.38%）
我参加的培训中没有重复参加培训的现象	769（33.1%）	1056（45.46%）	347（14.94%）	151（6.5%）
我认为参加的培训适合自己教育教学的需要	924（39.78%）	1033（44.47%）	307（13.22%）	59（2.54%）
80%以上培训内容对自己有启发和指导作用	862（37.11%）	1031（44.38%）	347（14.94%）	83（3.57%）
80%以上的培训选用了合适的师资	764（32.89%）	1234（53.12%）	268（11.54%）	57（2.45%）

题目＼选项	非常同意	基本同意	少量同意	不同意
培训没有因人设课的现象	796（34.27%）	1229（52.91%）	249（10.72%）	49（2.11%）
我能够方便地获得学习资源（指书籍、光盘、网站等形式）	831（35.77%）	1110（47.78%）	302（13%）	80（3.44%）
培训资源都非常有用	681（29.32%）	1101（47.4%）	453（19.5%）	88（3.79%）
培训资源来源多样	747（32.16%）	1126（48.47%）	382（16.44%）	68（2.93%）

（10）关于中小学教师培训的质量和效果（见表21）。教师培训的质量和效果主要体现在两个方面，一是学员经过培训后掌握了哪些知识和技能及其掌握程度，主要分析学习者对培训内容的内化程度；二是学员学习成果在工作中的运用情况，看学员回到工作岗位后是否按照学到的知识技能进行工作，培训中提倡的态度和价值观是否改变了学员看待和处理问题的方式，主要反映学习者把内化的素质再加以外化，影响工作改进的结果。

①在提升知识技能方面。调查显示，通过参加培训，93.28%的教师认为"自己在课程教学方面的知识得到提升"，93.41%的教师认为"自己在教学设计与实施方面的能力得到提高"，92.38%的教师认为"自己更加了解教学反思的意义和方法"，90.32%的教师认为"培养了自己的研究意识，掌握了研究的方法"。可见，培训对促进教师自身专业化成长起了重要的助推作用。

表21　中小学教师培训质量统计表

题目＼选项	收获不大	有些收获	较有收获	很有收获
我在课程、教学和学生等方面的知识得到提升	156（6.72%）	709（30.52%）	874（37.62%）	584（25.14%）
我在教学设计与实施方面的能力得到提高	153（6.59%）	658（28.33%）	882（37.97%）	630（27.12%）
我更加了解教学反思的意义和方法	177（7.62%）	579（24.92%）	899（38.7%）	668（28.76%）
培养了我的研究意识，掌握了研究的方法	214（9.21%）	650（27.98%）	839（36.12%）	620（26.69%）

②在学习成果运用方面（见表 22）。80.76% 的教师认为"能够阐述自己通过培训促进教学行为变化和教学质量提高的例证"，76.54% 的教师认可"骨干教师培训后能够发挥带头作用"，78.09% 的教师认为"自己尝试运用培训成果，并发现学生发生了可喜的变化"，82.82% 的教师认为"培训后，自己体验到培训的价值，愿意参加更多的培训"。

表 22　中小学教师培训效果统计表

题　　目＼选　项	非常同意	基本同意	少量同意	不同意
我能够阐述自己通过培训促进教学行为变化和教学质量提高的例证	718（30.91%）	1158（49.85%）	387（16.66%）	60（2.58%）
我认为骨干教师培训后能够发挥带头作用	745（32.07%）	1033（44.47%）	389（16.75%）	156（6.72%）
我尝试运用培训成果，并发现学生发生了可喜变化	723（31.12%）	1091（46.97%）	431（18.55%）	78（3.36%）
培训后，我体验到培训的价值，愿意参加更多的培训	917（39.47%）	1007（43.35%）	313（13.47%）	86（3.7%）

三　加强福建省中小学教师培训工作的对策建议

党的十八大提出了全面建成小康社会的奋斗目标对教育发展新任务新要求，国家和福建省中长期教育改革和发展规划纲要提出新时期教育工作方针和目标任务，福建省第九次党代会提出建设更加优美更加和谐更加幸福的福建的战略目标。加强中小学教师队伍建设，提升中小学教师队伍素质面临新形势、新任务，也面临新机遇、新挑战，教师培训工作受到前所未有的重视。如何构建更加科学的教师培训体系，提升中小学教师学历水平、专业素养和综合能力，促进每个教师终身发展和队伍整体水平提高成为中小学教师队伍建设重中之重的任务。

（一）福建省中小学教师培训的目标任务和工作重点

1. 福建省中小学教师培训工作的总体目标

根据福建省中小学教师队伍建设目标，当前和今后一个时期福建省中小学教师培训工作的总体思路是：坚持"面向全员、突出骨干、倾斜农村"的工作原则，以实施"国培计划"为引领，以实施"省培计划"为载体，以促进教师专业化发展为核心，创新教师培训机制，转变教师培训方式，提高教师培训专业化程度，努力构建适应基础教育改革与发展需要的、更具活力和实效的、开放的中小学教师培训体系，推动全省各地通过多种有效途径，有目的、有计划地对全体中小学教师进行分类、分层、分岗培训。到2015年，完成对全省35万多教师每人不少于360学时的全员培训，完成对全省9万多农村教师新一轮的系统培训，组织5000名教师进行学历提升培训，完成100名省级教学名师、1000名省级学科教学带头人和1万名省级骨干教师的高端培训，全面提升中小学教师队伍的整体素质和专业化水平。

2. 福建省中小学教师全员培训工作重点

根据中小学教师专业发展阶段和专业成长规律，从福建省中小学教师队伍结构特点出发，按照分岗位、分学科、分学段、分层次的培训工作要求，全省中小学教师培训工作重点主要有以下几个方面。

（1）新教师岗前培训。近几年，福建省中小学新招聘教师数量比较大，开展新教师上岗培训十分必要。新任教师的知识结构不完善，对课程标准的认识、对教材的加工处理能力以及驾驭课堂和开展教育教学基本能力结构未形成，教育教学的专业思想水平未牢固树立，对教育法规的认识要在教育实践中检验，对教育方针的理解、正确的教育价值观的形成更要在实践中反复锤炼。要对新参加工作教师和工作三年以下教师进行适应期岗位培训，使教师形成良好的师德，树立育人为本的教育思想和素质教育的理念，学会分析教材内容，初步掌握科学的教育方法和有效的教学技能，成为合格的教师。新任教师岗前培训时间应不少于180学时。

（2）学科教师培训。中小学专任教师最鲜明的特征就是其学科属性。通常情况下，每一位专任教师都有自己的学科背景，都要从事某一个学科的教学。教师在学科教学和实践中需要有专业精神、专业知识和专业技能，这是教师落实有效课堂教学、开展教学研究、提高教学质量的基本专业素养。学科教师培训的主要任务是以提升教师学科专业素养为核心，对各类薄弱学科和"教非所学"学科教师进行补偿性培训，帮助学科教师增长教学经验，熟练掌握教材内容，提高教学能力，努力成为熟练教师；对全体学科教师进行提高培训，围绕学科知识拓展、课程标准和教材分析解读以及教学实践观摩点评等内容，夯实专业理论基础和综合素质，增强职业道德修养和职业幸福感，提升对学科的整体把握和研究学生、解决教学问题的能力。以建设学习型学校为载体，广泛开展教师读书活动，提升教师的人文素养。

（3）农村教师培训。整合优质教育资源，通过不同途径，继续对农村地区教师进行提高培训，特别是要加强农村音乐、体育、美术、英语、信息技术、科学课程等紧缺学科教师培训，以专业精神和专业能力的培训为重点，以骨干培训和全员培训相结合，集中培训、网络培训和校本培训相结合的方式，全面提高农村教师队伍的专业水平，满足农村教育改革发展需要。建立城乡教师学习交流机制，定期选拔农村教师到城市优秀学校跟岗学习，同时选派城市优秀教师到农村学校指导教学活动，使每所农村中小学主要学科有 1~2 名骨干教师。

（4）骨干教师培训。开展各级名师培养人选、学科带头人研修培训，以新理念、新问题、新策略为重点，全面提高名师和学科带头人的专业能力、教学改革能力、教育科研能力以及指导青年教师能力，努力培养成为教育名师；对获得特级教师称号的教师进行支持性培养，促进教师开展先进理论与科学实践相结合的研究，形成具有独特的教育教学思想，努力培养其成为教育名家。针对农村学校缺乏教育教学骨干的实际，加强农村骨干教师的培养培训工作，在各级骨干教师培训中要注意向农村倾斜，同时采取"送培下乡"等方式，组织特级教师、学科教学带头人培训农村骨干教师，努力实现农村学校"校校有骨干"。

（5）学历提高培训。学历层次决定了教师教学专业素养的发展基础。要以中青年骨干教师为重点，坚持学用一致、学以致用的原则，重点鼓励支持 45 岁以下中小学教师通过在职学习、脱产进修、远程教育、自学考试、攻读教育硕士等多种学习途径提高学历水平。到 2015 年，小学教师学历逐步达到专科以上水平，初中教师基本具备大学本科以上学历，高中教师中具有研究生学历者的比例有明显提高。

（6）教师培训者培训。对省、市、县教师培训、教研机构专业人员进行研修培训，围绕加强培训组织管理、提升培训质量及研训工作重点难点问题开展研修，切实提高培训者队伍的管理水平和教学水平。

（7）特殊教育教师培训。重点帮助教师夯实专业理论知识基础，形成扎实的教育教学基本功、课堂教学技能，掌握有效的教学策略，提高进行特殊教育教学评价、特殊儿童学习方法指导、特殊教育科研和特殊教育资源开发利用的能力，提高特殊教育管理水平。

3. 福建省中小学教师省级培训计划

教师的专业化具有丰富的内涵，是专业知识、专业技能、专业行为、专业情感、专业境界相互交融的过程。根据新一轮中小学教师全员培训工作重点，2012～2015 年，建议福建省全面实施"中小学教师素质提升工程"省级培训计划，推动各地通过多种有效途径，有目的、有计划地对全体中小学教师进行分类、分层、分岗培训。省级重点开展高中高级职称教师、农村教师、骨干教师、学科教学带头人、特级教师、省级名师等培训，发挥示范引领、雪中送炭和促进改革的作用。具体实施以下 9 项行动计划。

①师德和德育骨干队伍建设行动计划

认真落实教育规划纲要提出的"加强教师职业理想和职业道德教育，增强广大教师教书育人的责任感和使命感"，将师德教育作为教师培训的重要内容。在省级培训机构的统筹引导下，充分发挥市、县教师进修院校资源优势，通过案例征集、个案剖析、典型宣传、师德评比等形式，加强对全省中小学教师的师德教育，促进教师职业理想与道德的全面提升。

实施骨干班主任、少先队辅导员、心理健康教育教师培训计划。由省级培训机构负责制定骨干班主任培训指导性意见，推荐培训资料和师资，三年内选拔 1200 名优秀班主任进行骨干研修，加强班级管理、未成年人思想道德教育和学生心理健康教育等专题培训，提高班主任专业化理论水平和实际工作能力；由省级培训机构负责选拔 400 名参加过上岗培训的心理健康教育骨干教师参加提高性培训，提升全省中小学教师心理健康教育的基本知识和技能。

②农村教师学科素养提升行动计划

在 2009 年至 2013 年实施"农村教师教育教学能力提升工程"的基础上，建议省教育厅 2013~2015 年实施"农村教师学科素养提升工程"，三年内，对全省农村义务教育学校教师再系统轮训一遍，其中省级培训教师一万名、设区市培训教师 3 万名，其余由县级负责培训，重点围绕专业精神、专业知识与技能、教育教学能力、科学文化素养等方面开展培训，促进农村教师专业发展。

针对农村教师学科结构矛盾突出的现状，加强农村教师转岗培训。遴选一批具有一定基础的学科专任教师，通过到省级教师培训机构参加脱产半年的学习研修，转岗从事紧缺学科的教学工作，进一步改善农村教师队伍的学科结构。

③名师和学科带头人培养行动计划

继续实施福建省中小学名师培养工程。通过双导师制、实践基地培养、课题研究、境外培训等多种方式，继续对已遴选的 96 名中小学教学名师培养人选、1001 名学科教学带头人进行重点培养，使其成长为具有突出的教学研究能力，在福建乃至全国具有一定知名度的教师。开展福建省中小学名师工作室评选工作，以特级教师、省级名师和省级学科教学带头人为引领，建设 100 个省级中小学名师工作室，省教育厅按照每个名师工作室每年不低于 2 万元的标准提供经费资助，地方教育行政部门原则上按不低于 1:1 的比例配套资金提供资助。依托福建教育学院，加强省级名师工作室的指导和管理，使其成为名师展示的舞台、骨干培养的基地、教学示范的窗口、科研兴教的引擎。

实施特级教师高级研修项目。通过学术导师指导、教改实验、教育思想研讨、国际交流等方式，遴选 100 名特级教师进行为期三年特殊培养，为其成长为具有先进的教育理念、独特系统的教育教学思想和丰厚的人文素养、广阔的视野，使其真正成为师德的表率、育人的楷模、教学的专家。定期举办"特级教师高端论坛"、组建"特级教师讲师团"，更好地发挥特级教师的示范和辐射作用。

④骨干教师培训行动计划

制定各级骨干教师评选标准，着力完善骨干教师梯队建设，"十二五"期间，依托省级教师培训基地，在全省培养 1 万名省级骨干教师，形成一支覆盖基础教育各级各类学校、学科结构合理、教育教学能力过硬的骨干教师队伍。主要培训项目有：中小学学科骨干教师培训，计划培训 6000人；中小学骨干班主任培训，计划培训 1000 人；中小学心理健康教育骨干教师培训，计划培训 1000 人；中小学教育技术能力（中级）骨干教师培训，计划培训 1000 人；幼儿园骨干教师培训，计划培训 1000 人。

实施农村中青年骨干教师置换脱产研修项目。遴选 150 名具有良好发展潜力的农村中青年骨干教师，采取院校集中研修和城市优质中小学"影子教师"实践相结合的培训方式。通过组织高年级师范生到农村中小学顶岗实习支教、置换出农村骨干教师到高水平院校和优质中小学进行为期半年左右的脱产研修，全面提高教师的教育教学能力和综合素质，为农村学校培养一批在深入推进课程改革、实施素质教育和开展教师培训中发挥示范带动作用的"种子"教师。

⑤福建省中小学教师全员远程研修计划

学习山东经验，以省为单位开展中小学教师全员远程研修活动。省级财政安排专项经费支持福建基础教育网开展平台建设和课程资源开发，实现省域范围内优质教师教育资源共建共享，五年周期内，全省中小学教师平均每年接受不少于 36 学时的远程研修。在 2010 ~ 2012 年开展高中教师全员远程研修的基础上，从 2013 年起逐步向初中、小学、学前推进，到2015 年实现远程研修对福建省基础教育和学前教育各学段、各层面、各学科的全面覆盖。

⑥示范性校本培训计划

校本培训是源于学校发展的需要，由学校组织的旨在满足每个教师工作需要的校内活动。校本培训于 20 世纪 70 年代由英美等国率先发起，目前在世界范围内为许多国家广泛接受并实施。我国 1999 年教育部在《关于实施"中小学教师继续教育工程"的意见》中明确提出"各中小学都要制定校本计划，建立教师培训档案，组织多种形式的校本培训。"此后，校本培训在我国广泛实施。全省中小学现有专任教师 35 万多人。校本研修针对性强，方便灵活，低成本高效益做实校本研修是解决教师全员化培训的基本途径和可行性载体。实施示范性校本培训计划，就是要积极发挥名优中小学培训工作优势，以学校自身培训资源为基础，探索校本培训有效模式，发挥示范带动作用。为加强校本研修的指导和管理，省级遴选确定100所具有较好校本培训经验和基础的中小学校作为校本培训示范校，引领带动各中小学把校本研修与教研活动相结合、远程教育与校本研修相结合、理论学习与教学实践相结合，提高校本研修的质量和水平。鼓励和支持鼓励师范院校、教师进修院校和中小学合作开展校本研修，为中小学校本研修提供学术引领和专业支持。

⑦培训者培训计划

由省级培训、教研机构负责，面向全省各级教师培训机构，加强教师培训团队研修，每年研修时间不少于72学时。"十二五"期间，计划遴选1000名各级培训机构培训者参加省级培训，通过培训，学习研讨先进培训理念，分析典型培训案例，探索培训规律，总结培训经验，形成优质资源，提高培训管理者的教师培训项目开发与管理能力，提升培训教师的业务水平，推动中小学教师培训工作的创新与发展，促进培训质量提高。

⑧中青年教师学历提升行动计划

省级设立专项经费支持500名45岁以下具有一定外语基础、理论水平和研究能力的中青年骨干教师，通过考试升入师范院校进行教育硕士的学位学习，完成学业和通过论文答辩后获得硕士学位；鼓励支持各市、县按照专业对口原则，通过成人高招、自学考试、现代远程教育等途径，组织中小学教师提高学历层次，使小学教师基本达到专科学历、初中教师基本达到本科学历、高中教师高学历比率不低于5%。

⑨特殊教育骨干教师培训计划

坚持"特教特办"，大力加强特殊教育教师队伍建设，对特殊教育教师实行五年一周期不少于360学时的全员培训。省级培训特殊教育骨干教师150名，通过培训使教师能够掌握先进的特殊教育理论知识、科学的教学方法和医疗康复及职业训练技能，具有较强的教学能力和研究能力，在教育教学实践中发挥示范引领作用，成为福建省特殊教育学校的骨干教师和学科带头人，带动全省特殊教育教师队伍整体素质全面提高。

2. 加强教师培训能力建设，健全教师培训体系

完善中小学教师培训支撑体系的核心是解决教师培训的三个基本问题，即谁来培训、培训什么、怎样进行培训。要贯彻国务院《关于加强教师队伍建设的意见》、教育部《关于大力加强中小学教师培训工作的意见》，大力完善中小学教师培训体制机制，构建具有福建特色的中小学教师培训体系。

（1）加强培训机构建设。中小学教师队伍的培训是一项涉及面广、专业性强、任务量大的系统工程，需要由专业化基地和高水平团队来承担。要继续构建以教师进修院校和师范院校为主体，有条件的高水平大学、优质中小学积极参与的开放式教师培训体系，努力提高为广大教师学习进修服务水平。

一要加强省级培训基地建设。贯彻福建省政府〔2008〕344号文件的精神，大力加强福建教育学院建设，设立专项建设经费，加快改善办学条件，把福建教育学院建设成为全省中小学教师省级培训主要基地；整合省级教研资源，强化福建教育学院培训、教研的功能，实现研训一体，充分发挥其在全省教师进修院校中的引领带动作用，把福建教育学院建设成为中小学教师继续教育的业务指导中心；将福建省教师资格认定指导中心、福建省基础教育质量监测中心挂设福建教育学院，使其形成面向全省基础教育、功能较为完备的教师教育服务体系；支持福建教育学院和师范院校联合开展教育硕士培养工作，提升办学层次。依托师范院校，建设10个省级培训基地，重点支撑国家级和省级培训。省级教师培训机构要按照全省中小学教师队伍建设需求，结合教师专业成长与发展规律，从学科专业、课程资源、专家团队、后勤服务等方面，切实加强从事中小学教师培训的能力建设。

二要健全市级培训机构设置。各设区市要根据教师培训的实际需要，充分发挥驻地师范类院校和教师进修学院（教育学院、教科所）的作用，整合优质培训资源，建设好市级教师培训基地。加强福州、厦门、宁德、莆田、南平等五个地市教师进修学院（教育学院、教育科学研究院）建设，其他各设区市要依托区域内师范院校或教研机构，建设1~2个市级培训基地，有条件的地区要恢复教师进修学院建制，强化其培训、教研功能

和在区域教师培训中的组织实施与指导作用。从教学设施、食宿条件等方面加强培训的基础建设，为参加培训的教师提供良好的学习条件和后勤服务保障，有力支撑市级教师培训。

三要提升县级教师进修校办学水平。《国务院关于加强教师队伍建设的意见》提出，"推动各地结合实际，规范建设县（区）域教师发展平台"。《教育部关于大力加强中小学教师培训工作的意见》要求，"充分发挥区县教师培训机构的服务与支撑作用"，"积极推进区县级教师培训机构改革建设，促进县级教师进修学校与相关机构的整合和联合，加强县级教师培训机构基础能力建设，促进资源整合，形成上联高校、下联中小学的区域性教师学习与资源中心，在集中培训、远程培训和校本研修的组织协调、服务支持等方面发挥重要作用"。要制定县级教师进修学校建设标准，促进各县（市、区）加强县级教师进修学校标准化建设，提升办学水平，构建集信息、培训、教科研和社区服务于一体的教师学习和资源中心，争取到"十二五"末，所有县级教师进修校全部建成达标校。要以创建国家级、省级示范性县级教师进修学校为抓手，继续开展省级示范性县级教师进修学校、达标校创建评估活动，其中省级示范校占三分之一左右，7所县级教师进修校成为国家级县级示范性教师培训机构。

（2）完善培训内容体系。培训内容在整个培训中居于核心地位，它不仅直接决定着特定培训活动的质量和效果，也会对培训对象训后的教育教学思想和实践产生深远的影响。要根据中小学教师专业发展标准，对培训内容进行系统性、整体性的建构，形成培训模块内容逐级递进、螺旋上升的格局，使各类培训主题突出、课程模块合理、讲座系列鲜明，为不同发展阶段的教师系统学习提供丰富的"菜单"，为教师专业发展提供方向引领。

一要加强培训需求分析。培训需求是广大中小学教师学习、受训的内在动力，是培训课程体系建设的内在依据。所谓培训需求分析，是指在规划、计划每项培训活动之前，由培训部门、培训教师采用各种方法与技术，对学校组织及其教师培训的目标、知识、技能、能力等方面进行系统的鉴别与考量，以确定是否需要培训及培训什么内容的一种活动或过程。它是确定培训目标、设计培训方案和培训课程的前提，也是进行培训评估的基础，因而成为教师培训活动的首要环节。各级教师培训机构要组织专门力量，开展深入细致的教师培训需求调研，改变"一张问卷做调研"的现象，准确把握各个层次、类别、岗位、学科教师的培训需求，为科学确定培训内容和标准打下坚实的基础。建立以培训需求为导向的培训内容更新机制，教师培训机构要根据教师培训需求决定课程设置和培训内容，加强中小学教师培训项目方案论证，提高培训的针对性。

二要研制教师培训标准。要以培训需求为导向，以促进教师专业素质的提升为目的，研究不同层次、不同类别、不同岗位的教师培训的标准，明确学科专任教师培训、教师专项能力培训等各类培训的培训标准，从师德修养、专业知识、专业技能等方面构建理论与实践紧密结合的培训内容体系。研制中小学教师培训指导纲要，明确中小学教师培训的内容，加强对全省教师培训工作的统筹规划和宏观指导。研究不同类别、层次、岗位、学科教师的素质能力模型，分层、分类、分岗、分学科建立中小学教师培训标准，明确初任培训、任职培训、专门业务培训、岗位培训等的目标、内容和方式等，增强培训的针对性、实效性。

三要构建培训课程体系。课程体系是培训内容的载体，课程体系建设是教师培训的核心工作。目前教师培训没有明确、统一的课程大纲，在以往的教师培训中，课程的设置往往比较随意。各级教师培训机构要根据教师专业标准，依据培训目的、培训任务以及学员需求的不同而设计不同类别、不同层次的模块化的课程方案，努力实施个性化的培训。所谓不同类别，是指要针对小学、初中、高中等不同学段，学科教师、班主任以及心理健康教育教师等不同类型教师的不同需求而分别设计不同的培训内容；所谓不同层次，是指在同一类别的课程当中，要根据学员专业发展阶段不同而划分不同的级别，比如学科教师培训课程可以分为青年教师培训、骨干教师提高和名师打造课程；所谓模块化，是指把每一种形式的培训课程如专家报告、课题研究、观摩考察、挂职锻炼、拓展训练、感悟体验等都作为一个独立的模块进行精心设计，同时还要做到统筹兼顾，实现各模块之间的整体衔接与有机配合。

四要开发培训课程资源。培训课程资源开发的主要意义在于为教师专业发展提供资源帮助，引领教师提炼个人教育理论，形成个人教育成果，退出区域教育教学优秀成果，实现优质资源共享。可由省级教师培训机构牵头，制定示范性培训课程方案和标准，完善优质课程资源评审与推荐制度，实施教师培训课程建设计划。按照"研训问题化、问题课题化、课题课程化、课程培训化、培训实践化"的路径，搞好培训课程体系建设，做好公共必修课程开发和重要专业必修培训教材的出版，建设优质教师培训课程资源库，逐步建立符合教师自主选学需求的"课程超市"。支持福建基础教育网、海西教育网、福建高中新课程网等网站平台建设，建好"福建基础教育课程与研修资源中心"。开展"中小学教师优质课程资源"征集活动，收集一线名师、骨干教师的教学课例、教育教学案例、教育教学叙事以及教学实录，各级培训机构的研训专题讲座及培训生成性资源，建设好网络培训课程资源，免费提供各地使用，让农村教师享受到名师现场说课等优质资源，提高优质网络课程资源的覆盖面，促进培训资源共建共享。

（3）创新培训模式手段。当前，教师培训工作形势任务发生了很大的变化，单纯的理论灌输已经不能满足教师专业化成长的需求，传统的培训手段和方式必须改革。要通过培训模式手段的改革创新，提升培训实效，为参加培训教师在理念、策略等方面提供示范和引领。

一要创新培训组织模式。教师培训理念要从"培训"转化为"研修"，培训目标要以激发和培养中小学教师立足职场、自主研修的意识和能力为核心，实现从信息传授与知识掌握向知识的生成与能力建构转变；培训组织管理要将集中培训、远程培训和岗位自主研修有机结合，促进参训教师从"受训者"向研修活动的"主体性参与者"转变，培训者从"知识的传授者"和"培训组织管理者"，向"研修活动的设计者、组织者"和"专业发展的引路人"转变。要加强训后跟踪指导，建设集优质教育资源传输、过程指导、交流互动和跟踪服务于一体的现代化教师培训服务平台，帮助广大中小学教师方便快捷地获取优质教育资源，享受到教师培训机构提供的专业化、个性化、系列化的培训服务。

二要改进培训教学形式。新课程改革强调落实知识与技能、过程与方法、情感态度价值的"三维目标"，要求推行自主、互动、探究式的学习方式，中小学教师培训要在贯彻"新课改"理念上起示范作用。教师培训的教学方式要从传统的"讲授为主"转化为"参与式活动"为主，学习方式从以"听讲"为主转化为以"自主、合作、探究、反思、交流"的活动为主，倡导小班教学，采取案例式、探究式、参与式、情景式、讨论式等多种方式，通过改进教师培训的教学组织方式，体现教师培训的开放性、民主性和参与性，使教师置身"自主选择、自主反思、自主建构"的专业发展环境之中，激发探究热情和发展动力。支持办好"福建省中小学教师论坛"，为广大教师搭建经验交流的平台、思想碰撞的平台、风采展示的平台。

三要改革培训实践模式。教师的专业化发展是靠实践性知识保障的，教师成长和发展的关键在于实践性知识的不断丰富，实践智慧的不断提升。各类培训要更加突出"加深专业理解、解决实际问题、提升自身经验"的导向，以实践为基本取向，以提高教师实际教学水平为根本目的，以问题解决为主线，以促进教师教育教学行为转变为核心，以发展教师核心能力为重点，促进教师切实改进教育教学行为方式。建立教师培训实践基地是体现以实践为取向、创新教师培训方式、保障培训质量的一项重要举措。各级教师培训机构要遴选优质中小学校作为中小学教师培训实践基地，加强教师培训实践环节的研究和管理，开发建设培训实践课程。建议福建省教育厅 2012～2015 年，制定中小学教师培训实践基地评估标准，在全省遴选 100 所中小学校作为中小学培训实训基地。培训实践基地主要承担名师培养学校实践现场的学习任务，农村骨干教师跟岗学习任务，省级教师培训项目组织的教育教学观摩和考察交流等活动，协助开发教师培训的课程资源等任务，通过典型经验引领和优质资源辐射，成为培训教学的实践基地、成果经验的示范基地、名师名家的培育基地。深入开展全省中小学教师岗位大练兵活动，坚持每两年举办一届全省中小学教师教学技能大赛，以赛促训，以赛促练，进一步营造广大教师学业务、学技能的浓厚氛围。

四要推进培训信息化建设。建设以福建基础教育网为主干、以有关教师培训机构和各市（县）教育信息网为两翼、以全省中小学校园网为节点，统一底层架构、统一账号登录、统一认证管理，互联互通、资源共享的"一体两翼"的全省教师教育网络联盟，使其能够满足集中研修和常态化研修需要，满足教育行政部门规定课程和教师自选课程需要，满足全省"统一平台、分级组织"需要，满足实现统一学时（学分）管理需要，满足行政管理驱动力和教师个体自主性需要，基于网络的教师学习共同体，建设支持全省中小学教师专业发展的"网上家园"。

（4）加强培训师资队伍建设。适当提高全省各级教师进修院校专任教师的高级职务岗位结构比例，其中县级教师进修学校专任教师高级职务岗位结构比例应不低于当地高中一级达标校的标准，吸引优秀人才充实培训师资队伍。各级教师进修院校要按照专兼结合原则，遴选高水平专家与中小学优秀教师担任兼职教师，建立各学段学科教师培训项目专家库。特级教师、省级教学名师和学科带头人每年必须承担一定量的教师培训工作任务，积极发挥示范引领作用。各级教师培训机构教师要采取与中小学一线教师轮换制、限时下校制等措施，加强对中小学教学研究工作，努力提高培训教学质量与效果。完善培训者考核评价制度，形成培训者队伍动态管理机制，建设一支素质优良、结构合理的教师培训者队伍。

3. 完善教师培训制度，促进教师专业发展

各级教育行政部门要严格贯彻落实教育部《意见》精神，完善五年一个周期的教师培训制度，在培训证书管理、培训学分管理、培训机构资质认证、培训项目招投标、培训质量监管等方面，切实加强和完善培训制度建设。

（1）建立培训学时管理制度。教师培训学分制是以教师自主选课为核心，目前福建省教师培训工作仍然突出统一性，强调计划性，同时培训机构能力和培训资源尚不充足，实行教师培训学分制有一定难度。建议省教育厅出台《福建省中小学教师继续教育学时（学分）管理办法》，进一步完善学时（学分）管理制度，确保教师五年一周期内培训时间累计不少于360学时，至少参加一次不少于90学时的集中培训；新任教师试用期内参加不少于180学时的培训，其中实践培训不少于60学时；探索建立教师非学历培训与学历教育课程衔接、学时（学分）互认的机制。学校应制定教师培训五年规划和年度培训计划，统筹安排教师参加培训，教师应制定个人专业发展五年规划和年度专业发展培训计划。学时（学分）以实名制和累计的方式进行登记，学校要落实专人及时登记教师参与培训的情况，并

记入教师专业发展档案。

（2）完善培训评估制度。培训质量评估是对培训项目从项目设计、项目实施到项目效果各方面相关数据信息的收集和价值判断，并对项目后续阶段及项目整体改进提供指导方案的过程。要研制教师培训的质量管理标准，建立中小学教师培训质量管理和评价系统，对培训的全过程进行管理，将培训资源的开发整合、培训方案的设计、培训活动的策划和组织、培训问题的研究、培训绩效的评估、培训信息的传播以及对教师跟踪、指导等方面纳入质量管理，及时收集教师及有关部门对培训的要求的意见，建立有效的信息反馈机制，加强培训项目过程评价和绩效评估，使培训工作不断完善、创新。

（3）完善培训激励制度。许多国家都采取多种措施激励教师进修，通常做法是把进修取得证书与加薪晋级紧密联结起来。如美国教师通过进修获得学分证明、研究证明以至学位后，即可领取相应的工资，并可作为教师今后换证或考核升迁的依据。日本教师待遇丰厚，通过进修，如取得高一级任教许可证，即可提薪。政府为鼓励教师持续进修，实行按学历区分教师等级，这种做法旨在强化教师进修风气，促使进修制度化。许多国家还明确规定，教师进修期间，享受公差待遇，可以领取交通、膳宿、补助等津贴。因此，要探索将教师完成培训学分（学时）和培训考核情况作为教师资格再注册、教师考核、评先评优、职称评聘的必备条件和重要依据，改变教师培训"有培训任务才培训、有培训计划指标才培训、有培训经费才培训"和"培训不培训无所谓"的现状，形成中小学教师培训的保障体系和激励机制，变"要他学"为他根据自己工作需要和提高水平需要来学，充分激发教师的积极性，促进教师终身学习。各市、县（区）要制定提高教师学历层次规划和考核奖惩办法，鼓励、支持中小学教师参加学历提高培训。小学教师达不到专科学历者、初中教师达不到本科学历者，须参加学历提高教育。教师通过进修取得研究生学历（学位），其学费由单位按照一定比例给予资助。

（4）落实教师培训编制。由于教师培训本身具有成人性和在职性的特点，教师外出参加脱产培训工学矛盾较为突出，解决这一问题的有效方法是落实教师培训编制，即按照教师总量安排教师培训编制，充分利用机动编制安排教师参加培训，通过顶岗支教方法置换教师等。如重庆市黔江区为保证学校顺利完成送培任务，又不影响学校教学秩序，从 2011 年秋季开学给学校核编时预留培训人员编制作为培训专用（教师在 100 人以内的学校留 1 名、100 人以上的学校留 2 名编制），有效保证教师参训率，其做法值得借鉴。

（5）建立带薪脱产培训制度。带薪脱产培训作为教师培训工作的重要形式，具有其他形式所不具备的特点和优势：一是有效解决解决工学矛盾问题；二是提高培训的系统性、前瞻性、科学性、创新性，解决培训效率低下等问题；三是为教师培训机构培训项目的目标设置、课程选择、课程实施、教学管理等提出更多挑战，促进培训机构在硬件设施、教学资源、教务管理及后勤保障等方面提升培训能力水平。发达国家普遍将进修假制度作为教师培训的基本制度之一，如英国规定新教师至少用 1/5 的时间进修，正式教师连续工作满七年者可带薪进修一学期。法国、美国、德国和日本也都有类似的制度。过去在师资队伍数量不足的情况下，建立带薪脱产培训制度缺乏现实基础，而在师资队伍建设数量需求逐步让位于质量提高的今天，教师享有带薪脱产培训的制度应予以细化并加以保障。北京市从 2009 年开始，市级财政投入 1100 多万元专项经费，在 12 个区县开展了为期半年的教师带薪脱产培训试点工作，已培训教师 1000 多人，取得显著成效。建议福建省充分利用师范生支教实习、县域内教师轮岗交流等机制，建立中小学带薪脱产培训制度，更有效地促进教师专业成长。

（6）完善培训登记和管理制度。支持"福建省中小学教师继续教育信息管理系统"建设，使之成为与各级教育行政部门门户网站相链接的全省教师培训网络管理平台。建立全省中小学教师培训统一登记制度，通过专门的网络管理平台，对全省每个教师参加培训的项目、时间、所获学分及培训主办单位等基本信息进行登记与管理。县级以上教育行政部门主管登记工作；中小学校按要求对本校（本区域）教师的参培情况进行初审并收集有关材料；市、县教师培训机构负责登记和审核。经省市级以上教育行政部门认定资质的培训单位（基地）所实施的教师培训项目，其受训学时及学分方可记入教师培训档案。教师完成培训学分和培训考核登记情况作为年度绩效考核、职务评聘、特级教师申报、评优晋级和教师资格定期登记制度的必备条件和重要依据。

4. 加强组织领导，为教师培训工作提供有力保障

各地教育行政部门、各级各类学校要高度重视中小学教师培训工作，要摆上重要日程，做到认识到位、政策到位、管理到位。要将中小学教师培训纳入地方教育发展整体规划，统筹安排，加大投入，优先保证。

（1）加强培训规划管理。教师培训工作是一项系统工程，只有把教师培训工作与教师成长过程周期相结合，进行整体性的规划设计，才能取得实质性的效果。由于福建省各级教育行政部门和教师培训机构在教师培训工作中缺乏统筹协调、各负其责、各司其职的工作机制，缺乏全面系统的规划，存在培训内容"零敲碎打"，在局部问题上"小打小闹"的现象，缺乏整体性、系统性。要建立省级统筹、市县负责、以县为主的教师培训管理体制，各地各校要根据培训对象的需求，做好培训工作整体规划，分年度具体实施，使培训内容具有系统性，确保在五年一个周期内，教师的专业理念、专业知识、专业能力有一个系统的提升。

目前，各级教育行政部门因机构精简，人力资源有限，为加强中小学教师培训工作的规划指导，建议参照他省做法，成立福建省中小学教师继续教育管理中心，挂靠福建教育学院，由省教育厅赋予必要的行政管理职能，中心承担的主要任务：一是协助福建省教育厅制订全省教师培训计划及相关配套文件，对省级培训项目进行业务统筹与管理；二是牵头研制中小学教师培训指导纲要，明确中小学教师培训的内容，加强对全省教师培训工作的统筹规划和宏观指导，研究不同类别、层次、岗位、学科教师的素质能力模型，分层、分类、分岗、分学科建立中小学教师培训标准，明确初任培训、任职培训、专门业务培训、岗位培训等培训目标、内容和方式等；三是组织开展教师培训工作研究，探索并推广教师培训新模式，建立教师培训专家库和课程资源库，配合省教育厅做好教师培训业务指导工作；四是完善教师培训经费管理办法，保障省、市、县、校培训经费稳定增长；五是组织对各级教师培训机构的资格认定和教师培训工作的绩效考核；六是建设全省统一平台的中小学教师培训学习档案和电子学籍等。各市、县（区）要相应建立中小学教师教育工作的领导机构和办事机构，并与培训机构合署办公，构建上下衔接的教师培训规划管理体系。

明确各级中小学教师培训的对象和任务，加强省、市、县、校四级教师培训工作的统筹规划，合理划定培训比例，理顺培训业务分工，建立分层培训机制，形成省级培训做示范、市级培训抓重点、县级培训保全员、校本培训重教研的梯级式培训格局，完善教师梯队培训机制。省级主要承担高中高级职称教师、省级骨干教师的培训任务，抓好市、县两级不能开展的重点培训、专项培训；设区市级主要承担初中教师、市级骨干教师培训及其他专项培训任务；县级主要承担小学教师培训及其他专项培训；学校要建立健全校本培训制度，组织开展校本培训。

（2）加大培训经费投入。充足的培训经费是教师培训工作得以顺利进行的重要条件。1999年教育部颁布的《中小学教师继续教育规定》："中小学教师继续教育经费以政府财政拨款为主，多渠道筹措，在地方教育事业费中专项列支"。要从以下三个方面着手建立中小学教师继续教育经费保障机制。

一要确保教师培训经费足额到位。贯彻福建省人民政府《关于进一步加强中小学教师队伍建设的意见》（闽政文〔2008〕344号），各级财政部门要切实按教职工年度工资总额1.5%~2.5%的标准，核拨教师继续教育经费，农村中小学要按学校年度公用经费预算总额的5%安排教师培训经费，用于教师参加培训所需的差旅费、伙食补助、资料费和住宿费等开支。随着物价整体水平上涨，现行的培训学员伙食和住宿标准偏低，外聘授课专家差旅费、讲课酬金、学员到实训基地交通等费用也在不断增加，各级政府和教育行政部门在下达培训专项经费时，要适当提高培训学员人均拨款标准。目前，由于各地财力不同，不少县市教师培训经费未能足额到位。要将中小学教师培训经费列入各级政府预算，把教师培训经费落实情况作为教育督政、督学的重要内容，纳入教育年度目标考核体系。要积极争取社会力量捐资、捐助教师培训工作。建立健全教师培训专项经费管理制度，提高教师培训经费的使用效益。

二要不断加大教师培训经费投入。目前各省教师培训经费投入不断加大，如浙江省要求，各地财政要按每年不少于当地教职工工资总额3%的比例安排专项资金，用于中小学教师的培训；中小学校要按照不少于学校年度日常公用经费总额10%的比例，提取教师培训经费。"十二五"期间，北京市财政每年用于中小学教师培训的专项经费都在 6000 万元以上，人均培训经费不低于 500 元。建议福建省根据经济社会发展水平，提高教师培训专项经费投入，新增财政教育经费要把教师培训作为投入重点之一。要加强培训经费省级统筹，省级每年安排专项资金，用于省级统一培训和补助奖励市、县（市、区）级教师培训，进一步加大免费培训教师的力度，从根本上解决教师培训费用不足问题。今后三年，省级每年安排不低于 5000 万元资金用于教师培训工作，其中 3000 万元用于省级培训，2000 万元用于补助市、县开展重点项目培训，确保培训目标任务的落实。

三要建立培训成本分担机制。教育的成本分担是美国高等教育财政专家布鲁斯约翰斯通最早提出的，其核心观点就是高等教育成本应从完全由政府或纳税人负担转向至少部分依靠家长和学生负担。按照"利益获得"原则和"能力支付"原则，大凡非义务教育的成本，都是可以进行分担的。中小学教师培训属于非义务教育范畴，政府、学校和教师个人都从中受益而且都有能力来分担其成本。应逐步建立由政府、学校和教师个人共同承担教师培训成本的机制，根据不同地区、不同教师的收入水平和培训的不同类型制定合理的、富有"弹性"的成本分担比例。如政府部门组织的教师集中培训，有关部门应负担主要的培训经费，而教师学历提高培训则可以考虑由教师个人负担大部分费用，同时政府和学校给予适当的补贴。

（3）加强培训工作研究。坚持理论与实践相结合、科研与教学相结合，加强对教师培训规律、培训内容、模式和培训方式方法的研究，积极开展培训教改实验，以科研为先导，推动教师培训工作专业化发展。建议福建省教育厅设立全省中小学教师队伍建设和教师培训专项重大招标课题，引导和鼓励各级教师培训机构利用培训班学员丰富信息资源，深入中小学校开展调查研究，积极开展新形势下教师培训的难点、热点问题的行动研究，在实践中探索解决方法，使教师培训机构成为教师培训的研究者、组织者和实施者。

（4）加强教师培训督导。将教师培训纳入教育督导体系，实行教师培训工作专项督导制度，对各地教师培训工作进行督导检查，把教师培训列入"对县督导"和教育强县（区）评估的重要内容，促进培训工作质量的不断提高。对在全省教师队伍建设和教师培训工作做出突出成绩的先进单位和先进个人，进行表彰，充分调动并激励各方面的积极性，切实推动中小学教师队伍建设工作取得实效。

（5）加强教师培训交流合作。深化全省教师进修院校"三级联盟"计划，以项目为依托，共享培训资源，推进实质性的交流合作，形成工作合力。支持各级教师培训机构充分利用全国师范大学联席会议、全国教育学院联盟、全国教师教育网络联盟、海西 20 城教师培训协作体等平台，拓展与省外教师培训机构的交流合作。加强与台湾地区教师教育机构的交流合作，努力在海峡两岸教师教育交流合作中发挥先行先试作用。协调引进外国文教专家参与福建省中小学教师培训工作，在境外开辟若干个教师培训基地，拓宽培训视野，提升教师培训工作国际化水平。

课题组成员：郭春芳　陈丽英　高培青　林　蒲　肖龙井
执　　　笔：肖龙井

第三篇

福建省中小学教师
发展调研报告

福建省中小学教师专业发展情况调研报告

为深入了解福建省中小学教师专业发展的现状，准确把握教师专业发展的需求，推进高素质专业化教师队伍建设，根据福建省教育厅关于开展"十三五"教育规划前期课题研究项目的要求，受省教育厅人事处委托，2015 年 3 月福建教育学院成立调研组，采取资料分析、问卷调查、座谈访谈等形式，对福建省中小学教师专业发展情况进行专题调研。现将调研情况报告如下。

一　福建省中小学教师队伍基本情况

根据《福建省教育事业统计简明资料》有关年份的数据比较，目前全省中小学教师队伍总量满足需求，教师队伍年龄结构和学科结构持续优化，教师实施素质教育和新课程改革的能力明显提高，教师队伍活力日益增强。

（一）　中小学教师数量情况

从总体上看，2014 年全省中小学专任教师 307554 人，其中小学专任教师 158698 人、初中专任教师 97933 人、高中专任教师 50923 人，教师总量基本满足需求。从城乡分布情况看，城区中小学专任教师 101475 人，占全省中小学专任教师总量的 32.99%；镇区中小学专任教师 130645 人，占教师总量的 42.48%；乡村中小学专任教师 75434 人，占教师总量的 24.53%。

（二）　中小学教师学历情况

2014 年，福建省小学、初中、高中专任教师学历合格率分别为

99.93%、99.67%、97.12%，与全国水平基本持平。其中专科以上小学教师、本科以上初中教师、研究生学历高中教师的比例（学历提高率）分别为86.01%、84.41%、4.23%，分别比2001年提高68.03个百分点、73.22个百分点、3.99个百分点，但与华东地区其他省份相比还有差距。

（三）中小学教师年龄情况

福建省34岁及以下的小学、初中、高中教师分别占33.90%、25.68%、35.25%，35～44岁以下的小学、初中、高中教师分别占36.61%、50.97%、39.77%，显示中青年教师成为主体，教师年龄结构总体合理。50岁及以上的小学、初中、高中教师分别占19.41%、8.34%、9.11%，小学教师年龄老化较为明显。

（四）中小学教师专业技术职务情况

2014年，福建省小学、初中、高中具有中高级职务的教师分别为61.19%、63.64%、67.27%，分别比2005年提高26.53个百分点、28.81个百分点、15.84个百分点，比2001年提高40.29个百分点、42.47个百分点、19.96个百分点，教师职务结构总体上不断改善。

（五）中小学教师性别情况

2014年，福建省中小学教师男女性别比为45.39∶54.61，处于相对平衡状态。其中，小学男女教师性别比为37.03∶62.97，初中为54.87∶45.13、高中为53.22∶46.78。总体看来，除小学之外，初、高中男教师的比例均高于女教师的比例，

（六）中小学骨干教师情况

2014年，福建省县级以上骨干教师62374人，占全省中小学专任教师总数的20.28%。骨干教师多集中在城区、镇区中小学，其中城区骨干教师21287人，占城区中小学教师的20.98%；镇区骨干教师29094人，占镇区中小学教师的22.27%；乡村骨干教师11993人，占乡村中小学教师的15.90%。

二 福建省促进中小学教师专业化发展的主要做法

2008 年以来，福建省深入贯彻落实党的十七大、十八大精神和国家、福建省中长期教育改革发展规划纲要，采取了一系列措施，不断加强中小学教师队伍建设，在促进中小学教师专业化发展方面取得明显成效。

（一）实施"两个工程"，重点提升农村教师队伍素质

2009 年以来，省、市、县三级教育行政部门联合组织实施"农村教师教育教学能力提升工程和农村校长办学治校能力提升工程"，五年累计投入 1.5 亿元，免费对全省 15 万农村教师（校长）轮训一遍。其中福建教育学院承担了省级培训 1 万名农村教师、1000 名农村校长的任务，已于 2012 年全部完成。其他由市、县分级组织实施。"两个工程"是福建省首次对农村教师实施的高规格、高层次的专项培训，有效提升了农村教师的教育能力和专业素养。

（二）启动"百千万人才工程"，加快名优骨干教师培养

2010 年，福建省启动实施基础教育"百千万人才工程"，在全省遴选培养名师、名校长（园长）培养人选各 100 名，学科教学带头人、骨干校长（园长）各 1000 名，省级骨干教师 1 万名。目前已遴选 96 名教学名师和 108 名名校长（园长）培养人选、1001 名学科教学带头人和 584 名骨干校长（园长），委托 8 所高校进行培养培训。通过百千万工程，培养了一批在省内外具有较大影响力与知名度的名师、名校长和教育家，打造了一支具有创新活力、能够发挥引领示范辐射作用的骨干教师（校长）队伍，带动了全省中小学、幼儿园教师队伍整体素质的提高。

（三）举办教学技能大赛，推动教师岗位大练兵

从 2010 年起，福建省组织开展了大规模的中小学教师岗位大练兵活动，2010 年、2012 年举办了两届全省中小学教师教学技能大赛，营造了"人人学业务、个个当能手"的浓厚氛围。教学技能大赛是全省性、全学

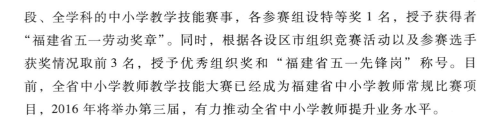

段、全学科的中小学教学技能赛事，各参赛组设特等奖 1 名，授予获得者"福建省五一劳动奖章"。同时，根据各设区市组织竞赛活动以及参赛选手获奖情况取前 3 名，授予优秀组织奖和"福建省五一先锋岗"称号。目前，全省中小学教师教学技能大赛已经成为福建省中小学教师常规比赛项目，2016 年将举办第三届，有力推动全省中小学教师提升业务水平。

（四）开展"送培下乡"，发挥名师引领作用

从 2011 年始，福建省教育厅分别依托福建教育学院、教育部福建师大基础教育课程研究中心、福建幼高专、泉州幼高专和省普教室等机构，每年组织特级教师、名师培养人选、省学科带头人，深入省级扶贫开发县、农村、山区和海岛，开展"送培下乡"活动，帮助农村边远地区中小学教师提高专业水平和教育教学能力，促进了农村教师的专业成长。同时，各地以名师为引领，以学科为纽带，建立了一批名师工作室，搭建促进教师专业成长以及名师自我提升的发展平台。省教育厅于 2014 年启动省级中小学名师工作室建设，首批建设 15 个中小学名师工作室，打造一批在省内起引领作用、在全国有影响力的优秀名师和学科教学团队。

（五）完善培训规划，扎实推进全员培训

完善五年一个周期的教师全员培训制度，要求教师五年内必须完成不少于 360 个培训学时。成立福建省中小学教师继续教育指导中心，制订全省中小学教师年度培训计划，对各地中小学教师培训工作和各级教师培训机构进行业务指导、培训质量评估监测与培训管理工作督导。建立省级中小学教师培训专家库和实践基地库，为实施高质量的培训提供优质的师资保障和基地支撑。出台《关于推进中小学教师培训模式改革、全面提升培训质量的意见》，推进培训模式创新。加强教师继续教育远程网络平台建设和网络课程资源库的建设，促进集中培训、远程培训和校本培训的有机结合，提高培训效益。发挥校本教研教师专业成长中的作用，鼓励各地各校支持教师学习共同体建设，引领教师专业自主发展。

（六）加强进修院校建设，完善培训体系

加强福建教育学院建设，发挥其在全省中小学教师继续教育工作中的

引领带动作用。以开展省级示范性县级教师进修学校评估为抓手，推进县级教师培训、教研、电教资源整合，提升培训基础能力。全省已评估认定 27 所省级示范性县级教师进修学校，其中国家级示范校 4 所。深入实施省、市、县教师培训机构"三级联盟"计划，促进三级教师培训机构共同研制培训方案、共享共用培训师资资源、共建共用培训实践基地、共建共享网络信息资源平台、共同办好基础教育研究刊物、联手承接培训业务、联合开展基础教育热点难点调查研究、共同实施人才强校战略，实现资源共享、优势互补，形成强大的培训实体。

（七）完善教师队伍管理，激发教师队伍活力

在全国率先将县镇、农村义务教育学校教职工编制标准提高到城市学校水平。实行中小学新任教师全省统一公开招聘笔试，严把教师进人"入口关"。不断完善教师"以县为主"管理体制和师资统筹配置机制。实施城镇中小学教师农村学校任（支）教服务期制度。统一福建省义务教育学校教师岗位结构比例控制标准，设立长期在农村任教教师直聘制度，吸引优秀人才长期扎根农村教育事业。启动中小学教师资格考试和定期注册制度改革，打破了教师资格终身制。完善中小学教师水平评价标准，实施中小学教师职称制度改革，建立统一的中小学教师职务（职称）系列，并在中小学设置正高级教师职务（职称），激发中小学教师专业发展的内在动力。

三　福建省中小学教师专业化发展的现状分析

课题组通过"问卷星"网站编制"中小学教师专业发展调查问卷"，在福建基础教育网设置"中小学教师专业发展调查研究"专栏，按照分层抽样调查的原则，由省教育厅人事处发文给全省 30 个县（市、区）教育局，要求每个县（市、区）组织 300 名教师参加问卷填报，同时组织在福建教育学院参加培训的福建省万名骨干教师培训班学员和往届培训学员填报问卷。截至 2015 年 4 月 22 日，共回收有效问卷 5587 份。调查对象基本情况为：

（1）从城乡分布情况看，城区占 45.89%，镇区占 30.59%，乡村占 23.52%。（2）从学校类型情况看，小学占 43.1%，初中占 32.9%，高中占 24.0%。（3）从年龄结构情况看，30 周岁及以下占 15.18%，31~40 周岁占 46.43%，41~50 周岁占 34.06%，51 周岁及以上占 4.33%。（4）从学历层次情况看，大专占 21.16%，本科占 76.93%，研究生占 1.92%。（5）从专业技术职称情况看，初级占 25.33%，中级（小学高级相当于中级）占 51.06%，高级占 19.94%，未评级占 3.67%。（6）从执教年限情况看，5 年以下的占 12.35%，6~10 年的占 10.09%，11~20 年的占 44.50%，21~30 年的占 28.75%，30 年以上的占 4.31%。（7）从学科分布情况看，语文占 26.88%，数学占 27.85%，英语占 9.65%，物理、化学、生物占 11.48%，政治、历史、地理占 12.55%，体育、音乐、美术占 7.18%，信息劳技占 2.68%，其他占 1.74%。

总体上看，福建省中小学教师专业发展取得明显成效，教师队伍整体素质不断提升，教师队伍活力日益增强，为提高教育质量、促进学生发展提供了有力保障。但从调查情况看，福建省中小学教师专业发展还存在一些问题。具体表现在以下几方面。

（一）教师专业发展目标较低，自主发展意识较强与行动滞后并存

教师的自觉性是教师专业发展的内在动力，也是影响教师专业发展的关键。调查表明，当前福建省中小学教师专业发展目标不明确，自主发展意识不强。问卷调查显示，关于专业发展目标问题，30.05% 的教师认为只要能胜任教学就可以了，22.05% 的教师希望成为学校名师，35.01% 的教师希望成为市、县（区）级名师，仅有 12.89% 的老师希望成为省级、国家级名师。这在一定程度上说明教师的职业发展目标定位较低，没有较高的专业发展需求。问卷调查显示，67.6% 的教师阅读的动因是提高素养，16.06% 的教师是备课，5.64% 的教师是完成任务，10.7% 的教师是爱好消遣。从教师每天阅读情况看，教师每天阅读在 1 小时以上的占 32.58%，每天阅读 0.5~1 小时的教师占 54.13%，每天坚持阅读不足半小时的教师占 13.3%。从教师订阅专业教学类报刊情况看，21.69% 的教师不订任何

专业教学类报刊，69.95%的教师订阅 1~2 种，8.36%的教师订阅 3 种以上。教师对读书学习的态度能反映出教师自主发展的意识是很强的，福建省大多数中小学教师有良好的学习态度，能主动利用业余的时间学习专业知识，促进自身专业发展，但也有相当部分教师处于自主与被动相互交织状态，自主发展的意识不强，自主学习的氛围不浓，这与部分教师工作环境较差、竞争意识较弱、工作负担较重有直接关系。

（二）教师工作负担较重，尽职尽责与职业倦怠并存

根据调查问卷，参与调查的教师中，任教班级数 1 个的占 36.67%，2 个的占 35.49%，3 个的占 8.54%，4 个的占 6.59%，5 个及以上的占 12.71%。每周教学课时数（课表内的课时，不含兼职工作量）1~5 节的占 5.8%，6~10 节的占 34.6%，11~15 节的占 52.28%，16~20 节的占 6.55%，21 节以上的占 0.77%。从任教班级数和每周教学课时数看，福建省中小学教师队伍的工作量适中。但大多数教师反映，除了从事教学工作，还兼任班主任、年级组、教研组长、团队干部或行政干部，承担大量的行政、教研任务。特别是许多青年教师担任班主任的工作，不仅要抓教学，还要抓管理、抓安全，工作负担比较繁重。此外，各级教育行政部门组织开展的各类评比、检查活动多，这些迎评、迎检任务最终也压到教师身上，让教师感到苦不堪言。农村教师反映，由于师资力量较为紧缺，许多中小学教师不得不承担多学科教学任务，有的甚至放弃自身专业转教其他学科，这种"教非所学、学非所教"的做法，导致教师产生学科角色模糊的困惑，难以把握自身专业发展方向。调查问卷显示，23.54% 认的教师为自己的工作量非常繁重、感觉疲惫；48.2% 的教师认为工作量比较重，但还能胜任；27.35% 的教师认为工作量适中，有学习、发展的时空；0.91% 的教师认为工作比较轻松，还可适当增加工作量。教师的工作负担重、压力大，一定程度上限制了教师专业发展，导致教师产生职业倦怠情绪。问卷调查显示，对从事教师这一职业表示非常喜欢或比较喜欢的仅占 67.44%，表示一般的占 29.73%，表示不喜欢的占 2.83%。这说明有近七成的教师对自己的职业抱有坚定信念、具有幸福感，有近三成多教师存在不同程度的职业倦怠，还有一小部分处于严重的职业倦怠状态。

（三）教师参加培训机会较多，但培训重心较低，实效性不强

教师在职培训是促进教师专业化发展的有效途径。"十二五"期间，福建省以提高教师教育教学能力为核心，以建设高素质专业化教师队伍为目标，积极开展形式多样的培训，中小学教师参加各级各类培训的机会不断增加。但根据《福建省教育事业统计简明资料（2014）》数据分析，2014年，福建省参加过国家级培训的小学、初中、高中教师比例分别占 0.71%、0.56%、0.51%，参加过省级培训的小学、初中、高中教师比例分别占 5.06%、5.29%、10.58%，参加过地市级培训的小学、初中、高中教师比例分别占 7.68%、17.29%、18.55%，参加过县级培训的小学、初中、高中教师比例分别占 24.57%、25.61%、16.32%。可以看出，中小学教师参加省级以上高端培训的机会少，县级教师培训机构作为教师培训的基础机构，在加强中小学教师队伍建设、推动中小学教师专业发展中承担十分重要的作用。但在调研中发现，目前县级教师进修学校发展仍然比较困难，功能作用发挥不够到位。根据调查问卷统计，仅有 20.08% 的教师认为县级教师进修学校培训研修对其专业成长的帮助很大，绝大多数教师认为县级教师进修学校培训研修对其专业成长帮助一般或没有作用。教师反映，县级教师进修学校受财力、师资等限制，往往采取远程培训方式组织教师岗位培训，监管评价不够到位，难以满足教师专业发展需求，反而成为教师的负担。县级教师进修学校发展困难主要表现在四个方面：一是功能定位认识不够到位。目前有的县级政府及教育行政部门对教师进修学校功能作用认识还不够到位，县级教师进修学校与相关机构还未实现整合，影响了进修学校功能作用的发挥。全省84所县级教师进修学校，还有10所进修校与教研机构分设；只有26所县级教师进修学校实行培训、教研、电教三个机构的实质性整合；实行县级教师进修学校与县级教研、科研、电教、电大等相关资源整合的也只有10所。二是办学条件较差。目前各县区为推进义务教育均衡发展，都在进行学校规划布局调整，进修学校因没有标准化建设，县级政府及教育行政部门无法将其纳入统筹规划，将布局调整后闲置的校舍用于办进修校，因此不少地方教师进修学校办学条件较差。三是师资力量比较薄弱。县级培训机构师资配置主要在义务教

育阶段，高中阶段师资配置相对薄弱，只有 30 所左右学校配备有高中研训师资。师资的学科学历也不均衡，有列入升学考试的学科配置师资较多，未列入升学考试的学科配置师资较少。学科教师配备不齐，影响了中小学某些学科研训工作的开展。此外，县级进修学校高级职称职数比例偏低、职称评聘困难等问题，也影响了进修学校教师队伍发展。四是办学经费紧张。县级教师培训机构总体上经费比较紧张，有的县市教师培训经费未达到教职工工资总额的 1.5%，有的虽然已经达到，但多被教育局截留，划拨到进修校的比例很小，导致进修校培训经费不足，给开展大规模、大范围、高质量的中小学教师继续教育，特别是农村中小学教师继续教育带来了一定的影响。

（四）校本教研形式多样，但深度和广度略显不足

校本教研是促进教师专业成长的主旋律，也是提升教师专业素养的必由之路。调查显示，福建省大多数中小学建立了校本教研制度，通过开展集体备课、听课评课、专家报告、辅导讲座、同伴互助、导师带教、课题研究等校本教研活动，促进教师专业发展。但目前福建省中小学校本教研活动的深度和广度略显不足。从教研组（备课组）组织活动情况看，60.36% 的教师表示所在教研组（备课组）平均每月组织活动 4 次以上，但仍有 39.64% 的教师表示所在教研组（备课组）每月组织活动在 3 次一下，其中 2.49% 的教师表示教研组（备课组）没有组织任何活动。从师徒结对情况看，55.27% 的教师表示师徒能相互听课交流频繁，但仍有 22.21% 的教师表示师徒较少课交流，还有 7.64% 的教师表示师徒结对形同虚设、14.87% 的教师没有结成师徒关系。从教研活动后的评课情况看，72.7% 的教师表示人人评课、很有帮助，但仍有 27.3% 的教师表示评课流于形式、基本无帮助，或没有参加教研评课活动。可以看出，校本教研活动的深度和广度不足，没有惠及每一位教师，促进教师专业共同成长。

（五）教师教学反思不足，教育教学能力有待提高

教学反思是教师从事教学研究的基本手段，也是教师专业发展的"催化剂"。调查显示，57.31% 的教师对日常教学工作经常反思，40.36% 的

教师有时或偶尔反思，1.84%的教师表示没时间反思。从教师开公开课情况看，近三年27.87%的教师开设公开课（研究课、示范课）5次以上，41.06%的教师在3~4次，26.51的教师在1~2次，还有4.56%的教师没有开设过公开课。从教师备课情况看，18.92%的教师采取集体备课，25%的教师是广泛参考，博采众长，49.08%的教师是根据学生实际，自己设计教学，7%的教师基本按教参组织教学。从一堂课结束后的教学策略看，6.77%的教师在其他班以同样的方式实施教学，45.77%的教师以教后记的方式提出一些问题并思考，6.82%的教师征求学生对本节课的意见，40.65%的教师在反思和思考的基础上就本堂课重新设计。可以看出，相当部分中小学教师有效教学反思不足，缺乏创新意识，不能通过直接教育教学经验、开展教育实验，进行专题研究等来把握教学规律，导致福建省中小学教育教学改革难以形成闽派特色成果。

（六）教科研能力较薄弱，研究成果不多

调研发现，当前福建省相当部分中小学教师从事科研的功利性较强，参与课题研究、发表论文的大多是为了职称晋级，缺乏对教育教学的深入研究，科研能力和科研水平不高，导致科研成果层次不高、科研竞争力不强。从教师近三年以来负责或参与课题情况看，35.79%的教师参加过地市级或省级、国家级课题，20.64%的教师参加过县级课题，24.31%的教师仅参加过校级课题，还有19.26%的教师没有参加过任何课题。从教师近三年发表论文情况看，8.63%的教师发表4篇以上，71.41%的教师发表1~3篇，还有19.96%的教师没有发表过任何论文。从教师论文获奖情况看，12.1%的教师获过全国级奖项，20.15%的教师获过省级奖项，23.14%的教师获过地市级奖项，20.43%的教师获过县级奖项，还有24.18%的教师没有获得过任何奖项。从教师在核心期刊发表论文情况看，根据中国期刊网数据统计，2010年以来，福建省中小学教师在《课程·教材·教法》发表论文4篇，同期江苏、浙江教师分别发表4篇、14篇；在《中国教育学刊》发表论文31篇，同期江苏、浙江教师分别发表173篇、94篇；在《数学教育学报》发表论文5篇，同期江苏、浙江中学数学教师分别发表22篇、21篇；在《数学通报》发表论文35篇，同期江苏、浙江

中学数学教师分别发表 193 篇、99 篇；在《化学教育》发表论文 35 篇，同期江苏、浙江中学数学教师分别发表 290 篇、93 篇；在《化学教学》发表论文 26 篇，同期江苏、浙江中学数学教师分别发表 105 篇、23 篇；在《语文建设》发表论文 31 篇，同期江苏、浙江中学数学教师分别发表 196 篇、69 篇。2014 年，教育部评选公布国家级教学成果奖获奖项目，全国 417 个基础教育教学成果获奖，其中特等奖 2 项，一等奖 48 项，二等奖 367 项，福建省 36 个项目参评，仅 6 个项目获得二等奖（其中 4 个项目为幼儿园教学成果，另外 2 个中小学教学成果的完成者分别是进修校、高校教师）；江苏 63 个项目参评，56 个项目获奖，北京 44 个项目参评，39 个项目获奖。可以看出，福建省基础教育教学成果研究在全国处于较为落后水平，这在一定程度上限制了教师专业化的发展。

（七）名师群体辐射影响力不强，教师专业发展缺乏引领

名师群体是中小学教师专业发展的领跑者，在引领中小学教师专业发展方面发挥重要的辐射示范作用。但调查显示，尽管教师认为名师引领是促进教师专业发展最有利的方式，但福建省名师群体的整体辐射影响力不强，教师专业发展缺乏引领。一方面，省级名师培养工作起步较晚，名师数量不多，名师群体尚未形成。福建省 2010 年启动中小学名师培养工程，对全省遴选出来的 96 名中小学教学名师培养人选进行为期五年的培养，其中 67 名教师获评福建省首批"中小学教学名师"，目前尚未启动第二期名师培养工程。而江苏从 2009 年起实施"江苏人民教育家培养工程"，目前正在开展第二批培养对象中期考核，部署第三批培养对象五年培养规划；天津市于 2008 年底启动实施"未来教育家奠基工程"，目前已完成三期 290 名优秀教师的培养。从正高级职称教师数量看，2012 年底，福建省启动实施中小学教师职称制度改革，中小学教师中增设正高级职称，目前全省仅 25 名中小学教师被评为正高级教师职务，而这 25 名正高级中小学教师中，大多是省市重点学校中的佼佼者，县乡中小学校的教学骨干仅有 3 名。另一方面，省级名师工作室尚未建立，市县级名师工作室示范辐射能力不够。福建省于 2014 年启动省级名师工作室申报工作，首批计划建设 15 个省级名师工作室，但目前省级名师工作室尚未公布。近年来，大部分

设区市建立了市级名师工作室，在送培送教、资源共享、推动教育均衡发展等方面发挥了积极的作用，但由于缺乏专业引领、经费短缺等原因，名师工作室示范辐射仅局限于本地区，在全省有影响力的工作室很少，更不用说在全国产生影响了。

（八）学校对教师专业发展不够重视，教师专业发展评价体系有待进一步完善

学校对教师的科学评价是推动教师专业发展的有效手段之一。但调查显示，40.11%的教师认为校长对本校教师专业发展不太关注、说说而已；39.13%的教师认为学校对教师教学工作的评价主要看考试成绩；33.72%的教师认为学校的评价方式对教师专业发展没有促进作用或产生负作用。可以看出，相当部分学校对教师教学工作评价以考试成绩为主要标准，缺少教师专业发展的内容，教师专业发展被严重忽视。调研中教师反映，学校每年举办的评先评优活动，也倾向教学成绩优秀的教师，那些教学成绩相对落后但班级管理优秀的教师在评先评优中往往落选。近年来，在教师评价方面，福建省实施教师绩效工资制度，但在执行过程中，受各种因素影响，教师的专业发展评价仍然被教学成绩左右，导致评价流于形式。根据 2012 年教育部下发的《小学教师专业标准（试行）》和《中学教师专业标准（试行）》，教师专业发展包括专业理念与师德、专业知识、专业技能等维度，但教师的师德、管理等工作很多难以进行量化考评，受高考指挥棒等因素影响，学校、家长、社会所关注的往往是学生的成绩，导致教师评价难以走出以学生成绩为标准的怪圈。福建省教育厅 2014 年印发的《福建省中小学教师水平评价标准条件（试行）》对教师水平评价也主要适用于中小学教师职称评聘，难以真正调动教师专业发展的积极性和主动性。为科学评价教师职业道德、业务水平和工作业绩，2014 年，福建省教育厅还启动了中小学教师资格定期注册试点工作，将逐步建立和完善教师激励和退出机制，为福建省建立五年一个周期的教师资格定期注册制度积累经验。但目前全省仅有 9 个县（市、区）参加，在全省全面推开还需要进一步探索。

四　促进福建省中小学教师专业发展对策建议

教师专业发展是指教师在整个专业生涯中，通过终身专业训练，习得专业知识技能，实施专业自主，表现专业道德，并逐步提高从教素质，成为一个良好的教育专业工作者的专业成长过程。教师专业化是现代化教育发展重要标志。教师自身素质的提升，有赖于教师对自身专业知识、技能、水平的认识和反思，对自身工作的态度、情感，以及职后继续学习的意愿和行动。教师职业的专门化有赖于教育行政部门对教师群体的规范化管理，包括职前专业化教育、准入制度的设立、职后评估与考核等一系列标准化措施。根据中小学教师成长规律，借鉴省外经验，课题组认为，当前要从以下几个方面着力，提高福建省中小学教师专业化水平，促进每一位教师专业发展，建设一支高素质专业化的中小学教师队伍。

（一）改革师范生招生和培养制度

随着高等教育的普及，从 20 世纪末开始，我国师范教育逐渐转型，随着三级师范（中师、师专、师院）向二级师范转变，以培养小学教师为主要任务的中师被取消，以培养初中教师为主要任务的师专升格成师范学院或整并到地方新建本科院校。目前福建省许多师范院校，特别是新建地方本科院校师范类专业招生都面临着录取分数线偏低、男女生比例失调、学生整体素质不高等问题。师范生生源质量成为影响师资水平的关键。建议省教育厅根据全省中小学教师队伍建设需要，科学确定师范生招生规模，统筹安排招生计划，合理确定分专业招生数量，确保招生培养与教师岗位需求有效衔接。积极探索师范生招生实行提前批次录取等方面的招生考试制度改革，鼓励高校增加面试环节，录取乐教适教的优秀学生攻读师范类专业。探索省级师范生免费教育制度。鼓励引导优秀男青年报考师范教育专业。扩大教育硕士招生规模，探索"4 + 2"教育硕士层次的教师培养改革试点，由师范院校免试推荐优秀本科师范毕业生，由所在师范院校和福建教育学院进行为期两年的联合培养，以促进教师培养职前职后一体化，提高中小学教师培养水平。

基层反映，培养什么样的小学教师、怎样培养小学教师是当前中小学教师队伍建设的一个突出问题。在小学阶段，特别是低年段，国际上的普遍经验是培养使用全科教师进行教学。过去专门为小学培养教师的中师教育，基本上都是按全科教师培养的，培养出来的教师既可以教数学、也可以教语文，同时还能在音乐、体育和美术方面选择一项自己喜欢的方向。随着城镇化的发展，农村学校规模日益缩小，无法配足配齐各学科教师，迫切需要加强全科教师培养。建议福建省教育厅实施农村小学全科教师定向培养计划，培养一批"下得去、留得住、教得好"能胜任小学各门课程教学任务的农村小学教师，优化农村教师队伍结构，提高农村教育质量。

（二）建立新教师入职脱产培训制度

随着开放式教育教育体系的形成，一方面大量非师范类毕业生通过考取教师资格证进入教师队伍，另一方面师范类毕业生的教育教学能力普遍不足。有的教育学者把教师个体逐渐专业化的阶段分为职前师范教育、新任教师的培养、教师的继续教育三个阶段。从教师专业成长规律看，加强新教师的入职培训尤为重要，但其往往没有得到真正的重视。新任教师的知识结构不完善，对课程标准的认识、对教材的加工处理能力以及驾驶课堂和开展教育教学基本能力结构未形成，教育教学的专业思想水平未牢固树立，对教育法规的认识要在教育实践中检验，对教育方针的理解、正确的教育价值观的形成更要在实践中反复锤炼。新教师对教育工作往往充满幻想，兴趣和情绪不稳定，从起步到适应到胜任教育工作周期长，见习期是成长的关键。在台湾，师资培育由师范院校及综合教师培中心培育，师培生毕业时取得大学毕业文凭，有意向担任中小学教师者，参加师资训练的入学考试，合格者方能进入师资培育专门机构再专门培训一年；这一年特别重视专业知识能力与实习辅导，成绩合格，成为合格中小学教师，可分发至中小学任教。建议福建省教育厅建立全省新入职教师脱产培训制度，将每年新招聘教师集中三个月至半年的入职培训交由福建教育学院及有资质的教师培训机构承办，使新教师树立和巩固专业思想，热爱中小学教育工作，提高师德素养；熟悉有关教育法规和学校教育教学环境；初步掌握教育教学常规，通过教育教学实践锤炼基本功，熟悉所教学科课程标准和教材内容，初步适应中小学教育教学工作。

（三）建立在职教师专业发展阶梯攀登体系

根据休伯曼的教师职业周期理论，教师的职业生涯过程可以分为五个时期。（1）入职期：时间是入职的第1~3年，是"求生和发现期"。在这一时期，教师表现出对新职业的复杂感情，一方面是初为人师的积极热情，另一方面是面对新工作的无所适从，却又想尽快步入正轨而急切地希望获得教学的知识和技能。（2）稳定期：时间是工作后的第4~6年。这一时期教师逐渐适应了自己的工作，并且能够比较自如地驾驭课堂教学，初步形成了自己的教学风格，入职时的压力和不适已经消失，教师此时已经能够比较轻松、自信地面对自己的工作，同时要求自己在教学技能等方面进行不断的改进与提高。（3）实验和歧变期：时间是工作后的第7~25年。该阶段是教师职业生涯道路上的转变期。教师的转变有两个方向：随着知识和阅历的增加，教师开始对自己及学校的各项工作大胆地进行求新和力求改革，在教学材料、评价方法等方面进行教改实验，关注学校发展，对学校组织和管理中的漏洞进行批评和指正，不断地对职业和自我进行挑战；另一方面，单调乏味的教学轮回使教师对自己的职业产生了倦怠感，对是否要继续执教产生动摇，因此开始对目前从事的工作进行新的评估。（4）平静和保守期：时间在从教的第26~33年。经过对教学和学校的激烈改造或是对教师职业的反思和重估，教师的工作进入了平静发展阶段。此时他们已经拥有丰富的经验和技巧来应对教师工作，但同时也失去了专业发展的热情和动力，因此教师的志向水平开始下降，教师的工作也变得较为保守。（5）退出教职期：时间是教师工作的第34年以后，教师的职业生涯步入了逐步终结的阶段。北京教育学院钟祖荣教授从最能反映教师成长变化的两个指标（教师的素质和工作成绩）这一基点出发，认为教师的成长大致要经过准备期、适应期、发展期、创造期四个阶段，而每个阶段结束时的教师可以分别称为新任教师、合格教师、骨干教师、专家教师（学科带头人、特级教师等）。

根据教师职业生涯理论，教师在不同的职业发展阶段，其专业发展需求是不同的。作为教育行政部门和教师培训机构要遵循教育规律和教师成长规律，按照逐级递进的原则，为不同发展阶段的教师提供不同专业发展平台支撑，促进教师随着教龄的增长专业水平不断跃升。建议省教育厅参照河南省、陕西省的经验做法，建立福建省中小学教师专业发展阶梯攀登体系或全省中小学教师队伍骨干体系，建设"纵向到底、横向到边、上下贯通、立体覆盖"的梯级教师队伍，形成福建省教师梯队"长链式"的发展模式。主要目标是：到 2020 年，初步构建起涵盖省、市、县三级，包括教学名师、学科带头人、教学能手三类骨干在内的分级分类骨干教师体系，初步形成遴选与培养、管理与使用一体化的骨干教师管理体制和运行机制，造就一支能够在推动基础教育改革发展、全面提升基础教育质量中发挥带头作用的骨干教师队伍，进而带动全省基础教育师资队伍整体素质的提高。

福建省骨干教师梯队结构：（1）按照全省基础教育教师总数 2.5% 左右的比例，建立一支 1 万人左右的省级骨干教师队伍。省级三类骨干教师分别命名为"福建省中小学教学名师""福建省中小学学科带头人""福建省中小学教学能手"。其中，省级教学名师 500 名，每两年遴选培养 125 名；省级学科带头人 3000 名，每两年遴选培养 750 名；省级教学能手 6500 名，每年遴选培养 800 名左右。（2）按照所在设区市基础教育教师总数 5% 左右的比例，在全省建立一支 2 万人的市级骨干教师队伍。市级三类骨干教师分别命名为本市中小学"教学名师""学科带头人""教学能手"。（3）按照所在县（市、区）基础教育教师总数 10% 的比例，在全省建立一支 4 万人左右的县级骨干教师队伍。县级三类骨干教师分别命名为本县（市、区）中小学"教学名师""学科带头人""教学能手"。原则上每轮次和十年内遴选培养的县级三类骨干分别占总数的 5%、30%、65%。（4）县（市、区）引导辖区内学校培育校级骨干教师并推动全员培训。

按照逐级递进原则，各级各类骨干教师由同级教育行政部门选拔、培养和认定，凡进入同一级上一类别骨干序列培养的教师，原则上应从已获得同一级下一类别骨干教师称号的人员中推荐产生；凡进入高一级同一类别骨干序列培养的教师，原则上应从已获得低一级同一类别骨干教师称号的人员中推荐产生；对教学业绩特别突出并符合破格条件者，可通过破格程序越级跨类认定。各级各类骨干教师均实行动态管理，每五年重新考核认定一次，不搞终身制。各级教育行政部门要通过制定教师梯队标准，建立教师梯队培养选拔机制和教师梯队发展激励机制，不断提高教师个体的自我发展内驱力。

（四）建立教师专业发展评价体系

教师的专业化成长需要与之相适的评价机制。这种评价的目的不应该是限制教师、打击教师，而是激励教师、解放教师，使教师能够更加自由自觉地工作，努力向自己的发展目标前进。发展性教师评价是目前教师评价的趋势。随着新课程改革的不断深入，发展性教师评价以其鲜明的"促进教师发展为目的"的理念日益为人们所接受。台湾在 20 多年前引入发展性教师评鉴理念，在实践中形成了尊重教师自主、关注学生学习、强调组织改变和反思回馈的教师专业发展评鉴体系，对福建省完善教师专业发展评价体系很有借鉴意义。根据台湾教育部门《补助办理教师专业发展评鉴实施要点》，专业发展评鉴以"为协助教师专业成长，增进教师专业素养，提升教学品质"为目的，主要是通过评鉴，评估教师教学的优缺点，然后提供改进方案，并提供适当的在职进修课程和计划，促进教师专业发展，提升教师专业素养，提高教学品质，增进学生学习效果。教师专业发展评鉴的内容包括课程设计与教学、班级经营与辅导、研究发展与进修、敬业精神及态度等四个层面。评鉴方式具体分为自我评鉴、教室观察、教学档案、学生评教等四种。台湾教师专业发展评鉴主要特点，一是由政府和教育行政部门自上而下推动。积极宣传推广评鉴计划，并制定了一系列配套措施，如首次申办经费上的补助、培训评鉴人员、建立咨询网络等。二是坚持自愿和保密原则。中小学校和教师在充分了解评鉴的目的和理念后，可自愿申办和参与。申办学校根据自身条件和发展需要重点，每年可在评鉴内容中选择一两点进行评鉴。另外，对评鉴结果保密，使受评教师增加安全感，从而保证评鉴结果具有较高的信度和效度。三是评鉴主体多元，但以同侪评价为主。不仅是政府、教育研究机构，更多的是受评教师同侪，比如有各级教师专业发展辅导机构、市县策略联盟和协作学校、区域教师发展中心等。这种同侪互助的评鉴方式，一方面提升了教师的教学能力，协助教师专业成长，另一方面，有利于形成分享、参与、互助的教师文化。建议福建省教育厅结合福建实际，参照台湾经验，把国家层面涉及中小学教师评价的"职业道德规范""绩效考核标准""职称评聘标准条件"和"教师专业标准"等诸多规范和标准进行整合，建立福建省中小学教师专业发展评价指标体系省级参考框架，根据教师专业发展所划分的四个发展期和相应的指标体系，采取分层评价的方式，分别对新任教师、合格教师、骨干教师、专家教师（学科带头人、特级教师等）进行专业发展评价。这种评价要体现发展性原则、全面性原则、主动性原则、诊断性原则、多元性原则、导向性原则，真正改变单一化、终结性的评价方式，把教师专业发展评价与教师工作绩效考核有机结合起来，激励每一位教师主动追求自身的专业化发展。

（五）完善教师专业发展支撑平台

教师专业化发展需要专业化的机构来支撑。福建省教师培训机构体系比较完整。建议省教育厅总结借鉴省内外实践经验，结合福建省实际，大力加强福建教育学院建设，充分发挥其对全省中小学教师和校长培训工作的组织、指导、协调和服务作用。支持各地普遍建立市级教师培训机构，加强全市中小学教师培训工作的统筹协调和业务指导。实施县级教师进修学校标准化建设工程，整合教师进修学校、教研室、教科所（室）、电教馆的职能和资源，建设四位一体的县级教师发展中心。这对于福建省中小学教师培训和基础教科研工作转型升级，推进教师教育体制机制改革创新，加快教育现代化建设，具有十分重要的意义。县级教师发展中心要以适应素质教育和教育现代化发展为总要求，以全面提高教师队伍专业化水平和中小学、学前教育质量为目标，以服务教师专业发展为主题，坚持政府主导、逐步推进、务求实效的原则，改革创新，优化资源配置，发挥集成优势，把县级教师发展中心建设成为教科研训一体化的教师专业发展新型机构。争取到 2020 年，福建省 50% 以上的县（市、区）要建成教师发展中心，全省评估认定一批省级示范中心。2025 年前全省每个县（市、区）均建成教师发展中心，并达到省级示范标准，进一步促进教科研训的深度融合，加强对校本研训工作的指导，更好地为教师专业发展服务。

各级教师培训机构要以《幼儿园教师专业标准（试行）》《小学教师

专业标准（试行）》《中学教师专业标准（试行）》为依据，以实施好基础教育新课程为主要内容，以典型案例为载体，强化基于教学现场的培训，提高培训工作的针对性和实效性。积极完善省、市、县、校共享的网络培训平台，促进优质课程资源的共建共享，形成资源免费开放、内容自主选择、辅导统一组织、成绩统一评判、管理以县为主的网络培训机制。网络培训课程原则上由省统一规划、省市共建。建立一支高素质、专业化的网络培训辅导员和管理员队伍，加强网络培训指导和管理，全面网络培训质量。

学校是教师专业发展的主阵地、校本研修是教师专业发展的有力途径。近年来，上海、江苏、浙江、广东等全国许多省（市）都启动了中小学教师专业发展学校建设工程，开展教师专业发展示范学校认定工作，大力加强中小学校（幼儿园）对教师专业发展的促进功能，示范引领本县（区）内其他中小学教师队伍的专业发展。建议省教育厅借鉴国际上和省外做法，鼓励高校特别是师范院校与中小学校建立伙伴关系，共同建设一批教师专业发展学校，并由省教育厅安排专项经费，制定建设标准、明确示范任务和考核评价办法，评估认定一批示范学校，使之成为省、市、县三级进修院校的延伸，打通师范院校与中小学教学实际的藩篱。要鼓励学校建设"教师专业发展共同体"，努力营造促进教师终身学习的文化氛围，促进每一位教师专业成长，切实增强教师的职业认同感和幸福感。

（六）整合提升教科研机构引领能力

著名教学学者斯腾豪斯最早提出"教师即研究者"的教师专业发展命题，旗帜鲜明地指出，教师专业发展要求教师不仅会"讲授"，而且要会"研究"，即进行教学研究，而研究结果的最佳呈现方式无疑是公开发表的教学论文。研究显示，写作对教师专业发展具有多方面的影响，主要包括：影响教师的专业态度，影响教师的专业习性，提升教师的专业技能和专业智慧，拓展教师的专业知识，改善教师的专业结构等。其原因在于：教育写作不仅提供了一种反思的平台和工具，而且促使教师完成教育学意义上的反思过程；教育写作也是专题化学习的过程；教育写作的过程也是研究的过程。可以说，不会撰写教学研究论文的教师，只能是"教书匠"，而不是"研究者"。公开发表的教学论文是衡量中小学教师专业发展水准最为标准、最具说服力的科学标度。当前，中小学教师职称评定标准正处于新一轮改革期，个别省市已经取消了发表论文的硬性指标，福建则有继续淡化发表论文要求的思路。虽然这一做法平衡了旧的评审制度下教师的不满，但从长远来看，不符合教师专业发展规律，必将降低中小学教师的专业水准。只有加强教师的教研科研能力的培养，才能支撑教师更高层次的可持续专业发展。而教师教科研能力的培养，需要专业机构和专业人员的组织、引领和指导，并提供教科研成果发表和交流的平台。福建省原有的三级教研制度因其体制的封闭性和力量的分散性，已不能适应当前的基础教育改革发展新形势要求。如在省一级，福建教育学院承担培训功能，基础教育的教学研究由省普教室承担，科研工作由省教科所承担。福建省科、研、培三家各成一体，各自的体量都很小，名优教师都不多，即难以发挥为基础教育服务的合力。省教育厅、福建教育学院、省普教室、省教科所、福建教育出版社分别面向基础教育举办自己的学术刊物，办刊定位比较模糊，特色不够明显，层次也相对较低，对中小学教师专业指导和引领功能有限。建议省教育厅整合省级中小学教师培训、教研、科研力量，整合省级教育期刊力量，在福建教育学院的基础上成立福建省教育科学研究院，在福建教育出版社的基础上成立福建教育出版集团，打造福建基础教育的"航空母舰"，更好地组织开展全省中小学教师培训工作，更好地指导全省中小学教师教育教学研究，更好地引领名优骨干教师专业化发展，培养一支规模宏大的研究型、专家型教师，全面提升福建省中小学教师队伍素质。

教学成果奖作为国家实施科教兴国战略和人才强国战略的重要举措，是奖励取得优异教学成果的集体和个人，以鼓励教育工作者积极从事教育教学研究，提高教学水平和教育质量。在2014年颁布的首届基础教育国家级教学成果奖中，福建仅有6个项目获奖，综合排名列全国后列，需要引起教育行政部门和学校高度重视。建议省教育厅建立基础教育教学成果省级培育和奖励制度，激励广大中小学教师在教育教学实践中积极探索、勇于创新，形成福建特色、福建风格、福建气派的优秀教学成果。

特别值得注意的是，教师反映工作负担比较重，出现工作满意度不高并产生离职意向的现象。教师的生存需要和自我实现的需要得不到满足，工作各方面的满意度不高，就会产生离职意向；反之，如果教师的物质需要和精神需要得到了满足，教师发展成为具有自我更新和创造能力的专业工作者，教师的离职意向也会随之降低。因此，如何切实改善广大中小学教师的社会地位和经济收入，成为提高教师队伍稳定性，促进教师专业化发展的关键因素。而在现阶段，提高教师的社会地位和经济收入又涉及整个经济社会发展水平、教师人事管理、收入分配制度等方方面面的问题，其中每一项的改革发展都相互联系，互为条件。这就要求教育行政部门必须强化顶层设计、统筹规划、全面推进，才能激励教师将专业发展转化为自身成长的迫切需要。

课题组组长：郭春芳
执　　　笔：肖龙井　尹雪梅

福建省"新课改"背景下教师
工作负担的调查报告

在调查分析新课程改革背景下中小学生课业负担的同时，福建教育学院专题调研组对教师工作负担问题也进行了调研。调查问卷对象涉及福建省 9 个设区市 20 个区县、178 所学校、1737 名教师。调查对象基本情况如下：

教师教龄	5 年以下	6～10 年	11～15 年	16～20 年	20 年以上	合　计
人　数	126	450	663	300	198	1737
百分比（%）	7.3	25.9	38.2	17.3	11.4	100

教师职称	高级	中级	初级	未评	合　计
人　数	270	879	516	72	1737
百分比（%）	15.5	50.6	29.7	4.1	100

根据调查分析，现将新课程背景下福建省教师工作负担情况报告如下。

一　福建省中小学教师工作负担的情况分析

（一）中小学教师工作量情况

教师每周课时数、每周备课时间、每周批改作业时间、每周课后辅导学生时间可以反映出教师工作负担情况。

1. 每周课时数

调查表明，课改后教师平均每周总授课为 14 课时，比课改前的 16 课时减少了 2 个课时。其中，每周上课 10～15 课时的比例从课改前的 40.8% 提高到 55.6%，增加 14.8 个百分点，而每周上课 16 课时以上的比例从课改前的 55.9% 下降到目前的 39.9%，降低 16 个百分点。调查显示，课改后教师课时量处于比较均衡合理的状态。但在访谈中，绝大部分教师认为自己的工作量很饱满，这表明教师有较多的隐性工作时间。具体情况如下：

项　　目		每周上课课时（节）						
		1~3	4~6	7~9	10~12	13~15	16~18	18以上
课改前	人　数	3	21	21	168	417	477	324
	百分比（%）	0.2	1.5	1.5	11.7	29.1	33.3	22.6
课改后	人　数	6	18	51	336	570	453	198
	百分比（%）	0.3	1.1	3.1	20.6	35	27.8	12.1

2. 每周备课时间

课改后，教师平均每周备课时间为 14.7 小时，比课改前的 11.2 小时增加了 3.5 个小时。这说明虽然教师平均授课课时减少，但由于新课改对每个教师都是新挑战，所以教师花费在备课上的时间相对增加。具体情况如下：

项　　目		每周备课时间（小时）						
		1~3	4~6	7~9	10~12	13~15	16~18	18以上
课改前	人　数	99	324	264	456	147	54	123
	百分比（%）	6.7	22.1	18	31.1	10	3.7	8.4
课改后	人　数	57	168	237	426	294	120	67
	百分比（%）	3.8	11.2	15.8	28.3	19.6	8.0	13.4

3. 每周批改作业时间

课改后，教师平均每周批改作业时间为 10.7 小时，比课改前的 9.6 小时增加 1.1 小时。具体情况如下：

项　　目		每周批改作业时间（小时）						
		1~3	4~6	7~9	10~12	13~15	16~18	18以上
课改前	人　数	87	297	192	576	174	48	51
	百分比（%）	6.1	20.8	13.5	40.4	12.2	3.7	3.6
课改后	人　数	75	288	207	468	330	102	123
	百分比（%）	4.7	18.1	13	29.4	20.7	6.4	7.7

4. 每周课后辅导学生时间

课改后，教师每周课后辅导学生的时间为5.7小时，比课改前的4.8个小时增加了0.9小时。具体情况如下：

项　目		每周课后辅导学生时间（小时）						
		1～3	4～6	7～9	10～12	13～15	16～18	18以上
课改前	人　数	615	567	81	81	12	3	18
	百分比（%）	44.7	41.2	5.9	5.9	0.9	0.2	1.3
课改后	人　数	495	651	171	120	24	9	9
	百分比（%）	33.5	44	11.6	8.1	1.6	0.6	0.6

从调查中了解到，目前，教师的工作量主要由以下几部分构成：（1）课前准备；（2）上课，包括研究课、观摩课等；（3）批改作业；（4）课后辅导学生；（5）教研活动与教师培训；（6）填写材料、撰写论文等；（7）班级管理，部分学校涉及寄宿生管理；（8）教师自我学习的提高、进修活动等。通过以上前4项教师工作量的平均数，可以计算出教师每天的基本工作量：每天平均要上2.8节课，加上课前稍加准备、课后10分钟休息，上课平均用2.36小时；平均备课时间为2.94小时；日均批改作业时间为2.14小时；课后辅导学生时间1.14小时。仅以上4项计算，教师每天工作时间8.58小时。由于教师职业的特殊性，很难精确区分纯工作时间与闲暇时间。从调查中了解到，即使在10周法定寒暑假，学校一般都会安排教师参加各类进修培训和社会活动，普通教师一般要安排4周，骨干教师要安排7~8周。

（二）教师对工作和职业的评价与感受

教师对工作负担的评价、对工作压力的感受、对职业的感受、对工作的态度可以从不同侧面反映教师的工作负担情况。

1. 关于教师对工作负担的评价

调查结果表明，绝大部分教师感到课改后的工作负担加重。认为课改后工作负担超负荷的占62.2%，比课改前增加近21.3个百分点。具体情况如下：

项 目		教师对工作负担的评价				
		超负荷	一般	轻松	其他	合计
课改前	人 数	711	786	9	231	1737
	百分比（%）	40.9	45.3	0.5	13.3	100
课改后	人 数	1080	465	9	183	1737
	百分比（%）	62.2	26.8	0.5	10.5	100

2. 关于教师对工作压力的感受

调查显示，有74.3%的教师认为课改后工作压力很大。根据对不同学科教师的调查访谈，语文、数学、外语三科教师感到"压力很大"的比例明显高于其他学科的教师。教师对工作压力感受的情况如下：

项 目	教师对工作压力的感受			
	工作压力很大	工作压力一般	减轻了压力	合计
人 数	1290	423	24	1737
百分比（%）	74.3	24.4	1.4	100

3. 关于教师压力的主要来源

从问卷调查中了解到，教师压力主要有五个方面，具体情况如下：

项目	教师压力的主要来源				
	学校成绩压力	社会期望压力	新课改教学能力压力	教育技术能力压力	担心落聘压力
人 数	1458	1218	1122	720	594
百分比（%）	83.9	70.1	64.6	41.5	34.2

4. 关于工作压力造成的心理影响

在调查中教师反映，工作没有负担是不现实的，也是不正常的。适度的负担是工作的动力，对教师的生存发展和专业成长有一定的推动作用。但负担太重、压力太大则会感到身心疲惫。关于工作压力对教师造成的心理影响具体情况如下：

项　目	工作压力造成的心理影响				
	没有影响	造成焦虑	情感疲惫	压抑	对工作丧失信心
人　数	99	1059	1242	1026	327
百分比（%）	5.7	61	71.5	59.1	18.8

5. 关于教师对职业的感受

调查显示，中小学教师整体素质是好的，基本都具有较高的职业认同感。在职业满意度方面，61.5%的教师感到很满意和满意，有32.5%的教师感到一般满意，只有3.8%的教师感到不满意。教师对职业的满意度的情况如下：

项　目	教师对职业的满意度					
	很满意	满意	一般满意	不满意	其他	合计
人　数	120	948	564	66	39	1737
百分比（%）	6.9	54.6	32.5	3.8	2.2	100

教师对职业的感受具体情况如下：

项目	教师对职业的感受			
	工作是幸福快乐的、是光荣的，教师职业有成就感	工作是疲惫的	工作是压抑的	工作是苦恼的
人　数	1443	1200	621	480
百分比（%）	83.1	69.1	35.8	27.6

6. 关于教师对工作的态度

调查显示广大中小学教师在工作负担比较繁重的情况下，爱岗敬业，对自己的工作是认真负责的，95.3%的教师热爱教书育人的事业，比较敬业、比较投入地工作，他们研究课程、改进教学、积极乐观，对前景充满希望。教师对工作的态度情况如下：

项目	教师对工作的态度					
	很敬业、全身心投入	工作敬业、投入	部分投入	应付	其他	合计
人　数	1158	513	36	15	15	1737
百分比（%）	59.4	35.9	2.5	1.1	1.1	100

虽然在新课程实施过程中面临许多困难，但广大中小学教师态度积极，努力学习提高，主动克服困难，以适应新课程改革的要求。调查表明，有97.5%的教师能努力学习新课程理念，钻研新课程教材教法，努力提高自己的教育教学能力。教师对课改学习钻研情况如下：

项目	教师对课改学习钻研情况			
	认真学习钻研	一般学习钻研	很少学习钻研	合计
人　数	1071	621	45	1737
百分比（%）	61.7	35.8	2.6	100

二　新课程改革对教师工作负担的影响

调查显示，教师对新课程改革理念的认同度基本一致，认为新课程改革的政策目标体现了素质教育的理念，促进学生的多元化发展，赋予教师更多安排教学的权力以及发挥教师更大的主观能动性。但对于新课程实施的成效则有不同的看法，有 22.1% 的教师对新课程改革感到很满意，58.3%的教师对新课程改革成效一般满意，近20%的教师感到不太满意。教师对新课程改革成效感到不满意的反映主要有两个方面，一是高考、中考的指挥棒仍然没有改变，课改后的评价未跟上；二是新课程教材知识点多，要求改进教学方法等加重了教师备课、上课的负担。关于新课程对教师工作负担的影响，从调查中了解到，主要有以下几个方面。

（一）关于教材存在的问题

新教材是新课程理念的具体体现。与以往的"直线式"编写思路不同，新教材以"散点式"为编写思路，其特点是既"浅"又"活"，需要教师花费更多的时间备课。从调查情况看，教师对新教材有不少困惑：一是认为教材容量大、内容多、涉及面广、难度偏高，要有质量地完成教学任务有一定的困难。部分教材内容超出学生年龄特点及接受水平，有的缺乏衔接性与系统性。二是认为现行教材的教学设计可操作性不强，由于条件限制，许多实践环节无法完成。三是认为教材的编写没有体现城乡差异、地区差异，农村学校由于缺乏教学实践基地，缺乏教学场景，学生对部分教材内容不容易理解。英语教师反映，仁爱版教材适合城市学校，不适合农村学校。泉州市教师反映，目前使用的北师大版教材相对脱离农村学生的生活实际和体验经历，学生不容易接受，也让教师备课、上课压力很大。四是教学参考资料少，对新教材使用的培训也不够，教师对新教材的把握不够深入。

（二）关于教学能力与教学方法存在的问题

教师反映，由于培训和宣传力度不够，有的教师对新课程改革理念认识不够，特别是中老年教师习惯了原来的教学方法，对新课改教学方法还不适应。教师反映，新课程教材内涵更丰富，知识点更多，实际授课时需要教师具备更强的课程意识和课程能力，而这恰恰是大多数教师的软肋。有的教师无法在 40 分钟时间内把新教材的知识点讲透，只好靠补课、加班加点，一方面自己疲惫不堪，另一方面也加重了学生负担。有的教师反映，课改推行"自主、合作、探究"的教学方式，让学生成为学习的主人，但在实际教学中贯彻执行有很多困难：一是辅助教学设施不配套，教学手段更新难，如农村学校多媒体教室、图书资料室、实验室相对匮乏，课堂教学仍然是进行"填鸭式"的"满堂灌"。二是教学评价机制未根本改变，素质教育难以更好地落实。在教学内容多、课时紧的情况下，推行以学生自主学习的教学方法，有的课堂是热闹了，但学生掌握知识点的质量却下降了，导致学生"两基"不扎实。三是新的教学方法要求高，学生探究合作活动受时间、空间、条件的制约，成效不理想。特别是农村学生学习资源缺乏，家庭教育配合不够，许多好的教学方法（如启发式的谈话法、讨论法等）难以开展，课堂上还是教师唱"独角戏"。四是有的学校大班额现象严重，学生素质参差不齐，无法兼顾每个学生个体差异，进行因材施教。五是教师的教育技术能力有待提高，特别是教育技术与学科整合的能力较弱，运用较先进的教育技术来提高课堂教学效率的能力不足，许多教师花费在多媒体课件制作上的时间较多，增加了工作负担。

（三）关于课程设置存在的问题

教师反映新课程数量偏多，师资力量不足，许多学校特别是农村学校教师不足，小学科专职师资短缺，导致一个教师得身兼多个班级、多门课程的教学，备课压力大，工作负担重，无暇深入研究课程理念，无法顾及所有学生的教育教学。

（四）关于教学评价存在的问题

教师反映，课改强调教学评价应注重过程性评价，而实际工作中更注重结果评价。学校、家长、上级主要还是以学生考试分数作为评价教师素质能力的主要标准，许多教师为了增加分数，只好拼命加班加点，给学生加大作业量，增加课时。对学生考试成绩，又主要以语文、数学、英语等科目成绩作为主要评价标准，造成学校和教师的主要精力都放在主科上，挤占技能课和体育活动课时间。为提高学生成绩，不少学校举行统考并进行各种排名，加重了教师和学生心理压力。

（五）关于教学资源的开发利用问题

教师反映，由于教学资源与新教材不是很配套，教学准备的时间较长，搜集资料与多媒体课件的制作占用了比较多的时间，无形中增加了教师负担。由于时间、精力、能力、资金、资源限制，教师在教学实践中未能充分挖掘有效的教学资源，特别是农村小学，资金短缺，教学设备不完善，教学资源的开发利用亟待改善。同时因安全因素影响，实践性教学资源开发受到很大制约。教师在教学资源开发上共建共享也不够，影响了教学资源的开发利用，使本可以减轻的负担没有减轻。

（六）关于学校管理存在的问题

新课程改革需要宽松的教育教学环境。教师反映，目前学校管理存在一些问题：一是管理制度比较繁杂，措施比较僵化，过分量化管理，缺乏人性关怀。有的校长管理不够民主，不够公平公正，奖罚不明，不能充分调动教师的工作积极性。二是上级对学校检查较频繁，学校和教师疲于应付各种检查，牵扯了很多精力，加重了教师工作负担。三是学校评价考核制度不科学，往往以学生考试成绩为衡量标准，给教师带来很大精神压力。四是校本教研活动组织开展不够，实效性不强，有的流于形式。五是集体备课与经验分享开展不够。许多教师课时太多，工作量大，没有时间或者难以有统一时间进行集体备课，教师之间很少有时间交流、经验分享。有的学校特别农村学校规模小，有的单班校教师少，无法开展集体备课、同伴经验分享。六是有的学校教师不足，特别是英语、科学、劳技、音乐、体育、美术等专任教师不足，大部分由主科教师兼任，造成许多教师身兼多门课教学，备课压力大、工作负担重。

三　思考与建议

从调查分析情况看，福建省中小学教师队伍是爱岗敬业的，尽管教师的工作负担比较重，但广大教师精神状态好，积极面对新课改中出现的新问题，勤奋学习、努力工作，千方百计提高教育质量。教师队伍中反映的问题既有体制机制上的原因，也有新课改实施过程的问题，我们有以下几点建议。

（一）认真贯彻落实《福建省人民政府关于进一步加强教师队伍建设的意见》

县级政府和教育行政部门要合理调配师资，特别是要完善农村教师补充机制，配齐配足各学科教师，尽量减少教师身兼数职问题，减轻教师工作负担，促进教师专业成长。要注意调查了解新课程实施过程中出现的新情况、新问题，从政府层面上，帮助学校解决存在的实际困难和问题。同时要进一步加强中小学管理，严格控制班生额过大现象，规范办学行为，使实施素质教育工作进一步落实到实处，切实减轻教师与学生的负担。

（二）加大教师继续教育与培训力度，提高新课程教学能力

中小学课程改革已经进行多年，取得很大成绩。但由于新课改是教学上的全新的改革，需要提高教师队伍的教育教学能力，以适应新课改的需

要。为此，必须进一步加强教师队伍的继续教育与培训工作，不断提高教师教育教学能力，提高课堂教学质量，以深入实施素质教育，有效减轻教师工作负担。

（三）改进学校管理，为教师创造和谐、宽松的工作环境

学校要规范办学行为，禁止对班级、学科成绩进行排名。要认真落实省教育厅的要求，按规定开足开齐课程。要加强校本教研、集体备课等活动，促进学校教学信息、资源共享共用。要增强学校管理的科学性，改革学校教育管理制度，坚持以人为本，推行人性化管理模式，创造民主、和谐的工作氛围，发挥广大教职工的工作积极性和创造性，减轻教师心理压力和工作负担。

（四）要关注中小学教师的身心健康

大力加强教师师德师风教育，引导广大教师树立职业光荣感、责任感、爱岗敬业、教书育人、为人师表、无私奉献。要关注教师心理健康，开展教师心理咨询和心理辅导活动，加强教师健康检查，定期给教师体检，组织教师参加体育锻炼，努力消除教师焦虑、失眠等亚健康状态。要依法保护教师的合法权益，充分调动广大教师的工作积极性，为建设人力资源强省做出更大的贡献。

课题组成员：赵素文　肖龙井　尹雪梅
执　　　笔：肖龙井

福建省中小学青年教师心理压力情况调研报告

根据福建省教育厅领导的批示精神，2010 年 11 月至 2011 年 3 月，福建教育学院就福建省中小学青年教师心理压力情况开展调研，现将调研情况报告如下。

一 调研概况

截至 2009 年底的统计，福建省中小学教师 308564 名，其中 35 岁及以下青年教师 153250 人，占 49.67%；小学、初中、高中教师中，35 岁及以下的分别占 44.67%、55.13%、54.25%。

课题组在调研中采取问卷调查、小型座谈、个别访谈等形式进行。

1. 问卷调查

调查对象为全省 9 个设区市 18 个县（市、区）的 35 岁及以下中小学青年教师，采用分层抽样调查的方式进行调查，共计发放问卷 1553 份，回收有效问卷 1289 份，样本有效率为 83%。具体情况见表 1。

表 1 样本的人口学统计特征

项目	类别	人数（人）	比例（%）
性别	男	502	38.94
	女	787	61.06
年龄	25 岁及以下	128	9.93
	26~30 岁	366	28.40
	31~35 岁	795	61.68
教龄	3 年及以下	190	14.74
	4~6 年	220	17.07
	7 年及以上	879	68.20

项目	类别	人数（人）	比例（%）
学校所在地	市区	571	44.30
	县城	381	29.60
	农村	337	26.14
学段	小学	498	37.94
	初中	446	34.60
	高中	345	26.76
班主任	是	632	49
	否	655	51
学历	中专及以下	8	0.62
	大专	244	18.93
	本科	1019	79.05
	研究生及以上	18	1.40
职称	初级	570	44.22
	中级	607	47.09
	高级及以上	112	8.69

2. 小型座谈

调研组深入厦门湖里区，泉州鲤城区，莆田涵江区，宁德蕉城区、福安市，三明尤溪县，南平邵武市、建阳市、建瓯市等9个县（市、区）召开调研座谈会，共有135位中小学校青年教师参加座谈。

3. 个别访谈

调研组依托福建省中小学心理健康教育研究与指导中心对参加福建省中小学学科教学带头人首批培训班的部分学员进行个别访谈。在此基础上，调研组与心理健康教育研究与指导中心的部分心理健康教育专家进行了专题研讨。

4. 数据统计

调研组参照心理健康临床诊断量表（SCL—90），选取16个指标，形成反映当前教师心理健康状况的"压力反应"量表；根据教师工作生活实际，设置50个指标，编制反映教师心理压力感受的"压力来源"量表

（详见附件二）。两个量表分别根据发生频度和个人感受程度采用 0 ~ 4 五级计分法，运用 SPSS16.0 软件进行统计，结果表明：全省中小学青年教师"压力反应"平均分为 1.5，即 16 个压力反应指标的发生频度介于"轻度"与"中度"之间；"压力感受"平均分为 1.76，即青年教师对 50 个压力来源的感受程度也介于"轻度"与"中度"之间，表明青年教师心理健康和心理压力状况总体尚好。

二 福建省中小学青年教师心理压力反应情况

关于"压力反应"。在 16 项指标中，发生频度居于前八位的分别是"记忆力下降""睡眠状况不佳""容易紧张焦虑""对业余爱好的兴趣下降""人际交往兴趣下降""对自己目前的工作状况不满意""精力不济，做事提不起精神""难以控制情绪，容易发火"，具体情况见表 2。特别值得关注的是，有 2.2% 和 0.8% 的教师经常或总是有自杀念头。

表 2　青年教师心理压力反应频度排序

	没有	很少	有时	经常	总是
1. 记忆力下降	10.4	19.9	35.6	23.2	10.9
2. 睡眠状况不佳	15.6	23.2	30.6	21.7	8.9
3. 容易焦虑、紧张	13.2	22.7	34.2	21.6	8.4
4. 对业余爱好的兴趣下降	20.2	19.0	33.4	19.0	8.4
5. 与人交往兴趣下降	23.3	23.4	31.3	16.5	5.5
6. 对自己目前的工作状况不满意，想换新的工作	23.4	20.6	35.5	13.0	7.4
7. 感到自己精力不济，做事提不起精神	17.1	26.5	37.2	13.9	5.4
8. 难以控制情绪，容易发火	16.6	31.7	32.7	12.8	6.3
曾动过自杀念头	76.7	13.0	7.3	2.2	0.8

注：表中数字为各项指标被选比例，单位:% 。

关于自我心理压力。5% 的教师感到压力极大、32% 的教师感到压力很大、38%的教师感到压力一般、24%的教师感到有点压力、1%的教师感到没有压力。被调查的 1289 名中小学青年教师综合各方面（生理健康、心理环境、社会关系和周围环境等方面）给自己的生活质量打分，平均得分为 71.12 分（满分为 100 分）。在回答"如果可以重新选择，您是否还会选择成为一名教师？"时，20%选择"会"，48%选择"不确定"，32%选择"不会"。

在调查分析过程中，我们对不同类型青年教师的心理压力反应分别进行了比较，经过对调查结果进行 t 检验和方差分析（t 检验是一种用于单样本或双样本的平均值差异显著性检验的方法，方差分析是一种用于两个以上样本的平均值差异显著性检验的方法），具体情况如下。

1. 不同性别教师心理压力情况比较

用 t 检验结果表明，压力反应在性别上不存在差异（sig > 0.05），但在对压力来源的感受程度上男教师强于女教师（sig < 0.05），具体见表 3。

表 3　不同性别教师心理压力均值的差异比较（显著水平为 α = 0.05）

类别 ＼ 项目	男（n = 502）	女（n = 787）	t	sig
压力反应	1.54	1.50	0.881	0.379
压力感受	1.92	1.67	5.661	0.000

注：n 为样本量，t 值是 t 检验统计检定值与其对应的概率分布；sig 值表示出现目前样本结果的概率，反映样本之间的差异性水平，如果 sig 值小于 0.05，表示二者之间存在显著性差异，如果 sig 值大于 0.05，表示二者之间不存在显著性差异，下同。

调研座谈中女教师普遍反映，她们与男教师在学校同工同酬，承担一样的工作任务，在家庭中她们更多地承担抚养、教育子女的责任和家务劳动，由此产生的家庭压力更大。而男教师受传统观念影响，自我责任意识较重，希望自己的工作做得出色、希望受到赏识等，对自己的期望值高于女教师，他们所感受到的自身压力更大。

2. 不同年龄教师心理压力情况比较

方差分析结果表明，不同年龄段教师压力反应和压力感受程度均存在显著差异（sig < 0.05），即随着年龄的增加青年教师压力反应和压力感受程度也越大，具体见表 4。

表 4 不同年龄段教师心理压力均值的差异比较（显著水平为 $\alpha = 0.05$）

项目＼类别	25 岁以下（n = 128）	26 ~ 30 岁（n = 366）	31 ~ 35 岁（n = 795）	F	sig
压力反应	1.1138	1.3846	1.6454	34.591	0.000
压力感受	1.3531	1.6868	1.8756	29.353	0.000

注：n 为样本量，F 值是方差统计检定值与其对应的概率分布；sig 值表示出现目前样本结果的概率，反映样本之间的差异性水平，如果 sig 值小于 0.05，表示样本之间存在显著性差异，如果 sig 值大于 0.05，表示样本之间不存在显著性差异，下同。

3. 不同学段教师心理压力情况比较

方差分析结果表明，不同学段的教师压力反应不存在显著差异（sig > 0.05），但压力感受程度存在显著差异（sig < 0.05），其中初中教师压力感受程度最强，小学和高中教师大体相当，具体见表 5。

表 5 不同学段青年教师心理压力均值的差异比较（显著水平为 $\alpha = 0.05$）

项目＼类别	小学（n = 498）	初中（n = 446）	高中（n = 345）	F	sig
压力反应	1.5284	1.5654	1.4437	2.421	0.089
压力感受	1.6882	1.9340	1.6764	15.681	0.000

4. 不同区域教师心理压力情况比较

根据方差分析，不同区域教师压力反应和压力感受程度均存在显著差异（sig < 0.05）。压力反应程度强弱依次是县城教师、农村教师、市区教师；压力感受程度强弱依次是农村教师、县城教师、市区教师。具体见表 6。

表 6 不同区域青年教师心理压力均值的差异比较（显著水平为 $\alpha = 0.05$）

项目＼类别	市区（n = 571）	县城（n = 381）	农村（n = 337）	F	sig
压力反应	1.4471	1.6030	1.5440	4.796	0.008
压力感受	1.6287	1.8393	1.9314	18.901	0.000

5. 不同职称教师心理压力情况比较

方差分析结果表明，不同职称青年教师压力反应和压力感受均不存在显著差异（sig > 0.05），具体见表 7。

表 7 不同职称青年教师心理压力均值的差异比较（显著水平为 α＝0.05）

项目＼类别	初级 (n＝570)	中级 (n＝607)	高级及以上 (n＝112)	F	sig
压力反应	1.5103	1.5049	1.6339	1.339	0.262
压力感受	1.7459	1.7829	1.8236	0.629	0.533

6. 不同学历层次教师心理压力情况比较

方差分析结果表明，不同学历层次教师对压力来源感受程度不存在显著差异（sig＞0.05），而压力反应程度却存在显著差异（sig＜0.05），研究生及以上学历教师压力反应最强，其次是中专及以下学历教师，再次是本科学历教师，最后是大专学历教师，具体见表 8。

表 8 不同学历青年教师心理压力均值的差异比较（显著水平为 α＝0.05）

项目＼类别	中专及以下 (n＝8)	大专 (n＝244)	本科 (n＝1019)	研究生及以上 (n＝18)	F	sig
压力反应	1.8906	1.4221	1.5311	1.9479	3.749	0.011
压力感受	2.3375	1.6960	1.7829	1.7967	2.289	0.077

8. 班主任与非班主任教师心理压力情况比较

t 检验结果表明，班主任与非班主任教师压力反应不存在显著差异（sig＞0.05），而压力感受程度却存在显著差异（sig＜0.05），班主任压力感受程度强于非班主任，具体见表 9。

表 9 班主任与非班主任心理压力均值的差异比较（显著水平为 α＝0.05）

项目＼类别	班主任 (n＝632)	非班主任 (n＝655)	t	sig
压力反应	1.5544	1.4845	1.600	0.110
压力感受	1.8427	1.7017	3.281	0.001

三 福建省中小学青年教师心理压力来源情况

根据对"压力来源量表"的社会环境、学校管理、学生教育及家长沟通、家庭生活、个人期望与个性特征 5 个因子、50 个指标进行统计，运用方差分析，结果显示：青年教师压力主要来源影响程度由高到低依次是社会环境方面压力、学生教育及家长沟通方面压力、学校管理方面压力、家庭生活方面压力、个人期望与个性特征方面压力，具体见表10。

表10　青年教师心理压力来源因子排序

压力来源因子	排序	平均值	方差
社会压力	1	2.0766	0.9333
学生教育及家长沟通压力	2	2.0571	0.91065
学校管理压力	3	1.9136	0.86847
家庭生活压力	4	1.2203	0.91972
自我期望及个性特征压力	5	1.171	0.81961

注：方差表示随机变量与均值之前的离散程度。

按各指标得分排序，并对相关项目进行整合，得出居于前10位的压力来源依次是：社会不正之风对学校的负面影响；学生安全责任重大，教学及管理顾虑太多；过多的评比、检查、量化考核牵扯太多精力；社会赋予教师的责任过多，对教师的期望值过大；学生缺乏学习动机与兴趣，特殊学生群体教育难、管教难；教师社会地位不高，待遇偏低；学校和家长过多强调成绩和升学率；职称（职务）晋升条件太高、机会太少；房价高企，住房问题无法解决；超负荷的工作量。

1. 关于社会环境方面的压力

根据问卷统计，青年教师认为来自社会环境方面的压力来源居于前5位的依次是：社会不正之风对学校的负面影响；社会赋予教师的责任过多，对教师的期望值过大；教师待遇偏低；教师社会地位不高；社会舆论和媒体对学校和教师的负面报道。具体见表11。

表11　青年教师对社会环境方面压力来源的感受程度

单位:%

项　目	没有	较轻	中等	较大	很大
1. 社会不正之风对学校的负面影响造成教师工作难度增大	4.2	14.7	25.1	29.3	26.6
2. 社会赋予教师的责任过多，对教师的期望值过大，使自己心理压力大	4.9	18.8	29.1	28.9	18.3

项　　目	没有	较轻	中等	较大	很大
3. 教师待遇与公务员落差大，让我心理失衡	10.2	20.2	23.1	21.8	24.6
4. 教师社会地位不高，让我很失落	13.7	21.3	27.2	19.8	18.0
5. 社会舆论和媒体的负面报道，让我感到很失望	17.8	20.9	26.5	19.9	14.9

青年教师反映，当前社会处于转型期，价值观念日益多元化，社会对学校的评价标准越来越高，相应也提高了对教师的要求，与此同时，社会对学校和教师工作的支持体系还不够健全，给教师工作造成困扰。

一是教师的职责外延不断扩大，教师责任更重，工作要求更高。社会对好学校的要求是只能进不能退，学校升学率上不去就不被社会认可。目前社会出现就业难的现状，家长在孩子一入学，就把目标定于毕业后考名牌大学，并把这种压力通过自身和学校转嫁到教师身上。

二是社会分配不公，贫富差距拉大，教师感到自己的付出与收入水平不成比例。青年教师参加工作时间短，职称低，工资收入也较低，在与同行、同学或其他社会群体进行比较过程中，容易引起心态失衡。根据问卷统计，青年教师年收入在2万以下的占51%，2万~3万元的占41%，只有8%的青年教师年收入在3万以上。近几年，福建省提高了中小学教师津补贴标准，但在有的县镇还未得到有效的落实。青年教师反映，虽然收入的绝对数在增加，但收入增长水平跟不上物价上涨水平。

三是教师权益没能得到有效保障。教师反映，现在社会和学校提倡以人为本，以学生为本，但往往一讲权益就讲学生、家长权益，不讲老师、学校权益，发生问题就追究老师、学校的责任，而不追究学生、家长的责任。教师队伍出现的个案问题、极端问题，往往被媒体放大甚至渲染，教师承受着许多不公正的责难。

四是不良社会环境的负面影响。随着社会开放程度的提高和大众传媒的日益现代化，学生所接受的社会信息容量越来越大，其中负面影响也大幅度增加，不同程度地抵消了学校和家庭的正面教育效果。尤其是学校周边一些不健康、不文明的文化娱乐设施，形成不良的社会环境的熏染，教师往往对此束手无策。许多班主任教师反映，到"网吧"找学生成为一项新任务。

2. **关于学生教育和家长沟通方面的压力**

根据调查统计，青年教师认为来自学校管理方面的压力来源居于前6位的依次是：学生缺乏学习动机与兴趣；后进学生、问题学生管教难；独生子女个性强，对教育对象把握难度大；留守子女多，教学及管理工作难；担心学生成绩提不上去；家庭教育不力，家校沟通配合困难。具体见表12。

表 12 青年教师对学生教育和家长沟通方面压力来源的感受程度

单位:%

项　目	没有	较轻	中等	较大	很大
1. 学生缺乏学习动机与兴趣，我感到很困惑	5.4	19.2	30.4	26.5	18.5
2. 后进学生、问题学生管教难，让我产生心理疲劳	5.4	19.8	30.7	24.6	19.6
3. 独生子女个性强，对教育对象的把握难度大	5.7	19.4	30.6	26.9	17.5
4. 留守子女多，给教学及管理工作带来很大困难	7.8	21.6	27.5	24.6	18.5
5. 学生学习成绩提不上去，我感到很着急	5.7	20.6	33.7	24.7	15.2
6. 家长不配合学校和老师的管理，我感到很无奈	10.2	29.1	28.9	19.9	11.9

教师反映，随着经济社会的发展，社会群体子女个体差异大，对教育对象把握难，部分特殊学生群体"教育难、管教难"的问题困扰着教师。

一是独生子女教育问题。多数独生子女任性、自尊心强，承受挫折的能力弱，家长关注更多是孩子的成绩，对孩子品格和自立能力等方面的培养却不够重视，学校老师管理得严一点或者松一点，家长都会有意见，教师感到对学生不管不是，管了也不是。有些家长过度干涉学校工作，连班干部、排座位都要干涉，孩子在校稍有问题，家长就过分责难教师、投诉教师。

二是外来务工人员随迁子女和留守儿童的教育问题。外来务工人员家长忙于生计，将子女送到学校，也把教育的责任全盘交给老师，没有时间关心孩子的学习，加上外来务工人员家庭流动性大，其子女在随迁流动过程中，要不断适应各种程度的教材与教育教学环境，造成学生厌学、抵触情绪，给教师的教学和管理带来很大压力。农村留守儿童由于隔代教养，缺乏有效的家庭引导和管束，容易产生价值观的偏离和性格发展的异常。不少留守儿童学习习惯不良、学习兴趣下降、学习成绩滑坡，甚至产生叛逆，厌学逃学、沉迷网络、自暴自弃等行为频发，老师对留守儿童的管理压力很大。

三是"问题学生"管教难问题。教师反映，班上总有一些没把心思放在学习上的"问题学生"，学生间欺辱事件甚至校园暴力事件也时有发生，干扰正常的教学秩序，特别是初中学生，此类问题更加突出。而现在学校教育进入"零体罚"时代，面对"没有教不好的学生，只有不称职的老师"的舆论导向，教师时常产生心理疲劳。

3. 关于学校管理方面的压力

根据调查统计，青年教师认为来自学校管理方面的压力来源居于前五位的依次是：学生安全责任重大，教学及管理顾虑多；过多的评比、检查、会议牵扯太多精力；职称及职务晋升难，发展空间小；考核评价过多地强调成绩和升学率；超负荷的工作量。具体见表13。

表13　青年教师对学校管理方面压力来源的感受程度

单位:%

项 目	没有	较轻	中等	较大	很大
1. 学生安全责任重大，教学及管理顾虑太多。	7.3	18.7	25.6	24.4	24.0
2. 过多的评比、检查、量化考核，形式主义的东西牵扯太多精力。	6.9	19.5	25.2	25.4	23.0
3. 职称（职务）晋升条件太高、机会太少，让我看不到希望。	11.2	20.3	22.7	21.3	24.5
4. 考核评价过多强调成绩和升学率，使压力倍增。	7.8	20.7	25.7	26.1	19.6
5. 超负荷的工作量使我身心俱惫。	10.1	22.8	29.7	21.2	16.2

调研座谈中，青年教师反映，目前学校管理方面给教师带来的压力主

要有几个方面。

一是安全责任重大。学校安全事故的发生环节很多，如集会、课间操、上放学、下自习、就餐、洗澡、体育活动、校舍、食品、饮水、牛奶等，有些防不胜防。特别是城区学校规模大、班额大，农村寄宿制学校配套设施不健全，给学生管理带来安全隐患，许多班主任和老师工作小心翼翼，生怕出事，一直都处于紧张、担心、焦虑的工作状态。

二是检查评比考核多。一方面是上级对学校的评估检查较频繁，每次评比检查都有严格的条件标准，需要准备大量材料，牵扯大量精力，增加教师工作负担；另一方面学校内部的各种检查、评比和考核也名目繁多，如频繁的公开课、汇报课，教学纪律卫生评比，教学常规检查，组织学生参加比赛、竞赛等，日常教学之外的事务性活动太多也让教师疲于应付。许多学校搞量化管理，教师的年终考核、职称评定、教学质量评估等都进行量化，无形中增加很多工作量。有些学校管理制度比较僵化呆板，教师有不被尊重和信任的感觉，如厦门、泉州、莆田不少教师反映，学校要求教师要坐班，上下班打卡、按指纹，一次打不上就扣钱，最多的要求一天打八次。

三是职称职务评聘难。目前实行职称评聘分开，由于职数有限，许多教师评上职称后只能熬年头等待受聘，产生职业倦怠。有的学校多年来没有一位教师评上高级职称。

四是考核评价不科学。目前考试成绩和升学率依然是社会和上级评价学校、学校评价教师的主要依据。上级主管部门和学校一方面要求实施素质教育，按新课标要求备课、授课；另一方面又安排统考、抽考、调考，对考试成绩进行排名，按成绩排名进行绩效考评，甚至实行末位淘汰，让教师在素质教育与应试教育之间无所适从。

五是工作负担偏重。根据问卷统计，青年教师每周课时量在 10 节及以下的占 13%，11~15 节的占 68%，16~20 节的占 16%，20 节以上的占 3%。教师反映，除了每天要完成上课任务以外，还要备课，给学生批改作业，组织学生做操，处理学生问题，进行家校联系等。有的学校还要早晚自修带班。有的工作白天做不完，晚上还要带回家做，每天的工作时间无法以 8 小时计算。问卷统计显示，青年教师每天工作时间少于 8 个小时的占 11%，8～10 个小时的占 66%，10 个小时以上的占 23%。城镇学校平行班多、班额大，教师教学和日常工作量很大。农村学校规模小，受编制限制，有的教师要跨年级跨学科教学，甚至包班上课。随着学校布局结构调整的推进，寄宿制学校教师还要轮流值周当生管，长期超负荷运转，导致教师身心疲惫。

4. 关于家庭生活方面的压力

根据调查统计，目前青年教师家庭经济状况"好和比较好"的占7.29%，"一般"的占 77.11%，"困难和比较困难"的占 15.59%；在子女情况方面，30.41% 的青年教师尚无子女，29.25% 的青年教师子女还是婴幼儿，39.26% 的青年教师子女在读书，只有 1.09% 的青年教师子女已经工作。青年教师认为来自家庭生活方面的压力来源居于前两位的依次是：房价太高，住房问题无法解决；家中有老、弱、病、残者，家庭负担重。具体见表 14。

表 14 青年教师对家庭生活方面压力来源的感受程度

单位:%

项 目	没有	较轻	中等	较大	很大
1. 房价高企，住房问题无法解决，我感到很焦虑。	21.2	15.4	15.1	15.4	33.0
2. 家中有老、弱、病、残者，我感到负担很重。	33.7	23.0	17.5	14.7	11.2

青年教师反映，现在高校青年教师可以享受经济适用房、限价房等优惠政策，而中小学青年教师目前并没有专门的购房支持政策。特别是农村学校没有教师周转房，外地招考在农村学校任教的青年教师只能住在校内简易房或在校外租住民房。

中小学校青年教师特别是农村青年教师的婚恋问题反映较多。在参与问卷调查的 281 位未婚青年教师中，表示"错过婚姻最佳时期，找不到合适对象很烦恼"的比例占 9%。

问卷统计显示，已婚青年教师的"压力反应"和"压力感受"程度均显著高于未婚教师。子女的抚养和教育问题是已婚青年教师家庭负担的主要方面，特别是女教师既要搞好学校工作，又要养育子女、理好家务，劳动强度和心理压力更大。此外，经济状况不太好，人情开支大，买房、买车攀比等，也使一部分已婚青年教师生活压力大。

5. 关于个人发展方面的压力

根据调查统计，青年教师认为来自个人发展方面的压力来源居于前三位的依次是：个人期望值太高；身体状况不佳；人际圈子狭小，生活单调。具体见表15。

表15　青年教师对个人发展方面压力来源的感受程度

单位:%

项　　目	没有	较轻	中等	较大	很大
1. 自我期望值太高使我产生压力。	15.9	27.7	29.4	18.5	8.5
2. 身体健康状况不良使我力不从心。	29.3	28.2	23.7	12.4	6.4
3. 人际圈子狭窄，我感到生活很单调、很无聊。	30.7	29.8	22.4	10.1	7.0

调查中了解到，多数青年教师自我期望值高，特别是农村地区经济文化发展相对落后，农村青年教师生存和工作环境相对较差，每年都有大量农村教师参加入城考试或到发达地区私立学校。许多农村青年教师感到压抑。

在调查分析过程中，我们也发现，青年教师更多地把自身心理压力的成因归结于社会和教育环境，而比较少从自身素质能力及个性心理等层面进行剖析，说明青年教师在应对压力的自我认知能力方面还有待加强。

三　思考与建议

青年教师是福建省中小学教师队伍的主力军，缓解青年教师心理压力、提高青年教师幸福指数，对新时期加强教师队伍建设和推进教育改革与发展具有重要意义。我们建议从社会、教育行政部门、学校和教师个人四个层面采取措施，为青年教师成长创造宽松和谐的环境。

1. 在全社会进一步营造尊师重教的良好氛围，为青年教师安心从教、乐于从教创造宽松的社会环境

一是加大教育投入，加快促进城乡教育均衡发展，加快实现教育现代化，让教师职业真正成为让全社会羡慕的职业，为教师创造良好的工作条件与工作环境，让广大教师真正"静下心来教书、潜下心来育人"。二是引导社会合理对待教师的期望和要求。孩子的教育是全社会共同的责任，不应全部压在学校和教师身上。家长应尊重教育规律，配合学校共同承担起教育子女的责任。社会舆论要为教师创设宽松的氛围。三是切实提高教师的社会地位和经济待遇。落实教育规划纲要提出的"依法保证教师平均工资水平不低于或者高于国家公务员的平均工资水平，并逐步提高"的要求，加强对各地中小学教师工资和津补贴落实情况的检查，确保国家和省政府的政策落到实处。四是实施"中小学教师安居工程"。完善城镇教师住房保障体系，设立农村中小学教师宿舍工程专项资金，落实和完善农村教师住房公积金制度，鼓励发展多元化的农村教师住房供给体系，让青年教师安居乐业。五是净化社会风气，优化教育环境。特别要加大校园周边环境整治力度，清理整顿学校周边的各种摊点场所和影视、网吧，让未成年人远离暴力、远离淫秽、远离污染，保障未成年人有一个健康的成长空间，减轻学校教育压力。

2. 教育行政部门要为青年教师成长进步提供政策支持和发展空间，减轻承载在他们身上的压力源

从源头上为青年教师精神压力松绑，需要教育行政部门强有力的政策支持。一是大力加强教师师德师风教育，引导广大教师树立职业光荣感、责任感，爱岗敬业、教书育人、为人师表、无私奉献。二是建立有利于青年教师成长的发展性评价制度。完善职称评聘制度，改变把青年教师同特级教师、省市名师放在同一层面上用同一标准评价、评优的评价体制，实行人性化的评价机制，实施教师评聘中的分段评价、分层评价、分类评价等多元评价体系。三是进一步加强中小学校管理。配足配齐学科教师，严格控制班生额过大现象，规范办学行为，减轻教师负担。特别要加强初中学生辅导体系，改革初中毕业生考试、升学办法，减轻初中教师工作负担和心理压力。四是严格教师任职资格和准入标准。提高教师任职学历标准和品行要求，在师范院校师资培养中更加重视心理健康教育。建议在全省中小学教师统一招聘考试中增加心理素质测试环节。五是建设心理干预机制。可依托省中小学校心理健康教育研究与指导中心，像关注学生心理问题一样，开通"青年教师心理咨询热线"，开设"青年教师心理咨询室"，建立个人心理健康档案，组织专业人员为青年教师提供心理疏导方面的帮助，为青年教师缓解压力。六是加强青年教师进修培训。提高青年教师业务水平、教学能力，适应教育改革和新课程改革的需要，要将心理健康教育纳入教师继续教育重要内容。七是认真贯彻落实《教师法》，切实维护青年教师在教育工作中的法律权益。

3. 学校要主动承担起化解青年教师心理压力的责任，为他们营造和谐宽松的工作环境

学校作为教师个人工作的"小环境"，对教师的影响最直接。一是坚持和完善教职工民主参与学校管理制度。落实依法治校，形成规范化的制度管理体系，建立科学、全面的评价机制，不唯考试成绩和升学率，促进青年教师专业发展。推进民主管理，让教师切实感受到自己是学校的主人，建立各项制度是为了集体利益而形成的约定，而不是束缚教职工自由的枷锁。二是尊重信任教师，改变过度的管理。要为教师保留一定的活动空间、思维空间和自主发展的空间，尽量减少不必要的会议、评比、检查，为教师提供较为宽松的工作环境。三是建立和谐的人际环境。以年段或教研组为单位，在考核上侧重于对团体的考核，在管理上落实岗位带徒、集体备课，引导教工达成团体成功高于个人成功的共识，使教师过重的压力有同伴业务上的帮助、心理上的安慰。四是加强人文关怀。组织开展经常性的文体活动、增强集体凝聚力。加强教师健康检查，定期给教师体检。建立帮扶机制，对于确有困难的教师给予特殊的关心、帮助。五是关心青年教师婚恋问题、子女教育问题，促进青年教师家庭和谐，打造人生避风港。

4. 培养和发展教师个体对压力的理性反映，自觉寻求自我支持

青年教师的自我调节与自我支持是有效缓解心理压力最重要的途径。一要树立坚定的职业信念。对教师职业的热爱和坚定的信念是勇于面对工作中的种种压力，克服重重困难，兢兢业业，恪尽职守的动力，也是缓解职业倦怠最好的"药剂"。二要正确认识自我，了解自己，悦纳自己。正确认识自己的个性、兴趣、优点、缺点、工作能力及所负担的角色，为自己确立适当的奋斗目标，充分发挥自己的个性优势，在工作中扬长避短，增强自信心。三要以积极的态度面对压力。从事任何职业都有工作压力，教师应学会自我调节，正视生活和工作中的挫折和困难，调整好心态和情绪，学会自我减压。四要掌握一定的缓解压力的措施。掌握一些心理保健方面的知识，自觉控制并合理释放不良情绪，通过培养广泛的兴趣爱好、保持良好的人际沟通、参加各种业余活动等，劳逸结合、放松身心，增强心理承受能力和耐压能力。五要树立终身学习理念。将学校视为自己不断学习的场所，将教育教学改革视为提升专业能力的机会，对自己的知识与经验进行重组，解决自身在教育教学中遇到的问题，有效地促进专业潜能的发挥，缓解工作压力。

课题组成员：肖龙井　程　灵　蔡丽红　郑茵中
执　　　笔：肖龙井

附件

福建省中小学青年教师心理健康状况问卷统计表

一 "压力反应" 量表（共 16 项指标）

调查有效样本数共 1289 人，其中男 502 人、占 38.94%，女 787 人、占 61.06%，25 岁以下 128 人、占 9.93%，26 ~ 30 岁 366 人、占 28.4%，31 ~ 35 岁 795 人、占 61.68%。根据教师对 16 项身心状况指标的反应频度，采用五级计分法，即没有 = 0、很少 = 1、有时 = 2、经常 = 3、总是 = 4，运用 SPSS16.0 软件进行统计分析。各项指标所占比例如下表：

"压力反应" 各项指标及比例

单位：%

	没有	很少	有时	经常	总是
1. 稍做一点事就马上感到很疲劳	15.7	24.7	42.7	13.4	3.6
2. 有头疼、气闷、耳鸣等身体不适的情形发生	24.0	26.8	35.3	11.6	2.3
3. 经常感冒发烧，且不易治愈	30.9	32.9	25.9	8.8	1.5
4. 胃口不好，食欲下降	28.9	26.8	30.7	11.0	2.6
5. 睡眠状况不佳	15.6	23.2	30.6	21.7	8.9
6. 不能集中精力专心做事	18.6	30.3	36.5	12.3	2.2
7. 对业余爱好的兴趣下降	20.2	19.0	33.4	19.0	8.4
8. 与人交往兴趣下降	23.3	23.4	31.3	16.5	5.5
9. 容易焦虑、紧张	13.2	22.7	34.2	21.6	8.4
10. 情绪反常，在工作中动不动就发火	16.6	31.7	32.7	12.8	6.3
11. 感到孤独、无助	26.8	26.8	28.1	13.0	5.4
12. 曾动过自杀念头	76.7	13.0	7.3	2.2	0.8
13. 记忆力下降	10.4	19.9	35.6	23.2	10.9
14. 思维缓慢、混乱、反应迟钝	20.8	31.6	33.2	9.5	4.9
15. 对自己目前的工作状况不满意，想换新的工作	23.4	20.6	35.5	13.0	7.4
16. 感到自己精力不济，做事提不起精神	17.1	26.5	37.2	13.9	5.4

二　"压力来源"量表（共 50 项指标）

从社会环境、学校管理、学生教育及家长沟通、家庭生活、个人期望与个性特征等五个方面，设置 50 项压力来源指标，根据青年教师在工作生活中的压力感受程度，采用五级计分法，即没有 = 0、较轻 = 1、中等 = 2、较大 = 3、很大 = 4，运用 SPSS16.0 软件进行统计分析。各项指标所占比例如下表：

"压力来源"各项指标及比例

单位：%

项　目	没有	较轻	中等	较大	很大
1. 社会赋予教师的责任过多，对教师的期望值过大，使自己心理压力大	4.9	18.8	29.1	28.9	18.3
2. 社会转型期价值观念多元化引发心理冲突，我感到很茫然	14.7	22.7	32.1	20.1	10.4
3. 社会不正之风对学生的负面影响造成教师工作难度增大	4.2	14.7	25.1	29.3	26.6
4. 难以处理好教师的多重角色让我感到不安	15.9	33.3	29.6	14.6	6.7
5. 教师社会地位不高，让我很失落	13.7	21.3	27.2	19.8	18.0
6. 教师待遇与公务员落差大，让我心理失衡	10.2	20.2	23.1	21.8	24.6
7. 社会舆论和媒体的负面报道，让我感到很失望	17.8	20.9	26.5	19.9	14.9
8. 大众传媒的迅速发展对教师的知识广度与深度的要求，使我感受无形压力	12.3	28.1	32.5	18.5	8.6
9. 学校和家长过多强调成绩和升学率，使压力倍增	7.8	20.7	25.7	26.1	19.6
10. 新课程改革对教师业务能力要求越来越高，使我难以适应	15.5	34.4	30.8	13.7	5.6
11. 新课程改革使教师工作量陡增，耗费大量时间	8.0	22.6	33.0	23.0	13.5
12. 学校要求教师完成的科研任务太重，使我感到压力很大	11.2	27.5	32.9	17.1	11.3

项　目	没有	较轻	中等	较大	很大
13. 班级学生人数过多，学生个体差异大，我在教学中感到很困难	9.4	22.7	27.1	23.0	17.8
14. 教师轮岗交流让我产生不稳定感	30.0	28.0	24.0	11.7	6.3
15. 校长管理不民主使我感到郁闷	37.2	30.2	20.6	6.0	6.1
16. 学校管理制度僵化、呆板，使我感到不被尊重和信任	30.3	32.6	21.3	9.2	6.7
17. 过多的评比、检查、会议，形式主义的东西牵扯太多精力	6.9	19.5	25.2	25.4	23.0
18. 学生安全责任重大，教学及管理顾虑太多	7.3	18.7	25.6	24.4	24.0
19. 量化考核过多、过细，让我疲于应付	8.1	21.3	28.3	23.5	18.8
20. 超负荷的工作量使我身心俱惫	10.1	22.8	29.7	21.2	16.2
21. 繁重的工作使我没有休闲娱乐时间	9.9	22.4	29.5	21.5	16.8
22. 过分强调竞争，带来人际关系紧张	16.5	32.1	28.2	14.9	8.3
23. 学校评价体系不科学使我缺乏职业成就感	16.0	30.9	25.8	18.8	8.6
24. 评先评优论资排辈，我的积极性遭挫伤	17.0	26.9	26.3	16.6	13.2
25. 职称（职务）晋升条件太高、机会太少，让我看不到希望	11.2	20.3	22.7	21.3	24.5
26. 学习进修机会少，职业发展需求得不到满足	11.7	25.4	28.5	18.2	16.1
27. 对青年教师业务指导徒有虚名，教学水平得不到提高	18.2	27.9	26.5	16.4	10.9
28. 独生子女个性强，对教育对象的把握难度大	5.7	19.4	30.6	26.9	17.5
29. 留守子女多，给教学及管理工作带来很大困难	7.8	21.6	27.5	24.6	18.5
30. 学生缺乏学习动机与兴趣，我感到很困惑	5.4	19.2	30.4	26.5	18.5
31. 学生学习成绩提不上去，我感到很着急	5.7	20.6	33.7	24.7	15.2

续表

项　目	没有	较轻	中等	较大	很大
32. 后进学生、问题学生管教难，让我产生心理疲劳	5.4	19.8	30.7	24.6	19.6
33. 与学生沟通困难，师生关系越来越疏远	19.9	33.6	28.5	12.4	5.6
34. 学生对老师不尊重，让我很感慨	15.9	28.5	26.2	18.9	10.5
35. 家长不配合学校和老师的管理，我感到很无奈	10.2	29.1	28.9	19.9	11.9
36. 学生家长素质不高，与其沟通很困难	12.1	31.4	28.1	18.7	9.7
37. 处在恋爱择偶期，身为教师的我缺乏自信	62.8	16.9	9.6	6.9	3.7
38. 错过婚姻最佳时期，找不到对象很烦恼	71.5	11.3	8.1	5.4	3.6
39. 无法顾及家庭和孩子，导致家庭关系紧张	43.0	23.5	19.6	8.6	5.3
40. 家中有老、弱、病、残者，我感到负担很重	33.7	23.0	17.5	14.7	11.2
41. 房价高企，住房问题无法解决，我感到很焦虑	21.2	15.4	15.1	15.4	33.0
42. 自我期望值太高使我产生压力	15.9	27.7	29.4	18.5	8.5
43. 身体健康状况不良使我力不从心	29.3	28.2	23.7	12.4	6.4
44. 感到自己的性格、气质不适合从事教师职业	41.1	30.7	16.4	7.1	4.7
45. 自己时间管理效率不高，感到碌碌无为	26.1	34.8	23.8	9.6	5.6
46. 自己常常为名利所累	45.7	27.9	16.9	6.6	2.9
47. 校外兼课办班，害怕学校查处，导致身心疲惫	78.1	9.6	6.2	3.9	2.2
48. 人际圈子狭窄，我感到生活很单调、很无聊	30.7	29.8	22.4	10.1	7.0
49. 缺乏心理保健知识，我无法自我减压	30.3	34.4	20.4	9.4	5.5
50. 学校缺乏对教师的心理疏导机构，出现心理问题时我感到很无助	28.8	31.7	22.9	8.8	7.8

三　青年教师自我心理压力感受统计表

自我心理压力感受情况	比例（%）
1. 极大压力	5
2. 很大压力	32
3. 一般压力	38
4. 有点压力	24
5. 没有压力	1

福建省中小学领导人员管理
工作专项调研报告

近年来，福建省十分重视中小学领导干部队伍建设，不断改进对领导干部的培养、选拔、任免、培训、考核、奖惩等各项工作，逐步使队伍建设工作科学化、制度化、规范化，推进基础教育改革与发展。根据教育部文件精神，我们专门成立调研组，深入福建省各县（市、区）教育部门、学校，采用问卷调查、座谈了解、实地走访、综合分析等办法，对福建省中小学校领导人员管理工作情况进行调查研究，了解情况、总结经验、查摆问题、探讨对策。现将有关情况报告如下。

一 福建省近年来中小学领导人员（含校长和书记）管理工作的基本情况

目前，福建省共有小学 5228 所，中学 1782 所，其中完全高中 544 所，幼儿园 7419 所，职业中专 230 所，技工学校 69 所，各公办学校基本上按照编制配齐领导班子，实行校长负责制。福建省高度重视中小学党建，中小学均设置分管党务工作的书记，通过扎实抓好学习贯彻党的群众路线教育实践活动等主题教育实践活动，推进党的思想建设；健全干部队伍，狠抓干部培训，提升干部队伍素质能力；选派民办学校专职副书记，补强教育系统党建短板；积极开展党建调研，强化党建创新，推动学校党建工作的科学化；深化校务公开，开展民主评议政风行风活动，贯彻落实党风廉政责任制。

二 福建省中小学领导人员管理工作的主要做法

（一）改进和完善干部选拔任用机制

各地市严格按照《党政领导干部选拔任用工作条例》，修订完善干部考察工作程序，按照平等、公开、择优、竞争的原则，进一步配齐领导班子及中层干部队伍。有些地市积极尝试学校领导干部聘任制，使学校领导的选拔任用工作步入了规范化、法制化的轨道，从而不断增强校长的责任意识和目标意识。

（二）加强学习型领导班子建设和党组织建设

福建省中小学大力开展"书香校园"建设，打造学校型校园和基层党组织。强调学校领导干部要以身作则，营造良好的学习氛围。抓好党建工作，

（三）加强和改进干部教育培训工作

福建省实施省、市、县（区）三级培训管理体制，实施有梯度的培训。2012年福建省启动开展中小学名校长培养工程和骨干校长培养项目等高端培训项目，培育一批具有创新活力、示范引领作用的校长队伍。同时继续加强常规培训项目，通过形式多样的培训，着力提高学校领导干部办学治校能力。

（四）加强领导班子党风廉政建设

深入开展党的群众路线教育实践活动，及时发现和查处违法违纪问题，纠正违规行为。深入开展党性党风党纪教育、理想信念教育和案例警示教育，引导学校领导干部自觉守政治纪律、讲政治规矩，善于同违法乱纪现象做斗争。

（五）加强干部管理监督工作

加强对领导干部廉洁自律情况的监督检查，认真贯彻落实干部选拔任用的相关制度和实施细则，做好党员领导干部有关事项报告工作。修订完善学校领导干部出差请假制度，加强领导干部外出管理。对于违纪违法的领导干部进行及时的处理。

（六）完善干部考核评价体系

进一步完善规范干部人事制度，完善干部考察方法，把干部平时考察

与任职考察结合起来，推进干部人事制度改革，推行学校中层领导干部竞争上岗制度。每年定期开展学校领导班子年度述职考核，并把考评结果与绩效考核、职称评聘、评先评优、提拔使用等相结合。

（七）尝试校长校际交流，促进义务教育均衡

福建省教育厅于 2014 年公布《关于进一步推进县域内义务教育学校校长教师校际交流工作的意见》以期破解择校难题，促进教育公平，整体提升办学水平和教育质量。

（八）积极探索校长职级制的校长专业发展路径

通过大量的调研，探索校长职级制，准备建立校长职级薪酬制度，以调动校长工作的积极性，并促进学校教学管理的持续发展。

三 当前福建省推进中小学领导人员管理改革面临的主要问题和困难

（一）校长由任命制向校长聘任制（职级制）转化困难，大多数地方仍实行以政府为主导的任命制，未能实现校长由"职务"向"职业"的实质性的转变。作为学校教育管理者的校长，仍然停留在专任教师的思想层面，教育教学工作仍是自身的主要任务，管理职务只是"业余兼职"或"附加工作"。

（二）存在校长任用与培训脱节现象。由于校长实行任命制，因此形成校长先上岗再培训，再取得任职资格证书，这种做法使培训的校长没有任何压力、动力，培训基本上流于形式。

（三）部分校长缺少先进的教育管理理念和教育情怀，教育教学管理方法较为简单，缺乏教育情怀，常受外在条件困扰而失去学校改革之勇气。部分中小学领导人员敢于担当的精神有所弱化，工作上墨守成规，只求不出差错，缺乏开拓进取的精神。

（四）办学资源城乡仍存在较大的差异。在办学经费方面，虽然义务教育阶段以生均经费下拨学校，但是由于历史和现实的原因，农村的生源

不断流失和减少，致使农村许多学校的公用经费的总额较少，而学校的支出项目不能减少。在学校设施设备方面，由于城乡经济上的差距，农村的设施和设备也难以与城市同步。在师资方面，农村的中小学教师结构存在不合理。生源严重不足，学科教师配置存在：①年龄结构不合理，将在某一时间段出现断层；②学科结构不合理，使真正开齐上足课程存在"强人所难"现象；③幼儿教师严重缺编。

（五）校长校际交流制度难以推进，在实践层面遇到较大的阻力。

（六）管理职务与工资报酬不挂钩。由于校长岗位尚未实行聘任制，现行学校校长工资报酬与管理职务根本没有挂钩，校长的工资报酬仍然与教师专业职称挂钩。这种体制不利于调动校长工作的积极性、主动性和创造性。

（七）管理业绩与年度考核不对称。现行基层小学校长的年度工作考核一直采用专任教师的年度考核表，考核指标及分值比例与专任教师一样。党政事务工作量化等同于班主任工作量化，学校建设量化比例较小，且与专任教师同时得分，没有明显的区别。考核指标基本上脱离了校长的管理工作和事务，作为社会普通人的校长难免受到自身利益的潜意识的驱使，思想仍然停留在自己所担任的教学工作，也就只能停留在专任教师的层面，学校的管理工作必然被淡化和忽略，更谈不上主动性和创造性。

（八）部分中小学领导人员出现比较严重的职业倦怠。特别是农村地区的中小学校长职业的发展路径不明朗，安全责任过大，校长的管理自主权受到较多的行政干预。

四　改革的思路

（一）理顺各种关系，明确校长的自主权。实行校长负责制应有教育立法的保证，对于校长的权利、职责范围、教职工奖励基金使用标准等，党支部怎样进行监督，教代会怎样进行民主管理，都应该认真进行研究，并立法做出明确规定，使学校领导工作有法可依。同时，立法要符合实际工作需要，务必明确具体，以尽量减少模棱两可的现象。这是根本之举，但也是宜缓不宜急的长远之举。

各级政府和教育行政部门在给校长松绑、放权、压担的同时，不能推卸自身对学校应承担的基本义务和责任，特别是经费提供和资源保证的责任。积极改善办学条件，主动转变职能，减少对学校的干预和束缚，还权于学校。以对学校间接管理为主，着重搞好统筹规划、政策指导、组织协调、监督检查、提供服务等宏观管理。凡属学校职权范围内的事，放手让学校自主管理，使学校和校长拥有广泛的自主权，为实施校长负责制创造一个宽松的外部环境。允许校长根据本校的实际情况，扬长避短，充分发挥自己的育人功能，把学校办出自己的特色。

（二）强化学校内外部民主管理机制和监督机制。首先要摆正党的领导，明确党的领导中所涉及的内容，特别是党对校长的监督职能，应根据党管干部的原则，由书记牵头严格监督，规范管理，有序操作，并通过必要的教育反思，不断提高领导干部的政治、思想、业务能力等素质。其次要改进和加强教代会的民主管理意识和职能，加强教师的民主与责任意识，在校内构建一种宽松、和谐向上的氛围，使教师能够顺畅地表达自己的意见和看法。同时注重调动教师的积极性，鼓励教师发挥特长，大胆改革，尽可能多的留给教师自主管理的空间，使其主动完成个人目标。

（三）要借鉴校本管理经验完善校长负责制。校长负责制是我国现行的学校管理制度，但是由于政府行政对学校过多的直接干预，校长负责制的责权不对等，校本管理提倡将权力下放至学校，让学校享有更大的自主权，其目的是改革学校的管理系统，优化教育资源，以提高教育教学质量。

（四）推行校长职级制。实现校长由"职务"向"职业"的实质性转变，使校长的流动成为一种可能。打破校长职务"终身制"。实行校长专业的考核标准，考核标准区分于教师的考核标准。实行校长职级工资，校长作为学校的领导者和管理者，责任上高于专任教师，也应该在待遇报酬中享受到优越感，如果继续停留在职业道德教育和无私奉献精神这种苍白无力的激发，是很难收到效果的。

（五）进一步完善中小学领导的培养培训机制，切实提高中小学领导队伍实施素质教育的能力和水平，改进培训方式，提高培训质量。改变任命制为校长聘任制，坚决实行先培训后上岗，培训合格方可上岗。按照教育规划纲要的要求，强化培训质量，创新培训机制，加大财政投入，为中小学领导人员接受继续教育创造条件。要针对不同层次、类别、岗位学校领导班子的需求，围绕规划学校发展、营造育人文化、领导课程教学、引领教师成长、优化内部管理和调适外部环境等专业素质要求，采取专家讲授、案例教学、同伴互助、跟岗培训等方式，进一步优化培训内容，切实增强培训实效。

（六）进一步完善干部交流机制。探索建立市县教育行政机关、市属院校与行政机关之间的交流机制，推动市内、地市间学校领导班子成员的互派交流，拓宽干部出路。同时，要针对教育系统专业性强的特点，在干部交流使用时，合理搭配设置教育行政机关和市属院校领导班子中党政类与教育专业技术类人员的比例，特别是分管具体业务工作的领导干部，原则上应从教育系统内部产生。

（七）进一步提升中小学管理人员的待遇，积极争取政策支持，中小学领导人的人的经济待遇，做到奖优罚劣，奖勤罚懒。

五 对教育部研究制定《中小学领导人员管理办法》的意见和建议

（一）建议教育部多派有关人员深入全国各地的中小学，特别是县、乡级的中小学和相关部门进行调研，切实掌握第一手材料，真切了解一线校长的困境和诉求，切实研究制定出切合实际的《中小学领导人员管理办法》。

（二）出台的政策要更加贴合基层实际情况，管理政策上要向农村、山区基层一线倾斜，以改变农村及落后地区教育危险的状况。

（三）对于校长任期的期限，可以考虑其对学校与教育的贡献和影响，在符合条件和征求本人意愿的前提下，可以适当地延长任职期限。

（四）出台更加务实的校长激励机制。

附：着力体制机制创新

精心打造"教育"名区

——福建省泉州市丰泽区中小学领导人员管理工作创新案例

自 2013 年起，福建省泉州市丰泽区围绕"营造书香校园、建设一流队伍、培养素质学生、打造教育名区"的工作要求，以"着力体制机制创新，精心打造'教育'名区"为工作目标，着重抓好"校级领导、中层行政和党员教师"三支队伍的培养和建设，切实增强丰泽教育发展软实力，先后被授予"全国推进义务教育均衡发展工作先进地区""福建省教育工作先进区""福建省社区教育实验区"称号，在全省率先通过首个"教育强区"试点评估，并高分通过国家"义务教育发展基本均衡区"督导检查，得到省、市、区各级领导的高度肯定。

一 工作目标和思路

目标任务：根据教育部和福建省教育厅及泉州市教育局的文件精神和具体要求。针对中小学领导人员管理工作中存在的突出问题，采取有效措施，泉州市教育局积极开展具有泉州丰泽特色的培养和建设活动，不追求形式，注重实效。通过中小学领导人员培养和建设活动，切实增强丰泽教育由"基本均衡"向"高位均衡"发展的软实力，实现教育资源软件、硬件"均衡化"发展，围绕"营造书香校园、建设一流队伍、培养素质学生、打造教育名区"的工作要求，以"着力体制机制创新，精心打造'教育'名区"为工作目标，促进丰泽区中小学领导人员的管理工作跃上一个新台阶。

工作思路：围绕具体工作要求和目标，成立培养和建设活动领导小组，负责对开展培养和建设活动具体领导，研究分析本区中小学领导人员管理工作中存在的突出问题，提出建设的目标、工作制度、工作计划。培养和建设活动具体工作由局长亲自指挥，办公室负责实施，并成立建设活动指导小组，齐抓共管，责任明确，制度完善，循序渐进，分步实施，全体校长与教师全员参与，近期目标与长远目标相结合的建设基本工作思路。

三 工作实施与成效

（一）推行交流互换制度，强化"服务全局"理念

校级干部队伍是推动丰泽区教育事业长远发展的"领头雁"，一所学校、一个地区教育发展的好坏很大程度上取决于校级干部队伍的培养状况。2014 年，福建省委第四巡视组向丰泽区反馈：一些区重点学校主要负责人的交流力度不够，个别学校主要负责人的任职时间均超过 10 年没有进行交流。针对这一建议，丰泽区教育局按照干部考核调配权限，首批次组织对全区所有 25 所公办中小学、职校、幼儿园的校级领导干部及校级后备干部进行民主测评、民主推荐和全面考察调配。

在调配过程中，该区先行先试"中心城区与次中心城区优秀校级领导干部交流互换"机制，即：原则上对在同一学校担任同一职务 6 年以上的校长、书记全部进行交流，共涉及正校级领导干部 45 人，因年龄原因不再担任正校级领导职务的 5 人，试用期满 1 人，职务调整、交流任用、提拔使用 39 人。其中，校际间交流、提拔 22 人，占本次调整正校级领导干部人数的 48.8%，在同一学校担任同一职务 6 年以上的 9 名小学、2 名中学校长（书记）全部校际交流；调整充实学校校级干部总数 138 人（在新提拔干部中中学大学以上学历 25 人、小学大专学历以上 85 人，35 周岁以下校长 2 人、"80 后"干部 21 人）。此外，丰泽区教育局还通过人才引进和公开选拔的办法，调入外县（区、市）优秀校（园）级领导干部各 3 名，并为党员人数过 30 人的党组织配备副书记，以区委教育专题会会议纪要的形式明确给予其副校级待遇，进一步健全和落实考核、选拔、奖惩、轮岗、能上能下等激励机制，大胆将一批中心城区优质学校中的优秀年轻领导干部向亟须扶持发展或具发展潜力的次中心薄弱学校进行交流倾斜任用。

在调配试运行一个学期后，丰泽区教育局随即组织 4 个考核组，对学校新任校级领导班子及成员运行情况进行"回头看"，对学校新老班子交接和干部履职情况进行全面调研，全面了解新老班子交接和干部履职情况，帮助协调解决存在的问题和困难，进一步凝聚学校领导班子及成员的工作合力，充分调动学校校级干部队伍的工作积极性和主动性，确保各项

教育教学工作有效衔接。通过"中心城区与次中心城区优秀校级领导干部交流互换"机制的先行先试，打破"所谓的好学校干部不交流去差学校，所谓的差学校干部进不了好学校"的循旧惯例，实现了全区学校的整体"大换脑"，总体而言新老班子交接顺畅、进入角色迅速、推动工作有力，既延续了原有好的经验和模式，也注入了新的思路和办法，有效促进了该区各项教育工作的整体推进，广大师生、家长和群众普遍反响良好。

与此同时，丰泽区教育局全面深入实施"名师、名校、名校长"工程，"以人为本"进一步加强对学校领导干部队伍的管理，更具针对性地组织开展校级领导全员培训，积极转化培训成果。通过在全省率先试点开展"校长听评课比赛"活动等形式，促使校级干部进一步深入教育教学一线；通过组织全区43名中小学校长赴东北师范大学参加丰泽区中小学校长高级研修班进行"封闭式"培训，回来后围绕"学校文化建设""学生评价与素质培养""教师队伍建设""教学改革和高效课堂"4个主题组织开展专题交流汇报会，进一步总结提炼学习成果；通过选派首批8名校级干部到优质市直学校进行为期4个月的跟班学习、组织全区公办幼儿园园长赴杭州、深圳等地学习交流，进一步拓展全区学校领导干部队伍的视野和能力。目前，全区共有省级名校长1人、省级骨干校长4人（培养对象6人）、市级名校长1人（培养对象12人）、区级名校长10人，校级干部队伍"服务全局"的教育理念得到切实转变；全区公办学校（园）长持证上岗率达100%，幼儿园园长大专及以上学历所占比例达100%，小学校长大专及以上学历所占比例达100%，初中校长本科及以上学历达100%，高中校长本科及以上学历达100%，校级干部队伍的整体管理能力和办学素质水平得到有效提升。

（二）实践"校（园）长、书记组阁"办法，提振中层"干事创业"激情

学校中层干部队伍是推动丰泽区教育事业长远发展的"生力军"，是学校校级干部队伍这个"大脑"的"躯干"。在全区学校校级干部队伍整体"大换脑"后，如何调动学校中层行政队伍这个"躯干"的工作激情，实现意指身行，成为该区下步的工作重点。为此，该区按照干部考核调配权限，第二批次调配学校中层及中层后备干部255名，其中因年龄和个人

原因不再担任中层职务的 6 人，职务调整、交流任用、提拔使用的 160 人。

在调配过程中，该区先行先试"校（园）长、书记组阁"的办法，即：在多渠道全方位了解被考察对象的"德、能、勤、绩、廉"、群众认可度和确保民主测评、民主推荐、全面考察过程的公开、公正、公平的前提下，由其对本校各职能处（室）的人选提出意见建议，人选可以是其在新任职学校工作磨合中发现的合适人员，也可以是其在原任职学校工作配合顺手的人员，甚至包括学校副校级人员，在调配过程中予以充分斟酌考虑。同时，区教育局还在考核谈话过程中，充分征求被考察中层行政人员的意见，由其针对本人专业素质、年龄秉性和家庭需求等各方面因素对校（园）长、书记进行双向选择，可以申请留任原岗位，也可以申请本校调整岗位，还可以申请跟着原配合较好的校（园）长、书记进行跨校调任，力争为全区所有学校配齐配强一个务实高效的工作班子。

调配结束后，区教育局针对优秀校级领导干部数量储备不足、个别学校校级干部岗位调配使用后出现的"青黄不接"现象，组织专题调研，在充分摸清情况和广泛征求学校意见建议的基础上，制定出台并试行修订《校级后备干部管理办法》，在全区学校中层干部队伍中建立校级干部队伍后备库，以后学校在岗位调动、工作年龄等因素造成校级干部出缺的情况下，直接从后备库的中层干部中选拔进行补缺任用，既在学校党政主干线上培养和发现干部，又通过多渠道、宽领域甄别和选拔教育工作一线的优秀年轻干部，把组织选派与公开竞争选拔有机结合起来，让一批政治坚定、能力突出、作风过硬、群众信任、善于推动教育工作科学发展的一线年轻干部脱颖而出，充分畅通学校中层行政队伍的晋升渠道，充分确保学校整体教育教学工作的延续性和实效性。

与此同时，该区十分注重在落实教育工作的过程中对学校中层行政干部进行针对性、超前性梯级培养和储备使用，即：在综合考虑年龄、专业技术、年龄结构和性格特点等因素的前提下，有意识引导学校教师在其是普通教师时就要考虑"如果我来当中层行政干部要怎么配合学校落实教育教学目标任务"，在其是中层副职时就要考虑"如果我是中层正职要怎么配合学校开展日常行政管理"，在其是中层正职时就考虑"如果我是校级副职怎么协助校（园）长、书记推动学校长远发展"，并针对机关和学校中层干部存在一定程度脱节的问题，选派一批优秀的、有专业技术特长和具备一定能力的机关、学校的中层干部相互交流学习，推动区级教育行政部门和学校双向交流，打破局限，促进工作，充分提振学校中层干部队伍"干事创业"的工作激情。

（三）创新"县管校用"机制，探索优质师资均衡配置

师资队伍是推动教育事业长远发展的"奠基石"，是教育教学质量目标达成的重要保障。为此，按照师资队伍调配权限，丰泽区第三批次加大教师轮岗交流力度，即：以在同一所学校任教达 6 年的教师为应交流对象，每年交流人数要达到应交流对象的 10% 以上，并且每年参与交流的特级教师、区级以上名师、学科带头人、骨干教师要达到应交流优质师资的 10% 以上。2011 年以来，丰泽区义务教育阶段在同一所学校任教满 6 年以上的专任教师共 1121 人，应交流人数为 965 人，近三年教师轮岗交流人数共 353 人，交流人数为应交流人数的 36.5%；通过公开招考、引进的 313 名优秀教师中有 198 人被安排到次中心城区学校任教，所占比例 63.2%；中心城区专任教师现聘中级以上职称 639 人，比例为 52.4%，次中心城区专任教师现聘中级以上职称 581 人，比例为 53%。

在师资调配的过程中，丰泽区严格落实"中、高级教师职务评聘须到农村（次中心城区）学校任（支）教 1 年或在薄弱校任教 3 年以上的经历"制度，其中中心城区 40 周岁以下（含 40 周岁）义务教育阶段教师评聘高级职务者应有农村（次中心城区）学校任（支）教 2 年以上的经历；实行教师双向交流、小学中心校教师与基层校教师交流任教，坚持每年从中心城区选派优秀教师到次中心城区支教，帮助次中心城区学校提高教育教学水平；开展中学优势学科帮扶小学紧缺学科活动，2012 年秋季学期安排东海中学等 3 所学校的 11 名技能科教师到小学开展为期两年的支教；建立健全《丰泽区教师专业技术中高级专项岗位使用管理办法》，将通过政策引导，促使优秀教师到次中心城区学校或边远学校长期任教，推动优质校帮扶薄弱校活动的开展。

下一步，丰泽区还将先行先试人事关系"县管校用"，率先探索优质师资队伍均衡配置的新机制，即：先在校际交流的校级领导和中层行政干部中实行"编制、职称随人走"的办法，其在原单位的编制、职称一同划

拨到新任学校，保持其工资等待遇不变，随后再按照党的十八届三中全会关于校长、教师交流轮岗的相关决定和福建省《关于进一步推进县域内义务教育学校校长教师校际交流工作的意见》（闽教人〔2014〕29号），结合丰泽区实际，进一步探索丰泽区义务教育学校教师校际交流中涉及的人事关系"县管校用"新机制，以解决学校教师交流的后顾之忧。

与此同时，丰泽区把聚焦"高效课堂"、培养高素质学生作为教育工作的出发点和落脚点，建立健全中小学师德建设长效机制，严禁在职教师从事有偿家教和到补习机构兼职，切实加强师德师风建设；落实"新教师三年培训培养计划"，做好心理健康培训和教育教学能力提升培训工作，举办学科教师研训，提升教师培训的实效性；制定《丰泽区中小学教师中高级职称竞聘指导意见（试行）》，改革教师职称评聘制度，加强中小学教师聘后管理，制定全区统一的职称竞聘量化方案，加大义务教育阶段教师校际交流工作的力度；开展"骨干教师跟踪管理工作"，开展"骨干教师三年跟踪计划"，加强对各级骨干教师、学科带头人的管理，以充分发挥其示范带动作用。目前，丰泽区共有区级以上骨干教师816人，中心城区404人，次中心城区412人，中心城区与次中心城区中级以上职称教师的比例基本平衡，引进优秀骨干教师155人，有效地促进了全区师资队伍专业化水平的整体提高。

自2013年起，丰泽区围绕"营造书香校园、建设一流队伍、培养素质学生、打造教育名区"的工作要求，创新"三先"举措，着重抓好"校级领导、中层行政和党员教师"三支队伍的培养和建设，切实增强丰泽教育发展软实力，先后被授予"全国推进义务教育均衡发展工作先进地区""福建省教育工作先进区""福建省社区教育实验区"称号，在全省率先通过首个"教育强区"试点评估，并高分通过国家"义务教育发展基本均衡区"督导检查，得到福建省、市、区各级领导的高度肯定。

三　工作经验与总结

（一）领导重视是关键

就丰泽区教育局创新中小学领导人员管理工作取得的成果来看，领导的参与重视是建设成功的决定性的因素，如，"三个先行先试"的工作创新举措都是党政一把手亲自设计，分管领导组织实施，形成齐抓共管的和谐改革，促进发展的局面。

（二）创新是基础

在"教育强区"硬件基础创建的同时，丰泽区突出队伍建设，通过"三个先行先试"的工作创新举措，分三个批次对学校校级领导、中层行政和教师队伍进行交流调配，充分发挥学校校级领导、中层行政和教师三支队伍作用（即先行先试"中心城区与次中心城区优秀校级领导干部交流互换"机制，有效转变校级干部队伍"服务全局"的教育理念；先行先试"校［园］长、书记组阁"办法，充分提振中层行政队伍"干事创业"的工作激情；先行先试人事关系"县管校用"理念，率先探索优质师资队伍的均衡配置），切实增强丰泽教育由"基本均衡"向"高位均衡"发展的软实力，实现教育资源软件、硬件"均衡化"发展。

（三）真抓实干是根本

战略决策真正落到实处，就必须把各项具体的工作抓紧、抓好、抓出实效；就必须认真改进工作作风，真正做到科学务实，真抓实干。丰泽区教育局创新中小学领导人员管理工作建设实践一次又一次地证明，对工作有部署、有布置、有安排，就必须有督促、有检查、有验收、有考核，这样才能收到立说立行、说到做到、不半途而废、有始有终的良好效果。只决策不落实，决策就失去了意义，就是纸上谈兵。要干好工作，仅靠部署、布置、安排、号召是远远不够的，还必须一项一项地进行督促检查，总结经验，寻找不足，促进今后工作攀登新台阶。

（四）机制建设是保障

从完善区教育局创新中小学领导人员管理工作建设机制入手，建立起管理与实践活动开展的有效协同机制，通过制度优化、统一考评机制、明确责任等具体措施确保创新中小学领导人员管理工作建设目标的有效实现。

课题组成员：张信容　黄洪霖
执　　笔：黄洪霖

福建省教育系统人才流动情况调研报告

福建省现有小学教职工 157362 人，其中专任教师 153941 人（具有中、小学高级职称 91868 人、占 59.68%）；普通中学教职工 174546 人，其中专任教师 148687 人（高中中学高级教师 14368 人、占 27.60%，初中中学高级教师 15845 人、占 16.40%）；特殊教育学校教职工 1863 人，其中专任教师 1636 人；中等职业学校教职工 22278 人，其中专任教师 17710 人（副高级以上 3914 人、占 22.10%）；普通高校教职工 62513 人，其中专任教师 41119 人（正高级 4546 人、占 11.06%，副高级 11329 人、占 27.55%）；成人高校教职工 1081 人，其中专任教师 621 人（正高级 16 人、占 2.58%，副高级 214 人、占 34.46%）。

一　福建省促进教育系统人才流动的主要做法

近年来，福建省教育系统加快体制机制改革和政策创新，积极促进教育人才流动，优化教育系统人才资源配置和使用，为建设教育强省、率先基本实现教育现代化提供有力保障。主要做法有以下几点。

1. 以"县管校用"为导向，推进县域内义务教育学校教师校际交流

按照 2008 年省政府出台的《关于进一步加强中小学教师队伍建设的意见》提出的教师人事关系"收归县管"，"建立健全教师交流机制，促进义务教育师资均衡配置"的要求，创新教师管理体制，实现了县域内教师管理"六个统一"，将教师由"学校人"变为"区域人"，努力为促进义务教育师资均衡配置扫除体制障碍。按照教师在同一所学校工作满六年要进行交流的原则，各县（市、区）每年义务教育教师交流人数均达到应交流对象的 10% 以上。

2. 以"三项计划"为引领，带动高校高层次人才培养和引进

2011 年以来，福建省委教育工委、省教育厅、省财政厅联合实施福建省高等学校高层次人才培养与引进"三项计划"，即百名领军人才资助计划、千名学科带头人培养计划、百名领导干部能力提升计划，已自助和引进领军人才 37 名，选派学科带头人海外访学 102 人次、骨干教师国内访学 312 人次，组织高校领导干部赴北大研修 99 人次、赴美国培训 63 人次、赴德国培训 32 人次。"三项计划"引领带动了高校人才引进工作，如福建农林大学去年以来，新增千人计划、长江学者、国家杰青、教育部创新团队等人才项目 39 个，从美国斯坦福大学等 14 个国家的 40 多所一流大学或研究机构和国内 985 大学引进高层人才 140 多人。

3. 以"松绑放权"为契机，落实高校用人自主权

按照 2012 年福建省政府出台的《关于进一步支持高校加快发展的若干意见》，在全国率先探索给高校"松绑放权"，将教师等专业技术职务评审权全部下放给高校，允许高校按照国家和省有关事业单位公开招聘人员的规定，根据专业及岗位特点，自行组织公开招聘教学、科研、实验室技术性岗位人员和辅导员等人员，通过落实高校用人自主权，进一步激发高校办学活力。

4. 以"校企合作"为平台，促进职业院校与企业人才流动

福建省组建了 53 个职业教育集团，支持高职院校与企业共建 50 个生产性实训基地。实施"高职院校教师素质与教学能力提高规划"，到 2015 年组织完成 4700 名专业骨干教师参加国外、国内和企业顶岗培训，培养 100 名高职专业带头人。加大招聘企业专才和能工巧匠工作力度，符合政策规定的优先予以入编，推进兼职教师聘任教学系列专业技术职务工作，支持职业院校"双师型"教师队伍建设。

二 福建省教育系统人才流动的主要问题及原因分析

近年来，福建省教育系统积极探索、大胆创新，力求突破现行体制机制的束缚，理顺用人关系，搞活用人机制，提高用人效益，虽已取得积极进展，但仍存在一些问题。

（一）缺乏科学的引进规划及经费保障，高层次领军人才稀缺

近年来，福建省高校在柔性引进人才时缺乏有效的规划，没有对师资队伍数量、结构、素质及内在需要做认真的分析，错误地认为只要是人才就应该引进，使柔性引进的人才不能与学校发展的定位相符合，不与学科的发展相一致。此外，在经费保障方面，对高端领军人才培养、引进的支持力度和优惠政策与外省相比存在较大差距。福建省一些高校的优秀人才被北京、上海、广州等地高校"挖走"，导致一些传统优势学科后继无人，在全国同行中的学术影响力下降，新兴学科、亟须发展的应用学科缺乏优秀学科带头人。另外，已有政策中的一些规定也不甚合理。由于政策上强调倾斜引进人才，目前同样是高层次创新人才，福建省自主培养的人才和引进人才在津补贴、住房补贴、职称评聘、岗位聘任和申请科研项目等方面存在一些不平等。如，毕业于他省一般大学、引进到福建省高校工作的博士可以享受每月 800 元的生活津贴，5 年 7 万元的住房补贴。但是，福建省985、211 建设高校培养的博士在省内就业，却无法享受上述待遇，影响了人才队伍的稳定。

（二）人事管理的体制性障碍，制约了"双师型"教师队伍的建设

当前，福建省地方本科高校用人自主权尚未完全落实。地方政府及人事部门对高校人事管理放权不够，计划色彩过浓，统得过多、管得过死。在地方本科院校向应用技术大学转型的过程中，学校的办学需与地方经济发展对接；专业设置需与地方主导产业对接；人才培养目标需与行业需求对接，实现产教融合、校企合作，亟须从企业引进技术骨干、能工巧匠，加快"双师型"教师队伍建设。然而，机关、事业、企业之间身份壁垒森严，严重制约了人才的流动和发展。引进人才任职资格评定和海外留学人才学历学位认定，存在体制性障碍。

（三）政策落实不到位，导致城乡师资配置失衡

为促进师资均衡配置、推进义务教育均衡发展，福建省教育厅、省公

务员局、省编办联合发文出台了《关于印发推进县域内义务教育学校教师校际交流试点工作指导意见的通知》，但在实际操作中，由于牵涉教育、人事、编制、财政等多个职能部门，职能部门之间统筹协调不够，未能真正落实"县管校用"，实现教师由"学校人"变"系统人"；未能真正实现县域内义务教育学校教师统一工资待遇制度、统一编制标准、统一岗位结构比例、统一招考聘用、统一考核办法、统一退休教师管理和服务的"六统一"；未能真正实行严格意义上的"聘用制"，管人和管事难以形成有机统一。

（四）编制管理僵化，限制了人才的科学配置

一是编制数与对人才的实际需求不相适应，制约了人才的流动。所有的事业单位都受制于严格的编制限制，但编制部门对各单位核定的编制数与实际工作或事业发展对人才的需求数不适应（匹配），从而影响了人才的合理流动。例如，福建省从2003年起实行新课程，在课程设置、课程实施和课程评价等方面加大了改革的力度，教师的工作量也相应增加。同时，教育部又要求加大体育、音乐、美术、综合实践、信息技术等学科的课时，但教师编制没有同步增加，造成技能科教师挤占其他学科编制或现有体育、音乐、美术、信息技术、英语等教师无编可增的现象。二是人员结构比例（岗位）管理办法制约人才的流动。在编制管理中，规定了各单位的专业技术人员、管理人员、工勤人员结构比例，甚至对专业技术人员的专业岗位进行了限定，不能互相挤占，这一规定的负面作用是导致各级各类学校因人员结构比例及岗位限制而难以灵活地引进不同类别、不同专业的人才，特别是局限了高校根据社会发展及行业需求进行专业调整的灵活性和自主性，使紧缺急需人才的引进难以得到有效保障。

（五）缺乏科学合理的退出机制，影响了人才的有序流动

一方面，由于受迎评、检查、博士点申报等的压力，高校在短期内引进大量"人才"。结果，引进的这些所谓人才却在综合素质方面存在明显缺陷。另一方面，由于教师职业的特殊性，教师在取得教师资格后，仍须在长期的教育教学实践中，不断接受"继续教育"，方有可能成长为合格

的教师。近年来，福建省教育系统都实行了岗位聘用制，但总体而言仍是一个相对稳定的内部竞争性弱的系统。对于工作水平或能力已经不能适应教育教学工作的人员，由于缺乏合理的退出机制、畅通的退出渠道，个人如不想辞职，单位暂时也没办法直接解聘，教师队伍难以焕发活力。

三 促进教育系统人才顺畅流动的政策建议

党的十八届三中全会提出的"打破体制壁垒，扫除身份障碍，完善党政机关、企事业单位、社会各方面人才顺畅流动的制度体系"的要求，教育系统人才流动不畅的根本原因是外部体制机制方面的"瓶颈"问题，亟待深化国家和省级层面的综合改革予以解决，使学校不再"戴着镣铐跳舞"，为教育事业发展注入新的生机与活力。

（一）落实高校人事自主权，营造高校人才引进的良好环境

一是改革编制管理办法。适当"松绑"对高校编制的管控，对不同类型的高校编制数量进行结构性调整，建立体现政府监管和高校自主决策的人员规模确定机制，逐步探索实行用人规模备案制。二是扩大高校岗位设置管理自主权。允许高校在岗位结构比例指导的标准上，对副高以下岗位比例进行合理调整，允许高校在同层级岗位中将高等级岗位调至低等级岗位使用，逐步实现高校自主确定内部组织机构的设置和人员配备。三是扩大高校进人自主权。特别是设区市政府及人事部门要落实所属高校在编制内的进人自主权，对高校发展急需的人才不再设置学历、职称、区域等门槛。四是改革工资总额管理办法。加强人力成本规划与控制，改革完善个人所得税制度和征收管理办法，建立教师工资水平调查、比较、公布机制，完善高校绩效工资总额核定办法。五是建立高校人才流动弱势补偿制度，规范高校人才引进行为，禁止省内高校之间采取"不要人事档案、不要户口、不要流动手续"或另建人事档案的违规做法招揽和引进全职人才的做法，改变互相攀比、盲目引进、互挖墙脚的不良风气，促进人才有序流动。六是对地方本科院校实行省与所在设区市共建、以省为主的管理体制，使地方高校与省属高校享受同等待遇，同时设立山区高校人才特殊津

贴，以吸引和留住人才。七是协助高校解决引进高层次人才配偶就业、子女就学问题，尽快建设高校教师公租房、高校教师限价房、人才限价房等，解决引进人住房难的问题。

（二）完善企业高技能人才到职业院校担任专兼职教师的政策

一是要打通职业院校教师与社会技术人才转换的通道，消除两者之间的人为障碍，改变高校聘任教师要求有高学历、有教师资格，而其所急切需要的技能型教师往往由于这些方面的限制而难以聘用的情况。二是要设置职业院校兼职教师岗位，支持职业院校面向社会聘用具有实践经验的专业技术人员和高技能人才担任专业课教师或实习指导教师，鼓励支持兼职教师申请教学系列专业技术职务（职称）。三是要建立政府、学校、企事业单位合理分担兼职教师经费的机制，特别是对地方中职学校聘请兼职教师给予更多的财力支持。四是有关部门要支持鼓励企事业单位具备条件的人才到职业院校兼职任教，把企业选派兼职教师情况作为企业社会责任考核的重要内容。五是要鼓励职业院校教师互相兼职，允许教师在完成本单位工作量并履行手续后，在其他院校兼职兼课，促进师资共享。

（三）落实"县管校用"教师管理体制，推动义务教育学校教师校际交流

一是要切实贯彻福建省政府2008年344号文件精神，落实教育行政部门主管教师工作的职责，县级机构编制、教育部门以学校为单位核定中小学教职工编制后，由县级教育行政部门在编制总量内，按照班额、生源等，具体分配各校教职工编制，组织教师流动，实现教育部门管人管事相一致。二是要完善教师"县管校用"的配套政策，进一步完善岗位设置、职务（职称）晋升、聘用考核、薪酬待遇等方面的政策措施，加快实施教师周转房建设工程，解决交流教师住房问题。三是修改《教师法》，将教师流动作为担任教师工作的必要条件，以法令形式明确教师流动是强制性的义务。按照义务教育公益性的原则，适时将义务教育学校教师的身份界定为公务员或教育公务员。四是改革以县为主的义务教育经费保障机制，强化中央、省级政府的支出责任，建立中央、省、县三级合理分担机制和

加大转移支付力度，向重点扶贫开发县、中央苏区县倾斜，努力缩小区域、城乡的教育差异，逐步实现同一区域内同一岗位教师的同工同酬，并设立贫困边远地区农村地区教师特殊津贴制度，提高教师流动的自愿性。五是要将落实"县管校用"列入"县（区）级政府教育工作督导评估""县（市、区）党政主要领导干部抓教育工作督导考核"的重要指标，促进县（市、区）党政主要领导更加关注义务教育教师的均衡配置。

（四）完善教师聘任制度，建立教师退出机制

一是要贯彻《事业单位人事管理条例》，完善教师聘任制度，实行教师全员聘用，合同管理，建立教师适应性评价制度和完善学校聘用合同终止条件等措施，完善教师退出机制。二是要建立学校劳动争议调解仲裁机构，依法维护学校和教师的合法权益。三是要构建统一的社会保障制度，解决好学校离职人员的社会保险接续问题，确保教师解聘和落聘后能享有相应的保障性福利。四是要充分各级教育人才流动服务中心的功能，搭建教育人才流动公共服务平台，打通学校和社会人才之间的流动通道。

课题组成员：杨振坦　郑　芳　张平忠　肖龙井　郑茵中
执　　　笔：肖龙井

图书在版编目（CIP）数据

福建基础教育调研报告. 2008 - 2016 / 赵素文，郭春
芳主编. -- 北京：社会科学文献出版社，2016. 12
ISBN 978 - 7 - 5097 - 7106 - 8

Ⅰ. ①福… Ⅱ. ①赵… ②郭… Ⅲ. ①基础教育 - 调
查报告 - 福建 - 2008 - 2016 Ⅳ. ①G639. 2

中国版本图书馆 CIP 数据核字（2016）第 282703 号

福建基础教育调研报告（2008~2016）

主　　编 / 赵素文　郭春芳

出 版 人 / 谢寿光
项目统筹 / 王　绯
责任编辑 / 赵慧英　郑茵中

出　　版 / 社会科学文献出版社·社会政法分社（010）59367156
　　　　　　地址：北京市北三环中路甲 29 号院华龙大厦　邮编：100029
　　　　　　网址：www. ssap. com. cn
发　　行 / 市场营销中心（010）59367081　59367018
印　　装 / 北京季蜂印刷有限公司

规　　格 / 开　本：787mm × 1092mm　1/16
　　　　　　印　张：24. 25　字　数：381 千字
版　　次 / 2016 年 12 月第 1 版　2016 年 12 月第 1 次印刷
书　　号 / ISBN 978 - 7 - 5097 - 7106 - 8
定　　价 / 98. 00 元

本书如有印装质量问题，请与读者服务中心（010 - 59367028）联系